入門・証券投資論

岸本直樹・池田昌幸　著

有斐閣ブックス

はしがき

　本書は，経営学部生，商学部生，さらに，これから証券投資に携わる人を読者に想定した証券投資の入門書です。事実，本書は，法政大学経営学部生のために開講されている「証券経済論 I, II」の講義資料を発展させたものです。本書を準備するに当たって特に次の点を心がけました。

　第1に，証券投資に関して入門書で扱うべき重要な概念や計算方法について，文系の学生がしっかり理解できるように極力丁寧な説明を心がけました。たとえば，金利計算は簡単に見えるかもしれませんが，正確に実行するには，微妙な点を正確に理解していなければなりません。また，資産運用や企業価値の評価（バリュエーション）においてしばしば利用される CAPM と呼ばれるモデルは，通常，経済学で学習する限界代替率を使って導出されますが，本書では文系の学生にとってもっと理解しやすいオリジナルな方法で導出します。

　第2に，証券投資に関する入門書で扱うべきトピックの中には，文系の学生が苦手としがちな数学や統計学の入門的な概念を必要とするものがあります。特に，ポートフォリオ理論やオプションの理論価格の公式は，期待値，分散，共分散，指数関数，対数関数，正規分布を使って表現されます。したがって，ポートフォリオ理論やオプションの理論価格を理解するためには，これらの統計学および数学の概念について最低限の理解が必要です。そこで，本書では，これらの概念を利用する前に，統計学，あるいは，数学の入門書以上に丁寧にこれらの概念を説明します。

　第3に，経営学部および商学部の卒業生の多くは金融業界に就職します。たとえば，法政大学経営学部の卒業生はその4分の1が金融業界に就職します。さらに，金融業界に就職しない人でも，将来，確定拠出年金の一般化やフィンテックの普及とともに証券投資に直接関わる機会が増えるでしょう。したがって，そのような人達にとってより有用な入門書にするために，通常の入門書より，証券取引の仕組みの説明と分析ツールの利用方法にページを割きました。また，随所に実例，あるいは，実例に近い例を入れるように心がけました。

　次に，本書の章立てについてですが，それは2つの基準に依っています。第1の基準は，後の章を理解するのに必要な知識を前の章で説明するという

ものです．第2の基準は，初学者にとって理解しやすいものを前の章で説明するというものです．その結果，前半では，様々な証券を構成する基礎的な要素である債券，株式，先渡・先物，オプションをこの順で解説しています．また，後半では，投資理論の中でもっとも重要だと考えられるポートフォリオ理論，CAPMとAPT，ブラック・ショールズモデル，効率的市場仮説をこの順で解説します．なお，これらの研究成果のうちAPTを除く4つの成果については提唱者がノーベル賞を受賞する栄誉に浴しました．

ちなみに，この章立てですと，読者が特に必要な章だけ読むという読み方が可能になります．たとえば，業務であるいは自己資金の運用で債券，株式，投資信託だけにしか関わらない場合，第1章から第4章まで読めば最低限必要な知識を身につけることができます．また，金融商品全般の基礎知識が必要な場合，第1章から第6章まで読めば済みます．さらに，日本証券アナリスト協会認定アナリスト（CMA）の「証券分析とポートフォリオ・マネジメント」科目の受験で，指定参考書を難しく感じるが，受験参考書の解説では満足な理解が得られないと感じる場合，第7章から第11章まで読めば，主要なポイントをしっかり理解することができるでしょう．

それでは，簡潔に各章の内容を紹介します．第1章では，将来価値計算，現在価値計算等，主要な金利計算を解説します．これらの計算は，債券の利回り，株式の配当割引モデル，さらに，デリバティブの理論価格の理解にも必須な要素なので，最初の章で扱わなければならないトピックです．第2章では，債券の仕組み，最終利回りの計算とその利用方法，債券投資のリスクとリターンを取り上げます．第3章では，債券価格が金利に反応する度合いを測るデュレーション，残存期間ごとの最終利回りを図式化するイールドカーブのほか，債券への投資方法について議論します．第4章では，株式の仕組み，株式評価の代表的なモデルである配当割引モデル，様々な株式評価指標，さらに，株式投資のリスクとリターンを論じます．第5章では，将来の特定時点に特定の資産を取引することを予め約束する先渡取引と先物取引について，その仕組みや理論価格，さらにリスクとリターンを取り上げます．第6章では，将来，特定の資産を予め定めた価格で買う権利（コールオプション）あるいは売る権利（プットオプション）について，それらの仕組みのほか，売買で発生する損益を論じます．

第7章以降は，投資に関してもっとも重要な理論を丁寧に説明します．ま

ず，第7章では，第8章以降で多用する統計学の基礎概念を入門書以上に丁寧に説明します．第8章では，任意の投資家が手持ち資金をどの資産にいくら投資するとよいかというポートフォリオ選択問題についてマーコウィッツが提唱した手法（ポートフォリオ理論）を紹介します．なお，典型的な投資家はリスクを嫌うため，個々の資産の間には，リスクの高い資産ほど高い収益率が期待されるという関係（リスクとリターンのトレードオフ）が成立すると考えられます．第9章では，この関係を数式で表現する主要なモデルを解説します．そのうちのひとつは上で言及した CAPM ですが，そのほか，APT と呼ばれるモデル，さらに，APT の一例であると考えることができるファーマ・フレンチの3ファクターモデルを丁寧に説明します．第10章では，多数存在するオプションモデルのうちもっとも広く知られているブラック・ショールズモデルを紹介します．最後に，第11章では，情報が証券価格にどう影響するかという点を効率的市場仮説と呼ばれる仮説の観点から検討します．

一部の章，節，項，あるいは練習問題に，アスタリスク（*）を付けています．これは，それらがやや進んだ内容であることを示しています．なお，本書は * が付いた箇所を読まなくても，それ以外の部分はおおよそ理解できるように構成してあります．したがって，入門的な内容だけを学習したい場合は，* が付いている箇所を読み飛ばしてください．また，随所に（注）で説明を補足しています．注は主に補促的な点についての注釈なので，本書をざっと読みたい場合は，注を読み飛ばしても構いません．また，本文の章末付録や Web 付録は，それらについて特段の関心がないのであれば，読む必要はありません．なお，Web 付録は有斐閣のホームページで閲覧できます．

著者として残念に思うことは，本書の執筆方針がページ数を増やす方向に働いたという点です．なぜならば，本書を大部の入門書にしたくないという考え（方針）もあったからです．これらの矛盾する方針のそれぞれをある程度満足するために，実務家にとって優先度の高いトピックであるスワップや投資信託，あるいは，CMA の指定参考書で取り上げられている効用理論やオプションの理論価格（我々の専門領域でもあります）の導出等については，ページを割けませんでした．

なお，可能な限り誤植等の誤りが残らないように努めました．また，できるだけ平易な説明を心掛けました．しかし，まだこれらの点で不十分な箇所があるかもしれません．本書発行後，著者が気づいた誤りあるいは読者が理解しづ

らいかもしれない箇所については，適宜，本書のウェブサポートページに正誤表，あるいは，補足説明を掲載する予定です。

　最後に，本書を執筆する機会を作ってくださった早稲田大学大学院経営管理研究科の大村敬一教授に感謝を表します。また，法政大学経営学部の金瑢晋教授と山嵜輝教授はすべての章を，4年次生の古川雄輝さん（現在千葉銀行勤務）は第1章から第9章までを丁寧に読んで，的確なコメントを下さいました。これらのコメントの結果，本書の内容が著しく改善したことについてこの場で謝意を表します。また，有斐閣の藤田裕子さんには執筆期間を通じて温かい激励と専門的なアドバイスをいただきました。さらに，藤田さんには様々な要望に応えていただき，お陰で本書を予定通り書き終えることができました。ありがとうございます。

　　　2019年初秋

岸本　直樹
池田　昌幸

ウェブサポートページのご案内

　以下のページで，本書のWeb付録などを提供しています。ぜひご利用ください。

http://www.yuhikaku.co.jp/books/detail/9784641184473

著者紹介

岸本 直樹（KISHIMOTO Naoki）
法政大学経営学部教授

東京大学経済学部卒業。ニューヨーク大学経営大学院博士課程修了（Ph.D. 取得）。デューク大学フクア経営大学院助教授，筑波大学社会工学系助教授を経て現職。専門は債券，先物，オプション，証券化商品の価格理論。主な著作に "Pricing Contingent Claims Under Interest Rate and Asset Price Risk," *Journal of Finance*, Vol. 44, 1989, pp. 571-589, "Pricing Path Dependent Securities by the Extended Tree Method," *Management Science*, Vol. 50, 2004, pp. 1235-1248, "Prepayment Behaviors of Japanese Residential Mortgages," *Japan and the World Economy*, Vol. 30, 2014, pp. 1-9（金瑢晋氏との共著）などがある。

池田 昌幸（IKEDA Masayuki）
早稲田大学商学学術院教授

東京大学経済学部卒業。東京大学大学院経済学研究科博士課程退学，東京工業大学より博士（学術）を取得。東北大学経済学部助教授などを経て現職。専門は派生証券を含む資産価格理論および企業金融理論。主な著作に "Default Premiums and Quality Spread Differentials in a Stochastic Interest Rate Economy," *Advances in Futures and Options Research*, Vol. 8, 1995, pp. 175-202, "Equilibrium Preference Free Pricing of Derivatives under the Generalized Beta Distributions," *Review of Derivatives Research*, Vol. 13, 2010, pp. 297-332,『長期投資の理論と実践』東京大学出版会，2019 年（安達智彦氏との共著）などがある。

目　次

＊印のついた節や項は発展的な内容を扱っています

第1章　利子率，将来価値，現在価値 ──── 1
1.1　イントロダクション ……………………………………… 1
1.2　将来価値 ………………………………………………… 3
1 複利期間後の将来価値　3
複数の複利期間が経過した後の将来価値　3
1.3　複利と単利 ……………………………………………… 6
複　利　6
単　利　7
1.4　現在価値 ………………………………………………… 8
1.5　複数のキャッシュフローがある場合 …………………… 10
1.6　様々な複利期間 ………………………………………… 11
イントロダクション　11
1年複利　12
半年複利　13
1か月複利　14
$(\frac{1}{k})$ 年複利　15
連続複利＊　15
1.7　複利について知っておくとよいこと ……………………… 19
複利期間が短くなるほど将来価値は大きく，現在価値は小さくなる　19
実効年利率　19
利子の支払い頻度と複利期間との関係＊　20
複利期間当たり利子率と年利率の関係　21
金利計算の対象期間が複利期間の整数倍でないケース＊　22
1.8　現在価値と将来価値から利子率を計算 ……………… 23
1.9　練習問題 ………………………………………………… 25

第2章　債券入門 ──── 29
2.1　債券の基本的な仕組みと用語 ………………………… 29
債券市場　31
2.2　債券の多様性 …………………………………………… 33
発行日から償還期限までの期間の長さによる分類　33

クーポンによる分類　34
　　　発行者による分類　34
　　　デリバティブが組み込まれた債券　38
　　　償還の方式　39
　　　デフォルトに関連する条項　40
　　　格　付　け　41
　　　証券化商品　42
　2.3　最終利回り ･･･　43
　　　単利最終利回り　44
　　　複利最終利回り（半年複利）　45
　　　単利最終利回りと複利最終利回りの関係　49
　　　割引債の最終利回り　50
　　　最終利回りと債券価格の関係　51
　2.4　債券投資のリスク ･･　53
　　　金利リスク　53
　　　デフォルトリスク　56
　　　為替リスク　58
　　　途中償還リスク　58
　　　流動性リスク　59
　　　再投資リスク　59
　　　債券投資のリスクと最終利回りの有効性　63
　2.5　債券属性が最終利回りと債券投資のリスクに及ぼす影響 ････････　64
　　　残存期間　65
　　　クーポンレート　67
　　　発行者と格付け　68
　　　組み込まれたデリバティブ　69
　　　流　動　性　69
　　　債券の価格と最終利回りはどう決まるか　69
　2.6　付録：一般的な複利最終利回りの公式* ････････････････････････　70
　2.7　練習問題 ･･　72

第3章　債券分析の基礎　　　　　　　　　　　　　　75
　3.1　金利の変動要因 ･･　75
　3.2　債券価格の金利感応度の導出* ･･････････････････････････････････　78
　　　債券価格の変化を直線で近似する　79
　3.3　修正デュレーションとマコーレイのデュレーション* ･･･････････　82
　3.4　イールドカーブ分析* ･･　86

イールドカーブの導入　87
イールドカーブを使った債券の価格付け　89
イールドカーブの変化　90
イールドカーブの形状を説明する理論　91
イールドカーブの利用　94

3.5 債券投資の方法 …………………………………………… 95
投資プロセス　95
債券投資の方法　96
アクティブ運用の例　97
パッシブ運用の例　99

3.6 練習問題 ………………………………………………… 100

第4章　株式入門 ───────────────────── 103

4.1 株式の基本的な仕組みと用語 ………………………… 103
会　　社　103
株　　式　104
種類株式　106

4.2 株式発行市場 …………………………………………… 107
有償増資　107
新株予約権の行使と株式分割　108

4.3 株式流通市場 …………………………………………… 110
株式流通市場の概略　110
取引所における株式売買のプロセス　111
東京証券取引所における株式売買制度　112
上場株式等の信用取引制度　114
上場株式の清算と決済　116
東京証券取引所における投資部門別株式売買状況　116
株価指数　117

4.4 配当割引モデル ………………………………………… 118
割り引くキャッシュフローが不確実な場合の現在価値計算の例　119
一般的な配当割引モデル　121
定率成長モデルおよびゼロ成長モデル　122
配当割引モデルの利用　124
定率成長モデルのインプットの予想と推定　126

4.5 株式評価のための指標 ………………………………… 128
株式評価のための主要な指標　128
PERの利用に当たって知っておくとよい点　131
PBRの利用に当たって知っておくとよい点　131

ROE および ROA の利用に当たって知っておくとよい点　　132
4.6　株式投資のリスクとリターン　　133
株式投資のリスクとリターン　　133
株価の変動要因　　134
4.7　株式投資の方法　　136
株式投資のパッシブ運用　　137
株式投資のアクティブ運用　　138
4.8　付録：無限等比級数の公式の導出*　　139
4.9　練習問題　　140

第5章　先物入門　　143
5.1　先渡取引と先物取引の基本的な仕組みと用語　　143
先渡・先物取引に発生する損益　　145
5.2　先渡取引と先物取引の市場　　147
日本の銀行および証券会社の先渡・先物取引の残高　　147
日本の主要な先物取引　　149
5.3　先物取引の仕組み　　150
標準化　　150
証拠金制度と値洗い　　154
反対売買　　155
最終決済　　156
5.4　先渡契約と先物契約の理論価格　　157
CCM の仮定　　157
2つの投資戦略　　158
2つの投資戦略の比較　　160
裁定取引を使って理論価格を導出　　161
価格ベースの CCM　　164
CCM の性質と妥当性　　166
5.5　CCM の日経平均先物への応用　　168
5.6　先渡・先物の利用方法とリスク・リターン　　171
先渡・先物を使ったヘッジ　　171
裁　　定　　173
投　　機　　174
5.7　付録：スワップ*　　175
5.8　練習問題　　177

第6章 オプション入門 —— 179

- 6.1 オプションの基本的な仕組みと用語 …… 179
- 6.2 オプションに発生するキャッシュフローと損益 …… 182
  - コールの買い手が受け取るキャッシュフローと損益　182
  - コールの売り手に発生するキャッシュフローと損益　185
  - プットの買い手が受け取るキャッシュフローと損益　187
  - プットの売り手に発生するキャッシュフローと損益　190
- 6.3 オプション市場 …… 191
  - 日本の銀行および証券会社のオプション取引　191
  - 日本の取引所で取引されている主要なオプション　192
- 6.4 オプション取引の仕組み …… 193
  - 標準化　193
  - 証拠金制度と値洗い　195
  - 反対売買　196
  - 権利行使と割当て　196
- 6.5 オプションを使った投資戦略とそのリスク・リターン …… 197
  - 単一のオプションへの投資　197
  - プロテクティブ・プット　200
  - カバード・コール　203
  - ストラドル　204
  - オプションを使った裁定取引　206
- 6.6 練習問題 …… 207

第7章 ポートフォリオ理論のための統計学 —— 209

- 7.1 収益率 …… 209
- 7.2 離散型の確率変数 …… 210
- 7.3 期待値 …… 213
- 7.4 分散 …… 214
- 7.5 標準偏差 …… 218
- 7.6 共分散と相関係数のイントロダクション …… 220
- 7.7 点の相対的位置を数値化する方法 …… 222
- 7.8 共分散 …… 225
- 7.9 相関係数 …… 227
- 7.10 練習問題 …… 230

第8章 ポートフォリオ理論入門 ───── 233

- 8.1 概　観 ……………………………………………… 233
- 8.2 ポートフォリオ理論の仮定 ……………………… 234
  - 無差別曲線　236
- 8.3 ポートフォリオの期待収益率と標準偏差 ……… 239
  - ポートフォリオの収益率　239
  - ポートフォリオの期待収益率　240
  - ポートフォリオの分散　241
- 8.4 危険資産だけを組み入れたポートフォリオ …… 242
  - 危険資産と安全資産　243
  - 2危険資産を組み入れたポートフォリオ　244
  - 分散投資の効果　247
  - 3危険資産を組み入れたポートフォリオ　247
  - 3危険資産を組み入れたポートフォリオを無数に生成　249
  - 多数の危険資産を組み入れたポートフォリオ　250
- 8.5 安全資産と危険資産を組み入れたポートフォリオ …… 252
  - 安全資産と1危険資産を組み入れたポートフォリオ　252
  - 安全利子率で借り入れて1危険資産に投資したポートフォリオ　254
  - 安全資産と多数の危険資産を組み入れたポートフォリオ　258
- 8.6 最適ポートフォリオの選択 ……………………… 259
  - 最適ポートフォリオを決定する枠組み　259
  - 安全資産が存在しない場合の最適ポートフォリオ　259
  - 安全資産が存在する場合の最適ポートフォリオ　260
- 8.7 ポートフォリオ理論の利用とメッセージ ……… 262
  - ポートフォリオ理論の利用例　263
  - 分散投資の効果　264
  - 安全資産の組み入れによるリスクの調整　267
- 8.8 付録：リスク許容度が無差別曲線群と最適ポートフォリオに及ぼす影響等* ……………………………… 267
  - リスク許容度が無差別曲線群と最適ポートフォリオに及ぼす影響　267
  - 3資産以上を組み入れたポートフォリオの分散　269
- 8.9 練習問題 ………………………………………… 270

第9章 リスクとリターンのトレードオフモデル ───── 271

- 9.1 リスクとリターンのトレードオフ ……………… 272
- 9.2 CAPMの概観 …………………………………… 273

目次

- 9.3　CAPM の仮定 ………………………………………… 274
- 9.4　市場ポートフォリオ …………………………………… 275
- 9.5　$\mathrm{E}[R_p]$ と σ_p に対する個別資産の影響 ……………… 277
- 9.6　ベータ …………………………………………………… 281
  - ベータの推定　281
  - ベータの性質　284
- 9.7　CAPM の直観的導出 …………………………………… 285
- 9.8　ファクターモデル* …………………………………… 290
- 9.9　ＡＰＴ* ………………………………………………… 293
  - APT の直観的導出　294
  - ＡＰＴ　299
- 9.10　APT の具体例* ………………………………………… 300
  - マクロファクターモデル　301
  - ファーマ・フレンチの3ファクターモデル　302
- 9.11　CAPM と APT* ………………………………………… 306
- 9.12　トレードオフモデルの利用 …………………………… 307
  - 株式ポートフォリオの運用　307
  - ポートフォリオのパフォーマンス評価　308
  - 株主資本コストの推定　311
- 9.13　練習問題 ………………………………………………… 312

第 10 章　ブラック・ショールズモデル* ───── 315

- 10.1　オプションモデルについての概説 …………………… 315
- 10.2　自然対数と正規分布のエッセンス …………………… 316
  - 自然対数とは何だろう？　316
  - 正規分布とは何だろう？　317
  - 標準正規分布　321
- 10.3　確率過程と幾何ブラウン運動のエッセンス ………… 321
- 10.4　ＢＳＭ ………………………………………………… 324
- 10.5　オプション価格に影響を及ぼす変数 ………………… 327
  - 原資産価格のコール価格に対する影響　327
  - 原資産価格のプット価格に対する影響　328
  - 行使価格の影響　329
  - ボラティリティの影響　329
  - 失効日までの期間の長さの影響　330
  - 金利の影響　330

原資産の期待収益率の影響　331
10.6　インプライド・ボラティリティ ……………………………… 331
10.7　アメリカン・オプション ……………………………………… 333
10.8　練習問題 ……………………………………………………… 335

第11章　効率的市場仮説 — 337
11.1　効率的市場とは何か ………………………………………… 337
効率的市場とはどんな市場か　338
市場の効率性と投資収益　340
効率的市場仮説の3分類　340
市場効率性の検証　342
11.2　ウィーク型の効率性 ………………………………………… 342
ランダム・ウォークモデル　343
11.3　セミストロング型の効率性 ………………………………… 345
イベント・スタディ*　346
11.4　ストロング型の効率性 ……………………………………… 349
11.5　アノマリー …………………………………………………… 351
11.5.1　ウィーク型の効率性に反するアノマリー　352
株価の時系列のパターン　352
バブル　353
11.5.2　セミストロング型の効率性に反するアノマリー　354
小型株効果　355
簿価・時価比率　355
11.5.3　ストロング型の効率性に関連する不思議な現象　355
11.6　練習問題 ……………………………………………………… 356

参考文献 — 359

索　引 — 363

本書のコピー, スキャン, デジタル化等の無断複製は著作権法上での例外を除き禁じられています。本書を代行業者等の第三者に依頼してスキャンやデジタル化することは, たとえ個人や家庭内での利用でも著作権法違反です。

第1章 利子率，将来価値，現在価値

　本章では，金利計算のための基本的な公式と，それらの背後にある考え方を学習します。具体的には，1.2節から1.4節にかけて金利を使った代表的な計算である将来価値計算と現在価値計算を学びます。次に，1.5節ではそれらの計算を，対象とする金額が複数ある場合に拡張します。また，1.6節では金利計算の基礎となる期間が1年，半年，1か月，極小である場合のそれぞれについて金利計算を論じます。さらに，1.7節では金利計算について知っておくとよいことを指摘します。最後の1.8節では，現在価値と将来価値が外生的に与えられているとき，それらの値と整合的な金利をどのように求めればよいかという問題を解きます。なお，金利計算は，預貯金だけでなく，それに類する資産や負債，さらに，第2章以降で学習する債券，株式，先物，オプションにも必須なので，しっかり理解するように努めてください。

1.1　イントロダクション

　まず，例として，今日100万円を1年定期預金（1年間預け入れることが予め定められている預金）に預け入れるケースを考察しましょう。また，この預金には1年当たり10%の利子が付くと仮定します。このとき，預金者は1年後に，預け入れ金額（通常，元本と呼ばれます）の100万円のほか，元本の10%，すなわち，100万円に0.1を掛け合わせて得られる10万円を利子として受け取れます。したがって，両方の金額の和は次の計算で求められます。

$$100\text{万円} + 0.1 \times 100\text{万円} = (1 + 0.1) \times 100\text{万円}$$

　ここで，基本的な用語を解説します。まず，**元本**（principal）をより一般的に定義すると，それは当初預け入れる金額だけでなく，必ずしも利子が付かない種類の資産に投資する金額や，あるいは，借り入れる金額を意味するのにも使います。また，上の例の10万円は，通常，**利子**あるいは**利息**，英語では

interest と呼ばれます．さらに，利子の元本に対する比率は**利率**，**利子率**あるいは**金利**，英語では interest rate あるいは rate of interest と呼ばれます．ただし，利率，利子率，金利等の正確な意味は，それらの用語を使う人，対象の資産あるいは負債，さらに，文脈によって異なります．第1章から第3章にかけてそれらの例を紹介します．

上の定期預金の例から分かるように，金利が正のとき，今日の100万円は，預金することによって将来それ以上の金額に増やすことができます．したがって，その意味において，今日の100万円は1年後の100万円と同じものではありません．この点を，りんごを使ってたとえれば，今日のお金と1年後のお金は種類の違うりんごのようなものだと言えます．なぜならば，種類の違うりんごは，大雑把に見れば同じものに見えるかもしれませんが，通常，値段が違いますから，価値の点から言えば，異なったものとして扱うべきだからです．このように考えると，異なる時点で支払ったり受け取ったりする（以下，「授受する」と言います）お金は別々のものとして扱うべきで，それらをそのまま足したり，引いたりしてはいけないことが分かります．

それでは，どうしたらよいでしょう．上の例の場合，今日の100万円は1年後の110万円と同じ価値があるとみなすことができます．なぜならば，誰でも今日100万円預金すれば，1年後に110万円を受け取ることができるからです．したがって，この点を一般化すると，異時点で授受するお金は，すべて将来の特定時点のお金に換算し，その後，足し算や引き算をすればよいということになります．これが本章で学習する**将来価値計算**です．他方，上の例の場合，1年後の110万円は，今日の100万円と同じ価値があるとみなすことができました．したがって，この点を一般化すると，異時点で授受するお金は，すべて現時点のお金に換算し，その後，足し算や引き算をすればよいとも言えます．これが本章で学習する**現在価値計算**です．なお，本章で扱う**金利計算**には，将来価値計算と現在価値計算のほか，1.8節で解説する，現在価値と将来価値から利子率を求める計算があります．

なお，このようにお金は授受する時点が重要ですから，cash（現金）に授受を暗示する flow（流出入）を付けて**キャッシュフロー**（cash flow, CF）と呼びます．なお，キャッシュフローは，単に授受する現金という意味ですから，任意の資産や負債に発生する現金について使うことができます．また，支払うことを明確にしたいときはキャッシュ・アウトフロー（cash outflow），受け取るこ

とを明確にしたいときはキャッシュ・インフロー（cash inflow）という表現を使います。さらに，一般に，金利が正のとき，同じ金額でも時間的に先に授受するキャッシュフローの方が，後で授受するキャッシュフローより高い価値があります。この性質を**貨幣の時間価値**（time value of money）と言います。

1.2　将来価値

一般的に，ある金額 A 円が将来の特定の時点で B 円の価値があると考えられるとき，B 円を A 円の**将来価値**（future value, FV）あるいは終価と呼びます。たとえば，先ほどの定期預金の例では，今日の 100 万円が 1 年後に 110 万円になりました。したがって，1 年後の 110 万円は，100 万円の将来価値であると言えます。

1 複利期間後の将来価値

1.1 節の定期預金の例では，今日の 100 万円が 10% の率で増加したので，$(1+0.1)$ を 100 万円に掛けて将来価値を計算しました。これを一般化すると，A 円が特定の期間に i（先ほどの例では 0.1）の率で増加するとき，その特定期間後の将来価値は $(1+i)A$ 円で計算できます。したがって，A 円の将来価値を $\mathrm{FV}(A)$ で表すと，それは次の式で計算できます。

$$\mathrm{FV}(A) = (1+i)A \tag{1.1}$$

このように A 円が i の率で増加する期間は，1.3 節で紹介する複利計算の基本単位となる期間なので，本書では**複利期間**（compounding period, compound period）と呼ぶことにします。また，増加する率 i を**複利期間当たり利子率**（periodic interest rate, per-period rate）と呼ぶことにします。

（注）これらの英語表現は，ブリーリー他 [2014], ロス他 [2012] 等の英語のコーポレート・ファイナンスの教科書では必ず解説される重要語句です。しかし，残念ながら日本語に定訳がありません。そこで，本書ではそれらの直訳をあてました。

複数の複利期間が経過した後の将来価値

次に，今日から将来の特定時点までの間に複数の複利期間が存在する場合について将来価値計算を学習しましょう。

(例) 今日 100 万円を 1 年定期預金に預け入れ, 1 年後に元本と利子 (両方を合わせて**元利合計**, 元利金, 元利と呼びます) を受け取り, 再び 1 年定期預金に預け入れるとしましょう (実務上は預け入れる際に自動継続を選択すれば, 1 年後に預金者が指示をしなくても元利合計が再び 1 年定期預金に預け入れられます)。さらに, 2 年後に元利合計を受け取り, 再び 1 年定期預金に預け入れるとしましょう。このとき, もし今日, 1 年後, さらに, 2 年後の 1 年定期預金金利がすべて 10% であるならば, 3 年後に受け取る元利合計がいくらになるか計算してみましょう。

まず, 今日 1 年定期預金に預け入れた 100 万円は, 1 年後には $(1+0.1) \times$ 100 万円の計算により 110 万円になります。次に, 1 年後にこの 110 万円を再び 1 年定期預金に預け入れると, 2 年後には $(1+0.1) \times$ 110 万円 = 121 万円になります。最後に, 2 年後にこの 121 万円を再び 1 年定期預金に預け入れると, 3 年後には $(1+0.1) \times$ 121 万円 = 133.1 万円になります。さて, このようにして 133.1 万円を計算しましたが, この計算は今日の元本 100 万円に $(1+0.1)$ を 3 回掛け合わせています。したがって, 3 年後に受け取る元利合計は元本 100 万円に $(1+0.1)$ の 3 乗を掛け合わせて計算できます。

$$(1+0.1) \times (1+0.1) \times (1+0.1) \times 100 \text{万円} = (1+0.1)^3 \times 100 \text{万円}$$

上の例を一般化して, 複利期間当たり利子率が i のとき, A 円の m 複利期間後の将来価値 FV(A) を計算することを考えてみましょう。まず, 複利期間当たり利子率がすべて i なので, 1 複利期間ごとに価値が $(1+i)$ 倍増えます。また, 複利期間が m 期あるので, $(1+i)$ 倍を m 回繰り返します。したがって, FV(A) は A 円に $(1+i)^m$ を掛け合わせれば計算できます。これを数式で表すと次式を得ます。

$$\text{FV}(A) = \underbrace{(1+i) \cdots (1+i)}_{m \text{ 回の掛け算}} A = (1+i)^m A \tag{1.2}$$

換言すると, A 円に $(1+i)^m$ を掛ければ将来価値が計算できます。したがって, 将来価値計算のポイントは $(1+i)^m$ であり, これには**将来価値係数** (future value interest factor, FVIF) あるいは終価係数という名称が付いています。ただし, 係数とは掛け算において変数に掛け合わされる要素を指します。

(例) 鈴木さんは, ちょうど 22 歳になったときに就職し, 就職後の最初の

1 年間に 45 万円を貯金することができました．もし鈴木さんがこの 45 万円を毎年 2% の率で増やすことができれば，鈴木さんが 65 歳に達する時点でこの 45 万円はいくらになるでしょうか．この問題を解くために (1.2) 式を利用しましょう．まず，A は 45 万円です．また，複利期間は 1 年とし，複利期間当たり利子率 i は 2% とすればよいです．さらに，複利期間の期数 m は 65 歳から 22 歳を差し引いて 43 年です．これらの数値を (1.2) 式に代入すると次式を得ます．

$$\text{FV}(45\text{万円}) = (1 + 0.02)^{43} \times 45\text{万円} = 105\text{万}4435\text{円}$$

ちなみに，もし鈴木さんが毎年 6% の率で 45 万円を増やすことができれば，45 万円の将来価値は 551 万 2705 円になります．この結果から，長期間の投資において利子率の大小が将来価値を大きく左右することが分かります．

iPhone iPhone の標準アプリの 1 つである「計算機」は，iPhone を横向きにすると関数電卓になります．その状態で $\boxed{1}$ $\boxed{.}$ $\boxed{0}$ $\boxed{6}$ $\boxed{x^y}$ $\boxed{4}$ $\boxed{3}$ $\boxed{=}$ の順にキーを押すと，1.06^{43} が計算できます．

Excel POWER 関数を使えば 1.06^{43} のようなべき乗を計算できます．POWER 関数の引数（入力する値）は，Excel の用語を使えば，「数値」と「指数」であり，上の例の場合，それぞれ 1.06 と 43 を入力すればよいのです．具体的には，任意の「セル」に "= POWER(1.06, 43)" と入力します．また，Excel では "^"（ハット）を使ってべき乗を計算できます．たとえば，1.06^{43} は任意のセルに "= 1.06^43" と入力すればよいです．

Excel また，FV 関数を使って将来価値を計算できます．FV 関数の引数には，Excel の用語を使うと，「利率」「期間」「定期支払額」「現在価値」「支払期日」の 5 つがあります．ただし，上の 45 万円の将来価値を計算する例の場合，「利率」「期間」「現在価値」の 3 つの引数に適切な数値を入力すればよいです．具体的には，「利率」に複利期間当たり利子率の 0.06，「期間」に複利期間の期数の 43，「現在価値」に -450000 を入れ，"= FV(0.06, 43, , −450000)" と入力すれば将来価値の 551 万 2705 円を求めることができます．

なお，Excel の関数の一部（たとえば，FV 関数等の財務に関連するもの）では，キャッシュフローの受け取りと支払いを，数値に正負の符号を付けるこ

とによって区別します．たとえば，上の FV 関数の例で，"–450000" と入力したのは，45 万円が支払う金額だからです．そして，43 年後に受け取る金額である 551 万 2705 円は正の符号が付いた状態で表示されます．なお，引数（0.06,43,,–450000）のうち 43 と –450000 の間が空欄になっているのは「定期支払額」を入力していないからです．また，「支払期日」は，キャッシュフローの授受が各期の期首で発生するか，期末で発生するかを指定するための引数です．たとえば，キャッシュフローの授受が各期の期末で発生する場合は，「支払期日」の箇所を空欄にしたままにするか 0 を入力します．他方，キャッシュフローの授受が各期の期首に発生する場合は，「支払期日」の箇所に 1 を代入します．

1.3 複利と単利

複　利

一般に，金利計算において「途中で授受する利子にさらに利子を付ける」ことを仮定するとき，その計算方式あるいは利子を**複利**（compound interest）と呼びます．たとえば，1.2 節で学習した将来価値を計算する公式 (1.2) には，この特徴付けが当てはまるので，複利の計算式であると言えます．以下では，(1.2) 式を具体的な数値例に適用してこの点を確認します．

> （例）　100 円を金利 10% の 1 年定期預金に自動継続で 2 年間預け入れるケースを考えましょう．この場合，(1.2) 式を適用するに当たって元本 A は 100 円，複利期間当たり利子率 i は 10%，複利期間の期数 m は 2 とみなせます．したがって，(1.2) 式にこれらの数値を代入して次式を得ます．
>
> $$\mathrm{FV}(100\,円) = (1 + 0.1)^2 \times 100\,円 = 121\,円$$

それでは，図 1-1 を見ながらこの 121 円に「利子に付いた利子」（interest on interest）が含まれていることを確認しましょう．まず，預け入れた 100 円は 1 年後に元利合計で 110 円になります．もちろん，その内訳は，当初の元本の 100 円と，それに対する利子の 10 円です．次に，この 110 円をもう 1 年間，1 年定期預金に預け入れるとき，110 円の要素である当初元本の 100 円と利子の 10 円のそれぞれに何が起こるか見てみましょう．第 1 に，当初の元本である 100 円には 10% の利子が付くので 0 時点から見て 2 年後には元利合わせて

図 1-1 100 円を金利 10% の 1 年定期預金に 2 年間預け入れる

110 円になります。第 2 に，1 年後に受け取る利子の 10 円にも 10% の利子が付くので 0 時点から見た 2 年後には元利合わせて 11 円になります。したがって，これらの 110 円と 11 円を合計した 121 円が 0 時点から見て 2 年後の元利合計になります。さて，この 121 円のうち，1 円は 1 年後に受け取った利子 10 円を次の 1 年間再び預け入れたことによって得た利子です。すなわち，この 1 円が「利子に付いた利子」なのです。

なお，本書で学習する利子率，将来価値，現在価値の計算およびそれらの株式等への応用は，主に複利に基づいています。

(注) 複利には「途中で授受する利子に利子を付ける」という特徴があります。そのような特徴が生まれるのは，上記の数値例から分かるように，預金者が（実際にそうするかどうかは別にして）受け取った利子を同じ金利で再投資することが仮定されているからです。実は，一般に，将来価値あるいは現在価値の計算をするためには，途中で授受するキャッシュフローをどのように再投資するかという点について仮定をおかなければなりません。なぜならば，たとえば，上記の数値例においても 1 年後に受け取る元利合計を再投資するかどうか，また，再投資する場合どの金利で再投資するかを特定していなければ，将来価値が計算できないからです。ちなみに，複利では，途中で授受する利子がない金融資産や負債に対しても仮説的に同一金利で再投資することを仮定して金利計算をします。

単　利

単利の意味するところをはっきりさせるため，まず，上記の複利の将来価値を特徴付けると，それは，元本の 100 円と利子 2 年分の 20 円に，利子に付く利子の 1 円を足して 121 円とする計算でした。これに対して，**単利** (simple interest) では，「途中で授受する利子に利子を付けない」で将来価値や現在価値を計算します。たとえば，もし上記の 100 円の将来価値計算を単利で行うならば，利子に付く利子の 1 円を加えないので，将来価値は元本の 100 円と

利子2年分の20円を足した120円になります。また通常，**単利の場合，利子率は1年当たりの利子率として表示されます**。したがって，単利の場合，ある金額（元本）の一定の年数後の将来価値は，元本に，1年当たりの利子率に年数を掛け合わせたものを足せば求めることができます。すなわち，次式で計算できます。

$$[1 + (1年当たりの利子率) \times (年数)] \times (元本) \tag{1.3}$$

本書では，単利を多用していません。しかし，実務では，日本だけでなく，諸外国でも短期の金融取引をはじめとする様々な金融資産や負債で単利が使われます。

(注) 単利では，「途中で授受する利子に利子を付けない」のですが，それは，仮に途中で授受する利子があったとしても計算上，利子を再投資しないと仮定しているので，利子に利子が付かないからです。さらに，単利は，途中で授受する利子がない金融資産や負債に対しても使われますが，その場合，1年につき一定の利子を授受するが，それらの利子には利子が付かないと仮定して金利計算をしていると解釈することができます。

1.4　現在価値

一般に，将来の特定時点で授受する B 円の現時点における価値を，B 円の**現在価値**（present value, PV）あるいは現価と呼びます。本節では，まず，1.1節の数値例を使って現在価値を考えます。この数値例のように，もし1年定期預金の金利が10%であれば，誰でも今日100万円を1年定期預金に預け入れることによって1年後に110万円を手にすることができます。したがって，1年後の110万円の現在価値は100万円であると考えられます。

次に，この考え方を一般化します。仮に複利期間当たり利子率が i であるとき，今日の x 円は，m 複利期間後に $(1+i)^m x$ 円になります。したがって，m 複利期間後の B 円の現在価値は，次の式を x について解けば求めることができます。

$$(1+i)^m x = B$$

上の式を x について解くと，m 複利期間後の B 円の現在価値 PV(B) が次の

式で計算できることが分かります。

$$\mathrm{PV}(B) = \frac{B}{(1+i)^m} \tag{1.4}$$

換言すると，B 円を $(1+i)^m$ で割れば B 円の現在価値が計算できます。したがって，現在価値計算のポイントは B 円の係数の $\frac{1}{(1+i)^m}$ です。この係数には**現在価値係数**（present value interest factor, PVIF）あるいは現価係数という名称が付けられています。ちなみに，(1.4) 式を使って 1 円の現在価値を求めると，$\frac{1\,\text{円}}{(1+i)^m}$ が得られますが，これは現在価値係数に円の単位を付けたものになっています。したがって，現在価値係数は将来授受する 1 円の現在価値を表していると言えます。また，現在価値を求めることを，日本語では**割り引く**と言いますが，英語でも discount と言います。したがって，現在価値計算で使う i は日本語では**割引率**，英語では discount rate と呼ぶことがあります。さらに，現在価値係数は，**ディスカウント・ファクター**（discount factor）と呼ばれることがあります。

> **Excel** 現在価値を計算するための関数として PV 関数が用意されています。PV 関数の引数は，FV 関数とほぼ同じで，「利率」「期間」「定期支払額」「将来価値」「支払期日」の 5 つです。ただし，(1.4) 式の計算を行う場合，「利率」「期間」「将来価値」の 3 つの引数に適切な数値を入力すれば求められます。たとえば，金利が 4% のとき，10 年後の 1000 万円の現在価値は，"= PV(0.04, 10, , −10000000)" と入力して 675 万 5642 円を得ることができます。

次に，単利として表示された利子率を使って現在価値を計算する方法を学びましょう。そのために，前節の (1.3) 式を見てください。この式の「元本」は現在価値と言い換えることができます。また，この式が与える数値は将来価値です。したがって，(1.3) 式を次式のように表現することができます。

$$将来価値 = [1 + (1\,年当たりの利子率) \times (年数)] \times (現在価値) \tag{1.5}$$

(1.5) 式の両辺を $[1 + (1\,年当たりの利子率) \times (年数)]$ で割ると次式を得ます。

$$現在価値 = \frac{将来価値}{1 + (1\,年当たりの利子率) \times (年数)} \tag{1.6}$$

したがって，(1.6) 式を使えば，単利で与えられた金利を使って現在価値を計算することができます。

1.5　複数のキャッシュフローがある場合

今までの節では，キャッシュフローが1回だけ発生するケースについて将来価値と現在価値を学習しました。それでは，キャッシュフローが複数回発生する場合にはどのように将来価値と現在価値を計算すればよいのでしょうか。実は，1.1節でも述べたように，各キャッシュフローを将来の特定時点における将来価値に換算し直せば，足したり引いたりすることができるので，それらの足し算あるいは引き算によってキャッシュフロー全体の将来価値を計算することができます。また，逆に各キャッシュフローの現在価値を計算すれば，それらを足したり引いたりすることができるので，それらの足し算および引き算によってキャッシュフロー全体の現在価値を計算することができます。1.1節のりんごのたとえを使うと，これらの計算は同じ種類のりんごに置き換えてそれらを足し合わせる作業であると解釈することができます。

（例）ある大学の授業料等の納付金が入学時に112万6000円であり，1年後，2年後，3年後の納付金がそれぞれ85万2000円であるとします。このときこれら納付金全体の4年後の将来価値と入学時点の現在価値をそれぞれ計算してみましょう。ただし，複利期間は1年，複利期間当たり利子率は1%であると仮定します。まず，将来価値を計算するには，(1.2)式を各キャッシュフローに適用し，それらを足します。

$$FV = 1.01^4 \times 112万6000 + 1.01^3 \times 85万2000$$
$$+ 1.01^2 \times 85万2000 + 1.01 \times 85万2000$$
$$= 117万1720 + 87万7816 + 86万9125 + 86万520$$
$$= 377万9181 円$$

この377万9181円は，4回の納付金を大学に納めないで1年当たり1%の金利が付く1年定期預金に預け入れ続けた場合，4年後に元利合計がいくらになっているかを表します。

次に，4回の納付金全体の現在価値を計算してみましょう。この問題を解くには，(1.4)式を各キャッシュフローに適用し，それらを足します。

$$PV = 112\,万\,6000 + \frac{85\,万\,2000}{1.01} + \frac{85\,万\,2000}{1.01^2} + \frac{85\,万\,2000}{1.01^3}$$
$$= 112\,万\,6000 + 84\,万\,3564 + 83\,万\,5212 + 82\,万\,6943$$
$$= 363\,万\,1719\,円$$

したがって，入学時点に 363 万 1719 円を用意しておき，納付金の支払いに使わないお金は金利 1% の 1 年定期預金に預けておけば，在学 4 年間に支払わなければならない納付金をちょうどまかなうことができます．ちなみに，同じ数値例で金利が 1% ではなく，6% であったとすると（事実，1990 年から 1991 年にかけて 1 年定期預金の金利は 6.08% でした），将来価値は 429 万 6722 円，現在価値は 340 万 3406 円になります．これらの金額を 1% の場合と比べると，**金利が高いほど，将来価値は高くなり，現在価値は低くなる**ことが分かります．さらに，一般に，他の条件が同じとき，**期間が長いほど，将来価値は大きくなり，現在価値は小さくなります．**

なお，ここで，貨幣の時間価値という概念を再確認しておきましょう．これまで論じてきたように，今日の 100 万円は将来 100 万円プラス利子に増えます．したがって，今日授受する 100 万円は，将来に授受する 100 万円より高い価値があります．この性質を貨幣の時間価値と呼びます．また，この性質があるため，異時点で授受するキャッシュフローを足したり，引いたりするときは，それらの操作をする前に各キャッシュフローを将来価値，あるいは，現在価値に変換しなければならないのです．

1.6 様々な複利期間

イントロダクション

最初に，キャッシュフロー発生時点から将来価値評価時点までの期間，あるいは，現在価値評価時点からキャッシュフロー発生時点までの期間を（本書だけで通用する用語ですが）**金利計算の対象期間**と呼ぶことにします．たとえば，前節の「ある大学の授業料等の納付金」の例で 112 万 6000 円の将来価値計算をしましたが，キャッシュフロー発生時点は「入学時」で将来価値評価時点は「4 年後」です．したがって，金利計算の対象期間は入学時からその 4 年後までの期間になります．さて，1.5 節まで学習した将来価値の公式 (1.2) および

現在価値の公式 (1.4) は，複利期間当たり利子率 i と，金利計算の対象期間の長さを複利期間の期数 m で表現されています。

しかし，実務上，金融資産や負債は，歴史的に形成された慣習等によって種類ごとに異なる複利期間が使われます。たとえば，本章で例として多用した定期預金には，複利期間に1年が使われます。しかし，ゆうちょ銀行の定額貯金には，複利期間に半年が使われます。さらに，住宅ローンや自動車を購入する際に使われるマイカーローンには，通常，複利期間に1か月が使われます。このように，金融資産あるいは負債の種類によって異なる複利期間が使われるのですが，複利期間当たりの利子率をそのまま表示すると，利用者の間で混乱が起こりかねません。そこで，利子率は，通常，複利期間当たり利子率 i ではなく，それを大雑把なやり方で1年当たりの率に換算したもので表示されます。本書ではこの率を**年利率**と呼ぶことにします。ちなみに，米国ではこの率は annual percentage rate (APR) あるいは stated annual interest rate と呼ばれます。なお，本節以降，年利率は r で表示し，金利計算の対象期間を年数で表すときは n で表すことにします。他方，これまで通り，複利期間当たり利子率は i で，また，金利計算の対象期間を複利期間の期数で表すときは m で表します。

(注) 年利率は「1年当たりの利子率」という意味で使われます。ただし，それが厳密に意味することは使う人によって異なります。本書では，本節で定義する意味でしか使いません。ちなみに，Excel では本書の年利率を「表面年利率」と呼んでいます。また，ゆうちょ銀行の定額貯金や複利型のスーパー定期預金の表示金利は，本書で言う年利率です。しかし，場合によってはそれとは異なる意味で年利率が使われることがあるので，その点を心に留めておいてください。なお，通常，利子率は1年当たりで表示されますが，場合によっては月利と言って1か月当たりで表示されることがあります。また，日歩と言って1日当たりの利子率で表示されることがあるかもしれません。その場合，利子率は，100円の元本に対して何銭何厘何毛の利息が付くという形で表示されます。

1年複利

1年を複利期間にとったとき，複利は**1年複利** (annual compounding) と呼ばれます。もちろんその場合，金利計算の対象期間の年数 n は，複利期間の期数 m と一致します。また，複利期間に1年をとったとき，複利期間当たり

利子率 i は1年当たりの利子率を表すので，それは年利率 r と同じ値のはずです．したがって，これらの関係（$m = n$ および $i = r$）を複利期間に基づいた将来価値の公式（1.2）および現在価値の公式（1.4）に代入すれば，年数 n と年利率 r で表現された公式が導出できます．

$$\mathrm{FV}(A) = (1+i)^m A = (1+r)^n A \tag{1.7}$$

$$\mathrm{PV}(B) = \frac{B}{(1+i)^m} = \frac{B}{(1+r)^n} \tag{1.8}$$

（例）利子率が1年複利で年利率 10% のとき，(1.7) 式を使って 100 円の3年後の将来価値を計算します．

$$\mathrm{FV}(100\,\text{円}) = (1+0.1)^3 \times 100\,\text{円} = 133.10\,\text{円}$$

半年複利

半年を複利期間にとったとき，複利は**半年複利**（semiannual compounding）と呼ばれます．もちろんその場合，1年間に複利期間が2期あるので，金利計算の対象期間の年数 n を2倍した $2n$ が，複利期間の期数 m が表す数値のはずです．したがって，m が表現すべき数値は図 1-2 の「複利期間」の行に記された $2n$ です．

また，半年複利の場合，複利期間当たり利子率 i は半年当たりの利子率を表します．したがって，これを1年当たりの利子率である年利率に換算するには，市場の慣習に従って i を2倍して $2i$ とすればよいわけです．すなわち，$2i = r$ あるいは $i = \frac{r}{2}$ という関係が成立します．よって，これらの関係（$m = 2n$ および $i = \frac{r}{2}$）を複利期間に基づいた公式（1.2）および（1.4）に代入すれば，年数 n と年利率 r で表現された，半年複利の場合の将来価値および現在価値の公式が導出できます．

$$\mathrm{FV}(A) = (1+i)^m A = \left(1 + \frac{r}{2}\right)^{2n} A \tag{1.9}$$

図 1-2　複利期間が半年の場合の年数と複利期間の期数の関係

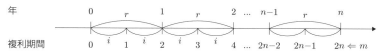

$$\mathrm{PV}(B) = \frac{B}{(1+i)^m} = \frac{B}{(1+\frac{r}{2})^{2n}} \tag{1.10}$$

(例) 利子率が半年複利で年利率 10% のとき，(1.9) 式を使って 100 円の 3 年後の将来価値を計算します。

$$\mathrm{FV}(100\,\text{円}) = \left(1 + \frac{0.1}{2}\right)^{2\times 3} \times 100\,\text{円} = 134.01\,\text{円}$$

1 か月複利

1 か月を複利期間にとったときの複利は **1 か月複利**（monthly compounding）と呼ばれます。もちろんその場合，1 年間に複利期間が 12 期ありますから，金利計算の対象期間の年数 n を 12 倍した $12n$ が，複利期間の期数を表す m が表す値です。したがって，図 1-3 の「複利期間」の行に記された $12n$ が，m がとる数値です。

また，1 か月複利の場合，複利期間当たり利子率 i は 1 か月当たりの利子率を表します。したがって，これを 1 年当たりの利子率である年利率に換算するには，市場の慣習に従って i を 12 倍して $12i$ とします。すなわち，$12i = r$ あるいは $i = \frac{r}{12}$ が成立します。よって，これらの関係（$m = 12n$ および $i = \frac{r}{12}$）を複利期間に基づいた公式（1.2）および（1.4）に代入すれば，年数 n と年利率 r で表現された，1 か月複利の場合の将来価値および現在価値の公式が導出できます。

$$\mathrm{FV}(A) = (1+i)^m A = \left(1 + \frac{r}{12}\right)^{12n} A \tag{1.11}$$

$$\mathrm{PV}(B) = \frac{B}{(1+i)^m} = \frac{B}{(1+\frac{r}{12})^{12n}} \tag{1.12}$$

(例) 利子率が 1 か月複利で年利率 10% のとき，(1.11) 式を使って 100 円の 3 年後の将来価値を計算します。

$$\mathrm{FV}(100\,\text{円}) = \left(1 + \frac{0.1}{12}\right)^{12\times 3} \times 100\,\text{円} = 134.82\,\text{円}$$

図 1-3　複利期間が 1 か月の場合の年数と複利期間の期数の関係

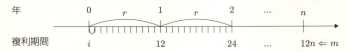

問い 章末の練習問題の 1 と 3 を半年複利と 1 か月複利の場合について解きなさい。

$\left(\frac{1}{k}\right)$ 年複利

次のトピックである連続複利を学習するための準備として，今までの議論を一般化して 1 年間を k 期の複利期間に分割することを考えます。換言すると，複利期間に $\left(\frac{1}{k}\right)$ 年をとります。この場合，金利計算の対象期間の年数 n を k 倍した kn が，複利期間の期数を表す m が表す数値です。すなわち，$m = kn$ が成立します。また，$\left(\frac{1}{k}\right)$ 年複利の場合，複利期間当たり利子率 i は $\left(\frac{1}{k}\right)$ 年当たりの利子率を表します。したがって，これを 1 年当たりの利子率である年利率に換算するには，i を k 倍して ki とすればよいわけです。すなわち，$ki = r$, あるいは，$i = \frac{r}{k}$ という関係が成立します。よって，これらの関係 ($m = kn$ および $i = \frac{r}{k}$) を複利期間に基づいた公式 (1.2) および (1.4) に代入すれば，年数 n と年利率 r で表現された，$\left(\frac{1}{k}\right)$ 年複利の場合の将来価値および現在価値の公式が導出できます。

$$\mathrm{FV}(A) = (1+i)^m A = \left(1 + \frac{r}{k}\right)^{kn} A \tag{1.13}$$

$$\mathrm{PV}(B) = \frac{B}{(1+i)^m} = \frac{B}{(1+\frac{r}{k})^{kn}} \tag{1.14}$$

連続複利*

次に，連続複利を導入するための準備として上記の $\left(\frac{1}{k}\right)$ 年複利の将来価値公式 (1.13) を使って，複利期間をどんどん短くしたとき，すなわち，1 年間

表 1-1 複利期間を短くしたときの 1 円の 1 年後の将来価値（年利率 100 %）

複利期間	k	$(1+\frac{1}{k})^k$
1 年	1	2.0000000
1 か月	12	2.6130352 ...
1 週間	52	2.6925969 ...
1 日	365	2.7145674 ...
1 時間	8,760	2.7181266 ...
1 分	525,600	2.7182792 ...
1 秒	31,536,000	2.7182817 ...
0.1 秒	315,360,000	2.7182818 ...

に存在する複利期間の期数 k をどんどん大きくしたとき，1円の1年後の将来価値を計算してみましょう．ただし，この将来価値計算の説明の後で明らかになる理由によって，年利率 r には（日本の現状から見れば非現実的ですが）100%を仮定します．ちなみに，第2章で紹介する現象ですが，インフレーションが激しくなると金利が高くなる傾向があります．したがって，ハイパーインフレーションと言って，きわめて激しいインフレーションが起こった国では金利が100%を超えたことがあります．それでは，年利率100%の仮定のもとで1円の1年後の将来価値を計算するために，$r = 100\% = 1$, $n = 1$ （年），$A = 1$円を (1.13) 式に代入します．

$$\text{FV}(1\text{円}) = \left(1 + \frac{1}{k}\right)^{k \times 1} \times 1\text{円} = \left(1 + \frac{1}{k}\right)^k \text{円} \tag{1.15}$$

さて，k を1から12，さらに，52とどんどん大きくするとき（すなわち，複利期間を1年から1か月，さらに，1週間とどんどん短くするとき），$(1 + \frac{1}{k})^k$ で計算される1円の将来価値がどうなるか見てみましょう．表1-1 から，複利期間の期数 k をどんどん大きくするとき，$(1 + \frac{1}{k})^k$ で計算される「1円の1年後の将来価値」がどんどん $2.718281\ldots$ に近づいていくことが分かります．実際，17世紀の数学者は，将来価値の問題としてではなく，純粋に数学の問題としてこの計算に取り組み，$(1 + \frac{1}{k})^k$ で計算される値が $2.718281828459045\ldots$（この数の記憶法は「鮒一鉢二鉢一鉢二鉢至極おいしい」です）に際限なく近づくことを示しました．この数は，数学では e で表され，自然対数の底，あるいは，ネイピア数と呼ばれます．ちなみに，このように，小数点以下が無限に続く数値をアルファベットで表現する方法は，円周率の $3.1415926\ldots$ をギリシャ文字の π で表す方法と同じです．

以上の議論をまとめると，k をどんどん大きくしたとき，(1.15) 式の中の表現 $(1 + \frac{1}{k})^k$ は $2.718281828459045\ldots$ を表す e にどんどん近づいていきます（数学では「e に収束する」と言います）．この文を式で表すと，(1.16) 式で表せます．ただし，$\lim_{k \to \infty} \square$ は k を際限なく大きくしたときに $\square$ がとる値を表す記号です．

$$\lim_{k \to \infty} \left(1 + \frac{1}{k}\right)^k = e \tag{1.16}$$

（注） 上の議論のうち以下の議論で必要な結果は (1.16) 式だけです．この等式は，

金利計算に限らず，一般的に成立する，純粋に数学的な性質です．しかし，本章ではずっと金利計算を議論しているので，この等式を将来価値計算の一例として導入する方が読者にとって受け入れ易いと判断しました．したがって，(1.16) 式を年利率 100% という仮定のもとで複利期間を際限なく短くしたときの 1 円の 1 年後の将来価値として提示したのです．

さて，ここで $\left(\frac{1}{k}\right)$ 年複利における将来価値の公式 (1.13) を少し変形します．まず，括弧の中の $\frac{r}{k}$ の分子と分母を r で割ります．すなわち，$\frac{r}{k} = \frac{r/r}{k/r} = \frac{1}{k/r}$ と変形します．また，括弧の指数を r で割って r を掛けます．すなわち，$kn = \frac{k}{r}rn$ と変形します．これらの変形を施すと，(1.13) 式は次式に変形できます．

$$\mathrm{FV}(A) = \left(1 + \frac{r}{k}\right)^{kn} A = \left(1 + \frac{1}{\frac{k}{r}}\right)^{\frac{k}{r}rn} A \tag{1.17}$$

次に，(1.17) 式の $\frac{k}{r}$ を h に置き換えます．

$$\mathrm{FV}(A) = \left(1 + \frac{1}{h}\right)^{hrn} A \tag{1.18}$$

さらに，$\left(1 + \frac{1}{h}\right)$ を hrn 乗する代わりに，最初に $\left(1 + \frac{1}{h}\right)$ を h 乗し，次に，rn 乗します．

$$\mathrm{FV}(A) = \left[\left(1 + \frac{1}{h}\right)^h\right]^{rn} A \tag{1.19}$$

さて，① k を大きくすると，k を定数 r で割って求めた比率 h も大きくなります．また，② (1.16) 式において k を h に置き換えても (1.16) 式が成立します．すなわち，(1.20) 式が成立します．

$$\lim_{h \to \infty} \left(1 + \frac{1}{h}\right)^h = e \tag{1.20}$$

これら①および②から，k をどんどん大きくするとき (1.19) 式の角括弧内の表現が e に収束します．したがって，k を際限なく大きくするとき（数学では「極限では」と言います）(1.19) 式は $e^{rn}A$ と表すことができます．すなわち，次式が得られます．

$$\mathrm{FV}(A) = e^{rn} A \tag{1.21}$$

これが**連続複利**（continuous compounding）における将来価値の公式です．

次に，$\left(\frac{1}{k}\right)$ 年複利における現在価値公式である（1.14）式について k をどんどん大きくすると，分母が e^{rn} に収束するので（1.14）式は $\frac{B}{e^{rn}}$ に収束します。すなわち，次式が得られます。

$$\mathrm{PV}(B) = \frac{B}{e^{rn}} \tag{1.22}$$

これが連続複利における現在価値公式です。ちなみに，分数 2^{-3} のように指数の 3 に負の符号が付くと，2^3 の逆数を意味します。すなわち，$2^{-3} = \frac{1}{2^3}$ が成立します。したがって，$\frac{1}{e^{rn}}$ は e^{-rn} と表せます。よって，（1.22）式は次式で表すことができます。

$$\mathrm{PV}(B) = \frac{B}{e^{rn}} = e^{-rn}B \tag{1.23}$$

iPhone 標準アプリのひとつである「計算機」は，iPhone を横向きにすると関数電卓になります。そして，その状態で，たとえば，⓪ ・ ③ e^x の順にキーを押すと，$e^{0.3}$ が計算できます。

Excel EXP 関数を使えば，e^{rn} を計算できます。たとえば，$e^{0.3}$ は，半角英字入力の状態でひとつのセルに "= EXP(0.3)" と入力すると計算できます。

（例）利子率が連続複利で年利率 10% のとき，（1.21）式を使って 100 円の 3 年後の将来価値を計算します。

$$\mathrm{FV}(100 \text{ 円}) = e^{0.1 \times 3} \times 100 \text{ 円} = 134.99 \text{ 円}$$

（例）利子率が連続複利で年利率 10% のとき，（1.23）式を使って 3 年後に受け取る 100 円の現在価値を計算します。

$$\mathrm{PV}(100 \text{ 円}) = e^{-0.1 \times 3} \times 100 \text{ 円} = 74.08 \text{ 円}$$

問い 章末の練習問題の 1 と 3 を連続複利の場合について解きなさい。

連続複利はオプションの理論価格の公式で使われます。たとえば，第 10 章で解説するブラック・ショールズモデルを利用するには金利の値を入力しなければなりませんが，その金利は連続複利で表示されているものが前提にされています。なお，連続複利において「k が際限なく大きい」，あるいは，「複利期間が無限に小さい」という設定は，将来価値あるいは現在価値を計算するために設けた仮定であって，現実の取引間隔が無限に小さいことを必要としません

し，暗示もしません。

1.7 複利について知っておくとよいこと

複利期間が短くなるほど将来価値は大きく，現在価値は小さくなる

　複利期間の長さが将来価値あるいは現在価値にどのような影響を及ぼすか検討しましょう。そのため，1.6 節で計算した，利子率が年利率で 10% のときの，100 円の 3 年後の将来価値を複利期間ごとに見ると，1 年複利の場合は 133.10 円，半年複利の場合は 134.01 円，1 か月複利の場合は 134.82 円，連続複利の場合は 134.99 円でした。要するに，他の条件（金利計算の対象期間と年利率）が同じとき，複利期間が短くなればなるほど，将来価値が大きくなります。この点は，表 1-1 で例示した 1 円の 1 年後の将来価値の表を見ても読み取ることができます。もちろん，この性質は将来価値係数にそのような性質があるからです。したがって，一般に，**他の条件が同じとき，複利期間が短いほど，将来価値が大きくなります**。次に，複利期間の長さが現在価値に及ぼす影響を検討しましょう。現在価値計算では，将来キャッシュフローに現在価値係数を掛けますが，それは，将来キャッシュフローを将来価値係数で割るという操作でもあります。したがって，**他の条件が同じとき，複利期間が短くなるほど**，より大きな将来価値係数で割って現在価値を求めることになるので，**現在価値は小さくなります**。

実効年利率

　上の項で指摘したように，年利率が同じでも，複利期間が異なれば，将来価値および現在価値は異なります。したがって，もし異なる複利期間が使われていれば，年利率の大小によって金利商品の優劣を判断することができません。そこで，本項では，異なる複利期間が使われている金利商品の収益性を比較する方法を紹介します。それは，現時点の 1 円が 1 年後にいくらになるかを計算することです。

> （例）　A 銀行の 1 年定期預金は 1 か月複利で年利率 5.52%，B 銀行の 1 年定期預金は 1 日複利で年利率 5.475% であるとします。この場合，どちらの預金が有利でしょうか。この疑問に答えるには，1 円を預金したとき 1 年後の元利合計，すなわち，将来価値がいくらになるか計算すればよいのです。

$$\text{FV}_A(1\,\text{円}) = \left(1 + \frac{0.0552}{12}\right)^{12} \times 1\,\text{円} = 1.05662\,\text{円}$$

$$\text{FV}_B(1\,\text{円}) = \left(1 + \frac{0.05475}{365}\right)^{365} \times 1\,\text{円} = 1.05627\,\text{円}$$

したがって，A 銀行の方が B 銀行より預金 1 円当たり 0.00035 円利子を多く受け取れるので有利です。

上の例で見たように，1 円を預金して 1 年後に得られる利子は，元本に対する利子の率を表し，複利期間が異なる利子率を比較するのに使われます。この率は英語では effective annual rate（EAR）と呼ばれます。他方，日本語には定訳がありませんので，本書では Excel の用語にならって**実効年利率**と呼ぶことにします。

ちなみに，もしすべての預金者がどんなに小さな違いであっても実効年利率が高い銀行に預金するという行動を採れば，上記の例の B 銀行は預金が集められなくなります。したがって，そのような預金者しか存在しない世界では B 銀行の預金の実効年利率が A 銀行の預金の実効年利率に一致するまで，B 銀行は預金の年利率を上げるでしょう。その結果，仮に銀行によって預金の金利表示に使われる複利期間が異なっていても，すべての銀行の預金の実効年利率が一致するように，各銀行の預金の年利率が設定されるはずです。もちろん，現実の世界はそのような預金者だけで構成されているわけではありません。しかし，同一地域で提供される同一通貨の預金金利は，たとえ米国のように金利表示に使われる複利期間が異なっていても，通常，実効年利率が大きく乖離しないように年利率が設定されます。

利子の支払い頻度と複利期間との関係*

1.6 節の冒頭で指摘したように，個別の金融資産あるいは負債の利子率が単利あるいは複利のいずれで表示されているのか，また，複利で表示されている場合，複利期間にどの期間が使われているのかという点は，通常，資産あるいは負債の種類によって決まっています。したがって，個別の金融資産あるいは負債について金利計算をしたり，分析をしたりする際には，対象の資産あるいは負債の金利計算の方式を知っておく必要があります。ただし，金利計算に複利が使われる資産あるいは負債の場合，複利期間には授受する利子の支払い頻度に沿った期間が用いられることが多いようです。たとえば，住宅ローン

は支払いが月ごとに発生するため，複利期間には1か月が用いられます。また，米国の債券は古くから半年ごとに利子を支払うものが多かったため，金利計算の複利期間に半年が使われます。さらに，欧州の債券は1年に1回利子を支払うものが多いため，通常，金利計算の複利期間には1年が使われます。このように，複利の金利計算が行われる資産あるいは負債の場合，多くは，利子の支払い頻度と金利計算で使われる複利期間との間に密接な関係があります。しかし，状況によっては，利子の支払い頻度と関係のない複利期間を使って金利計算を行う必要が生じることがあります。たとえば，第10章で学習するブラック・ショールズモデルを使って半年後に失効するオプションの理論価格を計算する場合，価格付けをする時点において市場で観察される短期金利の値が必要です。多くの短期金利は単利で表示されますが，ブラック・ショールズモデルに入力する利子率は（公式を変形しない限り）連続複利でなければなりません。したがって，単利で表示された金利を連続複利で表示された利子率に変換する必要があります。この変換は本章で習得した知識で実行できます。実際，1.8節でこの数値例を示しますので，関心のある読者は参照してください。

複利期間当たり利子率と年利率の関係

1.6節では様々な複利期間について，年利率 r および年数 n で表現された将来価値と現在価値を計算する公式（1.7）〜（1.12）および（1.21）〜（1.23）を示しました。これらの公式は，複利期間当たり利子率 i および複利期間の期数 m を使って将来価値および現在価値を計算する公式（1.2）および（1.4）を変形したものです。したがって，これらの公式（1.7）〜（1.12）および（1.21）〜（1.23）は，元の公式（1.2）および（1.4）と異なったものに見えるかもしれませんが，具体的な問題に適用するために数値を代入すると，元の公式（1.2）および（1.4）に数値を代入したものと完全に同じ表現になります。

> （例）利子率が半年複利で年利率 10% のとき，100 円の 3 年後の将来価値を 2 通りの公式を使って計算してみましょう。まず，年利率 r および年数 n で表現された将来価値公式（1.9）を使って計算すると次式を得ます。
>
> $$\mathrm{FV}(A) = \left(1 + \frac{r}{2}\right)^{2n} A = \left(1 + \frac{0.1}{2}\right)^{2\times 3} \times 100 \text{ 円} \tag{1.24}$$

次に，複利期間当たり利子率 i および複利期間の期数 m を使った将来価値公式 (1.2) を使って計算すると，複利期間当たり利子率 i は 5%，複利期間の期数 m は 6 ですから，次式を得ます．

$$\mathrm{FV}(A) = (1+i)^m A = (1+0.05)^6 \times 100 \text{円} \tag{1.25}$$

明らかに，(1.24) 式と (1.25) 式は完全に同じ計算です．

したがって，将来価値および現在価値は，年利率 r および年数 n を使った公式で計算することもできますし，最初に年利率と年数を複利期間当たりの利子率と複利期間の期数に換算した後，複利期間当たり利子率 i および複利期間の期数 m で表された公式に代入して計算することもできます．

> Excel　FV 関数および PV 関数は，引数の「利率」に複利期間当たり利子率，「期間」に複利期間の期数を入力することが想定されています．また，1.8 節で紹介する RATE 関数は，「期間」に複利期間の期数を入力することが想定されており，複利期間当たり利子率が出力されます．他方，2.3 節で紹介する YIELD 関数の出力は年利率です．また，2.3 節で言及する PRICE 関数，さらに，3.3 節で紹介する MDURATION 関数および DURATION 関数の引数の「利回り」は年利率です．

金利計算の対象期間が複利期間の整数倍でないケース*

これまでの議論では，金利計算の対象期間，すなわち，キャッシュフロー発生時から将来価値評価時点までの期間，あるいは，現在価値評価時点からキャッシュフロー発生時点までの期間が，つねに複利期間の整数倍になっている例を取り上げました．たとえば，半年複利の公式 (1.10) の直後の数値例では，預金を預け入れてから 3 年後の将来価値を計算したので，金利計算の対象期間は 3 年でした．したがって，それを複利期間の半年を単位にして表すとちょうど 6 期と整数になります．しかし，実務で遭遇する金利計算の問題の多くは，対象となる期間が複利期間の整数倍になりません．たとえば，2 か月後に受け取る 300 万円の現在価値を計算する際，割引率として使う利子率が半年複利で年利率 2.3% であるとしましょう．その場合，この現在価値計算で対象となる期間は 2 か月ですから，それは 1 年の 6 分の 1 になります．幸いなことに，このような場合でも，本章で学習した将来価値および現在価値の公式はそのまま適用できます．

(例) 上で言及した，2か月後に受け取る300万円の例の場合，金利計算の対象期間が2か月なので，それを1年を単位にして表すと$\frac{1}{6}$年です。したがって，半年複利の現在価値公式（1.10）を使う場合，300万円の現在価値は次の計算で求められます。

$$PV(300万円) = \frac{300万円}{\left(1+\frac{0.023}{2}\right)^{2\times\frac{1}{6}}} = 298万8587円$$

Excel 上記の計算はPOWER関数あるいはPV関数を使って計算できます。具体的には，任意のセルに "$= POWER(1/(1+0.023/2), 1/3) * 3000000$"，あるいは，"$= PV(0.023/2, 1/3, , -3000000)$" と入力すれば計算できます。なお，上の「複利期間当たり利子率と年利率との関係」の項で指摘したように，PV関数の「利率」には複利期間当たり利子率，「期間」には複利期間の期数を入力します。

1.8 現在価値と将来価値から利子率を計算

これまでの議論では，定期預金あるいは類似の金融資産の利子率が予め与えられていることを前提にして現在価値や将来価値を計算しました。本節では，今日預けたA円が一定期間後にB円に増えるとき，その増え方を測るものさし（尺度）として利子率を求めます。

たとえば，利子を受け取る実際の頻度を無視して，「利子を1年ごとに受け取り，それを毎年再投資し続けた結果B円を得る」と仮定して再投資利子率を求めるとき，その利子率は1年複利に基づいた年利率を表します。あるいは，「利子を半年ごとに受け取り，それを半年ごとに再投資し続けた結果B円を得る」と仮定して再投資利子率を求め，2倍すると，それは半年複利に基づいた年利率を表します。このような計算によって求めた利子率は，特定の運用方法を仮定して求めた利子率であって，現実にそのような運用がなされたかどうかを暗示するものではありません。ちなみに，このように複利期間も含めて運用方法を仮定するのは，そうしなければ年利率を計算できないからです。

(例) 今日100万円投資すると2年後に120万円受け取れる金融商品があるとしましょう。この金融商品の年利率を1年複利に基づいた場合と半年複利に基づいた場合のそれぞれについて計算してみましょう。まず，1年

複利に基づいた場合，その将来価値の公式（1.7）の A に100万円，$FV(A)$ に120万円，n に2（年）を代入すると次式を得ます．そして，この式を r について解けば1年複利に基づいた年利率が求まります．

$$(1+r)^2 \times 100 \,万円 = 120\,万円$$

また，半年複利の場合，その将来価値の公式（1.9）の A に100万円，$FV(A)$ に120万円，n に2（年）を代入すると次式を得ます．そして，この式を r について解けば半年複利に基づいた年利率が求まります．

$$\left(1+\frac{r}{2}\right)^{2\times 2} \times 100\,万円 = 120\,万円$$

このように，現在価値と将来価値が与えられているときは，特定の複利期間に基づいた現在価値あるいは将来価値の式を立て，未知数の r を解けば利子率を求めることができます．ただし，多くの場合立てた式の次数が高くなります．たとえば，上の数値例の場合，1年複利に基づくと2次ですが，半年複利に基づくと4次になります．したがって，財務計算用の電卓，あるいは，Excel等を使って解かなければなりません．

Excel　複利期間当たり利子率 i を解くのには RATE 関数が利用できます．RATE 関数の引数は，FV 関数とほぼ同じ「期間」「定期支払額」「現在価値」「将来価値」「支払期日」「推定値」の6つです．ただし，上記の100万円が120万円に増える数値例の場合，「期間」「現在価値」「将来価値」の3つに適切な数値を入力すれば解くことができます．また，RATE 関数の「期間」は本章の複利期間の期数を指します．具体的には，上記の1年複利の例の場合，"= RATE(2,,−100,120)" と入力すれば，9.545% を得ることができます．また，半年複利の場合，複利期間が4期あるので，"= RATE(4,,−100,120)" と入力して 4.6635% を解きます．ただし，この値は複利期間当たり利子率 i なので，これを2倍して 9.327% とし，年利率 r を得ます．このように，前提とする複利期間が異なれば，解として求まる年利率の値が異なります．

問い　章末の練習問題7を解きなさい．

最後に本節の内容と1.7節の「実効年利率」の項の内容の両方を使って，ある複利期間に基づいた年利率を，他の複利期間に基づいた年利率に変換します．

（例）　仮にある定期預金の利子率が半年複利で年利率4% であるとします．

このとき，この利子率を1か月複利に基づいた年利率に変換してみましょう。そのために，まず，この定期預金の実効年利率 EAR を計算します。

$$\text{EAR} = \left(1 + \frac{0.04}{2}\right)^2 - 1 = 0.0404$$

したがって，1円をこの定期預金に1年間預けると，1年後に1.0404円を得ます。次に，1か月複利の将来価値公式（1.11）の現在価値に1円，年数に1年，将来価値に1.0404円を代入して，1か月複利に基づいた年利率 r を求める式を立てます。

$$\left(1 + \frac{r}{12}\right)^{12} \times 1\,\text{円} = 1.0404\,\text{円}$$

Excel 上の式を満たす r は RATE 関数を使えば解くことができます。具体的には，任意の「セル」に "= RATE(12,,−1,1.0404)" と入力して1か月当たりの利子率 0.330589% を得ます。次に，この数値を12倍して年利率 0.039671，すなわち，3.9671% を得ます。

（例）仮に定期預金の利子率が単利に基づいており 4% であるとします。このとき，この利子率を連続複利に基づいた年利率に表現し直してみましょう。まず，単利の将来価値公式（1.3）から，1円をこの定期預金に1年間預け入れると，1年後に 1.04 円になることが分かります。次に，連続複利の将来価値公式（1.21）を前提にして，1円が1年後に 1.04 円になる利子率 r を求めます。すなわち，(1.21) 式の n に 1（年），A に1円，$\text{FV}(A)$ に 1.04 円を代入します。

$$e^{r \times 1} \times 1\,\text{円} = 1.04\,\text{円}$$

上の式の未知数 r は，10.2 節で解説する自然対数と Excel の LN 関数を使って解くことができます。実際にそれらを使って解くと，連続複利に基づいた年利率が 3.92% であることが分かります。

図書 金利計算を易しく説明したものには角川 [2003] と上野 [2018]，金利計算を要領よくまとめたものには杉本他 [2016] の第1章があります。

1.9 練習問題

1. （将来価値計算）100万円を年利率 6% で10年間複利運用したとき，10

年後の将来価値はいくらになるでしょうか。ただし，複利が1年複利，半年複利，1か月複利，連続複利のそれぞれの場合について，まず，将来価値を計算する公式に適当な数値を代入したものをそれ以上計算しないでそのまま記しなさい。次に，iPhone あるいは Excel を使って将来価値を計算しなさい。

2. (**将来価値計算の発展問題**) 1億円を5年間運用するに当たってマクロ経済の動向について見通しを立て，これから5年間の各年の利子率を予想しました。その結果，各年の予想利子率は，1年複利に基づいた年利率でそれぞれ，2%, 3%, 3%, 5%, 6% でした。この予想を前提にして1億円の5年後の将来価値を計算しなさい。(ヒント：1期後の将来価値の公式 (1.1) を5回繰り返せばよい。)

3. (**現在価値計算**) 鈴木さんは，知人の今井さんと「3年後に340万円を支払って今井さんからクラシックカーを購入する」という約束をしました。さて，鈴木さんには，これから3年間の投資について，確実に年利率で6% 稼げる投資機会が存在します。このとき，鈴木さんは，現時点にいくらのお金をこの投資機会に投資すれば，3年後に支払う340万円を用意することができるでしょうか。年利率の6% が，1年複利の場合，半年複利の場合，1か月複利の場合，さらに，連続複利の場合のそれぞれについて現在価値を計算する公式に適切な数値を代入したものをそれ以上計算しないでそのまま記しなさい。また，iPhone あるいは Excel を使って現在価値を計算しなさい。

4. (**現在価値計算**) 田中さんは，200万円の自動車を購入するに当たって，2つの販売店 A, B と交渉しました。販売店 A は，田中さんが現金で買うなら30万円の値引きをすると言っています。他方，販売店 B は，25万円の値引きに加えて，50万円を5年間，金利0% で融資すると申し出ました。すなわち，もし田中さんが販売店 B から自動車を購入すれば，田中さんは購入時点に125万円支払い，さらに，その5年後に50万円支払えばよいというのです。このとき，田中さんは，どちらの販売店から自動車を購入するとよいのでしょうか。ただし，これから5年間の金融商品への投資については，毎年，半年複利で年利率4% の金利が得られると仮定しなさい。(ヒント：田中さんが支払うキャッシュフローの現在価値を比較すればよい。)

5. (**将来価値計算の発展問題***) 長谷さんは 10 年後に住宅を購入することを計画しています．具体的には，住宅購入のため，これから 1 年後，2 年後，…，10 年後と，合計 10 回，同一金額を貯蓄して，10 年後の元利合計がちょうど 2000 万円になるようにしたいと考えています．長谷さんがこの目標を達成するためには，毎年いくら貯蓄しなければならないでしょうか．貯蓄額を未知数としてこの問題を解くための式を立てなさい．ただし，解を求める必要はありません．また，利子率は 1 年複利で年利率 2% であると仮定しなさい．

6. (**現在価値計算の発展問題***) 太田さんは，66 歳の誕生日以降，毎年 250 万円の年金を受け取れる見込みです．しかし，250 万円では不安なので，65 歳になるまで貯蓄し，その後，66 歳の誕生日から 90 歳の誕生日まで，毎年，貯蓄を 100 万円取り崩して年金の足しにしようと考えています．この計画を実行するためには，65 歳時点でいくらの貯蓄を保有していなければならないでしょうか．太田さんが 65 歳になってから 90 歳になるまでの 25 年間について，1 年複利で年利率 5% の利子率が続くと仮定して，この問題を解くための式を立てなさい．

7. (**現在価値と将来価値から利子率を計算**) 仮に現時点で 600 万円投資すると，8 年後に 1200 万円の払い戻しがある金融商品があるとしましょう．この金融商品の利子率を年利率として求める式を，1 年複利，半年複利，1 か月複利のそれぞれ場合について立てなさい．また，Excel を使ってその解を求めなさい．

8. (**年利率の変換**) 利子率が半年複利で年利率 5% の定期預金があるとします．このとき，複利期間が 1 か月の定期預金が，1 年後に上記定期預金と同じ元利合計を払い戻すためには，その利子率は年利率で何 % でなければならないか，Excel を使って計算しなさい．

第2章 債券入門

本章では，債券に関する基本的な知識を習得します．具体的には，2.1節と2.2節で債券の仕組みや債券の代表的な種類を見た後，2.3節で債券の投資基準として多用される最終利回りを学習します．次に，2.4節で債券投資において直面する主要なリスクを一通り学んだ後，2.5節でそれらのリスクが個別債券の特徴とどう関係しているかについて検討します．

2.1 債券の基本的な仕組みと用語

債券（bond）を一般的に定義すると，それは，国，地方公共団体，企業等が多額の資金を調達するために，将来の一定期間予め定めたルールに従ってキャッシュフローを支払う約束をして，多数の投資家に売り出す有価証券のことです．ただし，有価証券とは，通常，「財産権に関する文書であって，その権利の発生・移転・行使のすべてまたは一部がその文書を使って行われる必要があるもの」と定義され，狭義には，金融商品取引法第2条第1項に記載されているものを指します．ちなみに，ローン（loan）は，特定の金融機関，あるいは，特定の金融機関の集団等からの借入れです．他方，債券は，それを保有する投資家が後に売却する可能性があることを前提にして制度が設計されており，その点でローンと大きく異なります．

さて，この定義だけでは今ひとつ債券のイメージが湧かないかもしれません．そこで，比較的ニュースで耳にする国債の例を見てみましょう．具体的には，日本国政府が2018年5月9日に発行した「第350回10年利付国債」を取り上げます．まず，この債券が投資家に支払うキャッシュフローを見ると，発行日から2028年3月20日までの約10年間，毎年3月20日と9月20日に**クーポン**（coupon）あるいは利子，利息と呼ばれるキャッシュフローを支払います．ちなみに，利子と利息という用語は預金にも債券にも使いますが，クーポンは通常債券の利息に対してしか使いません．また，2028年3月20日

図 2-1　第 350 回 10 年利付国債のキャッシュフロー

にローンの元本に相当する**額面**（face value, par value）を支払います。そして，その時点で債券の発行者（債務者）と保有者（債権者）の間の債権債務関係が終了し，第 350 回 10 年利付国債は償還された（「債務が返済された」という意味です）と言います。

一般に，債券は，額面 100 円を単位にしてクーポンや価格が表示されます。そこで，この慣習に従って第 350 回 10 年利付国債のキャッシュフローの金額を記すと，同国債は，3 月 20 日と 9 月 20 日の各**利払日**（coupon date）に 5 銭のクーポン，2028 年 3 月 20 日の**償還期限**（償還期日，満期日，maturity）に額面の 100 円とクーポンの 5 銭を合わせた 100 円 5 銭を支払います。図 2-1 はこれらのキャッシュフローを時間軸上に記載したものです。

ちなみに，1 年間に支払うクーポンの金額を額面で割った比率は**クーポンレート**（coupon rate），あるいは，利率，利子率，表面利率と呼ばれます。たとえば，第 350 回 10 年利付国債の場合，1 年間に支払うクーポンは 10 銭で額面は 100 円なので，クーポンレートは 0.1% になります。なお，第 350 回 10 年利付国債は額面で 2 兆 4316 億 8600 万円が，額面 100 円当たり 100 円 53 銭で発行されました。そして，その後は時々刻々と変化する経済および市場の状況を反映して時々刻々異なる価格で売買されています。ちなみに，第 350 回債に限らず，10 年利付国債と呼ばれる種類の国債はすべて利払日および償還期限が 20 日に設定されます。

（例）　2018 年 5 月 24 日に全日空の親会社である ANA ホールディングスは第 35 回円建無担保普通社債を額面で 100 億円発行しました。クーポンレートは 0.82% で利払日は毎年 5 月 24 日と 11 月 24 日，償還期限は 2038 年 5 月 24 日です。ここでは同債券を額面 400 万円保有している投資家 A が受け取るキャッシュフローを計算してみましょう。まず，1 年間に受け取るクーポンは額面にクーポンレートを掛け合わせればよいので 0.0082 × 400 万円 = 3 万 2800 円です。次に，利払日ごとに受け取るクーポンはこの半分なので 3 万 2800 円 ÷ 2 = 1 万 6400 円です。したがって，投資家 A は毎年 5

月24日と11月24日に1万6400円を受け取り，償還期限の2038年5月24日に額面の400万円とクーポンの1万6400円を合計した401万6400円を受け取ります。

一般に，証券市場では，個別の証券の名称を**銘柄**と呼びます。たとえば，上記のANAホールディングスの社債の銘柄は「ANAホールディングス第35回円建無担保普通社債」です。また，上記のANAホールディングスの例から分かるように，銘柄と額面を特定すると将来受け取るキャッシュフローを計算することができます。

最後に，基本用語をもうひとつ紹介します。**残存期間**（time to maturity）とは，特定時点（通常，現時点）から償還期限までの期間の長さを表します。たとえば，第350回10年利付国債の場合，償還期限は2028年3月20日なので，もし現時点が2020年3月20日であれば，残存期間は8年です。また，時間がさらに経過して現時点が2027年9月20日になれば，残存期間は半年になります。なお，2027年9月20日において，同国債は，依然として10年利付国債と呼ばれますが，投資家の立場から言えば，その他の短期金利商品と競合する，短期金利商品です。

債券市場

他の種類の証券と同様，債券市場も発行市場と流通市場に分けて考えられます。ただし，債券の**発行市場**（primary market）とは発行者が債券を新規に発行して投資家に売り出す市場を意味します。また，債券の**流通市場**（secondary market）とは既に発行された債券が売買される市場を意味します。債券の発行の多くは，不特定多数の投資家に対し債券を取得することを勧誘する**公募**（public offering）で行われます。しかし，50人以内の特定の投資家，あるいは，適格機関投資家（金融機関等，投資のプロとして金融商品取引法に定められた投資家）に対して債券を取得することを勧誘する**私募**（private placement）で行われることもあります。なお，**機関投資家**（institutional investor）とは，証券投資を主要な業務のひとつとする組織を指します。たとえば，生命保険会社は集めた保険料を証券に投資することを主要な業務のひとつにしているので，代表的な機関投資家です。また，**投資信託**は多数の投資家から集めた資金を一括して専門家が株式や債券に投資し，その成果を投資家に分配するので，機関投資家の一種です。

日本証券業協会（証券会社等の業界団体）によると，2018年に日本で発行された債券の総額は約179兆円で，2018年末に存在する債券の総額は約1172兆円でした．2018年に日本国内で生み出された財とサービスの総価値（国内総生産，GDP）が約549兆円であったことを考えると，日本の債券市場がいかに巨大であるかが理解できると思います．次節の表2-1はこれらの発行額と現存額を債券の種類別に示しています．ちなみに，日本でクーポンを定期的に支払うタイプの債券が発行される場合，多くは額面と等しい価格で発行されます．もちろん，債券によっては額面より低い価格あるいは高い価格で発行されることもあります．

次に，債券の流通市場を見ましょう．債券の一部には取引所で取引されているものがあります．たとえば，国債，転換社債（2.2節参照）と呼ばれるタイプの債券，さらに，外国債（2.2節参照）と呼ばれるタイプの債券は東京証券取引所に上場されています．しかし，債券取引の大部分は取引所を介さない**店頭市場**（over-the-counter market, OTC market）で行われます．店頭市場で国債が取引される場合，2018年5月から，約定日（取引が行われる日）から1営業日後（約定日から起算して2営業日目）に受渡日（取引の決済を行う日）が設定されるようになりました．ただし，この $T+1$（「ティープラスワン」：T は trade date の略です）ルールは，個人顧客および非居住者の取引には適用されません．また，営業日とは証券会社等が業務を行っている日を指します．他方，国債以外の債券の場合は，約定日から3営業日後（約定日から起算して4営業日目）に受渡日が設定されます．

なお，国債の決済は日本銀行が提供する国債振替決済制度，社債や地方債の決済は証券保管振替機構（略称は「保振」）が提供する一般債振替制度によって行われます．日本証券業協会によると，2019年2月に日本国内で売買された債券の総額は1454兆円に達しました．次節の表2-2では同月における売買高を債券の種類別に示しています．この表から売買が国債に集中していることが分かります．なお，売買の大半は金融機関の間の取引です．

図書 債券については入門レベルでも説明するべきことが多く，また，取引の大部分が店頭市場で行われるため，本書では発行市場や流通市場について十分な説明をしていません．これらの点について理解を深めたい読者には，大村・俊野 [2014] の第6章から第8章までの一読をお勧めします．

Web 日本証券業協会が運営するウェブサイトには債券に関する様々

な情報が公開されています。たとえば，上で触れた発行額，現存額，売買高のほか，『公社債便覧』には毎年3月末あるいは9月末に現存する銘柄について各種の情報が掲載されています。また，「公社債店頭売買参考統計値」では証券会社からの報告に基づいて銘柄ごとの価格の平均値等が毎営業日公表されます。

2.2　債券の多様性

　2.1節では典型的な債券として10年利付国債を例に挙げました。しかし，実際には多種多様な債券が発行されています。そこで，本節では，主要な債券の種類を紹介するほか，債券に付随するデリバティブや特別な条項を解説します。ただし，**デリバティブ**（derivative, 派生証券）とは，キャッシュフローが，予め定められたルールに従って特定の変数（たとえば，株価，株価指数，債券価格，金利等）によって決まる証券を指し，例としては後の章で学習する先物やオプションのほか多数存在します。なお，債券のように一定期間予め定められたルールに従ってキャッシュフローを支払う証券は**フィックスト・インカム**（fixed income, fixed-income security）と呼ばれます。

発行日から償還期限までの期間の長さによる分類

　債券は，発行日から償還期限までの期間の長さ（償還期間）によって分類されます。日本では，それが1年以下のときは短期，1年超5年以下のとき中期，5年超10年以下のときは長期，10年超のときは超長期と呼ばれます。

　なお，償還期限のない債券が発行されることがあります。たとえば，英国政府はコンソル債（consol, undated gilt）と言って償還期限がなく，定期的に一定額のクーポンを支払う公債を発行したことがあります。ただし，コンソル債には本節の「償還の方式」の項で説明する任意償還が実施されることがあり，事実，2015年に8本のコンソル債が償還されました。また，日本でも2010年代にメガバンクが円建ての永久社債を発行しました。ただし，これらの永久社債にも任意償還条項が付いており，市場ではそれが行使されることが想定されているようです。

クーポンによる分類

多くの債券はクーポンレートが固定されていて利払日ごとに定額のクーポンを支払います。この種の債券は**固定利付債**（fixed-rate coupon bond）と呼ばれます。また，債券には，クーポンレートが特定の金利に連動して定期的に変更されるものがあります。この種の債券は**変動利付債**（floating-rate coupon bond, floating-rate note, FRN）と呼ばれます。そして，固定利付債と変動利付債を合わせて**利付債**（coupon bond）と呼ばれます。なお，固定利付債の場合，クーポンレートが高ければ高いほど投資家が受け取るクーポンが増えるため，債券価格が高くなります。したがって，固定利付債を発行する際，クーポンレートを適切に設定すれば，発行価格を額面の 100 円に一致させることができます。事実，固定利付債は，通常，額面の 100 円ちょうどかあるいは 100 円前後の価格で発行されます。

さらに，債券にはクーポンをまったく支払わないものがあります。この種の債券は**ゼロクーポン債**（zero coupon bond）とか**割引債**（discount bond）と呼ばれます。さて，投資家の立場から言えば，クーポンが支払われなくても発行価格あるいはその後の売買価格が額面より十分低ければ，魅力的な投資対象になります。したがって，ゼロクーポン債の価格は，そのような需要サイドの状況と供給サイドの状況を反映した水準に決まります。

発行者による分類

次に，日本で発行される債券を発行者ごとに紹介します。まず，日本国政府が発行する債券は**国債**（Japanese government bond, JGB）と呼ばれます。第2次世界大戦以降に限って言えば，国債発行は 1966 年 1 月の 7 年利付国債の発行を端緒とし，その後，多様な国債が発行されるようになりました。たとえば，2018 年度に発行された国債を見ますと，以下のものがあります。ただし，括弧内の期間は発行日から償還期限までの期間（償還期間）のおおよその長さを表し，「割引」，「固定」，「変動」はクーポンのタイプを表します。したがって，たとえば，「短期国債」に続く括弧内の「2 か月割引」は発行日からおおよそ 2 か月後に償還される割引国債を意味します。

- 短期国債（3 か月割引，6 か月割引，1 年割引）
- 中期国債（2 年固定，5 年固定）
- 長期国債（10 年固定）

- 超長期国債（20年固定，30年固定，40年固定）
- 個人向け国債（3年固定，5年固定，10年変動）
- 物価連動債（10年）

なお，短期国債は**国庫短期証券**（T-Bill, Treasury discount bill, TDB）とも呼ばれます．また，物価連動債は，クーポンレートは固定されていますが，額面が物価に連動して増減します．したがって，実際に支払われる利子も増減します．なお，都道府県や市町村も債券を発行しますが，それらは**地方債**（municipal bond, muni）と呼ばれます．

一般に，中央政府はその行政活動のうち一定の事務・事業を分離して独立行政法人に担当させたり，あるいは，中央政府が必要とする事業を特別法によって設立した特殊法人に担当させたりしています．さて，これらの独立行政法人および特殊法人の一部は特別法に基づいて債券を発行することができますが，それらは**政府関係機関債**あるいは**特殊債**と呼ばれます．たとえば，独立行政法人である都市再生機構とか住宅金融支援機構，あるいは，特殊法人である日本政策投資銀行は政府関係機関債を発行しています．なお，政府関係機関債のうち日本国政府が元利金の保証をしているものは**政府保証債**（government guaranteed bond）と呼ばれ，国債と同等とみなされます．他方，日本国政府が元利金の保証をしていないものは**財投機関債**と呼ばれます．

次に，農林中央金庫，信金中央金庫は特別の法律に基づいて**金融債**（bank debenture）と呼ばれる債券を発行しています．また，**社債**（corporate bond），あるいは，**普通社債**とは，東京電力，三井物産等の一般の事業会社が発行する債券を意味します．ただし，1999年以降は銀行も社債を発行できるようになりました．

株式会社は，**転換社債**（convertible bond）と言って，「その所有者が転換社債を発行会社に引き渡すことによって予め定められた株数の発行会社株式を請求する権利」（転換権）が付与された債券を発行できます．転換社債を投資家の観点から見ると，投資家は発行会社の株価が高くなれば転換社債を株式に転換して利益を得ることができます．また，株価が低迷したままであれば転換せず償還期限まで利付債として保有し続けることができます．したがって，クーポンレートが低くても転換社債に投資したいと考える投資家が存在するので，転換社債のクーポンレートは普通社債のそれより低く設定されます．なお，転換社債の正式名称は**転換社債型新株予約権付社債**です．

制度的には,「予め定められた条件で発行会社の株式の交付を受ける権利」(**新株予約権**,**ワラント**, warrant) が付随した**新株予約権付社債** (bond with warrant) あるいは**ワラント債**と呼ばれる債券が存在します。しかし,この種の債券は 2003 年以降,本書執筆時点の 2018 年まで,**上場会社**（株式が取引所で売買されている会社, listed company, public company）による発行例がありません。

> （注）ワラントは,社債と組み合わせることなく,単独で発行することができ,事実,多数の企業が発行しています。その場合,ワラントは債券ではなく,オプションの一種になります。

また,外国の政府,地方公共団体,企業あるいは国際機関等の非居住者が日本国内で債券を発行することがあります。これらの債券のうちクーポンと額面が円建てで支払われるものは円建外債あるいはサムライ債（Samurai bond）と呼ばれ,クーポンと額面が外貨建て（外国通貨建て）で支払われるものはショーグン債（Shogun bond）と呼ばれます。なお,ついでに紹介すると,**外国債**あるいは**外債**という用語があります。これは発行者が非居住者であるか,日本以外の市場で発行されるか,あるいは,日本円以外の通貨建てであるかのいずれかの条件が当てはまる債券を意味します。したがって,外国債には円建外債やショーグン債が含まれますが,そのほか,日本国外で発行される多種多様な債券も含まれます。たとえば,米国連邦政府が発行する債券は外国債の一例です。ちなみに,この種の債券は米国財務省の所管なので**財務省証券**（Treasury securities）と呼ばれます。また,ユーロ円債（Euroyen bond）といって日本国外で円建ての債券が発行されることがありますが,これは国外での発行なので発行者のいかんにかかわらず外国債に含まれます。

なお,国債,地方債,政府関係機関を合わせて**公共債**という呼び方があります。また,社債,転換社債,新株予約権付社債,金融債を合わせて**民間債**と呼びます。そして,公共債,民間債,外国債を合わせて**公社債**と呼びます。

表 2-1 は 2018 年に日本で発行された債券の総額と 2018 年末における現存額を債券の種類別にまとめたものです。中央政府の大規模な赤字が長期にわたって続いたことを反映して国債が発行額および現存額とも圧倒的なシェアを占めています。なお,財務省は 2018 年 3 月末における国債の保有者別内訳を公表しています。それによると,国庫短期証券を含めた場合,日本銀行が約 42%,銀行等が約 19%,生損保等が約 19%,海外の投資家が約 11% 保有し,家計が保有する割合は約 1% でした。

表 2-1 債券の種類別発行額および現存額（2018 年，2018 年末）

債券の種類	2018 年における発行額			2018 年末の現存額		
	銘柄数	金額（10億円）	（％）	銘柄数	金額（10億円）	（％）
国債	74	150,498	84.04	517	962,912	82.14
地方債	372	6,257	3.49	3,168	61,500	5.25
政府保証債	78	3,269	1.83	632	30,901	2.64
財投機関債	228	5,057	2.82	1,851	37,608	3.21
普通社債	590	10,155	5.67	3,250	61,985	5.29
資産担保型社債	3	270	0.15	9	450	0.04
転換社債	2	16	0.01	20	266	0.02
金融債	76	1,371	0.77	363	8,234	0.70
円建非居住者債	60	2,189	1.22	289	8,439	0.72
私募特別債	0	0	0.00	0	0	0.00
私募社債	0	0	0.00	0	0	0.00
合　計	1,483	179,082		10,099	1,172,295	

（出所）　日本証券業協会「公社債発行額・償還額」．

　なお，表 2-1 の第 1 列には資産担保型社債の記載があります．これは，本節の最後の項で取り上げる証券化商品のうち，公募発行された社債を指します．一般に，証券化商品の多くは社債以外の形式で発行され，それらの総額は表 2-1 の資産担保型社債の発行額よりずっと多額です．なお，日本証券業協会は，そのウェブページの「証券化市場の動向調査」で新規発行される証券化商品を公表しています．

　次に，表 2-2 は 2019 年 2 月に日本国内の店頭市場で売買された債券の総額を債券の種類別にまとめたものです．国債の売買高は約 1448 兆円と債券の売買高の 99％ 以上を占めています．また，売買の主体は主に国内外の金融機関や機関投資家です．表 2-2 の第 4 列は現先取引の売買高を掲載しています．

　そこで，現先取引を簡潔に説明すると，それは，売買に際し，同種同量の債券を将来の特定の日に予め定めた価格で反対売買することを約束して行う取引です．したがって，この取引は，当初の売り手にとって債券を担保にした資金調達であり，当初の買い手にとっては資金運用です．よって，将来反対売買する際の価格は，当初の取引時点における市場金利に沿った水準に決まります．

表 2-2 債券の種類別店頭売買高（2019 年 2 月）

債券の種類		売買高（億円）	総合計に占める比率（%）	現先売買高（億円）	売買高のうち現先売買高が占める比率（%）
国債	国債合計	14,478,838	99.5	12,606,275	87.1
	超長期	3,343,467	23.0	2,977,645	89.1
	利付長期	6,565,948	45.1	6,113,739	93.1
	利付中期	2,515,251	17.3	2,070,749	82.3
	割引	0	0.0	0	-
	国庫短期証券等	2,054,172	14.1	1,444,142	70.3
公募地方債		21,285	0.1	13,709	64.4
政府保証債		17,503	0.1	14,107	80.6
財投機関債等		14,186	0.1	9,114	64.2
金融債		919	0.0	0	0.0
円貨建外国債		2,419	0.0	12	0.5
社債	社債合計	11,731	0.1	2,274	19.4
	電力債	2,110	0.0	856	40.6
	一般債	9,621	0.1	1,418	14.7
特定社債		33	0.0	0	0.0
新株予約権付社債		89	0.0	-	-
非公募債	非公募債合計	2,398	0.0	862	35.9
	地方債	1,893	0.0	862	45.5
	その他	505	0.0	0	0.0
総合計		14,549,401	100.0	12,646,353	86.9

（出所）日本証券業協会。

デリバティブが組み込まれた債券

　債券はしばしばオプション等のデリバティブが組み込まれて発行されます。しかし，本書でデリバティブを解説するのはずっと後の章です。そこで，本項ではよく耳にするものの一部をごく簡単に紹介します。

　まず，上で紹介した転換社債の転換権や新株予約権付社債の新株予約権はオプションの一種なので，これらの社債はデリバティブが組み込まれた債券の例です。また，**仕組債**（structured bond）は，通常，「デリバティブが組み込まれ

た債券である」と言われます。仕組債の例を若干挙げると，エクイティ・リンク債（equity linked note, ELN）といって額面あるいはクーポンレートが特定の株式や株価指数の水準あるいは収益率（配当と値上がり益の合計を投資額で割った比率：投資収益率，rate of return）によって決まる債券があります。また，クレジット・リンク債（credit linked note）といって特定の企業等のデフォルト（次ページの項を参照）によって生じる損失を負担する対価としてクーポンレートが高く設定された債券があります。なお，仕組債という用語が使われるよりずっと前から存在した転換社債や新株予約権付社債は，通常，仕組債には含まれないようです。

(注) 株式や株価指数に関する収益率は上記の説明の通りです。また，収益率は一般の資産について同様に定義できます。なお，本書では収益率だけでなく，収益および収益性という言葉を使いますが，これらは，何らかの意味での利得およびその度合いという，非常に広い意味で使っています。ちなみに，企業会計では収益を企業の売上高の意味で使うので，本書の収益とは意味が異なります。

償還の方式

現在日本で発行されている債券の大部分は，2.1 節で例として挙げた第 350 回 10 年利付国債のように，償還期限に額面の全額を償還します。この種の償還は，最終償還と言われます。しかし，一部の債券には，定期的に発行額の一定率を償還する**定時償還**という方式を採用しているものがあります。また，一部の債券には，発行者の任意で償還期限前に発行額の一部または全部を償還する**任意償還**（**繰上償還**）を実施できる条項を付けて発行されるものがあります。理屈から言えば，任意償還は発行者の任意によるので，それが実施されるのは，任意償還が発行者にとって有利な場合だけのはずです。たとえば，市場の金利水準が十分低下したとき，発行者が任意償還条項が付いた既発債（既に発行された債券）を任意償還して新規に債券を発行すれば（債券の借換え発行と言います），支払うクーポンの金額を減らすことができます。しかし，日本の債券市場の歴史を振り返ってみると，一部の外債を除き，近年まで任意償還条項が行使されることはありませんでした。しかし，現在では，任意償還が行われる可能性がある債券は任意償還条項付債券あるいはコーラブル債（callable bond）あるいはコール条項付債券（bond with call provision）として発行されています。

なお，定時償還と任意償還を合わせて**途中償還**と呼びます．また，定時償還と任意償還のいずれについても，予め定めた価格で償還する方法と，流通市場において**市場価格**（市場取引で付いた価格：market price）で発行者が買い戻す方法があります．ちなみに，この「予め定めた価格で償還する」というのは，発行者が当該債券を予め定めた価格で取得することを意味するので，それは 6.1 節で学習するコールオプションの一種であることを意味します．したがって，コーラブル債は仕組債の一種です．

デフォルトに関連する条項

本書では，債券を「将来の一定期間予め定めたルールに従ってキャッシュフローを支払う約束をした」有価証券として定義しました．実は，債券の発行者の財務状態が悪化すると，この「約束」が守られず，クーポン，額面あるいは両方（元利金）が約束通りに支払われないことがあります．これが債券の**債務不履行**あるいは**デフォルト**（default）です．

したがって，債券の発行に当たっては，デフォルトに関連して様々な条項が付けられることがあります．第 1 に，社債の場合，担保（collateral）を付けて発行されることがあります．その場合，発行者が保有する特定の資産を担保とし，万が一元利金が約束通り支払われず，破産等が発生すれば，受託会社（発行者との契約によって社債保有者のために担保の管理をする銀行，信託銀行等）が担保物件を処分し，元利金の支払いに充てます．この種の社債は担保付社債（secured bond），他方，担保を付けずに発行される社債は無担保社債（unsecured bond）と呼ばれます．ただし，以前と違って現在では，日本で担保付社債が発行されることはほとんどなくなりました．

第 2 に，優先条項あるいは劣後条項を付けて発行されることがあります．これは，万が一元利金の支払いが約束通りに支払われず，破産等が発生した場合，発行者の資産が処分されて換金されるのですが，優先条項が付いた債券（senior bond）は，他の負債に優先して元利金の支払いを受けることができます．他方，劣後条項が付いた債券（subordinated bond）は，他の負債に対する元利金の支払いが終わった後，まだ資金が残っていた場合のみ元利金の支払いを受けることができます．

第 3 に，コベナンツ（covenants）と言って，債券を発行する際に発行者に対して特定の行動を要求したり，あるいは，特定の行動をとることを禁止する条

項が付けられることがあります。例としては，配当に上限を設ける配当制限条項や，損益について条件を設ける利益維持条項があります。もちろん，これらの条項に抵触すれば，期限前返済を行わなければならないなどのペナルティが科されます。

格付け

デフォルトがどの程度の確率で起こりそうかという点は投資家にとって大きな関心事です。したがって，米国では百年以上前から**格付け機関**（credit rating agency）と呼ばれる機関が債券の元利払いの確実性を簡単な記号で示すサービスを始め，その後，その種のサービスが世界に拡がりました。なお，格付け機関は，債券の発行者あるいはローンの借り手の総合的な信用力をアルファベットの記号で表すサービス（発行者格付け）のほか，個別債務についてもその元利払いの確実性に関する意見をアルファベットの記号で表すサービス（個別債務格付け）を提供しています。ただし，個別債務格付けには，債務不履行の蓋然性だけでなく，当該債務の弁済優先順位，担保の有無，最終的な回収の度合いの見込み等も織り込まれます。

もう少し具体的に格付けを説明すると，世界の3大格付け機関のひとつであるスタンダード＆プアーズ（Standard & Poor's, S&P）の場合，長期債に対して元利払いの確実性が高い順にAAA（「トリプルA」と読みます，以下同様），AA（ダブルA），A（シングルA），BBB（トリプルB），BB（ダブルB），B（シングルB），CCC（トリプルC），CC（ダブルC），C（シングルC），Dのいずれかの格付けを与えます。ただし，S&Pの資料（『S&Pの格付け定義等』2018年4月24日）によると，AAAは「当該金融債務を履行する債務者の能力は極めて高い」と判断した債務に付ける格付けです。また，BBからCまでのいずれかの格付けを付与された債務は「投機的要素が大きいとみなされる」。さらに，Dに格付けされた債務は「当該債務の支払いが行われていないか，S&Pが想定した約束に違反があることを示す」。なお，S&Pの長期債格付けのうちAAからCCCまでの格付けについては，元利払いの確実性が特に高いものにはプラス記号を付与し（たとえばA+），確実性が低いものにはマイナス記号を付与して各格付けカテゴリーの中での相対的な確実性の強さを表します。

さて，格付け発祥の地である米国をはじめ，多くの国の機関投資家は，従来，BBB以上に格付けされた債券（**投資適格債**, investment grade bond）でな

ければ投資しないという方針を採用していて，現在でもその多くがこの方針を堅持しています。したがって，BB 以下に格付けされた債券（**ジャンク債**，junk bond，**ハイイールド債**，high-yield bond，**投機的格付債**，speculative-grade bond）と投資適格債との間には需要の点で大きな差があり，それが債券価格に反映されます。

> （注） 日本のジャンク債市場は大きくありません。他方，米国では 1970 年代からドレクセル・バーナム社（Drexel Burnham）のマイケル・ミルケン（Michael Milken）の努力によってジャンク債市場が拡大し，現在に至っています。また，欧州にも一定規模のジャンク債市場が存在します。

最後に主要な格付け機関を紹介します。まず，世界の3大格付け機関（Big Three credit rating agencies）としては，S&P のほか，ムーディーズ（Moody's）とフィッチ（Fitch Ratings）があり，日本でも事業を展開しています。また，日本に属する発行者の格付けについては格付投資情報センター（R&I）と日本格付研究所（JCR）が世界の3大格付け機関より多くの発行者を格付けしています。

証券化商品

典型的なケースについて説明すれば，金融機関や事業会社が保有する資産を，資産を保有するためだけに設立された特別目的事業体（special purpose vehicle, SPV）へ有償で譲渡し，SPV が資産から生み出されるキャッシュフローを裏づけにして証券を発行することを**証券化**（securitization），また，発行された証券を**証券化商品**と呼びます。証券化商品は，裏づけとなる資産の種類によって異なった名称で呼ばれます。たとえば，裏づけとなる資産が不動産の場合，モーゲージ証券（mortgage-backed securities）と呼ばれます。ただし，モーゲージ証券は，しばしば英語名の略である **MBS** で呼ばれます。また，裏づけとなる資産が不動産の中でも住宅ローンの集合（プールと呼ばれます）の場合，住宅ローン担保証券（residential mortgage-backed securities, RMBS），さらに，それが商業用不動産の場合，商業用不動産担保証券（commercial mortgage-backed securities, CMBS）と呼ばれます。他方，裏づけとなる資産がリース債権，自動車ローン債権，クレジット債権などの場合，狭義の資産担保証券（asset backed securities）と呼ばれます。ただし，資産担保証券は，しばしば英語名の略である **ABS** で呼ばれます。なお，ABS を広義で使

う場合，モーゲージ証券も含みます．

　日本で発行される証券化商品の中でもっとも発行額が多いのは，RMBS，特に，住宅金融支援機構が発行する RMBS です．また，海外でも同様の傾向があり，たとえば，米国で発行される証券化商品の中でもっとも発行額が多いのは，連邦政府機関（具体的には，GNMA），あるいは，それに準じると投資家がみなす機関（具体的には，FHLMC, FNMA）が発行ないし保証する RMBS です．

　なお，本項の冒頭で述べたように，証券化商品の裏づけ（担保）となる資産の所有権は，元の所有者から SPV に完全に移行されます．したがって，元の所有者にとって証券化は資金調達の手段になります．また，証券化商品の一部は，その信用リスクを低減する様々な工夫が凝らされるので，通常 AAA の格付けを付与されます．

2.3　最終利回り

　債券に投資するとどのような利益が得られるでしょうか．まず，利付債の場合，定期的にクーポンを受け取ることができます．これは**インカムゲイン**（income）と呼ばれます．次に，もし投資家が債券を償還期限まで保有するならば，債券の購入価格が額面より低い場合にはその差額が利益（償還差益）として，また，購入価格が額面より高い場合にはその差額が損失（償還差損）として発生します．他方，もし投資家が債券を償還期限より前に売却するならば，債券の購入価格が売却価格より低い場合にはその差額が利益（売買差益）として，また，購入価格が売却価格より高い場合にはその差額が損失（売買差損）として発生します．ちなみに，**キャピタルゲイン**（capital gain, capital appreciation）という用語は，償還差益，売買差益，さらに，評価差益（保有する債券の評価額から購入価格を差し引いて求めた差額）のいずれにも使えます．また，インカムゲインとキャピタルゲインの和は**トータルゲイン**（total return）と呼びます．さて，**最終利回り**（yield to maturity, YTM）とは債券を償還期限まで保有したときに得られる 1 年当たりのトータルゲインが債券価格に対してどの程度の大きさであるかを表します．

　（注*）債券の利払日以外の日に複利最終利回りを計算する場合には，上の文の「債券

図 2-2 固定利付債のキャッシュフロー（0 時点が利払日の間にあるケース）

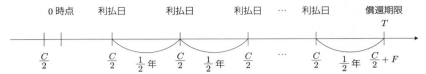

価格」を本章の付録で紹介する「経過利子と債券価格の和」に置き換えなければなりません。ただし、この「債券の利払日以外の日に複利最終利回りを計算する場合」は本章 2.6 節の付録でしか扱わないケースなので、本章の付録を読まない場合にはこの注を考慮に入れなくてかまいません。

したがって、最終利回りは債券投資の収益性を測るものさし（尺度）です。具体的には、特定の公式を使って計算しますが、それには、単利の考え方に近い単利最終利回りと、複利の考え方に基づいた複利最終利回りの 2 種類があります。日本の債券市場では通常、単利最終利回りが使われますが、分析等では複利最終利回りも利用されます。他方、欧米の債券市場では、複利最終利回りが使われます。そこで本節では、固定利付債と割引債について両方の公式を学習します。

単利最終利回り

まず、対象とする債券は固定利付債で、半年ごとに $\frac{C}{2}$ 円のクーポンが支払われる債券だとします。したがって、投資家は、毎年、クーポンを 2 回、合計して C 円のクーポンを受け取ります。さらに、残存期間は T 年で、償還期限に F 円（慣習により 100 円）を受け取るとします。この場合、この債券投資によって償還期限までに受け取るキャッシュフローは図 2-2 で表せます。ただし、単利最終利回りを計算する時点を「0 時点」と呼びます。単利最終利回りを計算する場合、0 時点が利払日であるかどうかという点は計算に使う式の形に影響しないので、どちらでもよいのですが、図 2-2 では 0 時点を直前の利払日と直後の利払日の間に描いています。

投資家が図 2-2 の債券を償還期限まで保有すると仮定しましょう。その場合、投資家が 1 年間に受け取るインカムゲインはクーポンの C 円です。また、この債券の 0 時点における価格が P 円であるとすると、投資家がこの債券を 0 時点から償還期限までの T 年間保有することによって得るキャピタルゲインは $(F - P)$ 円です。したがって、投資家が得る 1 年当たりのキャピタルゲ

インは，$(F-P)$ 円を T 年で割った $\frac{F-P}{T}$ 円です．以上から，この債券の 1 年当たりのトータルゲインは $(C+\frac{F-P}{T})$ 円です．さて，この 1 年当たりのトータルゲインを 0 時点における債券価格 P 円で割った比率は，最終利回りが意味する「債券を償還期限まで保有したときに得られる 1 年当たりのトータルゲインが債券価格に対してどの程度の大きさであるか」を表します．したがって，この比率は**単利最終利回り**と呼ばれます．すなわち，単利最終利回り y は次式によって定義されます．

$$y = \frac{C + \frac{F-P}{T}}{P} \tag{2.1}$$

(例)　2008 年 6 月 20 日に第 102 回 20 年利付国債が発行されました．同国債は，利払日が 6 月 20 日と 12 月 20 日でクーポンレートは 2.4% です．また，償還期限は 2028 年 6 月 20 日です．さて，同国債は 2018 年 6 月 20 日に 123.57 円で売買されていました．このとき，同国債の単利最終利回りを計算してみましょう．

まず，同国債について単利最終利回りの公式 (2.1) に代入する数値を特定すると，$C = 0.024 \times 100$ 円 $= 2.4$ 円，$F = 100$ 円，$P = 123.57$ 円，$T = 10$ 年 です．これらの数値を公式 (2.1) に代入すると，次式を得ます．

$$y = \frac{C + \frac{F-P}{T}}{P} = \frac{2.4 \text{ 円} + \frac{100 \text{ 円} - 123.57 \text{ 円}}{10}}{123.57 \text{ 円}} = 0.00034 = 0.034\%$$

ただし，上の計算では日本の債券市場における最終利回り計算の慣習に従い，% 表示したうえでその小数点第 4 位以下を切り捨てて第 3 位まで表示しました．

問い　章末の練習問題 2 を単利最終利回りについて解きなさい．

複利最終利回り（半年複利）

本項では，1 年に 2 回クーポンを支払う固定利付債について複利に基づいた最終利回りの公式を紹介します．さて，1.7 節で「金利計算に複利が使われる資産あるいは負債の場合，複利期間には授受する利子の支払い頻度に沿った期間が用いられることが多い」ことを指摘しました．したがって，本項が対象とする，1 年に 2 回クーポンを支払う債券には半年を複利期間にとった半年複利を用います．また，公式が複雑になるのを避けるため，複利最終利回りを計算する時点（図 2-3 の「0 時点」）が利払日であると仮定します．なお，複利最終

図 2-3 固定利付債のキャッシュフロー（0 時点が利払日のケース）

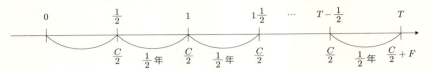

利回りを計算する時点が利払日以外の場合の公式は本章の付録に掲載しているので，関心がある読者は付録を参照してください。

まず，公式で使う記号を定義します。対象とする債券は毎年 C 円のクーポンを 2 回に分けて支払うとします。したがって，利払日ごとに支払われるクーポンは $\frac{C}{2}$ 円です。また，残存期間は T 年で，償還期限にクーポンの $\frac{C}{2}$ 円と額面の F 円が支払われます。よって，この債券が 0 時点から償還期限までの間に支払うキャッシュフローのタイミングと金額は図 2-3 で表せます。なお，複利最終利回りを計算する 0 時点が利払日であると仮定したので，次の利払日はちょうど半年後になり，その次の利払日は 0 時点からちょうど 1 年後になります。

次に，図 2-3 のキャッシュフローの現在価値を計算します。本項では，半年複利を用いるので，具体的には，1.6 節で学んだ半年複利の現在価値公式 (1.10) を各キャッシュフローに適用します。また，どのキャッシュフローについても同じ割引率 y を適用することにします。その場合，たとえば，半年後に受け取るクーポン $\frac{C}{2}$ 円の現在価値は，公式 (1.10) の B に $\frac{C}{2}$，r に y，n に $\frac{1}{2}$ を代入して次の表現で表せます。

$$\mathrm{PV}(B) = \frac{B}{(1+\frac{r}{2})^{2n}} = \frac{\frac{C}{2}}{(1+\frac{y}{2})^{2\times\frac{1}{2}}}$$

また，1 年後，1 年半後，... に受け取るクーポンの現在価値も同様に計算できます。さらに，T 年後に受け取るクーポンと額面の和 ($\frac{C}{2} + F$) 円の現在価値についても公式 (1.10) の B に ($\frac{C}{2} + F$)，r に y，n に T を代入して次の表現を得ます。

$$\mathrm{PV}(B) = \frac{B}{(1+\frac{r}{2})^{2n}} = \frac{\frac{C}{2} + F}{(1+\frac{y}{2})^{2T}}$$

当該債券のキャッシュフローの現在価値 PV(CF) は，上で計算したクーポン

と額面の現在価値をすべて足せば求めることができます．すなわち，次式で表せます．

$$\mathrm{PV(CF)} = \frac{\frac{C}{2}}{(1+\frac{y}{2})^{2\times\frac{1}{2}}} + \frac{\frac{C}{2}}{(1+\frac{y}{2})^{2\times 1}} + \cdots + \frac{\frac{C}{2}+F}{(1+\frac{y}{2})^{2T}}$$

$$= \frac{\frac{C}{2}}{1+\frac{y}{2}} + \frac{\frac{C}{2}}{(1+\frac{y}{2})^2} + \frac{\frac{C}{2}}{(1+\frac{y}{2})^3} + \cdots + \frac{\frac{C}{2}+F}{(1+\frac{y}{2})^{2T}}$$

さて，**複利最終利回り**は，債券の将来キャッシュフローの現在価値 PV(CF) を債券価格 P と等しくさせる y を指します．

$$P = \frac{\frac{C}{2}}{1+\frac{y}{2}} + \frac{\frac{C}{2}}{(1+\frac{y}{2})^2} + \frac{\frac{C}{2}}{(1+\frac{y}{2})^3} + \cdots + \frac{\frac{C}{2}+F}{(1+\frac{y}{2})^{2T}} \tag{2.2}$$

すなわち，複利最終利回りは (2.2) 式を解く y として定義されます．ただし，(2.2) 式は半年複利の現在価値公式を使って計算されています．その結果，式の解である y は，1.6 節で学習したように半年複利の年利率で表示された利回りです．さて，このように求めた**複利最終利回り y は，一定の条件が満たされれば，当該債券を償還期限まで保有したときの収益性を表します**．この点は，2.4 節の「再投資リスク」の項で数値例を使って示します．また，本章の Web 付録 1 でこの点を直接証明していますので，関心のある読者は Web 付録を参照してください．

> （例）ちょうど 1 年後に償還されるクーポンレート 4% の債券が 99 円で売買されているとします．この債券の複利最終利回り（半年複利）を計算する式を立ててみましょう．そのためには，$P=99$ 円，$C=4$ 円，$F=100$ 円，$T=1$（年）を公式 (2.2) に代入します．すなわち，次式で計算します．
>
> $$99\text{円} = \frac{2\text{円}}{1+\frac{y}{2}} + \frac{102\text{円}}{(1+\frac{y}{2})^2}$$

（注）米国市場では半年複利を使って最終利回りが計算されます．したがって，半年複利に基づいた最終利回りは米国式と呼ばれることがあります．他方，ユーロ債（債券が発行される国あるいは市場で使われる通貨とは異なる通貨で発行される債券，例としては 2.2 節で紹介したユーロ円債があります）の市場では AIBD (Association of International Bond Dealers, 現在の International Securities Market Association) によって 1973 年 4 月から最終利回りの計算が 1 年複利に基づくものに統一されました．したがって，1 年複利に基づいた最終利回りは

AIBD 方式と呼ばれることがあります。このように複利最終利回りは市場によって使われる複利期間が異なります。そこで，本書では，半年複利を使っていることをはっきりさせたいときは「複利最終利回り（半年複利）」と記すことにします。

Excel RATE 関数を使えば複利最終利回りが計算できます。この関数の引数は，「期間」，「定期支払額」，「現在価値」，「将来価値」，「支払期日」，「推定値」の6つです。ただし，RATE 関数は 1.2 節および 1.4 節で学習した複利期間をベースにしています。具体的には，RATE 関数の「期間」は 1.2 節の複利期間の期数を意味し，アウトプットとして算出される「利率」は 1.2 節の複利期間当たり利子率です。したがって，上記の1年後に償還される債券の複利最終利回りを RATE 関数を使って解く場合，「期間」に複利期間の期数の 2，「定期支払額」に各利払日に支払われるクーポンの 2 円，「現在価値」に現時点の債券価格に負の符号を付けた -99 円，「将来価値」に額面の 100 円を入力します。また，「支払期日」はいつ支払いが行われるかを指定する引数で，0を入力するかあるいは省略すると各期の期末を指定したことになり，1を入力すると各期の期首を指定したことになります。さらに，算出される「利率」は複利期間当たり利子率を表し（記号で表せば $\frac{y}{2}$），上の数値例の場合 2.51897% です。もちろん，複利期間が半年の場合，複利期間当たり利子率を2倍した 5.03794% が複利最終利回り y です。ただし，「単利最終利回り」の項で指摘したように，日本の債券市場における最終利回り計算の慣習では，% 表示したうえで小数点第4位以下を切り捨てて第3位まで表示するので，5.037% とします。

Excel 複利最終利回りを計算するのに，RATE 関数のほか，YIELD 関数を使うこともできます。YIELD 関数の場合，引数は「受領日」，「満期日」，「利率」，「現在価値」，「償還価値」，「頻度」，「基準」の7つです。ここで，「受領日」とは，売買した債券の受渡しをする日を意味し，既に保有している債券の場合は複利最終利回りを計算する時点を指定します。また，本書の用語を使うと，「満期日」は償還期限，「利率」はクーポンレート，「現在価値」は債券価格，「償還価値」は額面です。ただし，受領日が利払日でない場合，「現在価値」に債券価格ではなく，債券価格＋経過利子を入力します（経過利子については 2.6 節の付録を参照）。また，「頻度」は1年当たりの利払いの回数です。さらに，「基準」は残存期間の数え方を指定する引

数で，日本では，残存期間のうち1年未満の部分の残存日数を365日で割るので「3」を指定します。なお，YIELD関数の場合，「受領日」と「満期日」には具体的な日付を指定する必要があります。したがって，上記の1年後に償還される債券の例のように具体的な日付が指定されていない問題では，ExcelのDATE関数を使うなどして任意の日付を指定します。また，「償還価値」はあくまで額面であって，償還期限に受け取るクーポンを加えてはいけません。さて，YIELD関数を上記の例に適用すると，"=YIELD(2018/4/20,2019/4/20,0.04,99,100,2,3)"と入力して0.050379412を得ます。したがって，5.037%となります。このように，YIELD関数は年率の複利最終利回りを直接算出します。

問い 章末の練習問題の2の複利最終利回りを解きなさい。

Excel 上記のRATE関数やYIELD関数とは逆に，複利最終利回りを入力して債券価格を算出するPRICE関数もあります。

(注) 日本のマスコミで報道される長期金利は，通常，新発10年利付国債の単利最終利回りを指します。金利や利子率という用語は，第1章で預金について多用しましたが，債券の単利最終利回り，複利最終利回り，あるいは，クーポンレートを指すのにも使われます。このように，金利や利子率はいろいろな意味で使われるので，それらが意味することは文脈の中で理解する必要があります。他方，最終利回りは，債券について本節で定義した意味でしか使いません。

単利最終利回りと複利最終利回りの関係

固定利付債について複利最終利回りの値と単利最終利回りの値の関係を述べると，債券価格が額面に等しいときは両者が一致します。他方，債券価格が額面を下回るときは，単利最終利回りが複利最終利回りを上回り，債券価格が額面を上回るときは単利最終利回りが複利最終利回りを下回ります。ただし，いずれの場合でも，価格が額面から大きく乖離しない限り，両者の差は大きくありません。

(注) 「利回り」という言葉のエッセンスは，投資に対してどれだけの収益が上がったか，その程度を表す点にあります。したがって，この言葉は債券だけでなく，金利商品全般，不動産，さらに株式（たとえば，配当利回り）についても使われます。さらに，債券に限っても，本節で学習する最終利回りや実効利回りのほか，所有期間利回り，繰上償還利回りといった用語にも使われます。ただし，債

券の場合，「利回り」と言えば，通常，最終利回りを指します．具体的には，特段の断り書きがない限り，日本では単利最終利回り，米国では複利最終利回り（半年複利），ユーロ債市場や欧州の多くの国では複利最終利回り（1年複利）を意味します．本書では，単利最終利回りと複利最終利回りの両方に言及しているとき，あるいは，単利最終利回りか複利最終利回りのいずれかに言及していることが文脈から明らかな場合は，単に「最終利回り」あるいは「利回り」と言うことにします．

割引債の最終利回り

前項までは固定利付債を対象にして最終利回りを学習しました．本項では，割引債について最終利回りを学習します．実は，固定利付債の最終利回りの公式は割引債に対してもそのまま使われます．ただし，割引債の場合，クーポンを支払わないので最終利回りの公式に $C=0$ を代入します．その結果，単利最終利回り y は次式によって与えられます．

$$y = \frac{\frac{F-P}{T}}{P} \tag{2.3}$$

また，複利最終利回り（半年複利）は，次式を解く y によって与えられます．

$$P = \frac{F}{(1+\frac{y}{2})^{2T}} \tag{2.4}$$

ただし，(2.3) 式および (2.4) 式の F は額面，P は最終利回りを計算する時点における債券価格，T は残存期間（年）を表します．

(注) 米国市場で割引債の最終利回りを計算する場合には，(2.4) 式が使われます．しかし，日本市場では残存期間が1年以内の割引債については，(2.3) 式が使われ，それ以外の割引債については (2.4) 式ではなく，1年複利の現在価値公式に基づいた式が使われます．

なお，割引債の最終利回りは，**スポットレート**（spot rate），ゼロイールド（zero yield），ゼロクーポンレート（zero coupon rate）と呼ばれることがあります．

(注) 「スポット」という用語は文脈によって異なった意味で使われます．たとえば，5.1 節で先渡取引および先物取引の対義語として紹介する現物取引は，スポット取引とも呼ばれます．また，現物取引で付く値段やレートはスポット価格，スポットレートと呼ばれます．

(例) 残存期間1年の割引債の価格が92円だったとしましょう。この割引債の最終利回りを計算しなさい。まず，単利最終利回りは次式によって計算できます。

$$y = \frac{\frac{100\text{円}-92\text{円}}{1}}{92\text{円}} = 0.086957 = 8.695\%$$

また，複利最終利回り（半年複利）は次式を解く y として求められます。

$$92\text{円} = \frac{100\text{円}}{\left(1+\frac{y}{2}\right)^2}$$

なお，上の式の解は，RATE関数あるいはYIELD関数を使って，8.514%が求められます。

問い 章末の練習問題の4を解きなさい。

最終利回りと債券価格の関係

本項では，複利最終利回り（半年複利）の公式を使って，固定利付債に関する最終利回りと価格の関係について学習します。もちろん単利最終利回りの公式を使って同じ結論を得ることができます。しかし，最終利回りと債券価格の関係を議論する場合は，通常，複利最終利回りが使われるので，本書もそのやり方を踏襲します。また，本項の結論は割引債についても成立します。

まず，債券の利払日において公式（2.2）を使って複利最終利回りを計算することを考えましょう。その場合，債券のクーポンレートと残存期間は既知のはずなので，額面100円当たり，かつ，1年当たりのクーポンの額 C および残存期間 T の値を特定することができます。その結果，複利最終利回りの公式（2.2）において値が特定されていないのは債券価格 P と複利最終利回り y だけです。したがって，P の値を特定すると，公式（2.2）を使って y の値を計算できます。また，逆に，y の値を特定すると，公式（2.2）を使って P の値を計算できます。

(例) 5年後に償還される，クーポンレート1.5%の債券について価格 P が異なる値，たとえば，100円，90円，80円，70円，60円，50円をとると仮定し，それぞれの場合について複利最終利回り（半年複利）y を計算しました。具体的には，ExcelのRATE関数を使って y を計算し，表2-3に掲載しました。

表 2-3 債券価格 P と複利最終利回り（半年複利）y の関係

P (円)	100	90	80	70	60	50
y (%)	1.500	3.709	6.215	9.101	12.498	16.607

　表 2-3 から，債券価格が低ければ低いほど，複利最終利回りが高くなることが分かります．この性質は固定利付債および割引債の両方に成立します．その理由は，複利最終利回り（半年複利）の公式 (2.2) において，債券価格（すなわち，左辺の値）が低くなると，等式を成立させるために右辺の値も小さくならなければならないのですが，そのためには右辺の分母にある複利最終利回りが高くならなければならないからです．次に，表 2-3 の価格 P と複利最終利回り y の組み合わせを，横軸に y，縦軸に P をとった図 2-4 上の点として描きます．

　図 2-4 から，債券価格が複利最終利回りに関して滑らかな右下がりの曲線で表せることが分かります．これは，本項の冒頭で述べたように，固定利付債と割引債の両方に成立する性質です．さらに，この性質は単利最終利回りについても成立します．したがって，**固定利付債と割引債の場合，同一時点で発生する価格変化と利回り変化は方向が逆になります**．すなわち，価格上昇は利回り低下とともに起こり，逆に，価格低下は利回り上昇とともに起こります．

　さらに，図 2-4 で描かれた 5 年債の価格と複利最終利回りの関係は，1 か月後においてもほぼ同じ形状を保っています．したがって，1 か月間に発生する複利最終利回りの変化と債券価格の変化は，図 2-4 で描かれたグラフからおおよそ読み取ることができます．そして，このグラフが右下がりの曲線であることから，1 か月の期間についても債券価格の変化は複利最終利回りの変化と逆の方向になることが分かります．以上の理由から，**同一の債券について複利最終利回りと価格の推移を見ると，両者は逆の方向に変化します**．

　ここで，用語少しを紹介すると，債券価格が額面と一致するとき**アットパー** (at par)，額面を下回るとき**アンダーパー** (under par)，額面を上回るとき**オーバーパー** (over par) と言います．さて，表 2-3 から，例に使った債券についてアットパーのとき複利最終利回りが 1.5% になることが確認できますが，この値はクーポンレートと一致します．実は，この**アットパーのとき最終利回りはクーポンレートに一致する**という性質は固定利付債全般について成立する性質です（本章の Web 付録 2 でこの点を証明しているので，関心がある読者は Web 付

図 2-4　債券価格 P と複利最終利回り（半年複利）y のグラフ

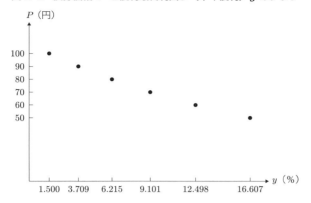

録を参照してください）。また，この性質は複利最終利回りだけでなく，単利最終利回りの場合も成立します。さらに，表 2-3 から，例に使った債券についてアンダーパーのとき最終利回りがクーポンレートの 1.5% を上回っていることが確認できます。さらに，表 2-3 では示していませんが，例に使った債券についてオーバーパーのとき最終利回りがクーポンレートの 1.5% を下回ることが確認できます。もちろん，この**アンダーパーのとき最終利回りがクーポンレートを上回り，オーバーパーのとき最終利回りがクーポンレートを下回る**という性質は固定利付債全般について成立する性質です。さらに，この性質は，複利最終利回りだけでなく，単利最終利回りの場合も成立します。

2.4　債券投資のリスク

本節では，投資家が債券投資において直面する可能性があるリスクを挙げ，それらが最終利回りに及ぼす影響について説明します。その内容は，2.5 節の基礎になるので，しっかり理解してください。

金利リスク

2.1 節で述べたように，債券は，「将来の一定期間予め定めたルールに従ってキャッシュフローを支払う約束をした」有価証券なので，銘柄間の類似性が高く，その結果，銘柄間の代替性が高くなる傾向があります。また，2.3 節で学習したように，投資家は最終利回りを重要な投資尺度として利用します。し

たがって，たとえば，債券Aの格付けが債券Bよりずっと高いとしても，債券Aの最終利回りが債券Bのそれよりずっと低ければ，債券Aを売って債券Bに買い換える投資家が現れます．その結果，債券Aの価格が下がり（すなわち，最終利回りが上がり），債券Bの価格が上がる（すなわち，最終利回りが下がる）でしょう．このメカニズムが働くため，債券の最終利回りは，属性（残存期間，クーポンレート，格付け等の債券の性質）の違いを反映して異なった値をとるものの，互いに比較的近い値をとる傾向があります．したがって，同一通貨の債券をみると，そのときどきの経済状況を反映して大部分の銘柄の最終利回りが高い時期があることもあれば，逆に，低い時期があることもあります．もちろん，債券全般の最終利回りが高い時期には，他の金利商品，たとえば，預金，ローン等の金利も高くなる傾向がありますし，逆に，債券全般の最終利回りが低い時期には，他の金利商品の金利も低くなる傾向があります．したがって，前者の時期は「金利（水準）が高い」と言い，後者の時期は「金利（水準）が低い」と言います．要するに，**金利という用語は，債券を含めた金利商品全般の金利水準を意味するのにも使われます．**

さて，2.3節で固定利付債および割引債について最終利回りの公式を学習したときは，債券価格が予め与えられた上で最終利回りを計算しました．しかし，上の段落の意味での「金利」が上昇すれば，分析対象の債券の最終利回りも上がるはずです．なぜならば，もしその債券の最終利回りが上がらなければ，その債券は他の類似の債券に比べて最終利回りの点で見劣りがするため，投資家はその債券を売って他の債券に買い換えようとするからです．したがって，**金利が上昇すると，固定利付債や割引債の価格が下がります．**よって，投資家が債券を償還期限より前に売却するか，あるいは，売却しなくても価値を評価する場合，もしそれまでに金利が上昇すれば債券価格が下落して損失を被る可能性があります．これが**金利リスク**（金利変動リスク，interest rate risk）と呼ばれるリスクです．

一般に，金利があまり変動しなければ金利リスクによって大きな損失を被ることはありません．しかし，時期によっては金利が大きく変動し，その結果，債券投資で大きな損失を被ることがあります．表2-4は第249回10年利付国債（クーポンレート0.6%，償還期限2013年3月20日）の2003年5月から同年8月までの月末における価格，単利最終利回り，複利最終利回り（半年複利）をまとめたものです．5月末から8月末までの3か月間で同国債の単利最終利回

2.4 債券投資のリスク

表 2-4 第 249 回 10 年利付国債の価格と最終利回りの推移

月日（2003 年）	5 月 30 日	6 月 30 日	7 月 31 日	8 月 29 日
価格（円）	100.66	98.98	96.94	92.98
単利最終利回り（%）	0.529	0.711	0.946	1.435
複利最終利回り（%）	0.530	0.708	0.932	1.386

（出所）日本証券業協会「公社債店頭売買参考統計値」。

りは 0.906 ポイント上昇し，価格は 7.68 円低下しました。すなわち，価格下落による損失（額面 100 円当たり 7.68 円）が 5 月末の単利最終利回りが意味する 1 年当たりのトータルゲイン（額面 100 円当たり 0.529 円）のほぼ 15 倍に達したのです。一般に国債は政府によって元本が保証されているため新聞等で「安全資産」と呼ばれることがあります。しかし，この呼び方は一般投資家に誤解を与えかねません。特に，2.5 節で紹介するように，残存期間が長い債券は，金利の変化に対して価格が大きく変化するので，リスクが大きい投資対象であることに注意してください。ちなみに，この時期に大幅な金利上昇と債券価格の下落が起こったのは次の事情によると言われています。すなわち，当時，多くの金融機関が VaR（バリュー・アット・リスク）と呼ばれるリスク管理手法を利用していたのですが，この手法のもとでは，特定の資産，たとえば，債券の価格変動が一定水準を超えるとその資産の保有額を減らします。その結果，多数の金融機関が一斉に債券を売却しようとしたため，売りが売りを呼ぶ展開になったのです。したがって，この時期に起こった大幅な金利上昇と債券価格の下落は「VaR ショック」と呼ばれています。

次に，金利の変動性を見てみましょう。図 2-5 は 1986 年 2 月から 2018 年 9 月までの月次データに基づいて 10 年利付国債の単利最終利回り，**コールレート**（銀行間の短期の資金貸借に適用される金利），さらに，消費者物価指数の前年同月比をグラフ化したものです。時期によって最終利回りの水準や変動性が大きく異なることが分かるでしょう。まず，最終利回りの水準を見ると，1992 年中頃までは 5% を超えることが多かったのですが，その後徐々に低下し，1997 年中頃以降は，2% を超えることが稀になりました。また，最終利回りが大きく上昇したことが何度かあることも分かります。ただし，図 2-5 は小さくて見づらいでしょう。そこで，元データに基づいて最終利回りが大きく上昇した期間と上昇の幅を列挙すると，1989 年 12 月から 1990 年 10 月までに 2.48 ポイント，1993 年 12 月から 1994 年 10 月までに 1.594 ポイント，

図 2-5 金利とインフレ率の推移

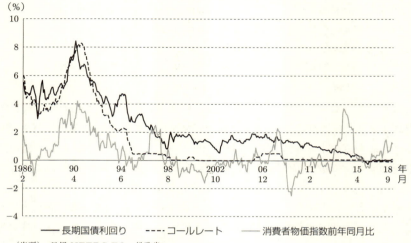

（出所）日経 NEEDS FQ，総務省。

2003年5月から2004年7月までに1.227ポイントの上昇がありました。ちなみに，表2-4が示す3か月間に第249回10年利付国債の価格が7円以上下がった時期は，上で挙げた最後の期間の最初の3か月です。したがって，10年利付国債の価格は2003年9月以降も一段と下がったことを意味します。このように時期によっては金利の低下によって，債券価格が大幅に下がることがあるので，投資家は債券投資に当たって金利リスクに十分注意しなければなりません。

このように金利リスクは，金利水準の変動性に依存するのですが，それと同時に，債券の属性，特に，残存期間にも大きく依存します。具体的には，最終利回りの同一の変化に対して，残存期間が長い銘柄ほど，価格の変化が大きくなります。したがって，残存期間の長い債券を保有している投資家は，金利水準が低下するときには大きなキャピタルゲインが得られますが，金利水準が上昇するときには大きな損失を被ります。次章では，最終利回りの一定の変化に対して，債券価格が変化する度合いを測る「修正デュレーション」と呼ばれる尺度を学習します。

デフォルトリスク

債券の発行者の財務状態が悪化してクーポンまたは額面を約束通り支払えな

い，いわゆる債務不履行（デフォルト）が起きることがあります。また，債務不履行が起きなくても，債券市場でその可能性が懸念されるようになると，債券価格が下がり，投資家が評価損あるいは売買損を被ることがあります。これらのリスクは**デフォルトリスク**（default risk, 債務不履行リスク）あるいは**クレジットリスク**（credit risk, **信用リスク**）と呼ばれます。

ただし，第2次世界大戦終結以降，1985年に起こった三光汽船の社債のデフォルトまでは，日本国内で発行された債券がデフォルトを起こした場合，当該債券の管理を任された受託会社（通常，債券発行者のメインバンク）が額面で債券を買い取りました。したがって，1985年までは投資家はデフォルトで発生した損失を負担せずに済んだのです。しかし，1993年に村本建設の社債がデフォルトを起こして以来，投資家がデフォルトによって発生する損失を負担するようになりました。たとえば，村本建設の場合，日本経済新聞（1995年12月23日朝刊）によると，第5回債の弁済率（額面に対して弁済された金額の割合）は6.4%，第6回債の弁済率は7.6%でした。

次に，デフォルトは起きなかったが財務状態の悪化から債券価格が急落した例を挙げます。表2-5は，東芝の52回債（クーポンレート1.68%，償還期限2020年12月15日）について2016年11月から2017年3月までの価格と単利最終利回りの月末値をまとめたものです。2016年12月27日に東芝が「米国原子力事業で数千億円規模の損失を計上する可能性がある」とアナウンスしたのを受けて52回債の価格は前月末と比べて額面100円当たり17.13円下落しました。これは11月末の単利最終利回りから期待される1年当たりのトータルゲイン（額面100円当たり1.62円）の10倍を超える損失です。その後，52回債は1月末に7.59円値を戻しましたが，2月に予定されていた決算発表が延期されたため，2月末に2.51円下落しました。なお，もし12月末に52回債を購入して1月末に同債券を売却していれば，額面100円当たり7.59円のキャピタルゲインを得ることができました。すなわち，デフォルトの懸念がある債券でも売買のタイミングによっては収益を得ることができるのです。

東芝の52回債の例は，同社のクレジットリスクが高まると，価格が下がって最終利回りが上がり，逆に，それが低下すると，価格が上がって最終利回りが下がることを示しています。したがって，クレジットリスクを表す格付けも債券価格と最終利回りに同様の効果をもたらします。すなわち，格付けの低い銘柄は高い銘柄に比べて最終利回りが高くなります。

表 2-5 東芝 52 回債の価格とその変化および単利最終利回りとその変化

月（2016～17 年）	11 月	12 月	1 月	2 月	3 月
価格	100.22	83.09	90.68	88.17	87.62
価格変化		−17.13	7.59	−2.51	−0.55
単利最終利回り	1.620	7.156	4.499	5.438	5.722
単利最終利回り変化		5.536	−2.657	0.939	0.284

（出所）日本証券業協会「公社債店頭売買参考統計値」。

為替リスク

円建てで投資成果を評価する投資家が外貨建て債券（価格，クーポン，額面が外国通貨で授受される債券）に投資する場合，その外国通貨と円との交換比率である**為替レート**（exchange rate, **為替相場**）が変動することによって損益が発生します。このリスクは**為替リスク**（exchange rate risk, currency risk）と呼ばれます。

たとえば，投資家 A が米ドル建ての債券に投資する例を考えましょう。ただし，米ドル（U.S. dollar, USD）とは，米国が発行する通貨の単位です。表 2-6 は，投資家 A が米ドル建ての債券を購入したときと，売却したときの債券価格および米ドル/円の為替レートを掲載しています。この場合，購入時には債券価格が 102.25 米ドルで為替レートが 1 米ドル 112 円なので，1 万 1452 円必要です。そして，売却時には債券価格が 104.50 米ドルで為替レートが 1 米ドル 104 円なので，この債券を売却して得た 104.50 米ドルを円に交換すると 1 万 868 円しか得られません。すなわち，米ドル建てで見ると債券は値上がりしましたが，円建てでは損失が発生したのです。このように，債券に限らず外貨建ての資産に投資する場合は，投資期間中にその外貨の円に対する為替レートが下がると，円建てで評価した投資収益は下がります。逆に，投資期間中にその外貨の円に対する為替レートが上がれば，円建てで評価した投資収益はその分高くなるため，為替リスクは投資家にプラスに働きます。

途中償還リスク

2.2 節の「償還の方式」の項で学習したように，一部の債券には，定期的に発行額の一定率を償還する定時償還という方式が採用されます。また，一部の債券は，発行者の任意で発行額の一部または全部を償還できるコール条項を付けて発行されます。さて，発行者がこれらの途中償還を実施するに当たって，

表 2-6 米ドル債投資の例

	債券購入時	債券売却時
米ドル建ての債券価格	102.25 米ドル	104.50 米ドル
米ドル/円の為替レート	112 円	104 円
円建ての債券価値	11452 円	10,868 円

流通市場で買い戻す方式ではなく，予め定めた価格で償還する方式を採用するときは，通常，市場全般の金利水準が低いときです。なぜならば，市場金利が十分低ければ，途中償還する債券の市場価格が予め定められた償還価格より高くなるので発行者にとって償還価格で償還する方が有利だからです。したがって，途中償還の対象になっている債券を保有する投資家は，市場の金利水準が低いときにクーポンレートが相対的に高い債券を手放すことになります。これが**途中償還リスク**（call risk）です。もちろん，途中償還リスクを考慮すべき債券は，定時償還あるいは繰上償還の条項が付いた債券だけです。また，これらの債券は，実際に途中償還が実施されたときに投資家に不利益が生じますから，途中償還リスクのない類似の債券に比べて価格が低く，最終利回りが高くなる傾向があります。

流動性リスク

一般に**流動性**（liquidity）とは，資産を短期間に適正な価格で売ることができるかどうか，その度合いを表す用語です。通常，売買高が大きければ大きいほど流動性が高くなります。もちろん，債券を償還期限まで保有することが確定している場合，流動性は債券の重要な属性ではありません。しかし，短期売買を前提に債券に投資する場合や償還期限より前に債券を売却する可能性がある場合は，流動性も考慮に入れなければなりません。

再投資リスク

この項で学習する再投資リスクは，金利の変動によって生じるリスクです。その点から言えば，本節の最初で議論した「金利リスク」の項に続けて議論するのが自然です。しかし，再投資リスクの議論には数ページを要するので，他のリスクを論じた後に取り上げることにしました。

まず，固定利付債に投資した場合，定期的にクーポンを受け取ります。した

がって，固定利付債の収益性を分析する場合，クーポンを再投資して得られる収益も含めるのが合理的です．その場合，受け取ったクーポンを再投資した際に稼げる金利（再投資利子率）が，収益性を左右します．すなわち，再投資利子率が高ければ，債券投資で得られる収益が大きくなり，逆に，再投資利子率が低ければ，それはそれほど大きくなりません．**再投資リスク**（reinvestment risk）とは，このようにクーポンを再投資して得られる収益が将来の金利水準によって増減することを意味します．以下では，3つの金利シナリオのもとでクーポンを再投資し続けた場合に，投資家が償還期限に手にする総額（額面も含めます）を計算し，それに基づいて債券投資の収益性を検討します．

（例1〜例3の前提） まず，0時点においてクーポンレートが10%で残存期間が10年の債券が100円で売買されているとします．すなわち，この固定利付債はアットパーです．したがって，2.3節の最後の項で紹介した「アットパーのとき最終利回りはクーポンレートに一致する」という固定利付債の性質から，この債券の複利最終利回り（半年複利）は10%のはずです．また，投資家がこの債券から受け取るクーポンは1年当たり 0.1×100 円 $= 10$ 円なので，投資家は，その半分の5円を半年ごとにクーポンとして受け取ります．さて，この債券を0時点に購入し，その後，半年ごとに受け取る5円のクーポンを半年定期預金に預金し続けたとします．このとき，この債券の償還期限である10年後に投資家が手にする総額は，各クーポンと額面の10年後における将来価値，すなわち，FV（半年後の5円），FV（1年後の5円），…，FV（9年半後の5円），10年後の105円の合計として計算できます．すなわち，それは図2-6の時間軸上に記載したキャッシュフローの将来価値の和になります．もちろん，この将来価値の和は再投資利子率（例1〜例3では半年定期預金の金利）に依存します．そこで，再投資利子率に由来するリスクを実感するため，将来成立する金利について3通りのシナリオを設け，それぞれの場合について将来価値の合計を計算します．

（例1） この例では，半年後以降に成立する半年定期預金の金利が，半年複利の年利率で2%であると仮定します．このとき，半年後に受け取る5円のクーポンの10年後における将来価値は，1.6節で学習した半年複利の将来価値公式（1.9）に $A = 5$ 円, $r = 0.02$, $n = 10 - \frac{1}{2} = 9\frac{1}{2}$（年）を代入すれば計算できます．すなわち，次式の通りです．

図 2-6　10年固定利付債から受け取るキャッシュフローとそれらの償還期限における将来価値

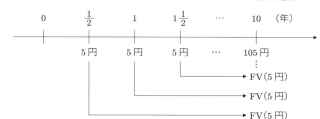

$$\mathrm{FV}(5円) = \left(1 + \frac{0.02}{2}\right)^{2 \times (9\frac{1}{2})} \times 5円 = (1 + 0.01)^{19} \times 5円$$

また，1年後以降に受け取るクーポンについても同様の計算をすれば10年後における将来価値を計算できます．したがって，この債券のクーポンを再投資し続けて得られる10年後の元利合計は，次式のように各クーポンと額面の将来価値を合計すれば求めることができます．

$$(1 + 0.01)^{19} \times 5円 + (1 + 0.01)^{18} \times 5円 + \cdots + 105円 = 210.0950円$$

すなわち，再投資利子率が2%であるというシナリオのもとでは，0時点に100円投資して，10年後に210.0950円を得ることができます．

次に，この債券投資の期間（10年間）と増え方（100円が210.0950円に増えること）だけに着目して，この投資の収益性を表現してみましょう．具体的には，0時点に投資した100円が半年ごとに同じ率で増加し続けて10年後に210.0950円になったという架空の状況を考え，そのような状況が成り立つ増加率を求めます．なぜならばこのようにして求めた増加率はこの債券投資の収益性を表していると考えることができるからです．

念のため，この主張がしっくり来ない読者のために付け加えると，増加率を収益性と捉える発想は，皆さんが普段使っている「平均速度」の発想に似ています．この点を理解するために，次のアナロジーを考えてみましょう．東京スカイツリーから東京駅まで自動車で移動したとします．距離は6 kmで要した時間は15分でした．この移動の平均速度は，距離の6 kmを要した時間の0.25時間で割って24 km/時と計算できます．実際には，赤信号で停止したり，他の自動車を追い越したりしたでしょうから，速度はつねに変化し続

けたはずです．しかし，平均速度 24 km/時 とは，仮にその速度を維持して走り続けたならば，15 分で 6 km の距離を進むことができたはずだということを意味します．これは，上の段落で議論を始めた収益性の尺度としての増加率に似ています．なぜならば「一定の速度で走り続ける」（「半年ごとに同じ率で増加し続ける」）という架空の設定のもとで「時間」（「債券投資の期間」）と「距離」（金額の「増え方」）だけに着目して平均速度（増加率）を計算したからです．

それでは，「0 時点に投資した 100 円が半年ごとに同じ率で増加し続けて 10 年後に 210.0950 円になった」という状況を式に立ててみましょう．ただし，本書では複利最終利回りを計算するのに半年複利を使っていますから，本項でも半年複利の公式を使います．具体的には，半年複利の将来価値公式 (1.9) の n に 10，A に 100 円を代入した表現が 210.0950 円に等しくなるという式を立てます．

$$\left(1+\frac{r}{2}\right)^{20} \times 100 \text{ 円} = 210.0950 \text{ 円}$$

上の式の解 r は Excel の RATE 関数を使って 7.56% が求められます．なお，このような方法で求めた r を**実効利回り**と呼びます．また，英語では realized compound yield, realized return, あるいは，total return と呼ばれることがあります．さらに，本節では債券を償還期限まで保有する場合について実効利回りを計算しましたが，実効利回りは債券を償還期限より前に売却する場合についても計算することができます．

(例 2) 次に半年後以降に成立する半年定期預金の金利が半年複利の年利率で 10% であると仮定します．このとき債券から受け取るクーポンを半年定期預金に預金し続けて得られる 10 年後の元利合計はクーポンと額面の将来価値を合計して求められます．

$$1.05^{19} \times 5 \text{ 円} + 1.05^{18} \times 5 \text{ 円} + \cdots + 105 \text{ 円} = 265.3298 \text{ 円}$$

すなわち，この金利シナリオのもとでは，0 時点に 100 円投資して，10 年後に 265.3298 円を得ることになります．したがって，このシナリオのもとでの実効利回りは次式を解く r です．

$$\left(1+\frac{r}{2}\right)^{20} \times 100 \text{ 円} = 265.3298 \text{ 円}$$

この r を Excel の RATE 関数を使って解くと，10% が求められます．

（例3）　半年後以降に成立する半年定期預金の金利が半年複利の年利率で18%であると仮定します。このとき債券から受け取るクーポンを半年定期預金に預金し続けて得られる10年後の元利合計は355.8006円です。したがって，例1および例2と同じように式を立ててExcelのRATE関数でrを解くと，実効利回りとして13.10%が求められます。

以上3つの例の結果をまとめると，例1のように，**再投資利子率が0時点で計算した複利最終利回りを下回ると，実効利回りも複利最終利回りを下回ります**。他方，例3のように，**再投資利子率が0時点で計算した複利最終利回りを上回ると，実効利回りも複利最終利回りを上回ります**。そして，例2のように，**再投資利子率が0時点で計算した複利最終利回りに等しいと，実効利回りは複利最終利回りに一致します**。

なお，当然のことですが，債券を保有する期間に利払日がなければ，再投資リスクは発生しません。逆に，債券を保有する期間が長くなれば，再投資リスクは大きくなります。また，金利水準が上昇すると債券価格が下がって債券を保有している投資家は損失を被りますが，もし上昇した金利水準がその後も続けば高い金利でクーポンを再投資できるので，投資家にとってはプラスです。したがって，その場合，投資家が債券を保有する期間が長くなればなるほど，当初発生した損失に対して再投資リスクで発生する利益が大きくなるため，場合によっては後者が前者に一致したり，あるいは，上回ったりすることがあります。

債券投資のリスクと最終利回りの有効性

本節では，債券投資で直面する可能性があるいろいろなリスクを学習しました。本項では，これらのリスクを前提にしたとき，複利最終利回りが投資尺度としてどの程度有効かという点を議論します。まず，本節で概観したように，債券投資には金利リスク，デフォルトリスク等様々なリスクがあります。さらに，固定利付債の場合には再投資リスクも存在します。したがって，これらのリスクの顕在化によって，投資家が債券投資で実際に得る収益が，投資をスタートした時点で計算した複利最終利回り，そしてそれに近い値をとる単利最終利回りから大きく乖離することがあります。そこで，債券投資に当たっては，最終利回りだけでなく，これらのリスクで発生し得る損益について見通しを立てる必要があります。

ただし，複利最終利回り，あるいは，それに近い値をとる単利最終利回りが投資尺度として有効であるケースもあります。たとえば，対象の債券が円建て債であり，途中償還に関わる条項が付いていなければ，為替リスクも途中償還リスクもありません。さらに，格付けが高ければデフォルトリスクをそれほど心配する必要はないでしょう。そして，もし再投資利子率が当該債券を購入した時点で計算した複利最終利回りとおおよそ等しければ，複利最終利回りは，その債券を償還期限まで保有したときに得られる実効利回りをおおよそ表します。したがって，このような条件が妥当するケースでは，複利最終利回り，そして，それに近い値をとる単利最終利回りは債券投資の収益性を測る有効な投資尺度です。

2.5 債券属性が最終利回りと債券投資のリスクに及ぼす影響

本節では，残存期間，クーポンレート，格付け等の債券属性が最終利回りと債券投資のリスクに及ぼす影響を学習します。なお，2.3節の「最終利回りと債券価格の関係」の項で学習したように，任意の債券について価格が特定されれば最終利回りが計算できます。また，逆に，最終利回りが特定されれば価格が計算できます。すなわち，最終利回りと債券価格は表裏一体の関係にあります。したがって，どちらか一方の決定メカニズムを議論すれば他方の決定メカニズムを議論したことになります。そこで，本節では主に最終利回りについて議論を進めます。ただし，必要があれば債券価格についても議論します。

まず，表2-7を見ましょう。この表は，日本国政府および株式会社2社が発行する9銘柄の債券について2018年8月20日の単利最終利回りをまとめたものです。具体的には，残存期間が2年4か月，5年4か月，9年10か月の国債のほか，残存期間が2年3か月，5年4か月，9年8か月の三菱ケミカルホールディングスの社債，さらに，残存期間が2年2か月，5年2か月，9年8か月の住友商事の社債について単利最終利回り（以下，利回り）を掲載しています。ちなみに，表2-7で3つの残存期間ごとに利回りを表示しているのは，発行者が同じであっても，残存期間が異なれば，利回りが異なることが多いからです（この点は3.4節の「イールドカーブ分析」の項でより詳しく学習します）。

明らかに，利回りは発行者によって異なります。また，残存期間が長くなれ

2.5 債券属性が最終利回りと債券投資のリスクに及ぼす影響　65

表 2-7　2018 年 8 月 20 日の単利最終利回り

(％)

残存期間	2年2か月〜2年4か月	5年2か月〜5年4か月	9年8か月〜9年10か月
10 年利付国債	−0.121	−0.070	0.090
三菱ケミカル HD	0.115	0.244	0.406
住友商事	0.148	0.261	0.408

（出所）　日本証券業協会「公社債店頭売買参考統計値」。

ばなるほど，利回りが高くなっています。したがって，発行者という属性と残存期間という属性が利回りに大きく影響していることが分かります。

そこで，ここで属性が利回りに及ぼす影響を一般的に述べておくと，債券が投資家にとって好ましい属性を有すること（たとえば，特定のリスクが小さいこと）は債券の高価格・低利回りに繋がります。逆に，債券が投資家にとって好ましくない属性を有すること（たとえば，特定のリスクが大きいこと）は債券の低価格・高利回りに繋がります。さらに，特定の属性が利回りに及ぼす影響は，そのときどきの市場においてその属性がどう評価されているかという点に依存します。したがって，ざっくり言えば，**債券の利回りは，債券属性と，各債券属性に対する市場の評価の両方に依存して決まる**と言えます。以下では，利回りに影響する主な債券属性を取り上げ，各属性が最終利回りと債券投資のリスクに及ぼす影響を概観します。

残存期間

それでは，最初に，残存期間の違いによって生じる利回りの違いについて考察します。まず，1.1 節で，授受する（支払ったり受け取ったりする）時点が異なるお金は「種類の違うりんご」のようなものであるので，同じ金額でも授受の時点が異なれば価値が異なることを指摘しました。たとえば，1年後に受け取る 100 円は，受け取った後預金して増やすことができるので 5 年後に受け取る 100 円より価値があります。実は，この「授受の時点が異なるお金は種類の違うりんごのようなもの」という発想は，価値だけでなく，金利についても当てはまります。なぜならば，たとえば，1年後に授受される資金と 5 年後に授受される資金は，需要と供給（需給）の状況が異なるでしょうから，それぞれの資金に要求される金利も異なる可能性が高いからです。

たとえば1年後に償還される固定利付債のキャッシュフローを考えると，それは半年後と1年後の2回しか支払われません。したがって，この1年債の価格と最終利回りに影響するのは，半年後の資金と1年後の資金に要求される金利だけです。他方，5年後に償還される固定利付債の場合，キャッシュフローは半年後から5年後まで10回支払われます。したがって，この5年債の価格と最終利回りには，半年後から5年後までの利払日および償還期限に授受される資金に要求される金利すべてが影響します。このように考えると，**残存期間によって最終利回りが異なる**のは自然です。また，過去の最終利回りのデータを見ると，例外的な時期を除いて，残存期間が長くなればなるほど最終利回りが高くなる傾向があることが分かります（なお，これらの点は3.4節で詳しく議論するので，関心のある読者は同節を参照してください）。

次に，残存期間が金利リスクに及ぼす影響を紹介します。**固定利付債や割引債の場合，残存期間が長いほど，一定の金利の上昇（あるいは，低下）に対して価格の下落（あるいは，上昇）が大きくなる**という性質があります。この性質は，2.3節の複利最終利回りの公式 (2.2) を2.3節の使い方とは逆向きに使えば理解できます。すなわち，2.3節では価格が予め与えられていて，この式を使って複利最終利回りを計算しましたが，本項では，逆に，複利最終利回りが予め与えられていて，この式を使って債券価格を計算します。たとえば，クーポンレート2%で残存期間1年の固定利付債Aの価格は，(2.2)式において半年後に支払われる1円を$(1+\frac{y}{2})$で割り（つまり，1円の現在価値を求め），1年後に支払われる101円を$(1+\frac{y}{2})^2$で割って，それらを足せば求めることができます。すなわち，次式で計算できます。

$$債券Aの価格 = \frac{1円}{1+\frac{y}{2}} + \frac{101円}{\left(1+\frac{y}{2}\right)^2}$$

また，クーポンレート2%で残存期間5年の固定利付債Bの価格も (2.2) 式において半年後に支払われる1円を$(1+\frac{y}{2})$で割り，1年後に支払われる1円を$(1+\frac{y}{2})^2$で割り，さらに，1年半後から4年半後に支払われる1円を$(1+\frac{y}{2})$のべき乗で割り，最後に5年後に支払われる101円を$(1+\frac{y}{2})^{10}$で割って，それらを足せば求めることができます。すなわち，次式で計算できます。

$$債券Bの価格 = \frac{1円}{1+\frac{y}{2}} + \frac{1円}{(1+\frac{y}{2})^2} + \frac{1円}{(1+\frac{y}{2})^3} + \cdots + \frac{101円}{(1+\frac{y}{2})^{10}}$$

さて，複利最終利回り y の変化は近い将来の割り算より遠い将来の割り算に大きな影響を及ぼします．たとえば，複利最終利回り y が 2% から 3% へ上昇したと仮定しましょう．このとき，半年後に支払われるキャッシュフローの割り算の分母は $(1+\frac{0.02}{2}) = 1.01$ から $(1+\frac{0.03}{2}) = 1.015$ へと 0.005 しか大きくなりません．他方，5 年後に支払われるキャッシュフローの割り算の分母は $(1+\frac{0.02}{2})^{10} = 1.1046$ から $(1+\frac{0.03}{2})^{10} = 1.1605$ へと 0.0559 大きくなります．つまり，複利最終利回りの同じ変化（2% から 3% へ上昇）に対して，5 年後キャッシュフローの割り算の分母の増加は半年後キャッシュフローの割り算の分母の増加の約 11 倍大きいのです．もちろん，大きな分母で割れば割り算の値（キャッシュフローの現在価値）は小さくなります．したがって，複利最終利回りが 2% から 3% へ上昇したとき，残存期間 1 年の債券 A の価格は 100 円から 99.02 円に 0.98 円下がりますが，残存期間 5 年の債券 B の価格は 100 円から 95.39 円に 4.61 円下がります．すなわち，債券 B の下げ幅は債券 A の下げ幅のほぼ 5 倍です．このように，残存期間が長いほど金利リスクが大きくなる傾向があります．なお，3.3 節で学習する**修正デュレーション**は金利の 1% の上昇によって債券価格が何 % 下落するかを測るので，残存期間より直接的な金利リスクの尺度です．また，「再投資リスク」の項で指摘したように，固定利付債の場合，**残存期間が長くなればなるほど**，再投資する期間が長くなるので，**再投資リスクも大きくなります**．

クーポンレート

他の条件を一定としたとき，**クーポンレートが高くなればなるほど**，債券保有者に支払われるキャッシュフローが大きくなるため，**債券価格が高くなります**．ただし，投資家は最終利回りを重要な投資基準として利用しています．したがって，もしクーポンレートは異なるが，それ以外の属性がほぼ同一の債券が 2 銘柄存在すれば，高クーポン債の価格が低クーポン債の価格より十分高くなって，両者の最終利回りはおおよそ同じ水準になります．このようなメカニズムが存在するため，クーポンレート自体は最終利回りに大きな影響を及ぼしません．

また、クーポンレートは上記の「残存期間」の項で言及した修正デュレーションに微妙に影響します。具体的なメカニズムの説明は 3.3 節に譲りますが、クーポンレートが高い債券ほど修正デュレーション、すなわち、最終利回りの 1% の変化に対する債券価格の変化率が若干小さくなります。換言すると、クーポンレートが高くなるほど金利リスクがやや小さくなります。また、クーポンレートが高ければ、再投資する金額が大きくなるので、再投資リスクが大きくなります。

発行者と格付け

一般に、債券にはデフォルトリスクが内在します。たとえば、通常、国債はデフォルトしないと仮定されますが、歴史を遡ると国債がデフォルトした国が多数あることに驚かされます。また、前節の「デフォルトリスク」の項でみたように、ひとたびデフォルトが発生すると、投資家は大きな損失を被ります。したがって、**投資家は、デフォルトリスクが大きい債券には高い最終利回りを要求し、デフォルトリスクが小さい債券には低い最終利回りしか要求しません**。実際、市場で観察される最終利回りを格付けごとおよび残存期間ごとに比べるとこの性質が妥当していることが確認できます。

このように信用力の違いによって発生する**利回り格差**（イールド・スプレッド、yield spread）は**クレジット・スプレッド**（credit spread）と呼ばれます。ただし、クレジット・スプレッドは、しばしば分析対象の債券の最終利回りと、その債券と残存期間が同じ国債の最終利回りの差として表現されます。その場合、国債の利回りと比較していることをはっきりさせたいときは、T スプレッドと呼ぶことがあります。当然のことですが、**低格付けの債券は高格付けの債券より利回りが高い**ため、低格付け債のクレジット・スプレッドは高格付け債のそれより大きくなります。

さて、同じ格付けを維持している銘柄であっても、そのクレジット・スプレッドはその時々の経済環境によって変化します。たとえば、景気が悪く、倒産が多発する経済環境の下では、そうでない場合と比べてクレジット・スプレッドが大きくなります。また、低格付け債のクレジット・スプレッドの変動は、高格付け債のそれに比べて大きくなります。したがって、その点で、低格付け債の利回りには、高格付け債の利回りに比べてより大きな変動要因があると言えます。

組み込まれたデリバティブ

債券に組み込まれるデリバティブは多種多様であり，それらが，債券の価格，最終利回り，リスクに及ぼす影響を一般的に議論することはできません。そこで，既に説明をしたものに限って最終利回りへの影響を述べます。まず，**転換社債**は，2.2 節で説明したように，株式転換権が付随するため，他の点で類似しているが株式転換権が付いていない債券に比べて価格は高く，**最終利回りは低くなります**。また，2.4 節で説明したように，投資家は途中償還リスクを嫌うため，**途中償還リスクのある債券**は，途中償還リスクのない類似の債券に比べて価格は低く，**最終利回りは高くなる**傾向があります。

流動性

流動性が高いことは，短期売買が目的の投資家や償還期限前に売却する可能性がある投資家にとって好ましい属性です。したがって，**流動性が高いほど最終利回りが低くなる**傾向があります。一般に，売買高が大きいほど流動性が高くなります。したがって，表 2-2 が示すように，国債は売買高が大きいため，流動性も高く，その分最終利回りが低くなっていると考えられます。なお，流動性と関連の深い債券の属性としては発行額があり，通常，発行額が大きい銘柄ほど流動性が高くなる傾向があります。

ちなみに，流動性は，個別債券の属性であるだけでなく，債券市場全体，あるいは，債券市場の特定のセクターの性質でもあります。ただし，債券の**セクター**（sector）とは，償還期間の長短，発行者の種類，格付け等のいずれかの点で同一な債券の集合を意味します。そして，そのような意味での流動性は時間的に大きく変化することがあります。たとえば，2007 年秋にサブプライム問題が顕在化した際，住宅ローンを抵当にして発行されたモーゲージ証券（MBS）の流動性が極端に低下し，価格も急落しました。そして，それが契機となって同様な事態が米国債券市場全体に波及しました。したがって，流動性は，市場環境によっては，非常に大きなリスク要因になります。

債券の価格と最終利回りはどう決まるか

本節で列挙した債券属性は，市場での評価を通じて価格および最終利回りに影響します。したがって，債券属性，債券属性の市場での評価，債券の価格あるいは最終利回りの三者間には図 2-7 で示す関係が存在していると考えられ

図 2-7 債券属性，債券属性の市場での評価，債券価格の関係

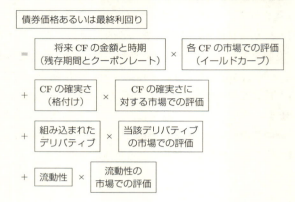

ます。

ただし，この図 2-7 で「CF」はキャッシュフローの略です。また，「将来 CF の金額と時期」の下に「（残存期間とクーポンレート）」を記載したのは，債券から受け取るキャッシュフローの金額と時期を決める債券属性が残存期間とクーポンレートだからです。また，「各 CF の市場での評価」の下に「（イールドカーブ）」を書き入れたのは，3.4 節で学ぶイールドカーブが将来の特定時点で授受される資金の，市場での評価を表すからです。さらに，第 2 項から第 4 項についても債券属性を，その属性の市場における評価と掛け合わせています。

📖 **図書** 債券について学習をもっと進めたい読者には，日本語の図書では太田 [2016]，英語の図書では Fabozzi [2015] を薦めます。

2.6　付録：一般的な複利最終利回りの公式*

本節では，複利最終利回り（半年複利）を計算する日が利払日以外の日である場合について複利最終利回り（半年複利）を定義します。そのためには，債券売買における慣習のひとつである経過利子の授受を説明しなければなりません。実は，債券のクーポンは利払日における債券保有者に全額支払われます。したがって，債券が利払日より前に売買される場合は，債券の買い手が売り手に，次回クーポンのうち，前回利払日から債券受渡日までの期間（**経過日数**）に比例する部分を債券価格（**裸値段**）に上乗せして支払うことになっています。この債券価格に上乗せされる部分が**経過利子**（経過利息，accrued interest）で，

日本では次式によって計算されます。

$$経過利子 = \frac{経過日数}{365} \times クーポンレート \times 額面$$

ただし，上の計算で経過日数は片端入れと言って，利払日の翌日から債券受渡日までの実際の日数（実日数，actual, actual number of calender days）を数えます。たとえば，3月20日が前回利払日で債券受渡日が3月28日であれば，経過日数は8日と計算されます。なお，うるう年の場合も分子の「経過日数」には実日数を使い，分母には365を使います。

> （例）第350回10年利付国債の利払日は3月20日と9月20日です。仮に同国債の受渡日が2019年3月28日であるとき，上の式を使って額面100円当たりの経過利子 I を計算します。ただし，同国債のクーポンレートは0.1%です。
>
> $$I = \frac{8}{365} \times 0.001 \times 100 \text{ 円} = 0.0021917 \text{ 円}$$
>
> ただし，実務上，経過利子はまず額面100円当たりの金額について小数点第8位以下を切り捨てて第7位まで表示し，次に，その金額に，受け渡す債券の額面を100円で割った比率を掛け合わせて，授受する経過利子の金額を求めます。

（注）日数計算の方式（day count convention）は，日本だけでなく，諸外国においても，債券の種類ごとに異なります。

次に，複利最終利回りを計算する対象の債券の受渡しが図2-8の「0時点」に行われるとします。また，0時点から次の利払日までの期間を d 年で表します。このとき，2回目の利払日は次の利払日の半年後ですから，0時点から $\left(d + \frac{1}{2}\right)$ 年後に起こります。したがって，この債券に発生するキャッシュフローは図2-8で示せます。ただし，図2-8で T は残存期間を年で表示したもの，C は1年間に支払われるクーポンの金額，F は額面（100円）です。

このとき，我々は，2.3節と同様，複利最終利回り（半年複利）を，債券の将来キャッシュフローの現在価値を債券の購入コスト（債券価格 P + 経過利子 I）と一致させる割引率と定義します。具体的には，2.3節と同様，半年複利の現在価値公式（1.10）を債券の将来キャッシュフローに適用します。たとえば，次回の利払日に受け取るクーポン $\frac{C}{2}$ 円の現在価値は，公式（1.10）の B に $\frac{C}{2}$，r に y，n に d を代入して計算します。2回目以降に受け取るキャッシュ

図 2-8 受渡しが利払日以外の日に行われる債券のキャッシュフロー

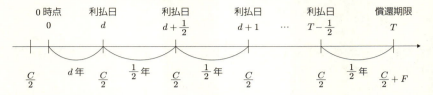

フローについても同じように現在価値を計算し，それらの合計を債券の購入コスト（債券価格 P+ 経過利子 I）と等号で結んだ次式を解く y が複利最終利回り（半年複利）です．

$$P + I = \frac{\frac{C}{2}}{(1+\frac{y}{2})^{2d}} + \frac{\frac{C}{2}}{(1+\frac{y}{2})^{2(d+\frac{1}{2})}} + \frac{\frac{C}{2}}{(1+\frac{y}{2})^{2(d+1)}} + \cdots$$
$$+ \frac{\frac{C}{2}+F}{(1+\frac{y}{2})^{2T}}$$

> （例）　仮に第 350 回 10 年利付国債が 2019 年 3 月 28 日に 99.92 円で売買されていたとします．ただし，同国債のクーポンレートは 0.1% で償還期限は 2028 年 3 月 20 日です．また，上の数値例で計算したように，同国債の経過利子は 0.0021917 円です．したがって，「現在価値」は債券価格と経過利子の和の 99.9221917 円になります．よって，この国債の複利最終利回り（半年複利）は，Excel で次のように入力して 0.108% であることが分かります．
> "=YIELD（2019/3/28,2028/3/20,0.001,99.9221917,100,2,3）"

2.7　練習問題

1. **（債券の仕組み）** 次の問いに答えなさい．

    (a) **（残存期間の計算）** 第 341 回 10 年利付国債のクーポンレートは 0.3% で，償還期限は 2025 年 12 月 20 日です．2019 年 6 月 20 日におけるこの債券の残存期間を計算しなさい．

    (b) **（利払日ごとのクーポンの計算）** 第 319 回 10 年利付国債のクーポンレートは 1.1% です．同国債を額面 20 億円保有する投資家が半年ごとに受け取るクーポンを計算しなさい．

    (c) **（クーポンレートの計算）** 村上さんは額面 500 万円の債券を保有しており，半年ごとに 1.5 万円のクーポンを受け取ります．この債券のクー

ポンレートを計算しなさい。

(d) (**キャッシュフローの計算**) 武田さんは第 317 回 10 年利付国債を額面 800 万円購入して 2020 年 4 月 8 日に同国債を受け取ったとします。仮に武田さんが同国債を 2021 年 9 月 20 日の償還期限まで保有し続けると，武田さんはいくらのキャッシュフローをいつ受け取るでしょうか。キャッシュフローの金額と受け取る年月日を特定しなさい。ただし，同国債のクーポンレートは 1.1 % で，半年ごとにクーポンを支払います。また，万が一支払日が休日の場合，実務とは異なりますが，その支払日を正解とします。

(e) (**経過利子の計算**[*]) 上の問い (d) と同様，武田さんが第 317 回 10 年利付国債を額面 800 万円購入して 2020 年 4 月 8 日に同国債を受け取ったとします。武田さんが 支払う経過利子を計算しなさい。

2. (**利付債の最終利回り**) 残存期間 1 年，クーポンレート 1.5 % の債券が 99.60 円で売買されているとき，単利最終利回りと複利最終利回り（半年複利）を計算する式に適切な数値を代入したものを記しなさい。また，RATE 関数あるいは YIELD 関数を使って複利最終利回り（半年複利）を計算しなさい。

3. (**利付債の最終利回り**) 残存期間 2 年，クーポンレート 0.8 % の債券が 99.90 円で売買されているとき，単利最終利回りを計算しなさい。また，複利最終利回り（半年複利）を計算するための式を記しなさい。さらに，RATE 関数あるいは YIELD 関数を使って複利最終利回り（半年複利）を計算しなさい。

4. (**割引債の最終利回り**) ちょうど 8 年後に償還される割引債の市場価格が 98 円のとき，複利最終利回り（半年複利）を計算するための式を立て，RATE 関数あるいは YIELD 関数を使って値を求めなさい。また，同じ割引債について複利最終利回り（1 年複利）を計算するための式を立て，RATE 関数，YIELD 関数あるいは LN 関数を使って値を求めなさい。

5. (**割引債の最終利回り**) 6 年後に償還されるゼロクーポン債が 96.80 円で売買されているとします。1 年複利，半年複利，連続複利のそれぞれに基づいた最終利回りを計算するための式を立てなさい。（この問題の出題意図は，最終利回りを単利最終利回り，あるいは，特定の複利期間に基づいた複利最終利回りとして計算するのは，あくまでもそれぞれの債券市場の慣習であって，同一

の債券について様々な複利期間に基づいた複利最終利回りとして計算できることを実感してもらう点にある。）

6. (**債券投資のリスク**＊) 佐々木さんは，住宅を購入するために貯蓄を続け，現在，1200万円の貯金を持っています。また，子供が小学校に入学する3年後までに住宅を購入したいと考えています。佐々木さんは，それまでの間，1200万円のうちの600万円を利回りが高めのBBB格の円建て社債に投資することを考えています。佐々木さんは，BBB格の社債に投資するに当たって，どんなリスクを考慮しなければならないでしょうか。もっとも重要だと考えられるリスクを3つ挙げなさい。ただし，佐々木さんは途中償還の可能性がある社債には投資しないつもりです。また，佐々木さんはこれから3年間の中短期のBBB債の金利は0％に近い低い金利が続くと予想しています。

第3章 債券分析の基礎

本章の3.2節から3.4節は債券に関する中級レベルの分析手法の基礎を学習します。したがって，債券投資に関する学習を入門的な知識だけにとどめたい読者には，本章のうち3.1節と3.5節だけ読んで残りを読み飛ばすことを勧めます。さて，本章では3.1節から3.3節にかけて，第2章で学習した金利リスクを深掘りします。具体的には，まず，3.1節で金利の主要な変動要因を列挙し，3.2節と3.3節で「複利最終利回りが1%変化したとき債券価格が何%変化するか」を表す修正デュレーションを学習します。次に，3.4節では，「授受の時点が異なる資金には異なる割引率が適用される」という金融市場で通常観察される現象を取り上げます。具体的には，イールドカーブというツールを導入してこの現象を表現します。そして，イールドカーブを使って固定利付債の理論価格を計算する方法を学習します。最後に，3.5節で債券に関わる主要な投資方法を紹介して本章を締めくくります。

3.1 金利の変動要因

2.4節の「金利リスク」の項で「金利という用語は，債券を含めた金利商品全般の金利水準を意味するのにも使われます」と述べました。本節が対象とする金利はこの意味での金利です。

債券をもう少し広い観点から見ると，債券だけでなく，預金やローンも一方の当事者が資金の出し手となり，他方の当事者が資金の受け手になります。たとえば，預金の場合，預金者が資金の出し手であり，金融機関が資金の受け手です。したがって，これらの取引の本質は資金貸借（資金の貸し借り）です。また，これらの取引はある程度代替可能です。たとえば，資金の出し手は債券に投資する代わりに預金することができます。あるいは，大手企業であれば資金調達のためローンを組む代わりに債券を発行することができます。したがって，これらの取引の集合全体をひとつの市場とみなすことができます。

さて，もし任意の金利水準に対して（すなわち，金利がどの水準であっても）出し手が供給することを希望する資金の総額が増えれば（この状況を「資金供給が増える」と言います），金利の低下と実際に貸借される資金量の増加によって需要と供給（需給）が一致します。他方，もし任意の金利水準に対して受け手が借りることを希望する資金の総額が増えれば（この状況を「資金需要が増える」と言います），金利の上昇と実際に貸借される資金量の減少によって需給が一致します。要するに，金利は，その上下を通じて資金需給に影響して需給を一致させる役割を果たします。したがって，金利は一般の財貨・サービスの市場における価格の機能を果たしていると言えます。

このように考えると，経済活動全般の動向を意味する**景気**が金利に影響するのは当然であることが理解できるでしょう。たとえば，景気が良ければ，より多くの個人の所得が増加し，より高額な住宅や自動車をローンを組んで購入する人が増えるでしょう。また，より多くの企業がローンを組んだり，社債を発行したりして事業を拡大するでしょう。したがって，資金需要が増大し，金利に上昇圧力がかかります。逆に，景気が悪化すると，金利に低下圧力がかかります。

また，財貨・サービス全体の価格水準の上昇率を意味する**インフレ率**（inflation rate）も金利に大きな影響を及ぼします。たとえば，仮に1年定期預金の金利が3%で，同一期間のインフレ率が2%であるとしましょう。この場合，定期預金に預け入れた貨幣は1年後に3%増加しますが，購入できる財貨・サービスの量（購買力）は，おおよそ3% − 2% = 1%しか増加しません。したがって，合理的な投資家は，インフレ率を差し引く前の金利（**名目金利**，**名目利子率**，nominal interest rate）ではなく，それからインフレ率を差し引いた金利（**実質金利**，**実質利子率**，real interest rate）に基づいて財貨・サービスの購入量（消費）と金利商品等への投資を同時決定すると考えられます。その場合，もし名目金利がインフレ率の予想（**期待インフレ率**）を十分上回っていなければ，予想する実質金利が十分ではないので，合理的な投資家は，期待インフレ率を一定水準上回る名目金利を要求するはずです。

したがって，もし直近のインフレ率が高ければ，投資家は将来の一定期間についても高いインフレ率が続くと予想して，その分高い名目金利を要求すると考えられます。その結果，直近の高インフレ率は高い名目金利に繋がりやすいわけです。この点を確認するために2.4節の図2-5を見てみましょう。確かに

1990年代前半までは，長期国債金利もコールレート（金融機関同士が短期資金の貸借を行うコール市場で成立する金利）もインフレ率の指標のひとつである消費者物価指数前年同月比の動きに連動しているように見えます。しかし，1995年以降，日本銀行が短期市場金利を誘導して金融市場を調整する方針を採り，極端な低金利政策を続けたこともあって，コールレートがほとんど変動しなくなりました。また，その結果，長期国債金利も1997年中頃以降は，2%を超えることが稀になりました。他方，消費者物価指数前年同月比は時期によって−2%を下回ったり，4%近くになったりと，大きく変動しています。したがって，1995年以降はこのような事情から金利とインフレ率の連動性が見えづらくなっています。

また，各国の中央銀行は金融市場に資金を供給して金融市場で流通する資金の量を増やし，金利を下げたり（金融緩和），あるいは，逆に資金を吸収して金融市場で流通する資金の量を減らし，金利を上げたりします（金融引締め）。したがって，中央銀行の**金融政策**は投資家が注目し続けなければならないポイントのひとつです。

さらに，中央政府および地方政府の**財政政策**は，歳出の増減が財貨・サービスへの需要を増減させ，減税・増税が民間部門の財貨・サービスに対する需要を増減させます。したがって，景気へのインパクトを通じて金利に影響します。また，政府の歳入不足は国債や地方債の発行を通じて，直接，資金需要を構成します。特に，日本の場合，2.2節の表2-1が示すように，中央政府，地方政府，政府関係機関が発行する債券の額が債券発行額全体の大部分を占めているので，それらの金利への影響は非常に大きいと考えられます。

外国通貨と円の交換比率である為替レートは，様々な経路を通じて金利に影響します。そこで，まず，為替レートに関する基本的な用語を確認しましょう。そのため，仮に為替レートが1米ドル110円から109円に変化したとします。その場合，1米ドルを得るために必要な円は1円減ります。したがって，この為替レートの変化は米ドル安あるいは単に**ドル安**と言われます。また，この交換比率を1円当たりで計算すると，「1米ドル110円」というのは1円を $\frac{1}{110}$ = 0.0090909米ドルと交換することを意味し，「1米ドル109円」というのは1円を $\frac{1}{109}$ = 0.0091743米ドルと交換することを意味します。したがって，この為替レートの変化は**円高**とも言われ，米ドルに対する円高であることを明確にしたいときは円高・米ドル安あるいは単に円高・ドル安と言い

ます。逆に，為替レートが1米ドル109円から110円に変われば，円安・ドル高と言われます。

> （注）ドルを通貨の単位とする国は米国のほかカナダ，オーストラリア，ニュージーランド，香港等多数存在します。したがって，米国のドルであることを明確にしたいときは「米ドル」と言います。ただし，単に「ドル」と言うときは通常米ドルを指します。

さて，円安・ドル高になれば，米ドルで値段が決められた輸入財の円単価が高くなるので，インフレ率の押し上げ要因となり，金利の上昇に繋がります。また，円安・ドル高が起こると，輸出業者は米ドル建て価格を下げて輸出する数量を増やしたり，あるいは，米ドル建て価格を維持して円建ての利益を増やしたりすることができるので，景気にプラスに働き，それが金利の上昇に繋がります。さらに，2.4節の「為替リスク」の項で示した，国内投資家が米ドル建て債券への投資においてドル安によって損失を被った例を思い出してください。要するに，為替相場は，国内投資家の外貨建て資産への投資に対して，その収益性を大きく左右します。もちろん，逆に，海外からの円建て資産への投資についても，その収益性に大きな影響を及ぼします。したがって，為替相場の変化や見通しは国境を越えた資金移動に大きな影響を及ぼし，その結果，国内金利に影響します。

以上，金利に影響する要因を5つ挙げました。もちろん，これら以外にも金利に影響する要因が多数あります。たとえば，投資家は株式市場でも投資するので，株式市場の市況が金利に影響します。また，海外の動向，特に，景気，物価，金融・財政政策，金融市場の動向も国内金利に影響する重要な要因です。したがって，投資家はつねに経済ニュースをフォローする必要があります。

3.2　債券価格の金利感応度の導出[*]

2.4節では，債券価格が，金利のほか様々な要因で変化することを学びました。しかし，本節では，金利だけに焦点を絞り，金利変化に起因する債券価格の変化を分析します。より具体的に言えば，債券を含めた金利商品全般の金利水準が変化すれば，分析対象の債券の利回りも変化して，その価格も変化するはずです。そこで，金利水準の変化があったとき分析対象の債券の価格がどの

くらい変化するか（債券価格の金利感応度）を知る手立てを得るために，「複利最終利回りが1%変化したとき債券価格が何%変化するか」を表す修正デュレーションを導出します。なお，本節では，分析対象を固定利付債に限定し，第2章と同様，分析を簡単化するため，分析時点は対象債券の利払日であると仮定します。ただし，修正デュレーションは利払日以外の日についても利用できます。さらに，固定利付債だけでなく，将来授受するキャッシュフローが確定しているフィックスト・インカム全般についても利用できます。なお，本節の内容は，数学的な手法を使えば，簡潔に説明することができます。しかし，本書では数学を直接使わないで，図を使って説明します。その結果，議論が長くなるため，議論の各ステップに番号を振って理解の便を図ります。

債券価格の変化を直線で近似する

（1）ステップ1

2.3節の「最終利回りと債券価格の関係」の項で学んだことのひとつは，債券と最終利回りを計算する時点の両方を特定すると，債券価格と複利最終利回りとの間には，(2.2)式を通じて一方を決めれば他方が決まるという関係が存在するという点でした。そして，その関係を図示したのが図2-4でした。さて，図3-1では図2-4と同様，一般の固定利付債について価格と複利最終利回りの関係を曲線abで描いています。ただし，説明の便宜のために曲線の曲がり方を強調しています。また，ある経済ニュースが債券市場に影響を与えた結果，利回りはy_0からy_1に上昇し，価格はP_0からP_1に下がったと仮定しています。

（2）ステップ2

以下では，ある変数が変化した大きさを，その変数を表す記号の前にギリシャ文字のデルタの大文字Δを付けて表すことにします。たとえば，ステップ1で仮定した利回りのy_0からy_1への変化の大きさはΔyで表します。すなわち，利回りの変化Δyを，変化後の利回りy_1から変化前の利回りy_0を差し引いて$\Delta y = y_1 - y_0$と定義します。また，債券価格の変化ΔPも変化後の価格P_1から変化前の価格P_0を差し引いて$\Delta P = P_1 - P_0$と定義します。ちなみに，ある変数の変化を，変化後の値から変化前の値を差し引いたものとして定義すると，その変数の変化は，その変数が増加したときには正の値，その変数が減少したときには負の値をとるので，多くの人に受け入れられ易いでしょ

図 3-1 債券の複利最終利回りと価格との関係を表すグラフとその接線

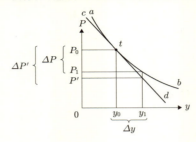

う。ちなみに，ステップ1で仮定した利回り変化 Δy は正の値，価格変化 ΔP は負の値をとります。

ステップ2では，最初に，図3-1の点 t において曲線 ab に接する直線 cd を描きます。ただし，「接する」とは，図3-1に描かれているように，直線 cd が点 t で曲線 ab に「触れて」いる状態を意味します。ちなみに，もし曲線 ab が滑らかであれば，点 t で曲線 ab に触れる直線は必ず1本だけ描けるという数学的な性質があるため，直線 cd は必ず1本描けます。またそのような直線 cd は接線と呼ばれます。

さて，横軸の値が y_1 のときの接線 cd の縦軸上の値を P' で表します。このとき，P_0 と P' の差 $\Delta P' = P' - P_0$ は図3-1で P_0 から P' までの縦軸上の距離（図でも $\Delta P'$ と表示してあります）を表します。また，債券価格の変化 ΔP は図3-1上で P_0 から P_1 までの縦軸上の距離（図でも ΔP と表示してあります）を表します。図3-1で $\Delta P'$ と ΔP を見比べれば，前者が後者に近い値をとることが分かるでしょう。そこで，本節では ΔP を $\Delta P'$ の代用として使う（ある数をそれに近い値で表すことを「近似する」と言います）ことによって，金利の微小な変化の結果，対象債券の価格がどのくらい変化するか（債券価格の金利感応度）を計算する方法を学びます。

> （注）もちろん（2.2）式を使えば価格変化 ΔP を正確に計算することができます。それなのに，なぜ近似を検討するのでしょうか。その理由は，この近似を使えば，特定の債券の利回りが0.1%上がったときにその価格がおおよそ何円変化するかを簡単に計算できるからです。したがって，3.5節で紹介する様々な投資方法において利用されます。

(3) ステップ3

それでは，次に，中学校の数学の授業で学習した「1次関数のグラフの傾

き」を復習します．1 次関数のグラフのある点における傾きとは，その点から横軸で測る変数が 1 単位増えるときに縦軸で測る変数が何単位増えるかを表すものであると学びました．この定義をもう少し違った言い方に代えると，傾きは縦軸で測る変数の変化量の，横軸で測る変数の変化量に対する比率を表します．すなわち，次式が成立します．

$$傾き = \frac{縦軸で測る変数の変化量}{横軸で測る変数の変化量} \tag{3.1}$$

次に，図 3-1 の接線 cd は 1 次関数とみなせるので，この傾きの定義を接線 cd に適用します．すなわち，図 3-1 の $\Delta y = y_1 - y_0$ は「横軸で測る変数の変化量」なのでそれを (3.1) 式の分母に代入し，$\Delta P' = P' - P_0$ は「縦軸で測る変数の変化量」なのでそれを同式の分子に代入します．

$$接線の傾き = \frac{\Delta P'}{\Delta y} \tag{3.2}$$

(3.2) 式を言葉で言い表すと，「債券価格の変化の近似値 $\Delta P'$ の，接線の傾きは最終利回りの変化 Δy に対する比である」と言えます．次に (3.2) 式の両辺に Δy を掛けると次式を得ます．

$$\Delta P' = (接線の傾き) \times \Delta y \tag{3.3}$$

(3.3) 式から，「債券価格の変化の近似値 $\Delta P'$ は，接線の傾きに最終利回りの変化 Δy を掛ければ計算できる」ことが分かります．

(4) ステップ 4

(3.3) 式の両辺を債券価格 P で割り，さらに最終利回りの変化 Δy で割ると，次式を得ます．

$$\frac{\frac{\Delta P'}{P}}{\Delta y} = \frac{接線の傾き}{P} \tag{3.4}$$

(3.4) 式の左辺は債券価格の変化率を近似したもの $\frac{\Delta P'}{P}$ の，利回りの変化 Δy に対する比を表すので，本節の最初に言及した「複利最終利回りが 1% 変化したとき債券価格が何 % 変化するか」を表す修正デュレーションをほぼ表します．ただし，固定利付債や割引債の場合，最終利回りが上がると債券価格が下がります．すなわち，Δy が正のとき $\Delta P'$ は負になります．したがって，仮に (3.4) 式によって修正デュレーションを定義すると，修正デュレーションの値も負になります．しかし，一般の人にとって正の数の方が扱いや

すいので，(3.4) 式の両辺に -1 を掛けて正の値にして，**修正デュレーション** (modified duration) D_{MOD} と定義します．すなわち，次式で修正デュレーション D_{MOD} を定義します．

$$D_{\text{MOD}} = -\frac{\frac{\Delta P'}{P}}{\Delta y} = -\frac{\text{接線の傾き}}{P} \tag{3.5}$$

なお，(3.5) 式は，修正デュレーション D_{MOD} が同式のもっとも右にある表現，すなわち，接線の傾きを変化前の債券価格 P で割り，負の符号を付けたものによって計算できることを示しています．

(5) ステップ 5

後で利用するので，債券価格の変化の近似値 $\Delta P'$ を修正デュレーションを使って表現しておきます．そのため，(3.5) 式の左辺と中ほどの表現を結ぶ等式に $-P\Delta y$ を掛けます．

$$\Delta P' = -D_{\text{MOD}} \, P \, \Delta y \tag{3.6}$$

すなわち，**債券価格の変化の近似値 $\Delta P'$ は，修正デュレーション D_{MOD}，変化前の債券価格 P，最終利回りの変化 Δy の 3 つの要素の積に負の符号をつけたものとして計算できます．**

3.3 修正デュレーションとマコーレイのデュレーション*

図 3-1 の接線 cd の傾きは，(2.2) 式を y について微分すれば求めることができます．ただし，この計算を理解するには，微分をある程度習得している必要があるため，本書ではこの計算の説明を省きます（この計算に関心がある読者は第 3 章 Web 付録を参照してください）．いずれにせよ，この微分の結果を (3.5) 式の「接線の傾き」に代入すると次式が得られます．この式が修正デュレーションを計算する公式です．

$$D_{\text{MOD}} = \frac{1}{1+\frac{y}{2}} \frac{1}{P} \times \left[\frac{\frac{C}{2}}{(1+\frac{y}{2})} \left(\frac{1}{2}\right) + \frac{\frac{C}{2}}{(1+\frac{y}{2})^2} (1) + \cdots + \frac{\frac{C}{2}+F}{(1+\frac{y}{2})^{2T}} T \right] \tag{3.7}$$

ただし，この式は，修正デュレーションを計算する日が，対象となる債券の利払日であることを前提にしています．また，C は 1 年間に受け取るクーポン，

F は額面，T は残存期間（年数），y は複利最終利回り（半年複利），P は債券価格です。なお，仮に複利最終利回り y が半年複利ではなく，1年複利に基づいた利回りである場合，(3.7) 式の分母にある $(1+\frac{y}{2})$ のべき乗はすべて $(1+y)$ のべき乗に置き換えられます。

> **（例）** 残存期間1年半，クーポンレート6%，市場価格100円の債券の場合，アットパーなので，2.3節の「最終利回りと債券価格の関係」の項で学習した性質によって，複利最終利回りも6%になるはずです。したがって，その修正デュレーションは $y = 0.06$, $P = 100$, $C = 6$, $T = \frac{3}{2}$ を (3.7) 式に代入した次式によって計算できます。
>
> $$D_{\text{MOD}} = \frac{1}{1+0.03} \frac{1}{100} \times \left[\frac{3}{1+0.03}\left(\frac{1}{2}\right) + \frac{3}{(1+0.03)^2}(1) + \frac{103}{(1+0.03)^3}\left(\frac{3}{2}\right) \right] \tag{3.8}$$

Excel 修正デュレーションは MDURATION 関数で計算できます。この関数の引数は，「受領日」，「満期日」，「利率」，「利回り」，「頻度」，「基準」の6つです。本書の用語を使うと，「受領日」は債券の受渡日，「満期日」は償還期限，「利率」はクーポンレート，「利回り」は複利最終利回り，「頻度」は1年当たりの複利期間の期数，「基準」は日数計算の基準を指します。ただし，「受領日」と「満期日」には，YIELD 関数と同様，DATE 関数等を使って具体的な日付を入力する必要があります。したがって，上の例のように具体的な日付が指定されていない場合には，任意の日付を指定します。また，「基準」は残存日数の扱い方を指定するための引数であり，国債の場合，残存期間のうち1年未満の部分の残存日数を365日で割るので「3」を指定します。したがって，上記の国債の修正デュレーションを計算するには "=MDURATION（2020/9/20,2022/3/20,0.06,0.06,2,3）" と入力して 1.414 を得ることができます。

問い 章末の練習問題1と2を解きなさい。

以下では，修正デュレーションの解釈や様々な性質に言及するので，トピックごとに番号を振ります。

(1) 修正デュレーションの解釈

(3.8) 式の右辺で最初に掛け合わされている数 $\frac{1}{1+0.03}$ を除いたものを次に示します。

$$\frac{1}{100}\left[\frac{3}{1+0.03}\left(\frac{1}{2}\right)+\frac{3}{(1+0.03)^2}(1)+\frac{103}{(1+0.03)^3}\left(\frac{3}{2}\right)\right]$$

この表現について直観的な解釈をすることができます。まず，$\frac{3}{1+0.03}$，$\frac{3}{(1+0.03)^2}$，$\frac{103}{(1+0.03)^3}$ はこの債券が支払うキャッシュフローの現在価値です。また，これらの現在価値を足したものは債券価格の 100 円に等しくなります。したがって，$\frac{1}{100}\times\frac{3}{1+0.03}$ は最初に受け取る 3 円の現在価値が債券価格の 100 円に占める比率（ウェイト）と解釈することができます。そこで，この比率を w_1 で表します。また，同様の理由で $\frac{1}{100}\times\frac{3}{(1+0.03)^2}$ を w_2 で表し，$\frac{1}{100}\times\frac{103}{(1+0.03)^3}$ を w_3 で表します。さらに，角括弧内の第 1 項の要素である $\left(\frac{1}{2}\right)$ は現時点から 1 番目のキャッシュフローを受け取るまでの年数を表すので t_1 と表し，第 2 項の要素である (1) は現時点から 2 番目のキャッシュフローを受け取るまでの年数を表すので t_2 と表し，第 3 項の要素である $\left(\frac{3}{2}\right)$ は現時点から 3 番目のキャッシュフローを受け取るまでの年数を表すので t_3 と表します。このとき，(3.8) 式の右辺から $\frac{1}{1+0.03}$ を除いたものは，$w_1 t_1 + w_2 t_2 + w_3 t_3$ と表せます。したがって，それは，現時点から各キャッシュフローが支払われるまでの年数 t_1, t_2, t_3 を，各キャッシュフローの現在価値が債券価格に占める比率 w_1, w_2, w_3 をウェイトとして加重平均したものであると解釈することができます。なお，この (3.8) 式の右辺から $\frac{1}{1+0.03}$ を除いたもの，すなわち，$w_1 t_1 + w_2 t_2 + w_3 t_3$ は**マコーレイのデュレーション**（Macaulay duration）と呼ばれます。したがって，修正デュレーションは，マコーレイのデュレーションを $(1+0.03)$ で割ったものであると言うこともできます。

もちろん，一般式 (3.7) についても同じように，右辺から $\frac{1}{1+y/2}$ を除いたものは，マコーレイのデュレーションと呼ばれます。また，対象の債券がキャッシュフローを N 回支払うとすると，(3.7) 式の右辺から $\frac{1}{1+y/2}$ を除いたものは，**1 番目から N 番目のキャッシュフローが支払われるまでの年数 $t_1, t_2, \ldots, t_N$ を，そのキャッシュフローの現在価値が債券価格に占める比率 $w_1, w_2, \ldots, w_N$ をウェイトとして加重平均したものである**と解釈することができます。したがって，それは，投資家が債券投資からキャッシュを回収する平均期間を表していると解釈することもできます。また，一般式についても修正デュレーションはマコーレイのデュレーションを $(1+\frac{y}{2})$ で割ったものであると言えます。

（注）マコーレイのデュレーションは上で紹介した解釈ができることもあって，修

正デュレーション以上に広く知られています。しかし，債券投資においては，通常，現時点から各キャッシュフローを受け取るまでの年数の平均を知ることよりも，金利感応度を知ることの方が重要なので，本書では修正デュレーションを中心に解説しています。

(2) 単　位

(1) で指摘したように，マコーレイのデュレーションは，キャッシュフローが支払われるまでの年数の加重平均，修正デュレーションはそれを $(1+\frac{y}{2})$ で割ったものとして解釈できます。したがって，どちらのデュレーションも，単位に年が使われることがあります。

> **Excel**　マコーレイのデュレーションは DURATION 関数で計算できます。引数は MDURATION 関数と同じです。なお，MDURATION 関数の説明で数値例として使った国債についてマコーレイのデュレーションを計算するには "=DURATION（2020/9/20,2022/3/20,0.06,0.06,2,3）" と入力します。解は 1.457 年です。

(3) 残存期間とクーポンレートの影響

市場金利が極端に高くない経済において，残存期間が極端に長くなく，かつ，クーポンレートが極端に高くない固定利付債の場合，償還期限に額面とクーポンが支払われるので，各キャッシュフローの現在価値の中で償還期限の現在価値が突出して大きくなります。すなわち，マコーレイのデュレーションを計算する加重平均 $w_1 t_1 + \cdots + w_N t_N$ において償還期限のウェイト w_N が突出して大きくなります。したがって，加重平均の値は t_N より小さいが，それに近い値をとります。さて，現時点から償還期限までの年数を表す t_N は，残存期間そのものです。よって，市場金利が極端に高くない経済において，上で挙げた特徴をもつ債券（残存期間が極端に長くなく，かつ，クーポンレートが極端に高くない固定利付債）の場合，**マコーレイのデュレーションは残存期間より小さいが，それに近い値をとります**。たとえば，残存期間が5年の固定利付債の場合，マコーレイのデュレーションは5年未満で，4年以上でしょう。また，修正デュレーションはマコーレイのデュレーションを $(1+\frac{y}{2})$ で割ったものなので，**修正デュレーションも，残存期間より小さいが，それに近い値をとります**。さらに，この性質から，他の条件を一定としたとき**残存期間が長いほど，マコーレイのデュレーションも修正デュレーションも長くなる**ことが推論できます。

さて，高クーポン債について各キャッシュフローの現在価値を比べると，近

い将来受け取るキャッシュフローの現在価値が低クーポン債の場合より大きくなります。その結果，近い将来受け取るキャッシュフローのウェイトが大きくなるため，加重平均の値がその分小さくなります。したがって，他の条件を一定としたとき，**クーポンレートが高いほど，加重平均であるマコーレイのデュレーションと，それを** $(1 + \frac{y}{2})$ **で割った修正デュレーションが短くなります**。

(4) 割引債のデュレーション

割引債の場合，キャッシュフローが発生するのは償還期限だけです。したがって，債券価格は額面の現在価値だけから成り，マコーレイのデュレーションの計算において償還期限に対するウェイトは1になります。また，現時点から償還期限までの期間は，残存期間そのものなので，**割引債のマコーレイのデュレーションはつねに残存期間に一致します**。また，割引債の修正デュレーションは，マコーレイのデュレーションを $(1 + \frac{y}{2})$ で割ったものなので残存期間より若干小さい値をとります。

(5) 債券ポートフォリオの金利感応度

一般に**ポートフォリオ**（portfolio）とは投資家が保有する，あるいは，保有することを検討する複数の資産の集合，または，単に資産の組み合わせを意味します。したがって，債券ポートフォリオとは，投資家が保有する，あるいは，保有することを検討する債券の集合あるいは組み合わせを意味します。さて，ある投資家が保有する債券に1からkまで番号を振って識別することにします。また，各債券の修正デュレーションを $D_1, D_2, \ldots, D_k$ で表します。さらに，この投資家が保有する各債券の市場価値を債券ポートフォリオの市場価値で割った比率（**投資比率**, investment weight）を $w_1, w_2, \ldots, w_k$ で表します。このとき，債券ポートフォリオ全体の修正デュレーション D_p は，投資比率をウェイトとする各債券の修正デュレーションの加重平均に一致します。すなわち，次式が成立します。

$$D_p = w_1 D_1 + \cdots + w_k D_k \tag{3.9}$$

また，マコーレイのデュレーションについても類似の式が成立します。

3.4 イールドカーブ分析*

2.5節の表2-7で同じ発行者であっても残存期間が異なれば利回りが異なる

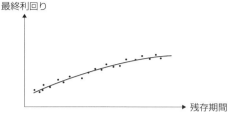

図 3-2　イールドカーブの例

例を示しました。また，そのような状況が生まれるのは，授受する時点が異なれば資金需給が異なるからだと説明しました。本節では，残存期間ごとの金利を把握するツールとしてイールドカーブを導入し，その活用法の一部を紹介します。

イールドカーブの導入

　もし特定の時点において残存期間以外の属性が類似した債券の最終利回りが多数観察できれば，図 3-2 のように，横軸で残存期間を測り，縦軸で最終利回りを測った図で，各債券の残存期間と最終利回りのペアを点としてプロットできます。一般に，**イールドカーブ**（yield curve，利回り曲線）とは，それらの点全体を反映するように描いた滑らかな曲線を意味します。

　イールドカーブの中でも基本となるのは，発行者が中央政府で，流動性が高く，さらに，オプション的条項が付いていない割引債に基づいたイールドカーブです。ただし，そのような条件を満たす割引債が残存期間の点で多様に発行されている国は稀です。そこで，そのような割引債が存在すると仮定して，中央政府が発行した固定利付債の最終利回りから割引債の最終利回りを推定したものに基づいてイールドカーブが描かれます。

　ちなみに，基本となるイールドカーブに上記の条件を課すのは次の理由によります。第 1 に，発行者を政府に限定するのは，多種多様な発行者の中で，通常，中央政府のクレジットリスクがもっとも低いからです。ただし，過去には，デフォルトが発生した国債の事例が多数存在します。第 2 に，流動性が高ければ，流動性が低い銘柄に対して要求される最終利回りの割り増し（プレミアム）が付きません。第 3 に，オプション的条項が付いていなければ，オプション的条項が最終利回りに及ぼす影響を考慮しなくて済みます。第 4 に，割引債であれば，償還期限でしかキャッシュフローが発生しないので，その利

回り（スポットレート）は償還期限に授受される資金の純粋な金利を表していると考えられるからです。

要するに，これらすべての条件を満たす割引債の最終利回りは，**償還期限に授受される資金の純粋な現在価値を利回りに変換したものを表している**と考えることができます。ちなみに，この点を理解するために，対照的な例として固定利付債を考えてみましょう。固定利付債の現在価値は，将来の複数のキャッシュフローの現在価値の合計なので，将来の特定の一時点のキャッシュフローの価値を表していません。したがって，その最終利回りも，将来の特定時点のキャッシュフローの価値を利回りに変換したものを表していないのです。

割引債に基づいたイールドカーブであることを明確にしたいときには，**スポットイールドカーブ**（spot（yield）curve, spot rate curve）と呼びます。また，スポットイールドカーブ，あるいは，それを他の形に変換したものは，**金利の期間構造**（term structure of interest rates）とも呼ばれます。以下でイールドカーブは一貫してスポットイールドカーブを指します。

なお，実務家は政府が発行する割引債を想定したイールドカーブではなく，しばしばLIBOR（ライボー）およびスワップレートと呼ばれる金利を使ったイールドカーブを利用します。そこで，これらの金利を簡単に説明します。まず，**LIBOR**（London interbank offered rate, ロンドン銀行間取引金利）は，ロンドン市場で国際的な銀行が他の銀行に対して提示する貸出金利をインターコンチネンタル取引所（Intercontinental Exchange）が平均して発表している金利です。2018年現在，通貨は米ドル，ポンド，円，ユーロ，スイス・フランの5通貨について，また，満期は1日，1週間，1か月，2か月，3か月，6か月，12か月の7期間について合計35種類の金利が毎営業日公表されます。ただし，2012年にLIBORを報告する銀行の一部がLIBORを不正に操作していたことが発覚したため，その後，LIBORに代わる指標金利の導入が準備されています。

次に，スワップレートを説明しますが，そのためには，スワップから説明を始めなければなりません。一般に**スワップ**（swap）とは，2人の当事者（counterparties）の間で「将来の複数時点に，契約時に合意したルールに従って計算される金額を交換する」契約を指します（詳細は5.7節の付録を参照）。ただし，イールドカーブで利用するスワップは，多種多様なスワップの中でも**プレイン・バニラ（金利）スワップ**（plain vanilla〔interest rate〕swap）と呼ばれるも

のです。これは，同一通貨で，固定金利に基づいて計算される金額と，変動金利に基づいて計算される金額を交換する契約です。そして，スワップレートとは，この固定金利を指します。ちなみに，米国のアイスクリーム専門店でアイスクリームを注文すると，フレイバー（味）とトッピングについて尋ねられます。その際 "plain vanilla" とはトッピングを使わないバニラ味を指し，その用法から転じて，「もっとも基本的な」という意味で使われます。

なお，もし割引債の最終利回りがどの償還期限についても同じであるならば，イールドカーブは完全に水平（flat）になり，イールドカーブという道具立ては不要になります。しかし，日米の過去のイールドカーブは，大部分の期間で右上がり（**順イールド**, upward-sloping, normal）で，時折，右下がり（**逆イールド**, downward-sloping, inverted）になっていました。事実，2.4 節の図 2-5 を見ると，日本では大部分の期間において 10 年利付国債最終利回りがコールレートを上回っていたので，順イールドだったことが分かります。

イールドカーブを使った債券の価格付け

最初に，イールドカーブを使って固定利付債の理論価格を計算する方法を例示します。具体的には，残存期間 1 年，クーポンレート 6% で，デフォルトリスクのない債券を対象にします。その場合，この債券から受け取るキャッシュフローを額面 100 円当たりについて挙げると，それは半年後の 3 円と 1 年後の 103 円です。また，イールドカーブから，半年後に償還される割引債の最終利回りが 3.8% で，1 年後に償還される割引債の最終利回りが 4.2% であることが分かっているとしましょう。また，これらの最終利回りは，2.3 節で学習した半年複利に基づいた複利最終利回りの公式（2.4）によって計算された利回りであるとします。

(注) 2.3 節の「割引債の最終利回り」の項の注で指摘したように，日本では残存期間が 1 年以内かどうかによって割引債の利回り計算に使う式が異なります。しかし，イールドカーブ分析を行う場合にはすべての残存期間について同じ計算式で利回り計算する方が整合的です。そこで，本節では，日本の実務上の慣習とは異なりますが，半年複利に基づいた複利最終利回りの公式を使って説明を続けます。

ここで（2.4）式を再掲します。

$$P = \frac{F}{(1+\frac{y}{2})^{2T}} \tag{2.4}$$

ただし，(2.4) 式の P は割引債の価格，F は額面，T は残存期間，y は最終利回り（半年複利）を表します．さて，2.3 節で (2.4) 式の元の式である (2.2) 式を導入したとき，y を，債券のキャッシュフローの現在価値を計算する割引率として導入しました．もちろん，これは，次に再掲する半年複利の場合の現在価値公式 (1.10) に沿ったものです．

$$\mathrm{PV}(B) = \frac{B}{(1+\frac{r}{2})^{2n}} \tag{1.10}$$

したがって，**イールドカーブから読み取れる T 年後の金利は，T 年後に授受するデフォルトリスクのないキャッシュフローを現在価値計算するのに使うべき割引率である**と言えます．そこで，イールドカーブから読み取った利回りを使って，対象の債券のキャッシュフローの現在価値を計算してみましょう．すなわち，半年後の 3 円については (1.10) 式の B に 3 円，r に 3.8%，n に $\frac{1}{2}$ を代入します．また，1 年後の 103 円については (1.10) 式の B に 103 円，r に 4.2%，n に 1 を代入します．それらを合計したものが次式です．

$$\frac{3\,\text{円}}{1+\frac{0.038}{2}} + \frac{103\,\text{円}}{\left(1+\frac{0.042}{2}\right)^2} = 101.750\,\text{円}$$

これが，イールドカーブを使って求めた固定利付債の理論価格です．

問い 章末の練習問題 3 を解きなさい．

ここで，米国の財務省証券市場や日本の国債市場の場合についてイールドカーブを使って計算した理論価格と市場価格の関係にコメントすると，これらの市場では残存期間について多種多様な債券が存在し，かつ流動性が高いため，両者の差が小さいことが報告されています．

イールドカーブの変化

最初に次の質問について考えてください．「もしイールドカーブ全体が下にシフトすると，債券価格はどう変化するだろうか．また，もしイールドカーブ全体が上にシフトすると，債券価格はどう変化するだろうか」．答は，「イールドカーブ全体が下にシフトすると債券価格は上がり，イールドカーブ全体が上にシフトすると債券価格は下がる」です．その理由は，上の項で議論したよう

に，イールドカーブが示す金利は，債券保有者が受け取るキャッシュフローを現在価値計算するときに使う割引率なので，イールドカーブ全体が下にシフトすれば割引率が低くなり，現在価値が上がるし，逆に，イールドカーブ全体が上にシフトすれば割引率が高くなり，現在価値が下がるからです。この質問およびその答から読者に理解してほしい点は，**債券の金利リスクはイールドカーブのシフトを原因とする**という捉え方です。もちろん，イールドカーブは金利全般の水準という意味での「市場金利」をより正確に表現するツールなので，上の主張は，「債券の金利リスクは市場金利の変化を原因とする」という主張をより正確に述べたものであると言えます。

なお，イールドカーブの形状がどう変化するかという点は多額の資金を債券で運用する機関投資家にとって債券投資の収益を大きく左右する重大な関心事です。したがって，形状の変化が類型化されています。具体的には，短期金利，中期金利，長期金利の変化がほぼ同じで，イールドカーブの形状が大きく変わらないまま上下にシフトするとき，パラレル・シフト（parallel shift）と呼ばれます。また，長短金利差（長期金利から短期金利を差し引いた差）が大きくなってイールドカーブが「立つ」とき，スティープニング（steepening）と呼ばれます。さらに，長短金利差が小さくなってイールドカーブがより平らな形に近づくとき，フラットニング（flattening）と呼ばれます。

イールドカーブの形状を説明する理論
（1） 短期金利予想とイールドカーブ

イールドカーブの形状は，残存期間の違いによって割引債の利回り（スポットレート）がどう異なるかを表しています。そこで，例として1年後に償還される割引債 A の複利最終利回り（半年複利）r_A と，半年後に償還される割引債 B の複利最終利回り（半年複利）r_B を比較します。具体的には，まず，債券 A に1円を1年間投資する戦略 α（ギリシャ文字のアルファ）を考えると，1年後に得られる投資収益の総額は $(1+\frac{r_A}{2})^2$ 円と計算できます。次に，債券 B に1円投資して半年後に回収した資金 $(1+\frac{r_B}{2})$ 円をその時点から半年後，すなわち，初期時点から見ると1年後に償還される割引債 C に投資する戦略 β（ギリシャ文字のベータ）を考えます。割引債 C の半年後における複利最終利回り（半年複利）が r_C であるとすると，1円を戦略 β に投資することによって1年後に得られる投資収益の総額は $(1+\frac{r_B}{2})(1+\frac{r_C}{2})$ 円と計算できます。したが

図 3-3　1年債に投資する戦略 α と $\frac{1}{2}$ 年債をロールオーバーする戦略 β

って，どちらの戦略がより多くの投資収益をもたらすかという点は割引債 A，B，C の利回りに依存します．なお，戦略 β では残存期間が半年の割引債に2回投資するのですが，このように同一あるいは類似の投資対象に再投資する運用方法をロールオーバー (rollover) と言うことがあります．図 3-3 は戦略 α と戦略 β を図示したものです．

さて，債券 C の利回り r_C の値が観察できるのは半年後ですが，投資家は初期時点において利回り r_C の値を予想しているはずです．もし初期時点で予想される債券 C の利回り r_C が高ければ，戦略 β が戦略 α より多くの収益をもたらす可能性が高くなるので，α から β に戦略を変更する投資家が現れるでしょう．すなわち，割引債 A の代わりに割引債 B に投資する投資家が増えます．その結果，割引債 A の価格が下がり，割引債 B の価格が上がるでしょうから，割引債 A の利回り r_A は上がり，割引債 B の利回り r_B は下がるでしょう．要するに，もし初期時点で予想される債券 C の利回り r_C が高くなれば，割引債 A の利回り r_A も高くなるメカニズムが存在します．逆に，もし初期時点で予想される債券 C の利回り r_C が低ければ，割引債 A の利回り r_A も低くなるメカニズムが存在します．このように将来の短期金利の予想を反映した投資家行動の結果，1年債 A の利回り r_A は，半年後に償還される債券 B の利回り r_B のほか，半年後においてその半年後に償還される債券 C の利回り r_C の予想にも影響されます．

この結論をより一般的な形で表現すると，**長期金利は将来の短期金利の予想に影響される**と言えます．したがって，もし市場に参加する投資家の多くが短期金利の上昇を予想すれば，それはイールドカーブを右上がり（順イールド）の方向に動かす力として働くはずです．また，逆に市場に参加する投資家の多くが短期金利の下落を予想すれば，それはイールドカーブを右下がり（逆イールド）の方向に動かす力として働くはずです．

(2) 純粋期待仮説

イールドカーブの形状を説明する理論のひとつである**純粋期待仮説**（pure expectations hypothesis）は，上記（1）を極端な形で主張します．すなわち，投資家が半年後に投資し1年後に償還される割引債 C の利回り r_C の初期時点における予想を $\mathrm{E}[r_C]$ で表すと（この表現方法については 7.3 節で丁寧に解説します），純粋期待仮説は上記（1）の戦略 α の投資収益と戦略 β の投資収益の初期時点における予想が一致すると主張します．すなわち，次式が成立すると主張します．

$$\left(1+\frac{r_A}{2}\right)^2 \text{円} = \left(1+\frac{r_B}{2}\right)\left(1+\frac{\mathrm{E}[r_C]}{2}\right)\text{円} \tag{3.10}$$

さらに，純粋期待仮説は（3.10）式と同じ関係が任意の残存期間の割引債について成立すると主張します．

しかし，過去のイールドカーブの形状を見ると大部分の期間で順イールドでした．したがって，もし純粋期待仮説が過去のイールドカーブに妥当するのであれば，大部分の期間で金利の上昇が起こらなければなりません．しかし，実際にはそのような現象は起こっていません．したがって，その点から言えば，純粋期待仮説は現実に妥当していないと言えそうです．ただし，上記の（1）で指摘したように，将来成立する金利の現時点での予想は現時点における長期金利にある程度影響すると考えられます．

(3) タームプレミアム仮説

もうひとつ金利の期間構造を説明する仮説を紹介します．仮にある投資家が1年間割引債に投資することを考えているとします．もしこの投資家が1年後に償還される割引債に投資し，その割引債にデフォルトリスクがなければ，この投資によって1年後に得られる収益は投資を始める初期時点で確定します．しかし，この投資家が3年後に償還される割引債に1年間投資すれば，この割引債の1年後の価格はその時点の市場金利に依存するので，1年後に得られる収益は初期時点では不確実です．さらに，もしこの投資家が10年後に償還される割引債に1年間投資すれば，この割引債の1年後の価格はその時点の市場金利に大きく依存するので，1年後に得られる収益は初期時点ではかなり不確実です．要するに，債券の残存期間が長ければ長いほど1年間の投資で得られる収益の不確実性が大きくなります．したがって，投資家が残存期間の長い債券に投資する場合，残存期間の短い債券に投資する場合と比べてより大

きなリスクを負担することになるので、より高い利回りを要求するはずです。これが、日本語で**タームプレミアム仮説**あるいは**流動性プレミアム仮説**、英語で liquidity theory, liquidity preference あるいは liquidity premium theory と呼ばれる理論です。

(注) マクロ経済学では、貨幣に対する需給によって利子率が決定されるという説を流動性選好理論（liquidity preference theory）と呼んでいます。

さて、もしタームプレミアム仮説が現実のイールドカーブに妥当しているならば、順イールドがたびたび観察されるはずです。これは、過去の大部分の期間で順イールドが観察された事実を説明できます。また、投資家の多くが将来にわたって短期金利が変化しない、あるいは、やや下がると予想している場合でも、順イールドが観察される可能性がありますから、順イールドであるという事実だけから、将来の短期金利の上昇を予想できないことになります。

最後にもう一言コメントを加えると、現実に観察されるイールドカーブの形状を単一の仮説から統一的に説明することは容易ではありません。したがって、複数の仮説が同時に妥当していると考え、分析を行うことが主流となっています。

イールドカーブの利用

イールドカーブは投資分析において様々な形で利用されます。まず、本節では、政府が発行し、流動性が高く、オプション的条項が付いていない割引債に基づいたイールドカーブの利用例を示しました。しかし、これらの条件を満たさない同一種類（たとえば、同一格付け）の債券についてもイールドカーブを推定し、その種類に属する債券の理論価格を計算するのに利用することができます。

また、固定利付債だけでなく、将来のキャッシュフローがほぼ確定した資産あるいは負債の現在価値を計算するのにもイールドカーブを利用できます。たとえば、大手生命保険会社は多数の顧客と生命保険契約を結んでいます。そして、これらの個別契約で発生する保険金支払いには大きな不確実性が存在します。しかし、保険会社が契約を締結している契約者全体で発生する保険金支払いは、ある程度の精度で予測することができます。したがって、保険金支払いのリスクに見合ったイールドカーブを使って保険会社が将来の各年度に支払うと予想される保険金総額の現在価値を計算することができます。

さらに，イールドカーブあるいはそれを他の形式に変換したものは，先物契約，先渡契約，スワップ，さらに，その他のデリバティブの価格付けのインプットとして多用されます。

3.5 債券投資の方法

本節では債券投資に関する様々な方法を紹介します。ただし，その前に，本節の内容の，投資プロセス (investment process, investment management process) あるいはポートフォリオ管理プロセス (portfolio management process) と呼ばれるプロセスにおける位置付けを説明します。そこで，米国 CFA 協会 (CFA Institute) が運営する認定証券アナリスト (Chartered Financial Analyst, CFA) 資格試験の参考書である Maginn 他 [2007] の第 1 章 および日本証券アナリスト協会認定アナリスト (CMA) 資格試験の参考書である伊藤他 [2009] の第 5 章に沿って投資プロセスを紹介します。

投資プロセス

投資プロセスは大きく 3 つの段階に分けることができます。第 1 の段階は計画の段階 (planning step) と言い，一方で，投資家の投資目的，投資家が許容できるリスクの程度 (**リスク許容度**, risk tolerance)，さらに，投資家が抱えるその他諸々の制約を特定します。また，他方で，社会，経済，政治等の分析を踏まえてキャッシュ，国内株式，国内債券，外国株式，外国債券といった資産の種類 (**資産クラス**, asset class) ごとに将来の収益率の平均的な値 (第 7 章で期待値として学習するものです) を予想します。そして，両方の情報を統合して各資産クラスに対する投資比率 (投資資金の総額のうち各資産クラスに投資する金額の比率) を一定の幅をもって決めます。これは基本ポートフォリオの構築あるいは戦略的アセット・アロケーション (strategic asset allocation, SAA) と呼ばれます。なお，これらの情報は，運用の基本方針 (英語では investment policy statement あるいは略して IPS と呼ばれます) にまとめることが推奨され，特に，日本の確定給付企業年金等では文書にすることが法令上義務付けられています。なお，一般に，**アセット・アロケーション** (asset allocation) とは，各資産クラスへの投資比率を決めることを指し，本項では，基本ポートフォリオを決める戦略的アセット・アロケーションのほか，そのときどきの状況に応じ

て投資比率を調整する戦術的アセット・アロケーションを紹介します。

　第2の段階は実行の段階（execution step）と言い，投資する個別資産を選択し，取引を執行します。ただし，この段階でも，投資家の置かれている環境が変化したり，あるいは，投資対象に関する短期的な予想が変化したりすれば，アセット・アロケーションを調整します。なお，後者の理由によるアセット・アロケーションは戦術的アセット・アロケーション（tactical asset allocation, TAA）と呼ばれます。さらに，各資産クラス内でどの個別資産に投資するかを決めます。これは，**銘柄選択**（security selection）と呼ばれます。そして，これらの決定に従って個別資産の売買を執行します。

　第3の段階は評価の段階（feedback step）と言い，常時，投資家自身の状況のほか，経済および金融市場の状況をモニターします（monitoring）。そして，それらの変化によっては，ポートフォリオを再構築します（rebalancing）。また，定期的に（たとえば，1か月ごとに，あるいは，四半期ごとに）投資の**パフォーマンス評価**（performance evaluation）を行います。

　さて，本節では上記の投資プロセスのうち主に債券の銘柄選択に関わる部分を取り上げます。なお，株式の銘柄選択に関わる部分については4.7節で学習します。また，第8章ではアセット・アロケーションに利用されることがあるポートフォリオ理論と呼ばれる手法を学習します。

> （注）　本項ではアセット・アロケーションの後，銘柄選択を行う，いわゆるトップダウン（top-down）の投資プロセスを3段階に分けて紹介しました。しかし，第8章では，ポートフォリオ理論の標準的な解説方法に従って，投資の候補として検討するすべての資産の属性に基づいて1段階で各資産に対する投資比率（ここでは，投資資金の総額のうち個別資産に投資する金額の比率を意味します）を決めます。すなわち，第8章の説明ではアセット・アロケーションの段階を踏みません。ただし，第8章でも指摘するように，この1段階で個別資産に対する投資比率を決定する手法を利用する機関投資家は多くないと言われています。また，Bodie 他 [2018] や Sharpe and Alexander [1990] は，銘柄選択をした後，アセット・アロケーションを行うというボトムアップ（bottom-up）の運用についても説明しています。ただし，Bodie 他 [2018] はボトムアップの運用について否定的な見解を述べています。

債券投資の方法

　それでは，債券投資の方法の紹介を始めます。債券投資の方法には様々なも

のがあります。その一部は，少数の銘柄への投資に適用できるので，個人投資家も直接利用することができます。しかし，債券投資のために編み出された方法の多くは，多数の債券を組み入れた大規模なポートフォリオに適用することを前提にしています。したがって，それらを直接利用できるのは，通常，機関投資家に限定されます。ただし，個人投資家は投資信託や **ETF**（上場投資信託，exchange traded fund: 取引所に上場されている投資信託）への投資を通じてそれらの運用方法を間接的に利用することができます。

また，債券投資の運用方法は，大きくアクティブ運用とパッシブ運用に分類されます。**アクティブ運用**（active management, 積極的運用）は，将来の金利予想や複数の債券の間に生じた一時的な不均衡（具体的には，何らかの基準に基づいて一部の債券が割高で，他の債券が割安と判断される状態）を利用して積極的に収益を上げることを目指す運用方法です。他方，**パッシブ運用**（passive management, 保守的運用）は，アクティブ運用のように特定の予想に基づいて積極的に収益を上げることを目指さないで，特定の債券指数に追随するように運用するか，あるいは，将来支払うことになっているキャッシュフローを満足するように運用する方法です。以下では，最初にアクティブ運用の例を紹介し，次に，パッシブ運用の例を挙げます。

アクティブ運用の例

まず，**金利予想に基づいて**債券に投資する戦略があります。この戦略のもとでは，金利の低下を予想するときには債券の値上がり益をねらって修正デュレーションの長い，つまり残存期間の長い債券に投資したり，あるいは，債券ポートフォリオの修正デュレーションが長くなるように債券の入れ替えをしたりします。また，逆に，金利の上昇を予想するときには債券を**空売り**（保有していない債券を後日返却する約束のもと，債券貸借市場から借りて債券現物市場で売却すること）したり，あるいは，債券ポートフォリオの修正デュレーションが短くなるように債券の入れ替えをしたりします。

(注) 日本の債券市場には，債券貸借取引と言って，債券を貸借する市場があります。参加者に関する規制はありませんが，取引の大部分は金融機関同士で行われます。

次に，金利水準の変化を予想することから一歩進めて，イールドカーブの形状変化を予想して，債券ポートフォリオの残存期間の構成について戦略を立て

るイールドカーブ戦略（yield curve strategy）があります。この戦略は，さらに次の3つの戦略に分けて紹介されることが多いです。ひとつは，短期債と長期債に投資して中期債に投資しない**バーベル型運用**（barbell strategy），もうひとつは，中期債にのみ投資する**ブレット型運用**（bullet strategy）です。さらに，組み入れる債券への投資額が残存期間ごとに同一になるように債券ポートフォリオを構築する**ラダー型運用**（ladder strategy）もあります。

ちなみに，イールドカーブ戦略が重要なのは，残存期間の構成が債券ポートフォリオの収益を大きく左右するからです。しばしば，イールドカーブが「立つ」（長短金利差が拡大する）ときは，バーベル戦略よりブレット戦略の方が収益性が高いと言われます。しかし，Fabozzi [2015] は，どのイールドカーブ戦略が高い収益をもたらすかという点は，イールドカーブの傾きだけでなく，イールドカーブ全体の上下の変化の大きさにも依存するので，シミュレーション等によって事前に収益性の分析をすることを推奨しています。

なお，残存期間を横軸で測り，投資額を縦軸で測って棒グラフを描き残存期間ごとの構成を表すとき，バーベル型運用は，短期債と長期債の部分だけ棒グラフを描くことになるので，重量挙げのバーベルに似た形状になります。したがって，バーベル型運用という名が付いています。また，ブレット型運用は，中期債の部分だけ棒グラフを描くことになるので，ブレット（bullet, 弾丸の意）に似た形状になります。さらに，ラダー型運用を同じように棒グラフで表すと，はしご（英語でladder）を横に倒した形になるので，この名で通っています。

次に，セクター間の利回り格差の変化を予想して債券投資をする方法があります。たとえば，景気後退の兆候が表れて投資家の間で信用リスクに関する懸念が高まると，格付けが低い債券に対する需要が減って，低格付け債と高格付け債の利回り格差（クレジット・スプレッド）が拡がります。これを価格関係で言い直せば，低格付け債の価格が高格付け債の価格と比べて相対的に低くなります。したがって，クレジット・スプレッドの拡大を予想するときには，それが起こる前に低格付け債を空売りし，高格付け債を買い入れます。そしてクレジット・スプレッドが拡大した後，低格付け債を買い戻して高格付け債を売れば利益を確定できます。逆に，市場で信用リスクに関する懸念が和らぐと，クレジット・スプレッドが収縮します。したがって，クレジット・スプレッドの縮小を予想するときには，それが起こる前に低格付け債を買い，高格付け債を

空売りします。そしてクレジット・スプレッドの縮小が起こった後，低格付け債を売り，高格付け債を買い戻せば利益を確定できます。

さらに，個別銘柄間の利回り格差の変化を予想して債券に投資する戦略があります。たとえば，属性が類似した他の債券と比べて価格が一時的に高くなっている債券（割高な債券）があれば，その債券を空売りし，類似の債券を買って，両債券の価格がほぼ同じになったときに反対売買をすれば，利益を上げることができます。

ちなみに，利回り格差の変化の予想に基づいた戦略を実行する場合，必ず，売りのポジションと買いのポジションの両方を同時に建てます。これは，買いポジションあるいは売りポジションだけ保有すると，金利水準の変化によって損失が発生するリスクが生まれるからです。したがって，修正デュレーションを使って，金利変化によって生じる買いポジションと売りポジションの価値変化がちょうど打ち消し合うように，買う債券と空売りする債券の額面を調整します。

もう一点付け加えると，イールドカーブの変化や，セクター間あるいは個別銘柄間の利回り格差の変化を予想するためには債券市場に関する深い理解と最新の情報が必要です。したがって，これらの戦略を利用できるのは，通常，機関投資家や債券売買に専門的に従事する債券ディーラー（bond dealer）に限られます。

パッシブ運用の例

債券のパッシブ運用に分類される戦略には，大きく分けて2種類のものがあります。ひとつは，債券市場の指数に追随するように債券ポートフォリオを運用する**インデックス運用**（indexing）です。この場合，明らかに運用は特定の予想に基づかないです。また，もう1種類の戦略は，確定給付年金のように，将来支払わなければならないキャッシュフローの時期と金額が確定している場合に用いられる戦略です。そのような場合，投資の目的は将来キャッシュフローのニーズを満たすことにあるので，ひとつの戦略は，債券ポートフォリオから受け取るキャッシュフローが，将来キャッシュフローのニーズを満たすように債券ポートフォリオを構築することです。この戦略は**キャッシュフロー・マッチング**（cash flow matching）と呼ばれます。

また，将来の特定時点に支払わなければならないキャッシュフロー（以下で

は，負債と呼びます）がある場合，債券ポートフォリオの現在価値と修正デュレーションがそれぞれ負債の現在価値と修正デュレーションに一致するように債券ポートフォリオを構築すれば，将来の金利が変動しても負債の価値と債券ポートフォリオの価値がほぼ同じように変化します。したがって，将来の特定時点に支払わなければならないキャッシュフローが債券ポートフォリオによっておおよそまかなえるはずです。この運用方法は，金利の変動に対して免疫性がある（immunized）と言えるので，**イミュニゼーション**（immunization）と呼ばれます。ちなみに，債券運用に関して**デディケーション**（dedication）という用語があります。この用語はキャッシュフロー・マッチングと同義で使われることもあれば，キャッシュフロー・マッチングとイミュニゼーションの両方を指す用語として使われることもあります。

> **図書** 債券投資の方法をもっと詳細に説明した書籍には，伊藤他 [2009]，太田 [2016]，Fabozzi [2015]，Maginn 他 [2007] があります。

3.6 練習問題

1. （**利付債のデュレーション**）1 年半後に償還される，クーポンレート 0.6% の債券の複利最終利回り（半年複利）がちょうど 0.6% であるとします。この債券の修正デュレーションを計算する式に適当な数値を代入したものをそれ以上計算しないでそのまま記しなさい。また，この債券の修正デュレーションとマコーレイのデュレーションを Excel を使って計算しなさい。

2. （**利付債のデュレーション**）8 年後に償還される，クーポンレート 0.4% の債券が 99.5 円で売買されています。Excel を使ってこの債券の複利最終利回り（半年複利）を計算し，それに基づいて修正デュレーションとマコーレイのデュレーションを計算しなさい。

3. （**スポットイールドカーブに基づいた利付債の価格付け**）スポットイールドカーブを推定したところ，半年物の金利は 0.1%（この問題中の金利はすべて半年複利に基づいた年利率です），1 年物の金利は 0.12%，1 年半物の金利は 0.14% でした。このとき，残存期間 1 年半，クーポンレート 0.2%，額面 100 円の政府保証債の価格を計算する式に適当な数値を代入したものをそれ以上計算しないでそのまま記しなさい。

銘　柄	残存期間	利率	市場価格	理論価格
超長期国債 90	8 年	2.2%	117.23 円	119.42 円
超長期国債 105	10 年	2.1%	119.57 円	118.65 円
超長期国債 122	12 年	1.8%	118.54 円	120.12 円

4. (**スポットイールドカーブに基づいた債券投資**) 次の表は，国債の 3 銘柄について属性と市場価格，さらに，スポットイールドカーブに基づいた理論価格をまとめたものです。もしあなたが，債券価格には将来，スポットイールドカーブに基づいて計算した理論価格に戻る傾向があることを信じるならば，あなたはこれらの銘柄のうちどれを買い，どれを空売りしますか。なお，買うべき銘柄，あるいは，空売りすべき銘柄が複数ある場合は，それらの銘柄すべてを特定しなさい。

第4章 株式入門

本章では，株式に関する制度のほか，株式の代表的な分析手法を学習します。具体的には，まず，4.1節で会社や株式に関する制度，4.2節および4.3節で株式市場を概観します。さらに，4.4節で株式の代表的な評価手法である配当割引モデル，4.5節で株式評価のための主要な指標を学習します。そして，4.6節で株式投資のリスクとリターンを論じた後，4.7節で株式投資の方法を概観します。

4.1 株式の基本的な仕組みと用語

会　社

最初に会社に関わる制度を簡潔に紹介します。**会社**とは営利を目的として複数の出資者によって設立され，法律上の一定の権利および義務を有する組織を指します。日本では，従来，会社に関する法律が，商法第2編，有限会社法，商法特例法に分散していて，会社法という名称の法律は存在しませんでした。しかし，2005年に**会社法**が成立し，2006年に施行されました。会社法は，合名会社，合資会社，株式会社，合同会社と4種類の会社形態を規定しています。これらの会社形態は，出資者（会社法では社員と呼びます）の会社に対する責任の違いによります。一般に，会社が会社の財産だけでは債務を返済できなくなったとき，有限責任社員は既に出資した金額以外に責任を負いません。しかし，無限責任社員は既に出資した金額のほかに個人財産をもって制限なく返済する責任があります。

合名会社では，出資者が，無限責任社員だけから成ります。**合資会社**では，出資者が無限責任社員と有限責任社員とで構成されます。**株式会社**では，出資者（株主と呼ばれます）が全員有限責任社員で構成され，自由に持分（共有する権利のうち，各人が保有する部分）を譲渡できます。**合同会社**は，米国のlimited liability company（LLC）を参考にして会社法で導入された新しい会社形態

で，社員は有限責任社員だけで構成されますが，株式会社と比べると会社の運営に関する規制が緩やかです。なお，日本に存在する会社数は集計する官庁によって大きく異なりますが，2018年に発表された国税庁長官官房企画課編「会社標本調査 税務統計から見た法人企業の実態」(2016年度分調査) によると，日本には，合名会社が3790社，合資会社が1万7040社，株式会社が250万7395社，合同会社が6万5937社存在しました。

株　式

　株式会社の出資者は**株主** (stockholder, shareholder) と呼ばれ，株主が保有する権利は**株式** (stock, share) と呼ばれます。また，株主の権利を証明する券は**株券**と呼ばれます。株式会社は，1種類の株式だけを発行することが多く，その場合，株式は**普通株式**（普通株）と呼ばれます。しかし，株式会社によっては，2種類以上の株式を発行します。その場合，それぞれの種類の株式を種類株式と言います。ただし，実務では，標準となる株式を普通株式と呼び，それに比べて特別の制限あるいは権利が付いた株式を**種類株式**（種類株）と呼ぶのが普通です。また，米国でも，2種類以上の株式が発行されているとき，それぞれの種類の株式を classified stock と呼ぶことがありますが，標準となる株式を common stock と呼び，それに比べて特別の制限あるいは権利が付いた株式を common stock とは別の呼び方で呼ぶこともあります。

> （例）トヨタ自動車は，2018年3月31日において約32億6300万株の普通株式と4710万株の「第1回AA型種類株式」という名称の種類株式を発行していました。

　また，2001年9月以前は，株券に金額の表示がある「額面株式」(par value stock) と表示がない「無額面株式」(no par value stock) が並存していましたが，2001年10月に施行された商法改正によって額面株式が廃止され，無額面株式に一本化されました。なお，既に発行され，発行会社に回収されていない額面株式については，額面に記載されている金額は意味を持たない数値として扱われます。さらに，2006年の会社法施行によって，それ以前から株券を発行していた株式会社や**定款**（会社を設立する際に定める会社の組織および活動に関する根本規則）で株券を発行することを規定する株式会社を除いて，株式会社は，原則，株券を発行しないことになりました。さらに，2009年1月以降，証券取引所で取引されている株式（**上場株式**）の株券が無効となり，株式の保

有や譲渡に関する情報は，証券保管振替機構および証券会社等のコンピューターシステム上の帳簿への記録によって行われることになりました。

次に，株主が保有する権利について概略を紹介します．まず，株主が保有する権利の最小単位は1**株**（share）と呼ばれ，原則として，株主は，保有する株数に比例する権利を持ちます．また，普通株式の株主が持つ，代表的な権利は次の通りです．まず，株主には**配当**（dividend）を受け取る権利（利益配当請求権，剰余金配当請求権）があります．原則として，株式会社は株主総会（shareholders meeting）の決議を経て，予め定めた基準日（配当権利確定日）において株主名簿に掲載されている株主に対して株数に比例した配当を支払うことができます．ただし，一定の条件を満たす株式会社は，定款に定めをおけば取締役会の決議をもって配当を支払うことができます．また，株式会社は配当を支払わないこともあれば，現金ではなく現物で配当を支払うこともあります．さらに，会社法で定められた「分配可能額」の範囲であれば，必要な手続きをとることによって1年間に何度でも配当を支払うことができます．ちなみに，1000社以上の上場会社が株主に対して現金とは別に物品やサービスを提供する株主優待制度を実施しています．なお，事業年度の決算を締めた後，事業年度末を権利確定日として支払われる配当は，通常，期末配当と呼ばれます．また，事業年度のちょうど半期に支払われる配当は中間配当，四半期ごとに支払われる配当は四半期配当と呼ばれます．

> （例）表 4-1 にトヨタ自動車が普通株式の株主に対して支払った1株当たりの現金配当を掲載しています．ただし，この表には偶数年度に支払われた配当のみ掲載しています．表 4-1 からトヨタ自動車の配当が年度によって大きく変化したことが分かりますが，これはトヨタ自動車が業績に連動して配当を決めているからです．なお，トヨタ自動車の事業年度は4月から翌年の3月までなので，中間配当の権利確定日は9月末日に設定され，配当

表 4-1　トヨタ自動車の1株当たり配当（偶数年度のみ）

年度	2004	2006	2008	2010	2012	2014	2016	2018
中間	25 円	50 円	65 円	20 円	30 円	75 円	100 円	100 円
期末	40 円	70 円	35 円	30 円	60 円	125 円	110 円	120 円
年間	65 円	120 円	100 円	50 円	90 円	200 円	210 円	220 円

（出所）トヨタ自動車株式会社．

は，通常，11月下旬に支払われます．また，期末配当の権利確定日は3月末に設定され，配当は，通常，5月下旬に支払われます．

普通株式の株主の権利としては，上記の利益配当請求権のほか，万が一，株式会社が解散し，負債返済後に財産（残余財産）が残っていれば，株主が保有する株数に比例して残余財産を受け取る権利（残余財産分配請求権）があります．また，株主総会で議案に投票する権利（議決権）もあります．ただし，過去の経緯および発行会社の株主管理コストを抑える等の理由から，一定数の株式（一単元の株式）に対して株主総会における1個の議決権を付与するという制度（単元株制度）が導入されています．

さて，株式1株の価格は**株価**（stock price, share price）と呼ばれます．上場株式の場合，売買が成立したときの株価が公表されるのでそれをインターネット上で見ることができます．株価は，通常，時々刻々変化します．特に活発に売買される上場株式の場合，1日に1万回以上売買が成立することがあります．

（例）2019年4月10日におけるトヨタ自動車の株価は，午前9:00に6791円で始まり（**始値**），午前10:21に6810円とこの日で一番高い値（**高値**）を付けた後，午前11:05に6767円とこの日で一番安い値（**安値**）を付けました．そしてちょうど午後3時に，最後の取引が行われ，6795円の値が付きました（**終値**）．

種類株式

上でも述べたように，株式会社は会社法が定める事項について権利が異なる2種類以上の株式を発行することができます．ここでは，それらの事項のうち主なものを紹介します．

- 利益配当請求権，残余財産分配請求権：利益配当あるいは残余財産の分配，あるいはその両方について普通株式より優先的な権利を付与した株式を発行することができます．たとえば，特定の種類株式に，毎決算期に普通株式に優先して1株につき定めた金額の配当を受ける権利を付与することができます．このような株式は**優先株式**（preferred stock）と呼ばれます．逆に，利益配当あるいは残余財産の分配，あるいはその両方について普通株式より劣後的な権利しか付与しない株式を発行することができます．そのような株式は**劣後株式**（junior stock）と呼ばれます．

- 議決権：まったく議決権のない株式や一定の事項について議決権のない株式を発行することができます。
- 拒否権：合併あるいは取締役の選任・解任など特定の株主総会決議事項について，種類株主総会（種類株式を発行している株式会社において開かれる特定の種類株式を保有する株主の総会）の決議を必須とすることによって，実質的に拒否権を付与した株式を発行することができます。このような拒否権が付いた株式は黄金株（golden share）と呼ばれます。
- 役員選任権：この権利が付いた株式の株主だけが，取締役・監査役を選任することができます。
- 取得条項：定款に定めた一定の事由（「理由あるいは原因となる事実」という意味の法律用語です）が発生すると，定款に定めた対価（現金以外に普通株式，社債等様々な資産を対価として定めることができます）と引き換えに発行会社が株主から強制的に取得できる種類株式を発行することができます。事由や対価を工夫することで敵対的な株主を排除したり，優先株式を普通株式に強制的に転換したり等，様々な目的に使うことができます。
- 取得請求権：この権利が付いた株式の株主は，発行会社に対して当該株式を取得することを請求する権利を持ちます。

4.2 株式発行市場

　本節では，株式の発行とその市場（発行市場，primary market）について概略を紹介します。まず，株式は，株式会社が設立されるときに発行されます。また，株式は会社設立後も発行されることがあり，それは，発行される株式を取得する者が資金を払い込む**有償増資**か，資金を払い込まない**株式分割**（stock split）か，あるいは，2.2節で紹介した新株予約権の行使のいずれかによります。

有償増資

　最初に，有償増資を紹介します。一般に，**増資**とは，株式会社の資本金を増やすことを意味します。そして，有償増資の場合，会社の資本金は，株式発行で払い込まれた資金の全部あるいは一部に相当する額だけ増えるので，確かに，それは「有償」の「増資」です。有償増資は，株式が誰に対して発行され

るかによって3種類に分類されます。第1に，既存の株主に対して，株式を優先的に引き受ける権利（下で説明する新株予約権の一種）を与える**株主割当** (offering to shareholders) があります。第2に，特定の第三者，たとえば，発行会社の役員や従業員，あるいは，取引企業に対して新株引受権を与える**第三者割当** (private placement) があります。そして第3に，広く一般投資家から募集する**公募** (public offering) があります。

表4-2は，2008年から2017年までの年ごとに，上場会社が株式発行によって調達した資金の総額をまとめたものです。この表から，近年，株主割当による有償増資がほとんど実施されていないことが分かります。他方，第三者割当による有償増資は，毎年数千億円の規模で行われ，特に，2008年，2016年，2017年には公募増資より多くの資金を調達しました。また，2008年から2017年の10年間に公募増資によって14兆円を上回る資金が調達されました。

表4-2には，「公募のうちIPO」という欄があります。**IPO** は initial public offering の略で，（新регистрация規）**株式公開**とも言い，未上場の会社の株式が証券取引所に上場されることを指します。したがって，「公募のうちIPO」はIPOによって株式が新規に発行され，一般投資家に売り出された結果調達された資金の額を表します。また，株主割当と第三者割当と公募を合わせた有償増資全体の資金調達額は10年間で約18兆8086億円でした。ちなみに，上場会社が同期間に国内での債券発行（転換社債を含む）によって調達した資金は約69兆8982億円でした。したがって，有償増資は，債券発行と比べると二次的な資金調達と言ってよい面があります。

> **Web**　日本取引所グループ（Japan Exchange Group, JPX）のウェブサイトには，上場株式に関する様々な情報が公開されています。なお，日本取引所グループは株式だけでなく，先物やオプションも上場しているので，同サイトにはそれらに関しても有用な情報が公開されています。

新株予約権の行使と株式分割

次に，表4-2の「新株予約権の行使」を説明します。一般に，新株予約権とは「予め定められた条件で発行会社の株式の交付を受ける」権利を意味し，2.2節で紹介した転換社債の転換権やワラント債のワラントも含みます。しかし，本節では，社債の発行を伴わない新株予約権の行使による資金調達に注目

表 4-2　上場会社の株式発行による年間資金調達額

(単位：100万円)

年	株主割当	第三者割当	公募	公募のうちIPO	新株予約権の行使
2008	139	395,840	341,697	31,444	20,905
2009	—	714,609	4,966,829	22,490	18,811
2010	689	535,606	3,308,906	201,338	24,586
2011	—	395,151	967,813	111,243	26,097
2012	414	159,327	451,766	32,036	21,777
2013	981	371,855	1,113,702	373,549	190,430
2014	—	392,844	1,377,995	234,650	108,702
2015	56	163,546	961,970	83,070	81,479
2016	221	623,017	257,717	175,786	90,133
2017	106	881,585	424,222	68,184	192,601
合計	2,606	4,633,380	14,172,617	1,333,790	775,521

(出所)　日本取引所グループ「上場会社資金調達額」。

したいので，表4-2の「新株予約権の行使」には，単独で発行されたワラントあるいはストックオプションの行使によって調達された資金の総額だけを掲載しています。ただし，**ストックオプション**（stock option）とは，表4-2では発行会社の役員や従業員に報酬あるいは動機付けとして付与される新株予約権を意味します。なお，日本語のストックオプションではなく英語のstock optionは，個別株式を発行会社からではなく，第三者から買う権利を指すのにも使われます。この権利はコールオプションと言って，第6章のメインテーマです。

　最後に，株式分割を簡潔に説明します。これは，言葉の組み合わせから分かるように，発行済みの株式1株をたとえば1.2株に分割して株式数を増やすことを意味します。株式分割の場合，資金が払い込まれないため，発行会社の経済的実態は変わりません。したがって，もし株式分割が実施されるときに発行会社の株価に影響するような新規の情報が発生しなければ，発行会社の株式の価値が変わるはずがないので，株価は増えた株数に応じて下がるはずです。しかし，投資家は株式分割から発行会社の経営者の認識や意図を深読みすることがあります。また，株式分割によって株式を購入するのに必要な最低金額が下がるため株式の流動性が高まることが期待できます。このように，株式分割に

は様々な効果が付随し得るので，「株価が増えた株数に応じて下がる」かどうかは，必ずしも自明ではありません。

4.3 株式流通市場

株式流通市場の概略

本節では，既に発行された株式が売買される流通市場の概略を紹介します。まず，日本の株式流通市場は3種類の市場で構成されています。第1に，金融商品取引法で規定された証券取引所（法律上の名称は「金融商品取引所」）で売買される取引所市場，第2に，当事者同士（通常は，証券会社と投資家）が直接取引（相対取引）する店頭市場，そして第3に，証券会社が投資家から受けた注文を自社の電子システムで付け合わせて売買を成立させる私設取引システム（proprietary trading system, PTS）上の市場です。ただし，日本における株式取引の大部分は依然として証券取引所，特に東京証券取引所で行われるので，本節では東京証券取引所を中心に株式流通市場を紹介します。

次に，証券取引所の概略を紹介します。日本には，株式の売買を行う取引所が4か所あります。すなわち，日本取引所グループ傘下の**東京証券取引所**（略称は「東証」：Tokyo Stock Exchange, TSE）のほか，名古屋証券取引所，福岡証券取引所，札幌証券取引所の合計4取引所です。ちなみに，以前は大阪証券取引所でも株式が売買されていました。しかし，2013年に同所が東証と合併して日本取引所グループが創設された際，**大阪取引所**（略称は「大取」：Osaka Exchange, OSE）に改名し，大取の株式取引は東証に統合されました。現在，大取はデリバティブの取引に特化しています。

証券取引所には，発行会社やその株式の特徴に合わせて複数の「市場区分」が設けてあります。たとえば，東証には，「大企業向け市場」の第1部（1st Section），「中堅企業向けステップアップ市場」の第2部（2nd Section），「成長企業向けステップアップ市場」のマザーズ（Mothers），「多様な業態・成長段階の企業向け市場」のジャスダック（JASDAQ），「プロ投資家向け市場」のTOKYO PRO Marketと，5つの市場区分が開設してあります。また，東証は，市場区分ごとに，株式が上場されるために満たさなければならない最低限の条件（上場審査基準）を設定しています。たとえば，第1部は大企業向けの市場なので，株主数が2000人以上，純資産額が10億円以上と，他の市場区

表 4-3 東京証券取引所の市場区分ごとの上場会社数等

市　場	第 1 部	第 2 部	マザーズ	JASDAQ	プロ
上場会社数	2129	492	278	719	30
時価総額（円）	607 兆	8 兆	6 兆	9 兆	290 億
売買代金（円）	741 兆	11 兆	24 兆	18 兆	2 兆

（出所）　日本取引所グループ『統計月報』『株式総括表』。

分より厳しい上場審査基準が設定されています。ただし，上場審査基準には他の条件もあります。表 4-3 は，東証の市場区分ごとに 2019 年 2 月末の上場会社数，**時価総額**（株価に発行済株式数を掛け合わせて得る株式全体の市場価値），さらに，2018 年 1 年間の売買代金をまとめたものです。

取引所における株式売買のプロセス

日本では，株式の売買の大部分が取引所を通じて行われます。そこで，本項では株式が取引所を通じてどのようなプロセスを経て売買されるかを簡単に紹介します。

(1) まず，投資家が特定の銘柄の指定した株数について買いあるいは売りの注文を取引所の会員である証券会社に委託します。

(2) 証券会社は投資家の注文を取引所に伝えます。

(3) 取引所に集まった注文は，条件が合う反対の注文があれば，その注文と付け合わされて取引が成立します。この取引が成立することを**約定**と言います。また，取引の相手は，制度的には，付け合わされた反対の注文の発注者ではなく，日本取引所グループ傘下の日本証券クリアリング機構になります。これは，一方の発注者が株式あるいは代金の決済を履行できないリスク（カウンターパーティーリスク，counterparty risk）から他方の発注者を守るための仕組みです。

(4) 取引が成立すると，約定した日（約定日）を含めて 3 営業日目（2019 年 7 月 15 日以前に約定したものは 4 営業日目でした）に株式と代金の受渡しが実行されます。たとえば，約定日が木曜日であって，続く数日の間に国民の祝日等がない場合，約定日を含めた 3 営業日とは，翌週の月曜日になるので，受渡日は翌週の月曜日です。ちなみに，配当，株主総会への出席，あるいは，株式分割等，株主としての権利を享受するためには，権利確定日に株主名簿に株主として記載されている必要があります。そして，

そのためには，権利確定日から，権利確定日を含めないで2営業日前までに株式の買い注文が成立していなければなりません。したがって，権利確定日の2営業日前は**権利付き最終日**（配当の場合，英語では cum-dividend date），その翌日は**権利落ち日**，（配当の場合は**配当落ち日**，ex-dividend date）と呼ばれます。たとえば，月曜日が権利確定日で，その直前の数日間に国民の祝日等がない場合，前の週の木曜日が権利付き最終日，その翌日の金曜日が権利落ち日になります。

なお，4.1節で言及したように，2009年1月からすべての上場株式の株券が無効となり，株式の保有や譲渡に関する情報は，証券保管振替機構および証券会社のコンピューターシステム上の帳簿（口座簿）への記録によって行われることになりました。したがって，株式の受渡しは，日本証券クリアリング機構の指図に基づいて，証券保管振替機構に設けられた証券会社の口座で振替が行われることによって実行されます。また，代金の決済は，取引所の銀行口座と証券会社の銀行口座の間の振替によって行われます。

東京証券取引所における株式売買制度

まず，売買は土日祝日等の休業日を除いて午前9時から午前11時半までの**前場**（ぜんば）(morning session) と，午後12時半から午後3時までの**後場**（ごば）(afternoon session) に行われます。また，売買の最小単位（trading unit）は1単元です。なお，1単元は，従来，発行会社によって異なり，東証に上場されている株式会社の場合，1000株や100株など数種類の単元が混在していました。しかし，2018年10月1日から東証に上場されているすべての株式の単元が原則100株に統一されました。

また，株式を注文するときの値段（**呼び値**）についても規定があります。東証は，TOPIX100と言って，東証一部上場銘柄の中で時価総額が大きく流動性が高い100銘柄の株価に基づいた株価指数を算出・公表しているのですが，銘柄がTOPIX100の構成銘柄であるかどうかによって呼び値に適用される規定が異なります。具体的には，銘柄がTOPIX100の構成銘柄である場合，呼び値の刻み（呼び値の幅，呼び値の単位，tick size）が小さく設定されています。また，銘柄がTOPIX100の構成銘柄であるかどうかにかかわらず，株価が高いほど呼び値の刻みが大きく設定されています。たとえば，TOPIX100の

構成銘柄の場合，呼び値の刻みは，株価が1000円以下であれば0.1円，1000円を超えて3000円以下であれば0.5円ですが，株価がそれより高くなると，徐々に大きく設定されています．他方，TOPIX100に含まれない銘柄の場合，呼び値の刻みは，株価が3000円以下であれば1円，3000円を超えて5000円以下であれば5円ですが，株価がそれより高くなると，徐々に高く設定されています．

次に，株式の注文方法を紹介すると，基本となるのは成行注文と指値注文です．**成行注文**（market order）は，どの値段でもよいから買いたい，あるいは，売りたいという注文です．したがって，成行注文の場合，取引が成立しやすいですが，予想した価格から大きく乖離した値段で取引が成立する可能性があります．他方，**指値注文**（limit order）は，指定した値段以下で買いたい，あるいは，指定した値段以上で売りたいという注文です．したがって，指値注文の場合，値段についてある程度コントロールできますが，取引が成立しないリスクが高くなります．他の注文方法については，たとえば，日本取引所グループのウェブサイトの「売買成立の方法」のページを見てください．

これらの注文はアローヘッド（arrowhead）と命名された東証の売買システム上で付け合わせられます．ただし，前場の開始時（前場寄付き，**寄付き**），前場の終了時（前場引け，**前引け**），後場の開始時（後場寄付き），後場の終了時（**大引け**）は板寄せ方式と呼ばれる方法で行われ，前場および後場の開始時から終了時までの間はザラバ方式と呼ばれる方法で行われます．**板寄せ方式**は，その時点で出されている成行注文のすべてが執行されるなど，一定の条件を満たす値段を求め，その値段を単一の約定値段として売買を成立させる方式です．他方，**ザラバ方式**は，順次出される買い注文と売り注文を次に説明する価格優先の原則と時間優先の原則に従って付け合わせる方式です．なお，ザラバの語源は「ザラにある（よくある）場」です．

それでは，**価格優先の原則**を説明すると，それは，買い注文については値段の高い注文，売り注文については値段の低い注文を優先するというルールです．したがって，仮に499円，500円，501円と3つの買いの指値注文があった場合には501円の注文を優先します．また，同じ値段で売りの指値注文ががあった場合，499円の注文を優先します．ただし，成行注文がある場合には，成行注文がすべての指値注文に優先します．他方，**時間優先の原則**とは，同じ値段の注文の場合，先に出された注文を後で出された注文より優先すると

いうルールです。

　なお，東証は株価が短期間に急変して投資家に想定外の損失が発生するのを極力防ぐため，価格形成に一定の制約を設けています。第1に，「気配の更新値幅」と言って，注文が執行されるためには，その値段が直前の約定値段から一定の範囲内でなければならないという制約を設けています。たとえば，2019年5月7日においては，直前の株価が1000円以上1500円未満であれば値幅は30円，1500円以上2000円未満であれば更新値幅は40円でした。ただし，更新値幅の範囲内では売買が成立しそうもないが，更新値幅を上回る（下回る）値段であれば売買が成立しそうな場合には，まず，更新値幅の上限（下限）で特別気配を出して，その値段で注文が執行されることを促し，それでも売買が成立しない場合には，特別気配を直前の水準から段階的に上げる（下げる）ことによって注文が執行されることを促します。

　第2に，東証は株価が1日の間に変動する幅についても制限を設けています。この幅は**制限値幅**と呼ばれ，基準値段である前営業日の終値が高いほど広く設定されています。たとえば，基準値段が100円未満であれば制限値幅は上下30円ですが，100円以上200円未満だと制限値幅は上下50円になります。なお，株価が制限値幅の上限まで上昇することをストップ高，下限まで下落することをストップ安と言います。第3に，東証が株価の変動や売買状況に異常を認めた場合，売買の一時停止，制限値幅の縮小，信用取引の規制等の措置が採られることがあります。

上場株式等の信用取引制度

　投資家は，約定代金（約定価格×株数）を証券会社から借りて株式等を買い付けたり，あるいは，保有していない株式等を証券会社から借りて株式市場で売り付けたりすることができます。これらは**信用取引**と呼ばれ，特に信用取引で売ることは**空売り**（short sale）あるいは信用売り，また，信用取引で買うことは信用買いと言います。また，信用取引だけでなく，先物取引，先渡取引，オプション取引でも，買い付けることを「買い建てる」，売り付けることを「売り建てる」と言います。

　信用取引には，取引所の規則に従って行われる制度信用と，取引所の規則によらず投資家と証券会社の合意によって行われる一般信用の2種類があります。また，信用取引の対象は，上場株式，ETF，J-REIT（上場不動産投資信

託：多数の投資家から資金を集めて不動産に投資し，その賃貸収入や売買益を投資家に分配する商品；"J" は Japan，"REIT" は real estate investment trust の略）のうち，制度信用の場合は取引所が選定した銘柄，また，一般信用の場合は証券会社が指定した銘柄です。

投資家は信用取引で売買が成立すると，約定代金の一定割合（2019年5月時点で30％）を担保として証券会社に納めなければなりません。この担保は**委託証拠金**と呼ばれ，債券や株式等で代用することができます。また，約定後，信用取引で買い建てた株式等の株価が下がったり，あるいは，空売りした株式等の株価が上がったりすれば，評価損が発生します。もし委託証拠金から評価損を差し引いた「委託保証金の残額」が約定代金の20％を下回ったならば，両者の差額を証券会社に納めなければなりません。この差額は**追加保証金**，略して追証と言います。

さらに，信用取引で建てたポジションは，定められた期限内に，反対売買あるいは受渡決済のいずれかの方法で決済しなければなりません。ただし，**決済**とは，証券と資金の受渡しを行って取引を終了することを指します。さて，**反対売買**で決済する場合，信用買いに対しては売り（転売），信用売りに対しては買い（買戻し）の反対売買を行います。そして，最初に信用取引を行ったときの約定価格と反対売買を行ったときの約定価格の差に株数を掛け合わせた金額を証券会社と決済します（**差金決済**）。したがって，価格が上昇したときには信用買いには利益，信用売りには損失が発生します。逆に，価格が下落したときには信用買いには損失，信用売りには利益が発生します。もちろん，信用買いをする投資家は当該銘柄の価格が上昇することを期待して信用買いをし，信用売りをする投資家は当該銘柄の価格が下落することを期待して信用売りをするのです。

他方，**受渡決済**で決済する場合，買い建てた株式等の当初の約定代金を全額支払って証券を引き取るか（現引き），あるいは，株式市場で株式等を買い入れ，証券を証券会社に引き渡し，当初の約定代金を受け取ります（現渡し）。もちろん，受渡決済の場合も，投資家に発生する損益は，反対売買と同様，ポジションを建てたときの約定価格と決済するときの価格の差によって決まります。なお，決済時には，貸借した資金に対する金利や借りた株式等に対する貸株料が授受されるほか，株式等の貸借市場で不足している銘柄については品貸料（逆日歩）が授受されることがあります。

図 4-1　投資家と JSCC との間の債権債務関係

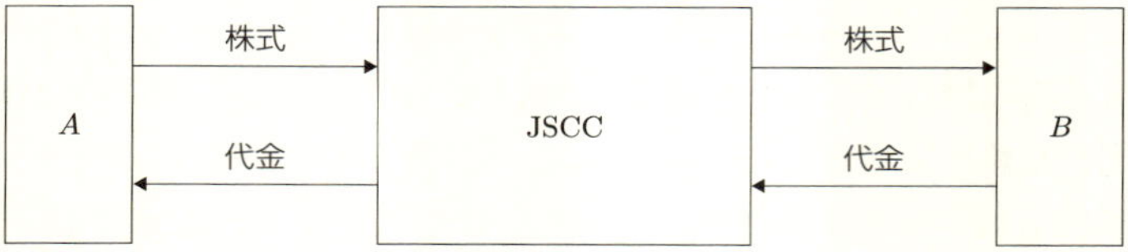

上場株式の清算と決済

　東証をはじめとする4取引所で取引が成立すると，受渡日に証券と資金が授受されます。この証券と資金の授受については，日本取引所グループの子会社である日本証券クリアリング機構（JSCC）が，買い手および売り手それぞれの相手方になります。以下では，この仕組みを説明するために，ある株式について投資家 A の売り注文と，投資家 B の買い注文が付け合わされ，取引が成立したとします。その場合，この株式取引について投資家 A と投資家 B が株式と代金をやり取りする相手は，JSCC になります。したがって，投資家 A には証券会社を通じて JSCC に対して株式を引き渡す義務（債務）と代金を受け取る権利（債権）が発生し，投資家 B には証券会社を通じて JSCC から株式を受け取る債権と代金を支払う債務が発生します。この関係を図 4-1 に図示しました。

　このように，株式と代金の授受の相手を JSCC にすれば，約定後，万が一投資家 B が代金の支払いを履行することができなくなっても，この株式取引に関する投資家 A の債権と債務の履行が JSCC によって保証されます。したがって，JSCC のように，証券取引に関わる債権債務を引き受け，その履行を保証する機関は，証券市場が円滑に機能するために必須であり，一般には**清算機関**と呼ばれます。なお，本節の「取引所における株式売買のプロセス」の項で述べたように，JSCC は，証券の受渡しを証券保管振替機構へ，また，代金の振込みを銀行へ指示します。また，JSCC は，株式の取引所取引だけでなく，大阪取引所で取引される先物取引やオプション取引についても清算機関の役割を果たしています。さらに，店頭で取引される国債や特定の種類のデリバティブについても JSCC が清算機関の機能を果たしています。

東京証券取引所における投資部門別株式売買状況

　表 4-4 は，東証第1部に上場されている全株式について 2017 年中の買付

表 4-4　2017 年投資部門別株式売買比率・保有比率・回転率

	買付代金 買付比率	売付代金 売付比率	保有額 保有比率	回転率 回転率
総　　額	668 兆円	668 兆円	639 兆円	1.05
証券会社（自己）	17.0%	16.1%	2.0%	8.63
証券会社（委託）	0.8%	0.9%	—	—
金融およびその他法人	5.9%	6.2%	29.5%	0.21
事業法人	1.1%	0.9%	21.4%	0.05
個　　人	14.6%	15.5%	16.0%	0.99
海外投資家	60.6%	60.5%	30.9%	2.05

（出所）　日本取引所グループ「投資部門別売買状況」および『2017 年度株式分布状況調査』の「投資部門別株式保有金額」。

代金と売付代金のそれぞれの総額のほか，各投資部門の買付代金（売付代金）が買付総額（売付総額）に占める買付比率（売付比率）をまとめたものです。また，同表は，その4列目に東証第1部上場株式の部門別保有比率を 2018 年 3 月末の株価に基づいて掲載しています。さらに，同表の 5 列目には，部門別に売買代金を保有金額で割って求めた回転率を掲載しています。ただし，この表の回転率とは，たとえば，それが1だと，1年の間に保有額と同じ金額の売買（買付けと売付けの合計を2で割ったもの）が行われたことを意味します。ただし，買付代金および売付代金は 2017 年中の数字であるのに対して，保有額は 2018 年 3 月末の数字であり，両者の間には時間的なずれがあるので，表 4-4 で掲示した回転率は大雑把な情報であることに留意してください。

さて，表 4-4 を見ると，海外投資家の売買シェアが大きいことが際立っています。具体的には，買付けでも売付けでも 60% 超のシェアを占めています。これは，海外投資家の売買回転率が2倍強と，高いからです。次に売買シェアが大きいのは証券会社の自己売買部門と個人で，買付けでも売付けでも十数パーセントのシェアを占めています。他方，「金融およびその他法人」と事業法人は，保有額はそれぞれ約 30% と 20% 超と大きいのですが，活発に売買していないため，売買シェアは低くなっています。

株価指数

株価指数（stock market index, stock index）とは，典型的には，特定の取引所に上場されている多数の銘柄について株価の一種の平均を指数として表現した

ものです．たとえば，株価指数が特定の取引所に上場されているすべて，あるいは，大部分の銘柄の株価に基づいて算出されている場合，その指数はその取引所の銘柄全体の動きを表すと解釈できます．また，株価指数が特定の産業に属する銘柄の株価のみに基づいて算出されている場合，その指数はその産業の銘柄の株価の動きを把握するのに使えます．

東証上場銘柄については多種多様な株価指数が計算され公表されていますが，一般の投資家に広く知られているのは日経平均と TOPIX です．単純化して言えば，**日経平均**（日経平均株価，Nikkei Stock Average, Nikkei 225, the Nikkei）は東証第 1 部に上場されている 225 銘柄の株価の一種の単純平均を表します．また，**TOPIX**（Tokyo Stock Price Index, 東証株価指数）は東証第 1 部に上場されているすべての銘柄の一種の加重平均です．ただし，加重平均のウェイトには各銘柄の**浮動株**（親会社や大株主等が安定的に保有する株式ではなく，市場で流通する可能性が高い株式）の株数が使われます．なお，本書のウェブサイトに日経平均と TOPIX の算出方法を説明した文書を掲載していますので，関心のある読者は参照してください．

また，海外の取引所についても多種多様な株価指数が算出され，公表されています．たとえば，米国の株価指数としては，**ニューヨーク証券取引所**（New York Stock Exchange, **NYSE**）および**ナスダック**（Nasdaq）に上場されている 30 銘柄の株価の一種の平均である **NY ダウ**（ダウ平均株価，ダウ平均，ダウ工業株 30 種平均，Dow Jones Industrial Average, DJIA）や，ニューヨーク証券取引所およびナスダックに上場されている 500 社の株価の一種の平均である **S&P 500**（S&P 500 Index）があります．また，上海証券取引所（Shanghai Stock Exchange）の全上場銘柄の株価に基づく上海総合指数（SSE Composite Index）やロンドン証券取引所（London Stock Exchange, LSE）に上場されている 100 銘柄の株価に基づく **FTSE 100**（FTSE 100 Index）等，欧州やアジアの株式市場についても多種多様な株価指数が計算されています．

4.4　配当割引モデル

本節では株価を評価する方法のひとつである配当割引モデルを学習します．このモデルは，株式の保有によって将来受け取る配当を現在価値に割り引くことによって株価の妥当な水準を計算しようとするものです．ただし，現在価値

と言っても，第1章で学習した現在価値とは大きな違いがあります。それは，第1章で扱った現在価値では主に預金やそれに類似した資産を対象にしていたので，割り引くキャッシュフローの金額が確定していました。しかし，配当割引モデルでは割り引く対象が将来受け取る配当であるため，金額が確定していません。たとえば，トヨタ自動車が2022年3月末日の株主に対して支払う配当の金額は，2021年4月から2022年3月までの業績に基づき，おそらく2022年6月頃に開催される株主総会の承認を得て決定されます。したがって，その数値は，2021年3月時点においてはトヨタ自動車の幹部でさえ知り得ない数値です。この違いにどう対処するかというと，将来支払われる配当が複数の値をとり得ることを認めてその平均を予想し，それを配当割引モデルで割り引く対象にします。ちなみに，将来支払われる可能性がある配当の金額の平均は，統計学では期待値と呼びます（期待値は第7章で詳しく説明します）。そこで，以下では，この意味で期待値という用語を使うことにします。それでは次に，配当割引モデルの説明を始める準備として，一般的な枠組の中で割り引くキャッシュフローが不確実である場合，期待値を使ってどのように将来価値および現在価値を計算するかについて議論します。

割り引くキャッシュフローが不確実な場合の現在価値計算の例

仮にXYZ株式会社の株価が初期時点において1000円で，それから1年間XYZ株式を保有すると，不確実ではあるものの平均20%の収益が上がると予想されているとします。ただし，「20%の収益が上がる」というのは，1年間保有する間に受け取る配当と値上がり益を合計したものが初期時点の株価の20%に相当することを意味します。ちなみに，この収益の大きさを表す20%は収益率と呼ばれるもので，第7章で詳しく説明します。また，上の文で「平均20%」とは収益率の期待値が20%であることを意味します。たとえば，XYZ株を1年間保有したとき，10%の収益があがる確率が0.5，30%の収益があがる確率が0.5ある場合，収益率の期待値は$0.5 \times 10\% + 0.5 \times 30\% = 20\%$と計算されます（確率とこの計算方法については第7章で詳しく説明します）。

それではXYZ株式の例に戻りましょう。XYZ株式への投資で平均20%の収益が上がるとすると，XYZ株式の1年後の将来価値（すなわち，受取配当と1年後の株価の和）は，不確実ではあるものの平均すると，$1000円 \times (1+0.2) = 1200円$になるはずです。したがって，次式が成立します。

現在の 1000 円の 1 年後の将来価値の期待値
$$= (1 + 収益率の期待値) \times 1000 円 \quad (4.1)$$

もちろん，この数値例に限らず一般の問題について，(4.1) 式で表された将来価値の期待値と収益率の期待値の関係に類似した関係が成立します。また，(4.1) 式は第 1 章で学習した (1.1) 式と同じ形をしています。したがって，第 1 章で学習した将来価値計算は，株式のように収益が不確実な資産についても，将来価値の期待値や収益率の期待値という概念を導入することによって少なくとも 1 期間について成立することが分かります。

次に，(4.1) 式の両辺を (1+収益率の期待値) で割ってみましょう。

$$\frac{現在の 1000 円の 1 年後の将来価値の期待値（1200 円）}{1 + 収益率の期待値（0.2）} = 1000 円 \quad (4.2)$$

すなわち，(4.2) 式は，将来価値の期待値が 1200 円の資産の現在価値は，1200 円を収益率の期待値の 20% で割り引けば計算できることを示しています。したがって，(4.1) 式の**将来価値計算における「収益率の期待値」は**，(4.2) 式の**現在価値計算において割引率として機能しています**。この点は重要なポイントなので，強調するために式の形でも表現しておきます。

将来価値計算における収益率の期待値
$$= 現在価値計算における割引率 \quad (4.3)$$

ちなみに，第 1 章でも類似の関係が成立しました。すなわち，将来価値計算における利子率は現在価値計算における割引率として機能しました。この点は将来価値および現在価値に関わるどの公式についても成立します。たとえば，複利期間当たり利子率については，(1.2) 式と (1.4) 式，半年複利であれば，(1.9) 式と (1.10) 式を見比べればこの点を確認できます。

もう一点注目してほしい点は，第 1 章で扱った**現在価値計算は，収益が不確実な資産についても，将来価値の期待値と収益率の期待値という概念を導入することによって**（少なくとも 1 期間について）**成立する**という点です。したがって，確実なキャッシュフローを扱った第 1 章の計算式が，不確実なキャッシュフローについてもそのまま妥当するのです。ただし，この手法を不確実なキャッシュフローを含んだ具体的な問題に適用するためには，将来価値の期待値や収益率の期待値をどのように推定するかという点を明らかにしなければなりま

せん。キャッシュフローが配当の場合については，本節の最後の項で議論します。キャッシュフローが配当以外の場合については参考図書を挙げるのにとどめます。

> **図書** 金額が不確実なキャッシュフローの現在価値を求める問題は多種多様に存在します。たとえば，企業が将来生み出すキャッシュフローの現在価値計算をして企業価値を求めたり（これがしばしばバリュエーションと呼ばれるものです），株主が将来受け取る配当の現在価値計算をして株式価値を求めたりするのも（これが本章で扱う配当割引モデルです）その例です。また，不動産から将来得られるキャッシュフローを現在価値計算する収益還元法もその一例です。さらに，企業が投資案件を検討するに当たって，それから将来生み出されるキャッシュフローを現在価値計算し，その値から投資額を差し引いた**正味現在価値**（net present value, **NPV**）に基づいて投資案件の採否を決める資本予算（capital budgeting）の問題もその一例です。さて，バリュエーションについては，マッキンゼー・アンド・カンパニー他[2016]，資本予算についてはコーポレート・ファイナンスの標準的な教科書であるブリーリー他[2014]やロス他[2012]を参考図書として挙げておきます。

一般的な配当割引モデル

一般に，株式を保有する投資家が受け取るキャッシュフローは配当と呼ばれます。したがって，株式評価（何らかの方法で株価を計算すること）のための自然なアプローチとして，将来受け取る配当の期待値を現在価値に割り引いて，それらをすべて合計したものを理論的な株価とする方法が考えられます。これが**配当割引モデル**（dividend discount model, **DDM**）です。このモデルを式として表現するために，m期後に受け取る1株当たり配当の期待値をD_mで表し，それらを図4-2の時間軸上に記載します。

ただし，図4-2の1期間の長さは配当が支払われる頻度によります。たとえば，1年間に1回配当が支払われる株式の場合，1期間は1年です。また，1年間に2回配当が支払われる株式の場合，1期間は半年です。さらに，会社によってはしばらく配当が支払われる見込みがないかもしれません。たとえば，1期後と2期後においては業績低迷が続くため配当が支払われない（無配と言います）が，3期後以降は業績が回復して配当が支払われる（復配と言いま

図4-2 各期に受け取る1株当たり配当の期待値

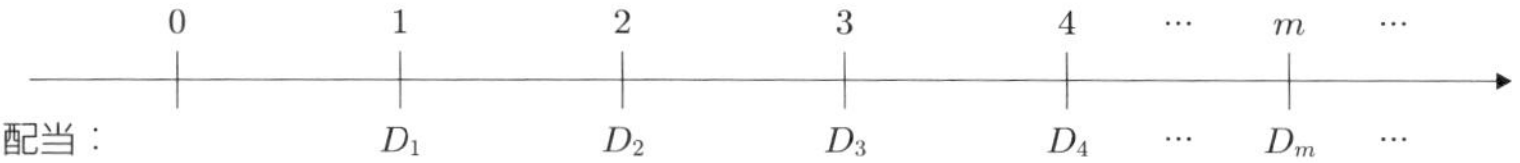

す）と予想される場合には $D_1 = D_2 = 0$ とおけばよいのです。

さて，配当の期待値を割り引くための適切な割引率がどの期についても k であるならば，0 時点の株価 P_0 は，各時点で受け取る配当の期待値を k で割り引いた現在価値を合計すれば求められます。

$$P_0 = \frac{D_1}{1+k} + \frac{D_2}{(1+k)^2} + \cdots + \frac{D_m}{(1+k)^m} + \cdots \tag{4.4}$$

これが式で表現した配当割引モデルです。直観的に考えると，割引率 k の大きさは配当として受け取る金額の不確実性，すなわちリスクに依存するはずです。たとえば，将来受け取る配当が 0 時点で予想する配当の期待値から大きく乖離する可能性が高い銘柄の場合，多くの投資家は不確実性を嫌うため，高い収益率の期待値を要求するでしょう。さて，(4.3) 式で確認したように，高い収益率の期待値を得るためには，高い割引率を使って配当を割り引き，その結果得た低い現在価値で当該銘柄を買えばよいのです。逆に，配当の不確実性が低い銘柄には，収益率の期待値が低くても投資する投資家がいるはずなので，配当を割り引くのに適用する割引率は低くてもよいはずです。

以上の議論から，(4.4) 式を実際に利用するためには，リスクに見合った割引率 k の値を決めるツールが必要です。幸い，そのツールとして利用できるモデルが多数存在します。たとえば，資本資産評価モデル（capital asset pricing model, CAPM），裁定価格理論（arbitrage pricing theory, APT），ファーマ・フレンチの 3 ファクターモデル，さらにそれらの拡張モデルがあります。本書では，第 9 章でこれらのモデルを学習します。

定率成長モデルおよびゼロ成長モデル

(4.4) 式を使って株価を求めるには，図 4-2 に記載した配当の期待値 D_1, $D_2, \ldots$ のすべてについて予想を立てなければなりません。しかし，それらを個別に予想することは，人知を超えています。そこで，図 4-3 で示すように，配当の期待値が 1 期ごとに一定の率 g で成長し続けると仮定します。

これらの配当を (4.4) 式に代入すれば株価 P_0 を求めることができます。

$$P_0 = \frac{D_1}{1+k} + \frac{(1+g)D_1}{(1+k)^2} + \frac{(1+g)^2 D_1}{(1+k)^3} + \cdots$$

さて，上式のすべての項には $\frac{D_1}{1+k}$ が含まれるので，これを右辺全体の係数として表します。

4.4 配当割引モデル

図 4-3 配当の期待値が 1 期ごとに g の率で成長するケース

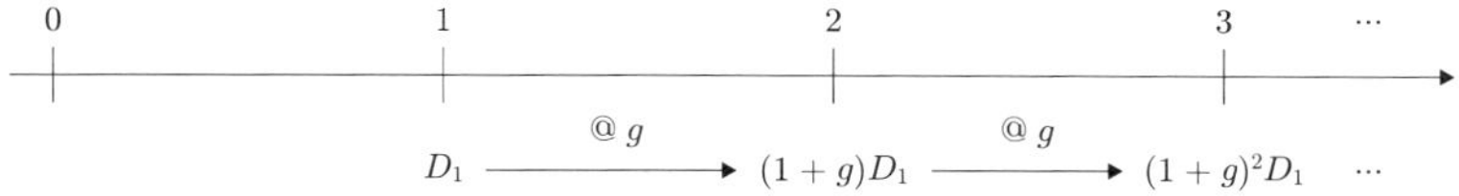

```
0          1           2            3      ...
|----------|-----------|------------|------
          D₁  @g  (1+g)D₁  @g  (1+g)²D₁  ...
```

$$P_0 = \frac{D_1}{1+k}\left[1 + \frac{1+g}{1+k} + \left(\frac{1+g}{1+k}\right)^2 + \cdots\right] \tag{4.5}$$

次に，(4.5) 式の $\frac{1+g}{1+k}$ を付録の (4.20) 式の a とみなして，(4.5) 式の角括弧内の表現に，(4.20) 式を適用します。ただし，(4.20) 式が適用できるためには，定数 a が $-1 < a < 1$ を満たさなければなりません。すなわち，(4.5) 式の $\frac{1+g}{1+k}$ が $-1 < \frac{1+g}{1+k} < 1$ を満たさなければならないのですが，それは満たされています（本章の Web 付録 3 参照）。したがって，(4.20) 式を (4.5) 式に適用して次式を得ます。

$$P_0 = \frac{D_1}{1+k} \cdot \frac{1}{1 - \frac{1+g}{1+k}} = \frac{D_1}{1+k-(1+g)} = \frac{D_1}{k-g} \tag{4.6}$$

したがって，もし 1 期後の配当の期待値が D_1 で，それ以降の配当の期待値が毎期 g の率で成長し，かつ，各期において 1 期後の配当の期待値に対する適切な割引率が k であるならば，株価 P_0 は次式で与えられます。

$$P_0 = \frac{D_1}{k-g} \tag{4.7}$$

(4.7) 式は**定率成長モデル**（constant growth model），**定率成長配当割引モデル**，**一定成長モデル**，あるいは，提唱者のマイロン・ゴードン（Myron J. Gordon）の名をとって**ゴードンモデル**（Gordon model）と呼ばれます。このモデルを使えば，株価が，1 期後の配当の期待値 D_1，割引率 k，配当の期待値の成長率 g の 3 つの数によって簡単に計算できるので，M&A（mergers and acquisitions, 企業の合併と買収）や IPO 等で株式評価をする際によく使われます。

（例） XYZ 証券で ABC 株式会社の分析を担当する鈴木さんは，同社の事業環境が良好なため，同社が今後も毎年 1 回の配当支払いを継続できると予想しています。具体的には，1 年後の配当の期待値は 1 株当たり 60 円，その後の配当の期待値は毎年 3% の率で増加し続けると予想しています。また，鈴木さんは，ABC 株式会社の配当のリスクを考慮して配当の期待値に対する適切な割引率は 7% であると考えています。したがって，鈴木さんはこれらの数値を定率成長モデル (4.7) 式に代入して，ABC 株式会社の

株価を次式を使って計算しました。

$$\frac{60 円}{0.07 - 0.03} = 1500 円$$

(注) 本節の冒頭で予告したように，一般の配当割引モデル，定率成長モデル，そして次に説明するゼロ成長モデルのすべてが，計算式としては，第1章で学習した現在価値計算と同一です。そして，図4-2で示した各期は1.2節で定義した複利期間に相当するので，k と g は複利期間当たりで定義された割引率と成長率です。したがって，もし評価対象の株式が半年ごとに配当を支払う場合，定率成長モデルの k と g は半年当たりの割引率と成長率を表します。よって，もしCAPMを使って推定した割引率が1年当たりの数値であれば，その数値を2で割った値か，あるいは，1.8節で解説した方法によって半年当たりの割引率に換算した値を k として使います。

さて，もし図4-3において $g=0$ ならば，すべての配当が D_1 と等しくなります。また，この場合の株価は，定率成長モデル (4.7) 式に $g=0$ を代入すれば求められます。

$$P_0 = \frac{D_1}{k} \tag{4.8}$$

(4.8) 式から，配当の期待値が毎期等しい場合，株価は配当の期待値を割引率で割れば求まることが分かります。この式は，配当の期待値の成長率が0であることを前提にしているので，**ゼロ成長モデル** (zero growth model) あるいは**定額配当割引モデル**と呼ばれます。

> (例) 優先株式は，通常，普通株式より配当受取りに関して優先され，定款に定められた条件が満たされている限り，毎期同額の配当を受け取れるように設定されています。仮にXYZ株式会社が毎年1株当たり150円を受け取れる優先株を発行したとしましょう。また，XYZ株式会社の事業および財務内容を検討した結果，同社優先株の配当のリスクは小さく，適切な割引率は4%だと判断したとします。このとき，同社優先株の適切な株価は (4.8) 式に $D_1 = 150$ 円と $k = 0.04$ を代入して3750円を得ます。

問い 章末の練習問題の1と2を解きなさい。

配当割引モデルの利用

以上，一般的な配当割引モデル，定率成長モデル，ゼロ成長モデルと，3つの配当割引モデルを学習しました。これらのモデルによって計算された株価

は，株式価値の源泉である配当に基づいているという意味で，英語では intrinsic value あるいは fundamental value，日本語では**本源的価値**，**本質的価値**，あるいは，**内在価値**と呼ばれます。

(注) これらの用語は，配当割引モデル以外の方法に基づいて算出された株式価値についても「株式本来の価値」という意味で使われることがあります。また，これらの用語がオプションについて使われる場合は上記とは異なる意味で使われます。それについては第6章を参照してください。

さて，これらのモデルに基づいて株式投資する投資家は，株価が本源的価値を上回るときは，当該株式が割高になっている (overvalued) と判断し，将来株価が本源的価値に戻ることを期待して当該株式を売るか，空売りします。逆に，株価が本源的価値を下回るときは，割安になっている (undervalued) と判断し，将来株価が本源的価値に戻ることを期待して当該株式を買います。ただし，この投資戦略が有効であるかどうかは議論の分かれる点であって，第11章でもっと広い観点からこの点を議論します。

ちなみに，配当割引モデルを利用するためには，そのインプットである一連の配当を予想するとともに適切な割引率を推定する必要があります。そしてそのためには，経済的・社会的・政治的なマクロ環境，対象企業が属する産業の見通し，そして，その産業における対象企業の競争力を順を追って分析し，対象企業の収益について将来にわたって見通しを立てなければなりません。この一連の分析はトップダウン・アプローチ (top-down approach) と呼ばれます。また，それと並行して，対象企業の財務的な側面を様々な角度から分析することも必要です。4.5節ではその一部を紹介します。このようなトップダウン・アプローチおよび財務分析は，**ファンダメンタル分析** (fundamental analysis) と呼ばれます。また，ファンダメンタル分析を行う専門家はファンダメンタル・アナリスト (fudamental analyst) と呼ばれ，証券会社や機関投資家において，あるいは，それらから独立した立場で証券分析に従事しています。

なお，証券分析の手法にはファンダメンタル分析のほかにテクニカル分析とクオンツがあります。まず，**テクニカル分析** (technical analysis，チャート分析) は，過去の証券価格や出来高等のデータをチャート (chart)，あるいは，罫線と呼ばれるグラフに変換して将来の株価の動きを予測しようとするものです。たとえば，日本では，移動平均線とローソク足と呼ばれるテクニカル分析が

よく使われるようです．なお，テクニカル分析を専門とするプロフェッショナルはテクニカル・アナリスト（technical analyst, chartist）と呼ばれます．また，証券アナリスト（security analyst, financial analyst）は狭義ではファンダメンタル・アナリストとテクニカル・アナリストを指します．次に，**クオンツ**（quant, quantitative analyst）は数理的，統計的な手法による証券分析の専門家を指します．なお，英語ではこの種の分析は quantitative analysis と呼ばれます．

さて，前の項でも指摘したように，一般的な配当割引モデルを利用するには将来のすべての配当の期待値の予想を必要とするので，「人知を超えています」．また，定率成長モデルを利用するために必要な D_1 および g の予想と k の推定には，的確なファンダメンタル分析と k の推定のための作業を必要とします．したがって，個人投資家が定率成長モデルを使うケースは多くないでしょう．しかし，個人投資家にとっても，定率成長モデルのメッセージである「株価は D_1, k, g によって決まる」という考え方や D_1, k, g がどんな要因に影響されるのかを知ることは有用です．また，業務で IPO や M&A に携わる人にとって，定率成長モデルは株式評価の主要なツールのひとつです．

定率成長モデルのインプットの予想と推定

本項では，D_1 および g の予想と，k の推定について若干，議論します．最初に，1 期後の配当の期待値 D_1 を取り上げると，それは，分析対象の会社の当期の業績と配当政策（当期利益のうち，どのくらいを配当として支払うか）に依存するので，それらについて見通しを立てる必要があります．さて，上場企業の一部は配当政策や配当予想を公表しています．また，『会社四季報』（東洋経済新報社発行）等も配当予想を掲載しています．さらに，複数の証券アナリストによる利益や配当の予想を平均した「QUICK コンセンサス」が，「日本経済新聞電子版」や一部のオンライン証券のページに掲載されています．そこで，たとえば，トヨタ自動車の 2019 年 3 月期の配当予想を探してみると，同社は公表していませんが，『会社四季報』（2018 年 4 集）は 220 円から 230 円，QUICK コンセンサス（2018 年 11 月 15 日時点）は 229.71 円の配当（中間配当も含める）を予想しています．また，京セラの 2019 年 3 月期の配当予想の場合，同社は 120 円，また，『会社四季報』（2018 年 4 集）も 120 円の配当予想を公表していますが，QUICK コンセンサス（2018 年 11 月 15 日時点）は 130 円

の配当（中間配当も含める）を予想しています。

次に，割引率 k の推定は，様々な手法が利用できますが，ファイナンス理論が推奨するのは，第9章で学習する CAPM，APT，ファーマ・フレンチの3ファクターモデルです。また，配当の期待値の成長率 g は長期の成長率を指すので，利益の成長率に一致すると考えて差し支えありません。さて，それを推定する方法としては，経済規模の成長率，当該産業の成長率，そして，当該産業における当該企業の競争力を勘案して，当該企業の売上や利益の成長率を予想する方法があります。ただし，その際，当該企業の人的資源，あるいは，財務政策から生じる制約も考慮に入れなければなりません。たとえば，当該企業が負債や増資による資金調達をしないで繰越利益（純利益のうち配当と役員賞与を支払った後に企業に残る部分）だけを使って成長を目指す場合，コーポレート・ファイナンスで学習する内部成長率が g の上限になります。また，当該企業が増資はしないが，負債による資金調達と繰越利益を使って負債と株主資本の比率が一定になるような成長を目指す場合，コーポレート・ファイナンスで学習するサステイナブル成長率（持続可能成長率）が g の上限になります。

なお，企業によっては1期後以降同じ率 g で成長するという設定がそぐわないかもしれません。たとえば，有望な製品の開発等により短期的な急成長が見込める企業の場合，急成長が見込める期間については一般的な配当割引モデル (4.4) 式を使ってその期間に受け取る配当の現在価値を計算し，急成長が終わって安定成長期に移行した後の期間については定率成長モデルを使ってその期間に受け取る配当の現在価値を計算して両方を合計するのが，株価を計算する適切な方法でしょう。なお，このように複数の成長率を使った株式評価は**多段階配当割引モデル**と呼ばれます。

次に，定率成長モデルおよびゼロ成長モデルの性質を簡単に吟味しましょう。まず，(4.7) 式および (4.8) 式の形から明らかなように，**1期後の配当の期待値 D_1 が高ければ高いほど，割引率 k が低ければ低いほど，また，成長率 g が高ければ高いほど，株価が高くなる**という性質があります。次に，(4.7) 式に続く ABC 株式会社の数値例を見てください。もし成長率 g が2%と当初予想した3%より少し低ければ，株価 P_0 も1200円と低くなります。他方，もし成長率 g が4%と当初予想した3%より少し高ければ，株価 P_0 は2000円と高くなります。また，g と同様，割引率 k の値を少し変えると株価 P_0 は大きく変化します。以上から，**割引率 k の推定値あるいは成長率 g の予想値のちょ**

っとした違いが，定率成長モデルあるいはゼロ成長モデルで計算される株価に非常に大きな違いをもたらすことが分かります。

4.5 株式評価のための指標

本節では株式評価でよく使われる指標を簡潔に紹介します。なお，上場会社の場合，本節で紹介する指標の多くがポータルサイトである Yahoo! JAPAN のファイナンスの個別企業のページに掲載されています。

株式評価のための主要な指標
- **配当利回り**（dividend yield）：1年当たり，1株当たりの配当を株価で割った比を％で表示したものです。しばしば前節で紹介した1株当たり配当の予想値を使って計算されます。また，債券等の金利と比較されることがあります。
- **1株当たり利益**（1株当たり純利益，earnings per share, **EPS**）：当期純利益を発行済株式数で割ったものです。
- **株価収益率**（price earnings ratio, **PER**, P/E, P/E ratio, price earnings multiple）：株価を1株当たり利益で割ったものです。ただし，1株当たり利益には，よく予想値が使われます。通常，何倍という形で表示されます。なお，しばしば株価収益率が低い株式は割安，逆に高い株式は割高であると解釈されます。しかし，この解釈には慎重な判断が必要で，この点については本節の後半の議論を参照してください。また，この解釈に伴う「割安銘柄を買い，割高銘柄を売る」という投資戦略が有効であるかどうかについては第11章の議論を参考にしてください。
- **益利回り**（益回り，earnings yield）：1株当たり利益を株価で割ったものです。したがって，株価収益率の逆数になります。
- **1株当たり純資産**（book value per share, BPS）：貸借対照表上の純資産を発行済株式数で割ったものです。
- **株価純資産倍率**（price-to-book ratio, P/B ratio, **PBR**）：株価を1株当たり純資産で割ったものです。通常，何倍という形で表示されます。また，しばしば株価純資産倍率が低い株式は割安，逆に高い株式は割高であると解釈されます。ただし，この解釈については株価収益率について指摘した

点がそのまま当てはまります。なお，9.10 節で学習するファーマ・フレンチの 3 ファクターモデルは，PBR の逆数を簿価・時価比率と呼んでファクターのひとつとして使います。

- **株価キャッシュフロー比率**（price-to-cash-flow ratio, PCFR, P/CF）：株価を 1 株当たりキャッシュフローで割ったものです。ただし，1 株当たりキャッシュフローは，税引後利益と減価償却費等の和を発行済株式数で割ったものです。ちなみに，キャッシュフローは，税引後利益と比べて企業が操作しづらい数値です。したがって，一部の証券アナリストは，株価収益率より株価キャッシュフロー比率の方を好んで使います。
- **時価総額**（market capitalization, market cap）：株価に発行済株式数を掛けたものです。当該企業が発行した株式全体の市場での評価を表します。
- **トービンの q**（Tobin's q）：時価総額と負債の市場価値の和を資産の取替原価で割ったものです。ただし，取替原価（replacement cost）とは，当該企業が保有する資産を新たに取得するのに要する費用を指します。なお，この指標は生前イェール大学の教授を務めたジェームズ・トービン（James Tobin）によって提唱されたので，同氏の名前が冠されています。
- **株価売上高倍率**（price-to-sales ratio, P/S ratio, PSR）：株価を 1 株当たり売上高で割ったものです。新興企業の場合，利益が負であることが多く，株価収益率が使えません。したがって，そのような場合，株価売上高倍率が使われることがあります。
- **自己資本利益率**（return on equity, **ROE**）：当期純利益を貸借対照表上の自己資本で割ったものです。したがって，株主が投下した資金に対してどの程度利益が上がったかを示します。日本語名より ROE の方がよく使われます。
- **総資産利益率**（総資本利益率，return on assets, **ROA**）：利益を貸借対照表上の総資産で割ったものです。したがって，総資産に対してどの程度利益が上がったかを表します。なお，貸借対照表の性質として総資産（貸借対照表の左側）は必ず総資本（貸借対照表の右側で資本の部と負債の部の合計）に一致するので，総資本利益率とも呼ばれます。また，利用者によってこの比率の計算で使う利益の定義が異なります。たとえば，当期純利益，経常利益，営業利益，営業利益と金融収益（受取利息，配当金など）の合計等。なお，この用語も日本語名より ROA の方がよく使われます。

- **EBIT**（earnings before interest and taxes，利払前・税引前利益）：単語の組み合わせ通り，利払前かつ税引前の利益を表します。会計基準で規定されていないこともあって複数の計算方法があります。それらのうちひとつだけ紹介すると，それは税引前利益に支払利息を足し戻してEBITを計算します。なお，EBITは利払前の利益なので，借入れ費用，すなわち，資金調達の方法の影響を除いた利益を見るのに使われます。また，通常，「イービット」と読まれます。

- **EBITDA**（earnings before interest, taxes, depreciation and amortization，利払前・税引前・償却前利益）：単語の組み合わせ通り，利払前，税引前，有形固定資産の減価償却前，無形固定資産の償却前の利益を表します。会計基準に規定されていないこともあって，複数の計算方法があります。たとえば，税引前利益に支払利息と減価償却と償却を足し戻してEBITDAを計算する方法があります。一般に，金利水準や税率は国によって異なり，さらに，減価償却や償却の計算方法も国によって異なることがあります。したがって，多国籍企業を分析するときや，異なる国で活動する企業を比較するときは，これらの要因の影響を除いたEBITDAが，税引後利益などより適していると判断されることがあります。ただし，EBITDAは会計基準で規制されていないため操作し易い面があり，利用に注意が必要だと考える学者もいます。なお，EBITDAの読み方には，「イービットディーエー」，「イービットダー」，「イービッダー」等，様々あります。

- **EV/EBITDA**（EV/EBITDA倍率）：まず，EVはenterprise valueの略で，企業買収に要するネットの費用を表します。すなわち，企業買収の対象企業が発行する証券をすべて買うのに要する費用（時価総額＋有利子負債の総額）から対象企業が保有する現預金を差し引いて求められます。次に，EV/EBITDAはEVをEBITDAで割った比率なので，対象企業を買収するのに要した費用が何年で回収できるかを表すと解釈されます。なお，これにも「イーブイイービットディーエー」のほか，複数の読み方があります。

問い 章末の練習問題の4を解きなさい。

本項で挙げた指標は，計算が簡単な上，直観的な解釈ができるので，広く使われています。ただし，株式評価としては，一面的であることが避けられないです。以下では，その点を含め，PER, PBR, ROE, ROAの利用に当たって

知っておくとよい点を挙げます。

PER の利用に当たって知っておくとよい点

本項では，4.4節の定率成長モデルを使ってPERの性質を分析します。まず，当期純利益のうち配当金として支払われる比率（配当性向，dividend payout ratio）を d で表すと，1期後に支払われる1株当たりの配当の期待値 D_1 は1株当たり利益の期待値 EPS_1 と d の積として表すことができます。そこで，この関係（$D_1 = d \times \text{EPS}_1$）を4.4節の定率成長モデル（4.7）式に代入すると，次式を得ます。

$$P_0 = \frac{d \times \text{EPS}_1}{k - g}$$

次に，上の式の両辺を EPS_1 で割ると次式を得ます。

$$\frac{P_0}{\text{EPS}_1} = \frac{d}{k - g} \tag{4.9}$$

もちろん，(4.9) 式の左辺は PER を表します。したがって，上の式は，PER が d に比例し，$k - g$ に反比例することを示しています。この結果，**PER は，配当性向 d が高いほど，また，割引率 k が低いほど，さらに，配当の期待値の成長率 g が高いほど高くなります**。すなわち，リスクが低い銘柄や高成長が期待されている銘柄の PER は高いのです。このように分析すると，産業，あるいは，企業によって PER の値が大きく異なることが理解できます。ただし，日本や多くの欧州諸国のように，企業による株式持合いが広範に行われている場合には，市場で流通しない株式が存在することによって，市場価格を用いて算出した PER が真の値から大幅に乖離することが知られています。

PBR の利用に当たって知っておくとよい点

PBR は，株価を1株当たり純資産と比較する指標です。確かに，株価と1株当たり純資産は，株主の権利の価値を1株当たりで測っているという点において同じです。しかし，両者は測り方がまったく異なります。株価は，企業が将来支払う配当の現在価値に関する株式市場の評価を1株当たりで表すものです。他方，1株当たり純資産は，企業が過去に株式を発行して得た資金や繰越利益の累積を1株当たりで表現するものです。したがって，後者は，前者にとって重要な要因である，経営者の経営能力，当該企業の競争力（ブラン

ド，パテント，技術開発力，立地等)，さらに，企業の成長機会などの無形資産価値をまったく反映していません。したがって，企業によって PBR が異なるのは当然です。なお，このコメントとほぼ同じコメントがトービンの q についても当てはまります。

ROE および ROA の利用に当たって知っておくとよい点

本項では ROE と ROA の関係について分析します。そのため，次の記号を定義します。まず，分析の対象企業の貸借対照表上の総資産を A，負債を D，株主資本を E で表します。ただし，本項の議論では株主資本と純資産が一致すると仮定します。また，支払利息と税金を差し引く前の利益を EBIT で表します。また，負債にかかる平均的な金利を i で表し，支払利息が D に i を掛けた iD で表せると仮定します。さらに，税引前利益にかかる税率を t で表します。さて，税引前の利益は EBIT から支払利息 iD を差し引いた $(\text{EBIT} - iD)$ で表せるので，当期純利益は $(\text{EBIT} - iD)$ から税金を差し引いた $(\text{EBIT} - iD)(1-t)$ で表せます。すなわち，次式が成立します。

$$当期純利益 = (\text{EBIT} - iD)(1-t) \tag{4.10}$$

さて，もし ROA を $\frac{\text{EBIT}}{A}$ で定義すると，EBIT は ROA に A を掛けたものとして表せます。

$$\text{EBIT} = \text{ROA} \times A \tag{4.11}$$

次に，(4.11) 式に総資産が負債と株主資本の和に等しいという関係式 ($A = E + D$) を代入します。

$$\text{EBIT} = \text{ROA} \times (E + D) = \text{ROA} \times E + \text{ROA} \times D \tag{4.12}$$

ここで ROE の定義式に (4.10) 式を代入しましょう。

$$\text{ROE} = \frac{当期純利益}{E} = \frac{(\text{EBIT} - iD)(1-t)}{E} \tag{4.13}$$

(4.13) 式に (4.12) 式を代入すると，次式を得ます。

$$\text{ROE} = \frac{(\text{ROA} \times E + \text{ROA} \times D - iD)(1-t)}{E} \tag{4.14}$$

(4.14) 式を変形すると，次式を得ます。

$$\text{ROE} = \left[\frac{\text{ROA} \times E}{E} + \frac{(\text{ROA} - i)\,D}{E}\right](1-t) \qquad (4.15)$$

$$= \left[\text{ROA} + (\text{ROA} - i)\,\frac{D}{E}\right](1-t) \qquad (4.16)$$

(4.16) 式から **ROA が負債に対する平均利子率** i **を上回っている限り，負債の株主資本に対する比率（負債比率**, debt to equity ratio, D/E ratio）$\frac{D}{E}$ **を上げれば ROE が上がる**という関係があることが分かります。事実，近年，政府の方針もあり，上場会社の中には ROE の目標値を設定する会社が増え，さらに，ROE との関係で負債比率を上げる会社があると新聞報道されることがあります。ちなみに，ROE と ROA を特定の期間の実現値ではなく，市場がそれぞれに対して要求する率と見たとき，(4.16) 式は，異なる年にノーベル賞を受賞したフランコ・モディリアーニ（Franco Modigliani）とマートン・ミラー（Merton H. Miller）の共著論文（Modigliani and Miller [1958, 1963]）で第2定理と呼ばれた関係式になります。

4.6　株式投資のリスクとリターン

株式投資のリスクとリターン

　普通株式（以下では単に株式と呼びます）は，預金や債券と異なり，将来受け取るキャッシュフローが株式の発行会社によって約束されていません。したがって，株価は投資家全体の当該株式に関する判断に依存します。たとえば，定率成長モデル (4.7) 式を例に使って議論すると，株価 P_0 は1期後の配当の期待値 D_1，配当の期待値の成長率 g，割引率 k に依存します。そして，これらの変数はどれも各投資家の予想や判断によります。したがって，株価は変動しやすく，株価変動が株式投資における最大のリスク要因であり，かつ，リターンの源泉でもあります。ただし，流動性が低い銘柄の場合や，通常は流動性が高い銘柄でも株式市場全体の流動性が極端に低い場合は，売りたいときに適正な価格で売れない状況が発生するため，状況によっては流動性も大きなリスク要因になります。

　株式投資のリスクとリターンを視覚化するために，株価指数の推移を見ましょう。図 4-4 は日経平均と NY ダウの 1983 年 9 月から 2018 年 9 月までの月次終値をグラフ化したものです。日経平均は，1989 年 12 月 29 日に 3 万 8915

図 4-4　日経平均と NY ダウの推移（1983 年 9 月～2018 年 9 月）

（出所）日経 NEEDS Financial QUEST。

円 87 銭と史上最高値を記録するまで，長期に及ぶ上昇トレンドが続きました。しかし，その後は不動産市場の崩壊に先立って急落し，上下の変動を繰り返しながら推移しています。したがって，日経平均の変動性，すなわち，リスクは高いと言えます。

　ちなみに，投資信託や ETF には日経平均に連動することを目標にして運用されているものがあります。したがって，図 4-4 はそのような投資信託の値動きとリスクをおおよそ表しています。また，日経平均は 225 銘柄の株価の一種の単純平均であるため，そのリスクは日経平均を構成する平均的な個別銘柄のリスクより小さくなります（この性質は第 8 章で分散投資の効果として学習します）。したがって，典型的な個別銘柄のリスクは日経平均よりさらに高くなります。

　次に，日経平均に連動する投資信託に投資した場合に得る収益を考えてみましょう。図 4-4 から，1983 年 9 月から 1989 年 12 月までそのような投資信託に投資し続けていたならば素晴らしい成果を得ることができたことが分かります。しかし，1990 年以降は，日経平均が上昇していた期間に投資するのでなければ芳しい成果を得られなかったことも分かります。

株価の変動要因

　どの銘柄についても株価の変動要因は無限に存在すると言っても過言ではありません。本項では，多数の銘柄の株価に影響を及ぼす要因と，少数あるいは単一の銘柄の株価に影響を及ぼす要因とを区別して，前者の例を紹介します。なお，前者は第 8 章で学習する市場リスクと関連付けることができます。ま

た，後者は第 8 章で学習する固有リスクを構成します．それでは，多数の銘柄の株価に影響を及ぼす要因の例を紹介します．

景気が上向くと多数の企業の利益が増えるので，そのような企業にとって好景気は株価の上昇要因です．他方，景気が悪化すると多数の企業の利益が減少するので，そのような企業にとって景気悪化は株価の下落要因です．

また，**金融政策**（monetary policy）も株価にとって非常に大きな変動要因です．たとえば，中央銀行が長期にわたって金融緩和（中央銀行が政策金利を引き下げたり，資金供給量を増やすこと：対義語は金融引締めです）を続けると，株式に限らず資産価格全般が上昇することが見受けられます．事実，日本では 1980 年代後半の好景気のもと，株式市場と不動産市場で持続的な価格上昇が続きましたが（いわゆる，バブル），それは日本銀行（Bank of Japan）の金融緩和政策が大きな要因であったと言われています．ちなみに，バブル（bubble）とは，特定の種類の資産の市場価格が，その本源的価値から長期にわたって大幅に上回る現象を指します．また，リーマンショック（financial crisis of 2007-2008, 2008 financial crisis）以降，米国の株式市場では上昇トレンドが続きましたが，それは，米国の中央銀行制度である米国連邦準備制度（Federal Reserve System）の連邦公開市場委員会（Federal Open Market Committee, FOMC）が金融緩和政策を続けたことが背景にあると考えられます．

金融政策と同様，中央政府の**財政政策**（fiscal policy）も株価の重要な変動要因です．なぜならば，政府の財政支出は財貨・サービスに対する直接的な需要を構成するからです．また，税制は，消費者や企業の行動を左右します．したがって，財政政策は，これらの経路を通じて景気に影響し，株価の変動要因になります．

時期によって，また，事業の内容によってその影響の度合いは異なるものの，一般に，**為替レート**は企業の業績に影響します．たとえば，日本の自動車メーカーは，国内で製造する自動車の一部を海外に輸出しています．したがって，1 台 3 万米ドルの自動車を米国で販売した場合，円建てで計算した収入は，為替レートが 1 米ドル 110 円ならば 330 万円ですが，1 米ドル 109 円ならば 327 万円です．したがって，一般に，輸出企業（海外に財貨・サービスを輸出する企業）の場合，円高ドル安になると円建て収入が減ります．事実，『会社四季報』の 2018 年 4 集に掲載された調査によると，1 円の円高が営業利益に及ぼす影響が一番大きい上場企業はトヨタ自動車で 400 億円，次に影響が大

きい企業は日産自動車で160億円でした。他方，輸入企業（海外から財貨・サービスを輸入する企業）の場合，円高ドル安になると同じ量の財貨・サービスを円建てで安く輸入できるため，増益要因になります。事実，上記の『会社四季報』の調査によると，1円の円高が営業利益に及ぼす影響が一番大きいのは，LNG（液化天然ガス）等の燃料を大量に輸入している東京電力ホールディングスで120億円，次が，東北電力で32億円でした。

さらに，**海外情勢**も株価にとって大きなファクターです。長期的には，グローバル化の進展とともに，多くの企業で海外売上高比率（売上高のうち海外における売上高が占める比率）が高くなる傾向があります。また，企業が使う原材料や部品も海外から調達するものが増える傾向があります。さらに，4.3節の表4-4が示すように，東証の売買代金のうち海外投資家が占める比率は60％を超えています。したがって，海外情勢は株価に非常に大きな影響を及ぼします。その結果，日経平均やTOPIXが，しばしば海外の株価指数と非常に高い連動性を示すことがあります。また，1987年10月に起こったブラックマンデー，2000年に起きたITバブル（インターネットバブル，dot-com bubble）の崩壊，2008年9月に起きたリーマンショック等，金融危機が起こるたびに世界同時株安と言って世界中の株式市場で株価の暴落が起こりました。

もちろん，多数の銘柄の株価に影響を及ぼす要因は上記のものに限りません。特に，国内および海外の政治情勢（たとえば，2012年12月に総理大臣に就任した安倍晋三氏が掲げた経済政策の「アベノミクス」），大規模な自然災害（たとえば，2011年3月に発生した東日本大震災），投資家動向は重要な要因になり得ます。なお，少数あるいは単一の銘柄の株価に影響を及ぼす要因としては，当該企業の業績が第一に挙がりますが，そのほか，企業買収の発表や不祥事の発覚も株価を大きく動かす要因になります。しかし，紙幅の制約があるので株価に影響を及ぼす要因の例は以上とします。

4.7　株式投資の方法

本節では株式投資の運用方法を紹介します。ただし，その前に典型的な投資プロセスの中で本節の内容が占める位置を述べます。一般に，機関投資家や，（フォーマルな形ではないにせよ）合理的な投資家は，最初に投資方針を決定し，次に，株式，債券等の資産クラス別の投資比率を決め，次に，各資産クラス

内で投資する銘柄を決めてポートフォリオを構築します（詳細は3.5節を参照）。したがって，本節の内容は投資プロセスのうち，株式という資産クラスの中での銘柄選択に関するものです。また，紹介する運用方法には，小規模な投資資金しか持たない個人投資家が利用できるものもあれば，大規模なポートフォリオを保有する機関投資家でなければ利用できないものもあります。ただし，3.5節でも述べたように，投資信託やETFに投資することで，個人投資家でも，大規模なポートフォリオでなければ利用できない運用方法に間接的に投資することができます。

以下では，株式投資の運用方法を，大きくアクティブ運用とパッシブ運用の2つに分けて紹介します。この二分法は，債券投資に関する二分法と同様，将来に関する予測を使って運用するかどうかという点の違いによります。

株式投資のパッシブ運用

パッシブ運用の定義を満たすものとして**インデックス運用**（indexing）があります。なぜならば，インデックス運用では，ベンチマークに選んだ特定の株価指数に収益が連動するように運用するため，将来に関する予測を使わないからです。したがって，書籍によっては，株式のパッシブ運用をインデックス運用として定義しています。

株式のインデックス運用は米国で1970年代に始まり，その後，アクティブ運用の収益性が株価指数と比べて芳しくないことが広く知られるようになったこともあり，インデックス運用に基づく投資信託やETFが大幅に増大しました。一般に，ベンチマークとする株価指数が少数の銘柄の株価に基づくものである場合，それらの銘柄に対する投資比率を各銘柄が株価指数に占める比率に一致させれば収益が連動します。ただし，実際には，様々な理由で完全に一致させることはできません。その結果，ベンチマークとは若干の誤差（tracking error）が生じます。他方，ベンチマークとする株価指数が多数の銘柄の株価に基づく場合（たとえば，米国の上場株式を広範囲に網羅するWilshire 5000），株価指数を構成するすべての銘柄を保有することは現実的ではありません。そこで，そのような場合，株価指数の構成銘柄より少数の銘柄を組み入れたポートフォリオを構築して，それができるだけ株価指数に追随するように組み入れる銘柄を工夫します。具体的な方法としては，ひとつには，過去の収益率等のデータに照らしてできるだけ誤差が小さくなるように組み入れる銘柄を選択する

方法があります．また，もうひとつの方法としては，ポートフォリオが，銘柄の属性（たとえば，業種，時価総額等）の構成の点でベンチマークとする株価指数にできるだけ一致するように組み入れる銘柄を選択する方法があります．なお，ベンチマークとしては，日本の場合 TOPIX，米国の場合 S&P500 などがよく使われるようです．

株式投資のアクティブ運用

次に，株式のアクティブ運用を取り上げます．株式のアクティブ運用は，通常，特定の株価指数をベンチマークとしてその収益を上回る収益をあげることを目指す運用であると言われます．以下では，Elton 他 [2014] に従ってアクティブ運用を3つのタイプに分けて説明します．なお，アクティブ運用に限らず，運用の結果得られる収益率とベンチマークの収益率の差は**超過リターン**（excess return）と呼ばれます．ただし，資産の収益率からデフォルトリスクがないと想定される短期金利商品の金利（第8章で安全利子率として学習するものです）を差し引いた差も超過リターンと呼ばれます．

第1のタイプでは，株価指数の変化に対して保有する株式ポートフォリオの価値が変化する度合い（感応度）をコントロールします．なぜならば，株価指数が上がる前に株式ポートフォリオに組み入れる銘柄の構成や投資比率を組み替えて感応度を上げておけば，株価指数の上昇によって大きな収益を得ることができるからです．逆に，株価指数が下がる前に，組み入れる銘柄の構成や投資比率を組み替えて株式ポートフォリオの感応度を下げておけば，株価指数の下落によって被る損失を小さくすることができます．このアクティブ運用は，マーケットタイミング戦略（market timing strategy）の一種です．なお，株価指数が，たとえば TOPIX のように，株式市場全体の動きを反映するような株価指数である場合は，上記の感応度はベータと呼ばれます（ベータは第9章で詳しく学習します）．

次に，アクティブ運用の第2のタイプでは個別銘柄を分析して割安銘柄を買い，割高銘柄を売ります．すなわち，ファンダメンタル分析や 4.5 節で学習した指標等を使って，株価が本源的価値より低い銘柄（割安銘柄）を特定し，将来株価が相対的に上がることを期待して当該銘柄の保有額を増やすか，当該銘柄を新規に買います．また，逆に，株価が本源的価値より高い銘柄（割高銘柄）を特定し，将来株価が相対的に下がることを予想して保有額を減らすか，

空売りします。この第2のタイプのアクティブ運用は，銘柄選択（security selection）と呼ぶとよいでしょう。ちなみに，この第2のタイプの運用方法は，個人投資家が直接利用できる戦略です。

アクティブ運用の第3のタイプでは，銘柄群（セクター）ごとに分析して割安セクターに対する投資比率を上げたり，割高セクターに対する投資比率を下げたりします。ただし，株式市場の**セクター**（sector）とは，株式市場を特定の視点からいくつかのグループに分類した場合に，それぞれのグループを指すのに使う用語です。たとえば，産業区分をそのままセクターとして使うことができます。また，個別銘柄の特定の特徴に基づいてセクターを定義することもできます。その例を具体的に挙げると，**バリュー株**（value stock）とは，PER，PBR，トービンの q などを基準にした割安銘柄を指します。また，**成長株**（グロース株，growth stock）とは，売上高や利益の成長性が高い会社の株式を指します。さらに，**小型株**（small capitalization stock, small-cap）とは，時価総額が小さい会社の株式を指します。そのほか，**金利敏感株**（interest-sensitive stock）とは，金利に対して株価の感応度が高い株式を指し，例としては銀行，負債比率が高い電力会社，不動産会社等があります。また，為替レートに対して株価の感応度が高い銘柄（円高がマイナスに働く自動車会社，円高がプラスに働く電力会社）や，原油価格に対して株価の感応度が高い銘柄（石油元売会社，航空会社，海運会社）もセクターとして扱うことができます。なお，この第3のアクティブ運用はセクターローテーション（sector rotation）と呼ばれます。

4.8 付録：無限等比級数の公式の導出*

最初に，定数 a について次式によって S_n を定義します。

$$S_n = 1 + a + a^2 + \cdots + a^{n-1} \tag{4.17}$$

右辺の各項は直前の項の a 倍となっていて，(4.17) 式はそれらの項を足したものなので「等比級数」と呼ばれます。次に，(4.17) 式の両辺に a を掛けると次式を得ます。

$$aS_n = a + a^2 + a^3 + \cdots + a^n \tag{4.18}$$

さらに，(4.17) 式から (4.18) 式を引くと次式を得ます。

$$(1-a)S_n = 1 - a^n$$

ここで $a \neq 1$ と仮定して両辺を $(1-a)$ で割り，次式を得ます．

$$S_n = \frac{1-a^n}{1-a} \tag{4.19}$$

さて，もし，$-1 < a < 1$ で，かつ，n が無限に大きければ，a^n は限りなく 0 に近づき，その結果，(4.19) 式の右辺は限りなく $\frac{1}{1-a}$ に近づきます．したがって，定数 a が $-1 < a < 1$ を満足するとき，次式が成立します．

$$1 + a + a^2 + \cdots + a^n + \cdots = \frac{1}{1-a} \tag{4.20}$$

これが無限等比級数の公式と呼ばれるものです．

> （例） a が 0.2 の場合，(4.20) 式に $a = 0.2$ を代入して次の結果を得ます．
>
> $$1 + 0.2 + 0.2^2 + 0.2^3 + \cdots = \frac{1}{1-0.2} = \frac{1}{0.8} = 1.25$$

4.9　練習問題

1. **（定率成長モデル）** ABC 株式会社は IT ビジネスにおいて安定した成長を遂げていて，今後も毎年 1 回配当を支払い続けることができると予想されています．また，次回の配当は，今日からちょうど 1 年後に支払われ，その金額は 1 株当たり 50 円と予想されています．仮に配当の期待値が毎年 5% の率で増加し続けるならば，ABC 社の株価はいくらであるべきでしょうか．ただし，配当の期待値に対する適切な割引率は 15% であるとします．

2. **（ゼロ成長モデル）** 仮に前問の ABC 社が，業容を拡大するという方針から，既存ビジネスを現状維持するという方向に経営方針を転換したとします．また，この経営方針の大転換に伴って，ABC 社は配当政策も変更し，利益のすべてを配当として支払うことを決定したとします．その場合，ABC 社の 1 株当たりの配当の期待値は，永遠に 63 円であると予想されます．もし配当の期待値に対する妥当な割引率が 14% であるとすれば，妥当な株価はいくらであるべきでしょうか．また，前問で計算した株価との差額は何を表していると考えられますか．

3. **(2段階配当割引モデル*)** DEF株式会社は毎年1回配当を支払います。また，次の配当は今日からちょうど1年後に支払われ，その金額の期待値は1株当たり80円であると予想されています。さらに，今日から数えて2年後から5年後までに受け取る配当の期待値は，毎年，前年比10%の率で成長すると見込まれます。そして，今日から数えて6年後以降に受け取る配当の期待値は，毎年，前年比3%の率で成長し続けると予想されます。このとき，DEF社の今日時点の株価はいくらであるべきでしょうか。ただし，配当の期待値に対する妥当な割引率は一貫して12%であるとします。(ヒント：一般に，n 期まで一定の率 g で成長する配当の期待値の現在価値 PV は次式で表せます。)

$$\text{PV} = \frac{D_1}{1+k} + \frac{D_1(1+g)}{(1+k)^2} + \frac{D_1(1+g)^2}{(1+k)^3} + \cdots + \frac{D_1(1+g)^{n-1}}{(1+k)^n}$$
$$= \frac{D_1}{1+k}\left[1 + \frac{1+g}{1+k} + \left(\frac{1+g}{1+k}\right)^2 + \cdots + \left(\frac{1+g}{1+k}\right)^{n-1}\right]$$

また，角括弧部分は，$\frac{1+g}{1+k} = a$ とおくと付録に掲載した (4.17) 式に等しくなるので，(4.19) 式を適用して PV は次式で計算できます。

$$\text{PV} = \frac{D_1}{1+k}\left[\frac{1-\left(\frac{1+g}{1+k}\right)^n}{1-\left(\frac{1+g}{1+k}\right)}\right] = \frac{D_1}{k-g}\left[1-\left(\frac{1+g}{1+k}\right)^n\right] \qquad (4.21)$$

4. **(株式投資のための指標)** GHI株式会社の本年度の決算は当期純利益が200億円でした。また，発行済株式数は10億株で，株式市場では1株500円で売買されています。さらに，貸借対照表の純資産合計は7000億円です。これらの情報を利用して，①1株当たり利益 (EPS)，②株価収益率 (PER)，③株価純資産倍率 (PBR) を計算しなさい。

5. **(トービンの q^*)** ある証券アナリストの推定によれば，前問のGHI社の負債の市場価値は3000億円，資産の取替原価は9000億円です。この企業のトービンの q を計算しなさい。また，どうしてそのような値になったか理由を考えてください。さらに，あなたが十分な資金を持っていると仮定して，GHI社を買収して利益を上げる方法を提案してください。

6. **(株価収益率の発展問題)** JKL株式会社の来年度のEPSは300円で，配当性向は0.5，さらに，配当に対する妥当な割引率は14%であることは多くの証券アナリストのコンセンサスになっています。しかし，配当の期

待値の成長率の予想についてはアナリストの間で開きがあります。たとえば，証券アナリストの A さんは 8%，証券アナリストの B さんは 7% を予想しています。配当の期待値が永続的にこれらの成長率で成長すると仮定して，2 人のそれぞれにとって妥当な株価を求めなさい。また，株価収益率を求め，配当の期待値の成長率との関係を述べなさい。

第5章 先物入門

本章では，先渡取引と呼ばれる取引および先物取引と呼ばれる取引について基本的な仕組み，理論価格，そして，リスクとリターンを概観します．具体的には，5.1 節で先渡取引と先物取引の基本的な仕組みと用語を学んだ後，5.2 節でそれらの取引の規模を見ます．次に，5.3 節で先物取引の売買制度を一通り学んだ後，5.4 節と 5.5 節で先渡取引と先物取引の価格付けを学習します．最後に，5.6 節でこれらの取引の主要な利用方法と，それに伴うリスクとリターンについて学びます．

5.1 先渡取引と先物取引の基本的な仕組みと用語

まず，**先渡契約**（forward contract）と**先物契約**（futures contract）を定義すると，両方とも，「将来の特定の日に特定の資産を契約時に約束した価格で受け渡す」契約です．違いは，先渡契約が店頭市場で取引される契約を指すのに対して，先物契約が取引所で取引される契約を指す点にあります．ただし，日本経済新聞の朝刊が掲載する「対顧客米ドル先物相場」は，銀行が顧客に対して提示する米ドルの先渡契約の為替レートを指すので，上記の先渡契約と先物契約の使い分けは教科書的と言っていい面があります．また，先渡契約の取引は**先渡取引**，先物契約の取引は**先物取引**と呼ばれます．なお，futures が先物を意味する場合はつねに複数形で使われます．念のため，先渡取引および先物取引の特徴を強調しておくと，それは，契約をする日（**約定日**）と契約を実行する日（**受渡日**）との間に時間的な開きが十分ある点にあり，その点が，契約と実行が同時あるいはほぼ同時に起こる**現物取引**（**直物取引**，**スポット取引**，spot trade）との決定的な違いです．それでは，先渡取引の具体的な例を見てみましょう．

（例）ABC 株式会社は，11 月 10 日に米国企業に製造装置を発注し，その代金 10 万米ドルを翌年の 4 月 10 日に支払う契約を結びました．そこで，

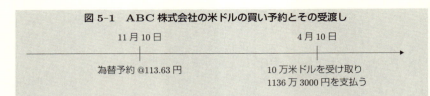

図 5-1　ABC 株式会社の米ドルの買い予約とその受渡し

11月10日にABC社はXYZ銀行に問い合わせ，「翌年の4月10日にXYZ銀行から10万米ドルを1米ドル113.63円のレートで買う」先渡契約を結びました．ちなみに，この取引は銀行業界では**為替予約**，特に，米ドルの買い予約と呼ばれます．また，113.63円は為替予約レートと言います．図5-1 はこの為替予約とその受渡しを時間軸上に記載したものです．

次に，先渡取引や先物取引で使われる基本的な用語を紹介します．まず，**原資産**（underlying asset）は，冒頭の定義の中の「特定の資産」を意味します．したがって，上記の為替予約の例では，10万米ドルを指します．次に，**受渡価格**（delivery price）は，冒頭の定義の中の「契約時に約束した価格」を意味します．したがって，上記の為替予約の例では，為替予約レートの113.63円を指します．さらに，受渡価格に関連する用語として，**先渡価格**（forward price）と**先物価格**（futures price）があります．これらは，先渡契約あるいは先物契約が取引された時点における，それらの契約で約束された受渡価格を意味します．たとえば，翌年4月に受渡しが行われる米ドルの先渡契約が11月10日は113.63円，11月11日は113.46円，11月12日は113.30円の受渡価格で取引されたとしましょう．このとき，翌年4月に受渡しが行われる先渡契約の先渡価格は，11月10日は113.63円，11月11日は113.46円，11月12日は113.30円であると言います．このように，先渡価格あるいは先物価格は，それらを取り巻く状況を反映して時間とともに変化します．しかし，個別の先渡契約あるいは先物契約で約束された受渡価格は受渡日まで不変です．

また，原資産を買う側で先渡契約あるいは先物契約を結ぶことを**買い建てる**，売る側でそうすることを**売り建てる**と言います．ただし，4.3節でも述べたように，これらの用語は，株式の信用取引やオプション取引でも使われます．さらに，先渡契約あるいは先物契約を買う側で保有している状態を**買いポジション**（ロングポジション，long position，**買い建玉**，買い持ち），売る側で保有している状態を**売りポジション**（ショートポジション，short position，**売り建玉**，売り持ち）と言います．したがって，上記の為替予約の例について，ABC社

は買いポジション，XYZ銀行は売りポジションを持っていることになります。なお，一般の資産についても買いポジションは保有している状態，売りポジションは空売りしている状態の意味で使われます。

先渡・先物取引に発生する損益

それでは次に，上記の為替予約の例について ABC 社に発生する損益を考察します。

> （例）　仮に前出の為替予約の例において翌年4月10日に成立した米ドル/円の**スポットレート**（spot rate, 直物レート，直物相場：現物取引で付いた為替レート）が120.88円だったとします。したがって，もしABC社が為替予約をしていなければ，1米ドル当たり120.88円のスポットレートで10万米ドルを買わなければならなかったはずです。しかし，ABC社は11月10日に先渡契約を結んでいたので10万米ドルを1米ドル当たり113.63円で買えました。よって，ABC社には1米ドル当たり，受渡日におけるスポットレートの120.88円から為替予約レートの113.63円を差し引いた差額の7.25円の利益が発生したと考えることができます。

上の例の結論を一般化すれば，**先渡契約あるいは先物契約の買いポジションに発生する原資産1単位当たりの利益は，受渡日におけるスポット価格（直物価格，直物相場：現物市場で付く価格）から先渡契約あるいは先物契約で約束した受渡価格を差し引いた差額になります。**

$$（買いポジションの利益）＝（受渡日の現物価格）－（受渡価格） \qquad (5.1)$$

もちろん，もし受渡日における現物価格が受渡価格を下回れば，(5.1) 式の値は負となり，損失が発生したことになります。次に，米ドルの売り予約に発生する損益を検討しましょう。

> （例）　DEF株式会社は，同社の製品を米国企業のGHI社に納入する契約を11月10日に結びました。この契約では，代金の10万米ドルが翌年の4月10日にDEF社の銀行口座に振り込まれることになっています。そこで，11月10日にDEF社はXYZ銀行に問い合わせ，「翌年の4月10日にXYZ銀行に10万米ドルを1米ドル111.24円のレートで売る」為替予約をしました。仮に翌年4月10日の米ドル/円のスポットレートが119.82円だったとします。その場合，もしDEF社が為替予約をしていなかったならば，1

米ドル当たり 119.82 円のスポットレートで 10 万米ドルを売ることができました。しかし，DEF 社は為替予約をしていたため，10 万米ドルを 1 米ドル当たり 111.24 円で売らなければならなかったのです。したがって，DEF 社は 1 米ドル当たり，為替予約レートの 111.24 円から受渡日におけるスポットレートの 119.82 円を差し引いた差額のマイナス 8.58 円の利益，すなわち 8.58 円の損失を被ったことになります。

(注) 一般に銀行は外国通貨を買うレート（買いレート，買値，ビッド，bid）を売るレート（売りレート，売値，オファード，offered）より低く設定することでその差額（サヤ）を儲けます。そこで，上記の DEF 社の為替の売り予約の例では為替予約レート（111.24 円）もスポットレート（119.82 円）も ABC 社の為替の買い予約の例の為替予約レート（113.63 円）やスポットレート（120.88 円）より低く設定しました。なお，銀行が為替レートを提示する場合，売りと買いは，通常，銀行が売る，あるいは，銀行が買うレートを意味します。したがって，「買いレート」とは銀行が買い顧客が売るレート，「売りレート」とは銀行が売り顧客が買うレートを意味します。また，日本の銀行は，毎営業日，午前 9 時 55 分に銀行間の取引で成立する為替レートに基づいて午前 10 時に仲値と呼ばれる為替レートを公表します。銀行は，顧客と外国通貨の取引をするとき，時々刻々変化する為替レートに連動した買いレートあるいは売りレートで取引することもあれば，仲値に手数料を加減した買いレートあるいは売りレートで取引することもあります。特に，小規模な取引には通常後者のレートが適用されます。

上の DEF 社の為替予約の例の結論を一般化すれば，**先渡契約あるいは先物契約の売りポジションに発生する原資産 1 単位当たりの利益は，先渡契約あるいは先物契約で約束した受渡価格から受渡日における現物価格を差し引いた差額になります。**

$$(売りポジションの利益) = (受渡価格) - (受渡日の現物価格) \tag{5.2}$$

したがって，もし受渡価格が受渡日における現物価格を上回れば，(5.2) 式の値は正となり，利益が発生したことになります。他方，もし受渡価格が受渡日における現物価格を下回れば，(5.2) 式の値は負となり，損失が発生したことになります。

それでは次に，(5.1) 式を前出の ABC 社の買い予約を例にとって，また，(5.2) 式を前出の DEF 社の売り予約を例にとってグラフに描いてみましょ

図 5-2 為替予約の買いあるいは売りポジションに発生する損益

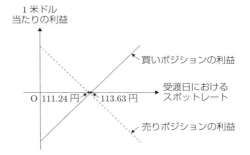

う。図 5-2 の横軸は受渡日における米ドル/円のスポットレートを測り，縦軸は両社の為替予約に発生する利益を 1 米ドル当たりで測ったものです。まず，ABC 社の買い予約で発生する利益は，(5.1) 式が示すように受渡日におけるスポットレートが 1 米ドル当たり 1 円上がるたびに 1 円増えるので，図 5-2 では右上がり 45 度の実線で表しています。また，DEF 社の売り予約で発生する利益は，(5.2) 式が示すように受渡日におけるスポットレートが 1 米ドル当たり 1 円上がるたびに 1 円減るので，図 5-2 では右下がり 45 度の破線で表しています。

(注) 図 5-2 では，買いポジションの受渡価格（為替予約レート）が 113.63 円と，売りポジションの受渡価格（為替予約レート）の 111.24 円より高くなっています。これは，投資家が先渡取引をする相手方である XYZ 銀行が米ドルの売りレートを買いレートより高くすることによって差額を得ているからです。

5.2 先渡取引と先物取引の市場

日本の銀行および証券会社の先渡・先物取引の残高

日本銀行は半年ごとに日本の主要デリバティブ・ディーラー 16 社（銀行 7 行，信託銀行 3 行，証券会社 4 社，その他 2 社）に対して国内外のデリバティブ取引残高に関する調査を実施しています。表 5-1 は，この調査をまとめた「デリバティブ取引に関する定例市場報告」(2018 年 6 月末調査分) から先渡取引と先物取引に関する部分を抜き出したものです。

表 5-1 を読み解く前に，表の中で使われている用語を説明します。まず，同表に掲載した残高は先渡・先物取引の原資産の価値を表し，同表ではこれ

表 5-1 日本の主要ディーラーの先渡取引および先物取引の残高

(単位：10 億米ドル)

2018 年 6 月末想定元本	OTC	取引所
外為フォワードと為替スワップ	4,214	1
金利フォワード	5,469	3,828
エクイティ・フォワードとエクイティ・スワップ	85	51
コモディティ・フォワードとコモディティ・スワップ	4	5

(出所) 日本銀行「デリバティブ取引に関する定例市場報告」。

を**想定元本**（notional amount, notional principal amount）と呼んでいます。表5-1で**外為**フォワードとは，外国通貨に関する先渡取引と先物取引を意味します。ただし，この用語法はフォワードの教科書的な用語法とは異なります。また，**為替スワップ**（foreign exchange swap）とは，外国通貨の現物取引と，それと逆向きの先渡取引を同時に契約する取引です。たとえば，100 万米ドルを現物で買う取引と，100 万米ドルを先渡で売り建てる取引を同時に契約するのがその一例です。

金利フォワードの行に掲載されているのは，債券あるいは金利を原資産とする先渡取引と先物取引，さらに，それらに近い金融商品です。エクイティ・フォワードの**エクイティ**（equity）は，株式や株価指数を指します。また，**コモディティ**（commodity, 商品）は，通常，生産者による差異が比較的少なく，商品取引所等で取引される財を指します。たとえば，金等の貴金属，鉄等の金属，小麦等の農産物，原油等のエネルギーがコモディティの典型的な例です。

なお，エクイティ・スワップとコモディティ・スワップのスワップは，為替スワップのスワップとは意味が異なります。すなわち，エクイティ・スワップとコモディティ・スワップの**スワップ**（swap）は，2 社の間で「将来，複数回にわたって契約時に合意したルールに従って計算されるキャッシュフローを受け渡す」契約を意味します（この意味でのスワップについては 5.7 節の付録でもう少し詳しく解説します）。たとえば，エクイティ・スワップの場合，授受のいずれか一方のキャッシュフローが株式あるいは株価指数の水準あるいは収益率に基づき，他方のキャッシュフローが特定の金利に基づきます。他方，コモディティ・スワップの場合，多くは，授受のいずれか一方のキャッシュフローが特定の商品の市場価格に基づき，他方のキャッシュフローが特定の金利に基づきます。

表 5-1 から，大手デリバティブ・ディーラー 16 社の外国通貨の先渡取引は，残高が 4 兆ドル強と巨額でしたが，先物取引は約 10 億ドルと多くなく，対照的です。他方，金利，エクイティ，コモディティを原資産とする先渡取引と先物取引については，ほぼ同規模の残高を保有していたことが分かります。また，原資産の種類別に残高を比べると，外国通貨と金利が圧倒的に多いことも分かります。

日本の主要な先物取引

次に，日本の取引所に上場されている先物取引のうち比較的取引高が大きいものを原資産の種類別に挙げます。

- 株価指数先物：日経 225 先物（大取，SGX，CME），日経 225mini 先物（大取），TOPIX 先物（大取，CME（2018 年以降））
- 債券先物および金利先物：長期国債先物（大取，SGX），ユーロ円 3 ヵ月金利先物（TFX，SGX）
- 商品先物：金，白金，ゴム（以上すべて大取），原油，ガソリン（以上すべて TOCOM）

ただし，大取は日本取引所グループ傘下の大阪取引所，SGX は Singapore Exchange，CME は Chicago Mercantile Exchange，TFX は東京金融取引所 (Tokyo Financial Exchange)，TOCOM は東京商品取引所（Tokyo Commodity Exchange）の略です。

なお，2019 年 10 月に，TOCOM は日本取引所グループの子会社になりました。

表 5-2 は，上で挙げた先物取引のうち商品先物以外のものについて 2018 年の取引高，取引金額，さらに，2018 年末建玉をまとめたものです。

ただし，表 5-2 の「年間取引高」と「年末建玉」は先物契約の取引単位の枚で表示され，「年間取引金額」は円で表示されています。したがって，異なる先物契約の取引規模を比較するのには，2018 年中に取引された先物契約の想定元本の合計を表す「年間取引金額」を見るのがよいでしょう。その点から言えば，日本で上場されている先物契約の中では長期国債先物が一番取引高が大きかったと言えます。

表 5-2　日本の主要な先物契約の市場規模（2018 年）

先物契約	年間取引高 （千枚）	年間取引金額 （兆円）	年末建玉 （千枚）
日経 225 先物	26,193	580	426
日経 225 mini 先物	273,327	606	1,280
TOPIX 先物	26,224	449	535
長期国債先物	14,304	1,553	111
ユーロ円 3 ヵ月金利先物	1,424	n/a	103

（出所）日本取引所グループ，東京金融取引所．

5.3　先物取引の仕組み

　本節では，先物取引の仕組みを学習します．具体的には，標準化，証拠金制度と値洗い，反対売買，最終決済の順に学習します．従来からファイナンスの教科書では，これらの仕組みのうち最終決済以外の仕組みは，先渡取引にはない，先物取引特有の仕組みであると説明してきました．しかし，リーマンショックを契機に金融取引に対する規制強化が進んだこともあって，グローバルには，取引高の大きな標準的な先渡契約は先物取引に近い形で取引されようになったと言われています．したがって，本節で説明する先物取引の仕組みは一部の先渡契約にも当てはまることに留意してください．

標 準 化

　先物契約は，取引所で取引されるため，取引対象，取引単位，受渡日，値段の付け方等が予め決められています．このことを標準化（standardization）と言います．他方，先渡契約は，当事者が直接取引を行う相対取引なので，当事者が合意すれば契約内容を自由に決めることができます．以下では，標準化の例として金先物と長期国債先物の取引の要綱を掲載します．ただし，その前に，要綱で使われている用語を解説します．まず，先物契約を数えるときは，取引単位の後に**枚**を付けます．**限月**とは，受渡しが行われる月を指します．なお，限月が近い先物契約は**期近物**，限月が遠い先物契約は**期先物**と呼ばれます．

　次に，**立会**とは，取引所で行われる取引を意味します．また，**寄付き**とは，

一般に，取引開始の時間帯，最初に成立した取引，あるいは，その値段という意味で使われますが，金先物の概要では，取引開始時の意味で使われています．他方，**引け**は終了時刻を意味します．**板合わせ**は，特定の時刻までに取引所が受けた買い注文と売り注文のうち，条件を満たすすべての注文の売買が成立する単一価格を決め，それらの注文について売買を締結させる方式を意味します．ちなみに，この方式は，株式取引では板寄せ方式と呼ばれます．他方，**ザラバ取引**とは，4.3 節で解説した価格優先・時間優先の原則に従って，取引所が新たに受けた注文を既存のもっとも優先すべき注文と付け合わせて取引を締結させる方式です．なお，先物の注文の基本となるのは，株式と同様，成行注文と指値注文です．他の注文方法については，日本取引所グループのウェブサイトの「先物・オプション」の下の「取引制度」の下の「注文の種類等」のページを参照してください．

また，呼び値単位は，注文するときの値段（**呼び値**）を規定します．たとえば，金先物について「1 グラム当たり 1 円刻み」とあるのは，金先物の値段は，金 1 グラムに対して表示され，それは 1 円刻みで付くという意味です．さらに，**受渡適格銘柄**とは，受渡しに使える原資産を意味します．それでは，最初に金先物の取引の概要を記します．ただし，2019 年 10 月に TOCOM が日本取引所グループの傘下に入るまでは，金先物は大阪取引所ではなく，TOCOM で取引されていました．

（例） 金先物（標準取引）の取引要綱
- 取引開始日：1982 年 3 月 23 日
- 取引所：大阪取引所
- 取引対象：純度 99.99% 以上の金地金（きんじがね）
- 取引単位：1 キログラム
- 取引限月：偶数月の 6 限月制（最長 12 か月）
- 取引時間と約定方式：
  ＜日中立会＞
  　　寄付板合わせ　　　8:45
  　　ザラバ取引　　　　8:45〜15:10
  　　引板合わせ　　　　15:15
  ＜夜間立会＞
  　　寄付板合わせ　　　16:30

> ザラバ取引　　　　　16:30〜翌日 5:55
> 引板合わせ　　　　　翌日 6:00
> - 呼び値単位：1 グラム当たり 1 円刻み
> - 取引最終日：受渡日から起算して 4 営業日前に当たる日
> - 受渡日時：各限月の末日の正午まで（ただし，12 月は 28 日正午まで，また，受渡日が休業日の場合は繰上げ）
> - 受渡適格銘柄：標準品と同等であって取引所が指定する商標等の刻印のあるもの

なお，株式市場と同様，先物市場でも価格の急変によって投資家に想定外の損失が発生するのを避けるため，価格形成に一定の制限が設けられています。第 1 に，直前の先物価格から一定の範囲（即時約定可能値幅）を超える約定が発生する注文が出された場合，取引を一時的に 30 秒間中断する制度があります。たとえば，日経 225 先物や TOPIX 先物の場合，即時約定可能値幅は上下 0.8％ です。また，長期国債先物の場合，それは上下 10 銭です。第 2 に，先物価格が 1 日の間に変動する幅について制限が設定されています。この幅は，株式市場と同様，制限値幅と呼ばれます。たとえば，日経 225 先物や TOPIX 先物の場合，四半期ごとに，それに遡る一定期間（20 日間）の中心限月（出来高がもっとも多い限月）の清算数値（通常，終値）を平均し，それに 8％ を掛け合わせた積を「通常時制限値幅」としています。また，長期国債先物の場合，それは上下 2 円です。第 3 に，先物の中心限月において，制限値幅の上限（下限）値段に買い（売り）呼び値が提示されるか，あるいは，上限（下限）値段で取引が成立し，それから 1 分間，上限（下限）値段から通常時の制限値幅の 10％ を下回る（上回る）値段で取引が成立しないとき，その直後から当該限月と同じ原資産を持つ先物取引およびオプション取引の全銘柄の取引が 10 分間中断されます。そして，中断中に制限値幅を「通常時」からさらに拡大して，板寄せ方式によって取引が再開されます。この一時中断措置は先物取引およびオプション取引ではサーキット・ブレーカー制度と呼ばれています。

また，株式取引と同様，先物取引においても清算機関が買い手および売り手双方の相手方になります。具体的には，東京商品取引所（TOCOM）と大阪堂島商品取引所（ODE）での先物取引は日本商品清算機構（JCCH）が清算業務を担っています。また，大阪取引所での先物取引は日本証券クリアリング機構

（JSCC）が清算業務を担っています。他方，東京金融取引所（東金取）での先物取引は東金取が清算機関として機能しています。

次に，長期国債先物の取引の概略を紹介します。まず，長期国債先物では，取引の対象を**標準物**と言って，受渡日において残存期間10年でクーポンレート6%の10年利付国債にしています。さて，図2-5の長期国債利回りは各時点で発行された10年利付国債のクーポンレートをおおよそ表しています。そして，この図は長期国債利回りが1992年以降6%を超えたことがなかったことを示しています。したがって，1992年以降，クーポンレートが6%の10年利付国債が発行されたことはないと言えます。このことから，長期国債先物は，実際には存在しない架空の国債を取引対象にしていることが分かります。ちなみに，このような仕組みが採用されている理由は，取引対象を同じ属性を持った債券にすれば価格の継続性が維持できるからです。また，受渡適格銘柄を残存期間7年以上，11年未満の10年利付国債としたので，受渡しによって決済することも可能です。さらに，受渡適格銘柄の市場価格は銘柄によってまちまちなので，それに対応するために，受渡代金は，銘柄ごとに設けられた変換係数（conversion factor）と呼ばれる係数を受渡価格に掛け合わせることによって調整されます。それでは，長期国債先物の取引の要綱を示します。

（例）　長期国債先物の取引要綱
- 取引開始日：1985年10月19日
- 取引所：大阪取引所
- 取引対象：長期国債標準物（クーポンレート6%，残存期間10年の長期国債）
- 取引単位：額面1億円
- 取引限月：3, 6, 9, 12月のうち3限月制
- 取引時間と約定方式：
  ＜午前＞
  　　オープニング（板寄せ方式）　　　　　8:45
  　　レギュラー・セッション（ザラバ方式）　8:45〜11:00
  　　クロージング（板寄せ方式）　　　　　11:02
  ＜午後＞
  　　オープニング（板寄せ方式）　　　　　12:30
  　　レギュラー・セッション（ザラバ方式）　12:30〜15:00

>   クロージング（板寄せ方式）   15:02
>   ＜夜間＞
>   オープニング（板寄せ方式）   15:30
>   レギュラー・セッション（ザラバ方式）   15:30〜翌 5:55
>   クロージング（板寄せ方式）   翌 6:00
> - 呼び値単位：額面 100 円につき 1 銭（1 銭は 100 分の 1 円）
> - 取引最終日：受渡日の 5 営業日前（休業日を除外）
> - 受渡日：各限月の 20 日（20 日が休業日の場合は繰下げ）
> - 受渡適格銘柄：残存 7 年以上，11 年未満の 10 年利付国債

ちなみに，金先物は 6 限月，長期国債先物は 3 限月と，上場される限月が多くありません。これは，上場されている限月に注文が十分集まるようにするための工夫です。また，長期国債先物や株価指数先物の場合は，期近物に取引が集中します。他方，金先物は期先物ほど取引が多くなる傾向があるようです。

証拠金制度と値洗い

　先物の買いポジションにも売りポジションにも将来損失が発生するリスクがあります。したがって，先物取引が成立すると，買い建てた投資家も売り建てた投資家も，将来発生する損失をカバーするために受渡代金の数 % に当たる現金あるいは証券を担保として証券会社等を通じて清算機関に預けなければなりません。これは証拠金と呼ばれます。なお，先物取引について清算機関のJSCC あるいは JCCH に差し入れる証拠金の金額は，シカゴ・マーカンタイル取引所（CME）が開発した Standard Portfolio Analysis of Risk（SPAN）という証拠金計算システムに基づいて計算されるため，SPAN 証拠金額と呼ばれます。

> **Web**　投資家のポートフォリオに原資産が同じか，あるいは，相関が高い複数の先物やオプションのポジションがある場合には，銘柄ごとに算出される額に割増額や割引額が加減されて SPAN 証拠金額が計算されます。詳細は，日本取引所グループのサイトの「証拠金計算例」を参照してください。

　さて，取引成立後は，先物価格の変動によって買いポジションにも売りポジションにも損益が発生します。また，証拠金として証券を差し入れている場合は，差し入れた証券の価格変化によって証拠金のネットの価値が変化します。

したがって，株式の信用取引と同様，先物取引にも値洗いと呼ばれる制度と証拠金の過不足を授受する制度が導入されています．まず，**値洗い**（marking to market）とは，毎営業日の日中立会終了後にポジションの損益を計算してポジションの価値を評価替えすることを指します．なお，長期国債先物の値洗いの数値例を第5章のWeb付録に掲載しましたので，関心がある読者は参照してください．

次に，「証拠金の過不足を授受する」とは，先物ポジションに発生した損益のほか，証拠金として証券を差し入れた場合は，差し入れた証券の再評価に基づいて計算した，投資家が既に差し入れた証拠金のネットの価値（受入証拠金）を，証拠金の最低必要額（証拠金所要額）と比較して，受入証拠金が証拠金所要額に不足する場合は翌営業日までに不足額を清算機関に差し入れ，逆に，受入証拠金が証拠金所要額を超える場合は翌営業日に超える額を引き出すことができることを意味します．ただし，証券会社によっては，清算機関が定める証拠金所要額を上回る金額を差し入れることを要求します．また，追加的に差し入れる不足額は**追加証拠金**（追証）と呼ばれます．

反対売買

先物取引の場合，取引最終日より前に**反対売買**と言って，最初の取引と反対の取引をすることによってポジションを決算することができます．もう少し具体的に言えば，買いポジションの場合は同一銘柄を売り建て（転売），売りポジションの場合は買い建てます（買戻し）．反対売買の場合，投資家は，発生した損益を証券会社等を介して清算機関とやり取りすることによって取引を決済します（差金決済）．ただし，投資家に発生する損益は，最初に取引を行ったときの先物価格と反対売買を行ったときの先物価格の差を代金ベースに換算したものになります．もちろん，先物価格が上昇したときには買いポジションには利益，売りポジションには損失が発生します．逆に，先物価格が下落したときには買いポジションには損失，売りポジションには利益が発生します．

（例）7月31日に投資家 D は同年9月に限月を迎える長期国債先物を150.69円で10枚買い建てました．そして，約定日の清算値段がちょうど150.69円だったので，同日に損益は発生しませんでした．しかし，翌日，金融緩和政策の終焉が想定以上に早まるという報道があったため，先物価格が急落しました．そこで，投資家 D は8月1日にこの長期国債先物を

149.86 円で 10 枚転売しました．したがって，投資家 D に額面 100 円当たり 0.83 円，そして，長期国債先物 1 枚当たり（額面 1 億円当たり）83 万円，そして長期国債先物 10 枚当たり 830 万円の損失が発生したことになります．よって，投資家 D は 830 万円を清算機関に差し入れることになります．

(注) 実際には，投資家の先物ポジションは毎営業日値洗いが行われます．しかし，投資家が先物取引を行ってから反対売買するまでに値洗いで発生する損益を累計したものは，最初に取引を行ったときの先物価格と反対売買を行ったときの先物価格との差を代金ベースに換算したものに一致します．

問い 章末の練習問題 2 を解きなさい．

最終決済

先渡取引と異なり，先物取引のポジションは，通常，取引最終日までに反対売買によって決済されます．ただし，取引最終日までに反対売買によって決済されない建玉も若干あり，それについては取引所が定めた方法に従って決済されます．その方法は，先物契約によって異なり，**差金決済** (cash settlement) によるものと，原資産と代金の授受を実行する**受渡決済** (physical delivery) によるものがあります．たとえば，株価指数先物やユーロ円 3 ヵ月金利先物は差金決済によります．他方，金先物や長期国債先物は受渡決済によります．なお，長期国債先物の場合，受渡適格銘柄のうち，(5.3) 式の値が一番小さい銘柄が，原資産を渡す売り手にとって一番割安な銘柄です．

$$(債券価格) - (約定時の受渡価格) \times (変換係数) \tag{5.3}$$

なぜならば，「(債券価格)」は受け渡す債券の市場価値を表し，「(約定時の受渡価格) × (変換係数)」は特定の銘柄を受渡しに使ったときに売り手が受け取る金額を表すからです．したがって，受渡適格銘柄のうち，(5.3) 式を最小にする銘柄は**最割安銘柄** (cheapest to deliver) と呼ばれます．なお，(5.3) 式を最小にする銘柄は，債券価格を変換係数で割った比率を最小にする銘柄でもあるので，書籍によっては，この比率を最小にする銘柄を最割安銘柄と定義しています．さて，長期国債先物で受渡決済が実行される場合，売り手が受渡しに使う銘柄を選べるので，売り手は最割安銘柄を受渡しに使います．もちろん，長期国債先物の投資家は，最割安銘柄が受渡しに使われるのを想定して売買す

るため，長期国債先物の価格は，その想定を前提にして形成されます。

5.4　先渡契約と先物契約の理論価格

　本節で解説する先渡契約および先物契約の理論価格は，米国のファイナンスの教科書で cost of carry model（CCM）と呼ばれるモデルです。これには定訳がないので，本書では**コスト・オブ・キャリーモデル**あるいは CCM と呼びます。なお，CCM は，theory of storage と呼ばれることがあります。また，本節では，任意の先渡契約および先物契約に適用できる形で理論価格を導出します。

CCM の仮定

　CCM の結論を導き出すために，先渡契約および先物契約について次の仮定を設けます。第 1 に，対象の先物契約あるいは先渡契約に（実際にはあったとしても）**証拠金制度がない**と仮定します。この仮定を設けるのは，証拠金制度がある場合，約定日から受渡日までの期間にキャッシュフローの授受が起こるため，CCM を導出する議論が成立しなくなるからです。なお，この証拠金制度がないという仮定を設けると，先物契約と先渡契約の間にはキャッシュフローの点で差異がなくなります。したがって，その意味において本節の議論は，先物契約に対しても，先渡契約に対しても妥当します。

　第 2 に，先渡契約あるいは先物契約，原資産，資金貸借の**市場が完全競争的**であると仮定します。この完全競争市場の仮定は具体的には次の条件が満たされているという仮定です。

- 市場全体の売買高に比べて各投資家の売買高が十分小さく，その結果，各投資家の売買が価格に影響を与えません。
- 各投資家が持っている情報は均一です。すなわち，特定の投資家が他の投資家に比べて優位な情報を持っていません。
- 資産を任意に分割して売買することができます。
- 資産の売買や所有に税金や手数料等のコストが一切かかりません。
- 空売り（資産を第三者から借りて現物市場で売ること。もちろん，後日，市場で現物を買って貸し手に返す必要がある）を無制限に行うことができます。

2つの投資戦略

次に，CCM を導出するため2つの投資戦略を考えます。ただし，分析対象が先渡契約であろうと，先物契約であろうと，以下では先物と呼ぶことにします。また，本節では，任意の先渡契約および先物契約に適用できる形で CCM を導出したいので，原資産を特定しないで単に原資産と呼びます。それでは，1つ目の戦略を挙げると，それは，先物を1枚買い建て（以下では，この先物を買い建てる日を約定日と呼びます），先物受渡日に原資産を受け取る（品受けと言います）という極めて単純な戦略です。この戦略は先物のポジションを持ちますから futures の頭文字をとって戦略 F と呼びます。次に，投資家が戦略 F を実行するために要するコストを考えると，それは，先物受渡日に品受けに対して支払う代金だけです。したがって，先物受渡日における戦略 F の総コスト C^F は先物1枚当たりの受渡代金です。よって，この関係を式で表すと次式の通りです。

$$C^F = (先物1枚当たりの受渡代金) \tag{5.4}$$

次に，2つ目の戦略を挙げると，それは，約定日に先物1枚分の受渡適格銘柄を現物市場で買い，それを先物受渡日まで保有し続けるという戦略です。この戦略を現物を意味する spot の頭文字をとって戦略 S と呼びます。さて，戦略 S を実行するために要する費用を挙げると，まず第1に，約定日に受渡適格銘柄を買う費用があります。この費用を現物代金と呼びます。第2に，購入した受渡適格銘柄（すなわち，原資産）によってはそれを約定日から先物受渡日まで保有し続けるのに費用がかかるものがあります。たとえば，原資産が原油やトウモロコシの場合，それらを保管するコストがかかります。そこで，これらのコストを保管コストと呼びます。第3に，長期国債先物の場合，受渡適格銘柄を保有している間にクーポンを受け取ることがあります。また，株価指数先物の場合，原資産に相当するのは株価指数を構成する株式の組み合わせ（ポートフォリオ）であり，戦略 S はそれを保有する戦略ですから，保有期間に構成銘柄の一部の銘柄から配当を受け取る可能性があります。要するに，原資産によっては戦略 S を実行する投資家がキャッシュフローを受け取ります。これは，戦略 S を実行するに当たって負の費用と考えることができます。なお，念のために付け加えると，仮に原資産でキャッシュフローが発生したとしても，先物契約を買い建てた投資家にそのキャッシュフローが支払われること

5.4 先渡契約と先物契約の理論価格

はありません。

　第4に，原資産がコモディティの場合，特定の投資家にとって原資産を保有すること自体に価値があることがあります。たとえば，JXTGホールディングスは，原油を精製してガソリン等の石油製品をENEOSガソリンスタンドを通じて販売しています。したがって，同社は原油精製を停止しないために最低限の原油を保有し続ける必要があります。特に，中東での政情不安等，原油の手当てに不確実性が生じる状況では，原油を手元に保有する価値が生まれます。もちろん，この原油を手元に保有する価値は，将来の受渡日にならなければ原油を入手できない先物契約や先渡契約にはありません。また，トウモロコシ等の穀物も穀物を原料とする食品加工業者にとっても不作で穀物が十分に入手できない状況では，現物を手元に保有する価値が生まれます。このように，特定の投資家にとって現物を保有することには，先物や先渡では得られない価値が発生することがあります。この価値は一般に**コンビニエンス**（convenience）と呼ばれます。コンビニエンスは特定の投資家にとってはプラスの価値があるため，それらの投資家にとって戦略 S の費用を下げる効果があると考えられます。ただし，コンビニエンスの性格上，その大きさを直接観察することは難しいです。しかし，本書では，この問題を単純化して，コンビニエンスの大きさが投資家の間で知られていると仮定して議論を進めます。

　以上，負の費用も含めて戦略 S を実行するのに要する費用を4つ挙げました。それらは，現物代金，保管コスト，受取キャッシュフロー，コンビニエンスの4つです。これらの費用は，発生する時点が異なります。そこで，それらの費用の将来価値計算をして先物受渡日における価値に統一します。そのような処理をすれば，戦略 S の先物受渡日における総コスト C^S を次式で表すことができます。

$$C^S = \text{FV}(\text{現物代金}) + \text{FV}(\text{保管コスト}) \\ -\text{FV}(\text{受取 CF}) - (\text{コンビニエンス}) \tag{5.5}$$

ただし FV（・）は括弧内の表現の，先物受渡日における将来価値を表します。すなわち，FV(・) は括弧内の表現にその金利分を上乗せした金額を表します。なお，本書では，コンビニエンスが先物受渡日の価値で表されていると仮定するので，FV を付けていません。また，受取キャッシュフローとコンビニエンスは戦略 S を実行する費用を減らすので，負の符号を付けています。

2つの投資戦略の比較

2つの投資戦略 F と S は先物受渡日において同一資産をもたらします。すなわち，これらは先物受渡日において同一の経済効果をもたらすため，等価であると考えることができます。したがって，直観的に言って，2つの投資戦略のコストは先物受渡日において一致するはずです（次の項で直観よりもっと強い議論を展開して両者が一致することを示します）。すなわち，(5.4)式と(5.5)式が等号で結べるので，次式が成立します。

$$C^F = \text{FV}(\text{現物代金}) + \text{FV}(\text{保管コスト}) \\ - \text{FV}(\text{受取 CF}) - (\text{コンビニエンス}) \tag{5.6}$$

(5.6)式を言葉で表現すると，それは，先物1枚当たりの受渡代金 C^F は，先物1枚分の受渡適格銘柄を現物市場で買い，先物受渡日まで保有する取引の総コストに等しくなるという主張です。あるいは，現物代金との関係で言えば，1枚当たりの先物代金 C^F は，現物代金と，現物を約定日から先物受渡日まで保有するのに要する追加的コスト（すなわち，金利コスト＋保管コスト－受取 CF－コンビニエンス）の和に等しいと言えます。ただし，ここで金利コストとは，FV (·) が括弧内の表現に上乗せする金利分を指します。この「現物を約定日から先物受渡日まで保有するのに要する追加的コスト」は，**キャリーコスト** (cost of carry, carrying charge) と呼ばれるので，(5.6)式は，次のように表現することもできます。

$$\text{先物の受渡代金 } C^F = (\text{現物代金}) + (\text{キャリーコスト})$$

(5.6)式が成立することを証明する前に，(5.6)式を具体的な先物契約に適用してみましょう。すなわち，例として，金先物契約を取り上げます。この先物契約は，5.3節で述べたように，1枚当たり金1キログラムを先物受渡日に受け渡す契約です。したがって，金先物1枚当たりの受渡代金の理論値は，次式によって与えられます。

$$C^F = \text{FV}(\text{金の現物1キログラムの代金}) \\ + \text{FV}(\text{金の現物1キログラム当たりの保管コスト}) \\ - \text{FV}(\text{金の現物1キログラム当たりの受取 CF}) \\ - (\text{コンビニエンス}) \tag{5.7}$$

ただし，金の現物を保有してもキャッシュフローを受け取ることはありませんから，(5.7) 式右辺の第 3 項はつねに 0 円です。

> (例) 日本では金の現物取引の相場は，金先物と同様 1 グラム当たりで提示されます。仮に金の現物価格が 4562 円だとします。このとき，金 1 キログラムの現物代金は，金 1 グラム当たりの現物価格を 1000 倍すればよいです。また，単純化のため保管コストとコンビニエンスが両方とも 0 円であると仮定します。さらに，日本の実務家の多くは先物の理論価格を計算するとき，すなわち，(5.6) 式や (5.7) 式を計算するとき，将来価値計算に単利を使うようです。そこで，(5.7) 式の将来価値計算に単利を使います。具体的には，金利が単利で年率 0.5% であると仮定し，(1.3) 式を使って将来価値計算をします。以上の仮定のもとでは半年後に受渡日が到来する金先物契約の受渡代金の理論値は次式で計算できます。
>
> $$\begin{aligned} C^F &= \mathrm{FV}(4562 \text{円} \times 1000) \\ &= \left(1 + 0.005 \times \frac{1}{2}\right) \times 4562 \text{円} \times 1000 \\ &= 457 \text{万} 3405 \text{円} \end{aligned} \quad (5.8)$$

裁定取引を使って理論価格を導出

実は，(5.6) 式が成立するのは，もしこの等式が成立しなければ，自己資金を使うことなく，確実に利益を上げることができる取引，いわゆる**裁定取引** (arbitrage) が実行され，その結果，等式が成立する方向に現物価格や先物価格が変化するからです。本項では，この取引を上記の例を使って説明します。仮に金の先物市場で成立している先物価格が 4635 円であるとしましょう。このとき，約定日と先物受渡日に下記の取引（すなわち，裁定取引）を行えば，確実に利益を得ることができます。まず，約定日において次の取引を行います。

- 金先物契約を 1 枚売り建てます。
- 金の現物 1 kg を 456 万 2000 円で購入します。
- 456 万 2000 円を借り入れます。

ここで，これらの取引によって約定日に発生するキャッシュフローを列挙します。第 1 に，金先物契約の売り建てについて考えると，CCM では，先物取引に証拠金制度がないと仮定しているので（本節の「CCM の仮定」の項を参照），

約定日にキャッシュフローは発生しません．第2に，金の現物購入については 456 万 2000 円のキャッシュ・アウトフローが発生します．第3に，456 万 2000 円の借入れについては 456 万 2000 円のキャッシュ・インフローが発生します．したがって，以上のキャッシュフローを合計すると0円になります．

次に，この金先物契約の受渡日において次の取引を行います．

- 金先物契約については，約定日に売り建てたポジションを決済するため，約定日に購入した金の現物を渡して（品渡し），先物代金の 463 万 5000 円（先物価格の 4635 円 × 1000 グラム）を受け取ります．
- 借り入れた 456 万 2000 円については，実は，(5.8) 式の計算が，金利が単利で年率 0.5% のときの元利合計の計算になっています．したがって，元利合計は 457 万 3405 円であり，それを金先物契約の受渡日に返済します．

これらの取引によって先物受渡日に発生するキャッシュフローは次の通りです．第1に，金先物契約の決済で 463 万 5000 円のキャッシュ・インフローが発生します．第2に，借入金の返済で 457 万 3405 円のキャッシュ・アウトフローが発生します．したがって，以上のキャッシュフローを合計すると，463 万 5000 円 − 457 万 3405 円 = 6 万 1595 円になります．

上記の約定日と先物受渡日における取引を表でまとめると，表 5-3 のようになります．ただし，CF はキャッシュフローの略です．要するに，約定日のキャッシュフローは 0 円なのですが，先物受渡日のキャッシュフローは 6 万 1595 円になります．もちろん，この 6 万 1595 円は利益です．さて，この 6 万 1595 円の利益は，463 万 5000 円 − 457 万 3405 円 という計算によって得たもので，この計算を一般的に表すと次式で表せます．

$$\text{先物 1 枚当たりの裁定取引の利益}$$
$$= \text{先物価格} \times 1000 - \text{現物価格} \times 1000 \qquad (5.9)$$
$$\times (1 + \text{約定日から先物受渡日までの年数} \times \text{単利利子率})$$

(5.9) 式は，6 万 1595 円の利益が，先物価格，現物価格，年数，利子率の4つの変数によって完全に決まることを示しています．そして，これら4つの変数は，約定日に観察あるいは特定できる数であるため，約定日に確定しています．したがって，6 万 1595 円の利益も約定日に確定しているのです．さらに，本項で説明した約定日および先物受渡日に実行する一連の取引では，現物

表 5-3 裁定取引に発生するキャッシュフロー

	約定日取引	約定日の CF	受渡日取引	受渡日の CF
先　物	売り建て	0 円	品渡し	463 万 5000 円
現　物	金 1 kg 購入	−456 万 2000 円	品渡しに充当	0 円
資　金	借入れ	456 万 2000 円	借入れ返済	−457 万 3405 円
計		0 円		6 万 1595 円

代金を借入れでまかなったため，自己資金をまったく使っていません。したがって，この一連の取引は裁定取引の定義を満たしています。また，その結果得られる 6 万 1595 円の利益は**裁定利益**（arbitrage profit）と呼ばれます。

一般に，上の例のように先物契約の市場価格（市場で取引されて付いた価格）が理論価格を上回るときは，即座に先物を売り建て，現物を買って保有し，先物受渡日に品渡しすれば裁定利益を得ることができます。この一連の取引は**キャッシュ・アンド・キャリー**（cash-and-carry）と呼ばれます。他方，先物契約の市場価格が理論価格を下回るときは，即座に先物を買い建て，現物を空売りし，先物受渡日に品受けし（先物契約に従って原資産を受け取り代金を支払うこと），受け取った原資産を空売りの決済に使えば裁定利益を得ることができます（この取引の詳細については第 5 章の Web 付録参照）。この一連の取引は**リバース・キャッシュ・アンド・キャリー**（reverse cash-and-carry）と呼ばれます。

さて，CCM の完全競争市場の仮定のもとでは，取引費用がかからず，情報が投資家の間に行き渡っているため，もし先物契約の市場価格と理論価格が等しくなければ多数の投資家が上記のキャッシュ・アンド・キャリーあるいはリバース・キャッシュ・アンド・キャリーを行うはずです。たとえば，上記の金先物契約の例の場合，多数の投資家がキャッシュ・アンド・キャリーを実行しようとするでしょうから，金の先物市場では大量の売り注文が発生し，金の現物市場では大量の買い注文が発生します。その結果，先物価格は 4635 円から下落し，現物価格は 4562 円から上昇します。そして，完全競争市場の仮定のもとでは C^F と C^S が一致するまでこの裁定取引が続きます。したがって，$C^F = C^S$，すなわち，(5.6) 式が成立し，裁定利益が得られる機会（裁定機会）が消滅します。

ここで，本節で学習したコスト・オブ・キャリーモデルの性格付けをしておきます。本節では，まず，先渡取引あるいは先物取引（本節では，いずれも先物

と呼んでいます）を買い建て，そのポジションを先物受渡日まで保有するという戦略 F と，約定日に原資産を購入し，それを先物受渡日まで保有し続けるという戦略 S を検討しました．2つの戦略は先物受渡日に同一の経済状態，すなわち，同一の資産を保有する状態を生み出します．その意味において2つの戦略は同一物だとみなせます．あるいは，別の言い方をすると，**戦略 S は原資産を使って先物取引を合成する戦略**だと言えます．したがって，万が一，同一物の一方の価格が他方の価格より高ければ，高い方を売って安い方を買うことによって確実に利益を上げることができるのです．すなわち，この取引は裁定取引であり，その取引によってあげる利益は裁定利益です．そして，裁定取引の結果，戦略 F の先物受渡日における総コスト C^F が戦略 S の先物受渡日における総コスト C^S と一致するように現物価格と先物価格が変化し，コスト・オブ・キャリーモデルが成立します．したがって，**コスト・オブ・キャリーモデルは裁定取引を基盤にしている**と言うことができます．

もう1点指摘すると，先物取引が成立する（約定）時点に，C^F が C^S に一致するということは，先物の約定時点においては，買いポジションにとっても，売りポジションにとっても，将来交換する原資産と代金が等価だということです．その結果，先物の約定時点におけるそれらの現在価値も等しくなります．よって，**先物の買いポジションも，売りポジションも，約定時点における価値は0円になります**．このように考えると，先物の約定日に現金の授受を行わないのは当然だと言えます．

価格ベースの CCM

一般に，先物相場は，他の証券や商品と同様，代金ベースではなく，価格ベースで表示されます．したがって，コスト・オブ・キャリーモデルも価格ベースで表現されるのが普通です．そこで，(5.6) 式の両辺を適当な定数で割って，価格ベースの公式を導出します．

> （例）　前項の金先物契約の例では，1枚の（すなわち，金1キログラムの）受渡代金の理論値が (5.8) 式によって与えられました．この (5.8) 式を再掲すると，次の通りです．
>
> $$C^F = \left(1 + 0.005 \times \frac{1}{2}\right) \times 4562 \text{円} \times 1000 = 457 \text{万} 3405 \text{円} \qquad (5.10)$$
>
> さて，5.3節で述べたように，金先物契約の価格は金1グラム当たりで

5.4 先渡契約と先物契約の理論価格 165

表示されます。したがって，金先物契約の理論値も金 1 グラム当たりで表現する方が使いやすいです。そこで，(5.10) 式の両辺を 1000 で割って金 1 グラム当たりの理論価格を示します。

$$\frac{C^F}{1000} = \frac{\left(1 + 0.005 \times \frac{1}{2}\right) \times 4562\,円 \times 1000}{1000}$$

$$= \left(1 + 0.005 \times \frac{1}{2}\right) \times 4562\,円$$

$$= 4573.405\,円$$

ただし，この例では金の保管コストとコンビニエンスがともに 0 円であると仮定したので，上の式にはそれらに対応する項がありません。

さて，一般の先物の場合，上記の金先物の例で 0 円であると仮定した保管コスト，受取キャッシュフロー，コンビニエンスは必ずしも 0 円ではありません。その場合，先物 1 枚当たりの受渡代金の理論値の公式 (5.6) 式を適当な定数（上記の金先物の場合は 1000）で割れば，保管コスト，受取キャッシュフロー，コンビニエンスのすべてが，現物価格に対応する原資産の量（上記の金先物の場合は金 1 グラム）当たりの金額になります。したがって，先物価格 F を次式で表現できます。

$$F = \text{FV}(現物価格) + \text{FV}(呼び値当たりの保管コスト) \\ -\text{FV}(呼び値当たりの受取 CF) - (コンビニエンス) \tag{5.11}$$

ただし，上の式で「呼び値当たりの」とは，「先物の価格を提示するときの量当たりの」という意味です。したがって，たとえば，金先物の場合，「呼び値当たりの保管コスト」は金 1 グラム当たりの保管コストを指します。また，長期国債先物の場合，受渡しに利用されると予想される銘柄は最割安銘柄です。したがって，その「呼び値当たりの受取 CF」は最割安銘柄の額面 100 円当たりの受取 CF を指します。

> （例）金の現物価格が 1 グラム当たり 4534 円，1 年物の金利が単利で年率 0.16% であるとします。このとき，1 年後に受け渡される金先物契約の理論価格を計算してみましょう。ただし，保管コストは，約定日に金 1 グラム当たり 2 円支払うとします。また，コンビニエンスは 0 円であると仮定します。この場合，(5.11) 式の第 1 項に現物価格の 4534 円，第 2 項に保管コストの 2 円を代入して将来価値計算をすれば理論価格が解けます。

$$F = \text{FV}(4534\text{円}) + \text{FV}(2\text{円})$$
$$= (1 + 0.0016 \times 1) \times (4534\text{円} + 2\text{円})$$
$$= 4543.2576\text{円}$$

問い 章末の練習問題 3 を解きなさい。

CCM の性質と妥当性

本項では最初に (5.11) 式を使って時間の経過が先物価格に及ぼす影響を考察します。そのため，第 1 に，先物の市場価格は，(5.11) 式を使って算出される理論価格に等しいと仮定します。第 2 に，時間だけの効果を見たいので，それ以外の要因を無視できる設定にします。すなわち，保管コスト，受取キャッシュフロー，コンビニエンスはすべて 0 円であると仮定します。このとき，(5.11) 式は次の式になります。

$$F = \text{FV}(\text{現物価格}) \tag{5.12}$$

次に，(5.12) 式を具体的に検討するために，金先物を例に使います。

（例）20x1 年 4 月 27 日を取引最終日とする金先物契約が，その 1 年前の 20x0 年 4 月 27 日から取引されているとします。また，20x0 年の 4 月 27 日と 10 月 27 日，さらに，20x1 年の 1 月 27 日と 4 月 27 日における金の現物価格と，それぞれの日から 20x1 年 4 月 27 日までの借入れに課される金利が表 5-4 の通りだったとします。ただし，金利は単利で年率の値を掲示しています。また，この例では金利の効果を際立たせるため，高い金利を設定しています。

さらに，保管コスト，受取キャッシュフロー，コンビニエンスのすべてが 0 円であると仮定します。その場合，この金先物の理論価格は (5.12) 式を使って求めることができます。また，この例では，金利が単利で与えられて

表 5-4　金の現物価格と金利の仮説例

月　日	4 月 27 日	10 月 27 日	1 月 27 日	4 月 27 日
受渡日までの日数	365 日	182 日	90 日	0 日
金の現物価格	4534 円	5204 円	5134 円	4996 円
金利（単利）	16%	13%	11%	13%

いるので，将来価値は第1章の (1.3) 式で計算できます．たとえば，20x0年10月27日の先物価格の理論値は次式で計算できます．

$$\begin{aligned} F &= [1 + (1\text{年当たりの利子率}) \times (\text{年数})] \times \text{現物価格} \\ &= \left(1 + 0.13 \times \tfrac{182}{365}\right) \times 5204\,\text{円} \\ &= 1.064822 \times 5204\,\text{円} \\ &= 5541\,\text{円} \end{aligned} \quad (5.13)$$

20x0年10月27日と同様の計算で20x0年4月27日，さらに，20x1年の1月27日と4月27日について金先物の理論価格を計算したものを表5-5に掲載しました．ただし，この表で「将来価値係数」とは $[1 + (1\text{年当たりの利子率}) \times (\text{年数})]$ の計算結果を表します．また，「価格差」とは，先物価格から現物価格を差し引いた差を表します．ちなみに，この逆の，現物価格から先物価格を差し引いたものは，一般に，ベーシス（basis）と呼ばれます．

表5-5の「価格差」から読み取れるポイントを列挙します．第1に，保管コスト，受取キャッシュフロー，コンビニエンスのすべてが0円である場合，価格差がすべて正であるため，先物価格がつねに現物価格を上回っていることが分かります．第2に，時間の経過とともに価格差がどんどん小さくなり，取引最終日で0円になっています．これは，**時間が経過して先物受渡日に近づくにつれ**，将来価値係数がどんどん1に近い値をとるため，**金先物の理論価格がどんどん現物価格に近い値をとる**からです．そして，**金先物の取引最終日においては**将来価値係数は必ず1の値をとるため，**金先物の理論価格が現物価格に一致**します．ちなみに，時間が経過するにつれて先物価格が現物価格に近づくことをコンバージェンス（convergence）と言います．また，この先物の取引最終日に先物価格が現物価格に一致するという性質は，(5.11) 式あるいは (5.12) 式によらなくても，約定日から受渡日までの日数が先物と現物で同じである場合には必ず成立しなければならない性質です．なぜならば，その場合取引最終日に約定する取引については先物取引と現物取引の受渡日が一致するため，先物価格と現物価格も一致せざるを得ないからです．第3に，時間の経過とともに価格差が小さくなるとは言え，先物価格が (5.12) 式によって与えられる限り，**先物価格は現物価格とおおよそ同じ動き方をする**ことが分かります．

次に，保管コスト，受取キャッシュフロー，コンビニエンスのいずれかが0

表 5-5 将来価値係数，金先物の理論価格，金先物の理論価格と金の現物価格の差

月　日	4月27日	10月27日	1月27日	4月27日
受渡日までの日数	365 日	182 日	90 日	0 日
将来価値係数	1.16	1.064822	1.027123	1.0
金先物の理論価格	5259 円	5541 円	5273 円	4996 円
価格差	725 円	337 円	139 円	0 円

円でない場合を考察します．まず，原資産が金融資産の場合，保管コストとコンビニエンスは存在しません．また，原資産が金融資産の場合，受取キャッシュフローをおおよそ推測できます．たとえば，ユーロ円3ヵ月金利先物の場合，キャッシュフローが発生しません．また，長期国債先物の場合，最割安銘柄を特定すれば，その銘柄の利払日とクーポンレートが確定できるため，先物受渡日までに受け取るキャッシュフローの時期と金額を計算できます．さらに，株価指数先物の場合，指数を構成する銘柄の配当金支払日と1株当たり配当金をおおよそ推測することができるため，株価指数全体で発生するキャッシュフローの時期と金額をおおよそ推測することができます．このような事情から，原資産が金融資産の場合，通常，市場価格が (5.11) 式で計算される理論価格に近い値をとります．すなわち，原資産が金融資産の先物契約や先渡契約については，コスト・オブ・キャリーモデルの妥当性が高いです．

他方，原資産がコモディティの場合は，原資産の需要と供給（需給）の状況に応じて保管コストが大きく変動します．また，コンビニエンスも原資産の需給によって大きく変動します．しかし，投資家はコンビニエンスの大きさを客観的に知ることができません．したがって，原資産がコモディティの先物契約や先渡契約の場合，コスト・オブ・キャリーモデルの市場価格に対する当てはまりがよくないことがあります．

5.5　CCMの日経平均先物への応用

最初に，日経平均先物（大取は日経225先物と呼んでいます）の取引要綱を記します．

(例)　日経225先物の取引要綱
- 上場年月日：1988年9月3日

- 取引所：大阪取引所
- 取引対象：日経平均株価（日経 225）
- 取引単位：日経平均株価 × 1000 円
- 取引限月：四半期限月（最長 8 年）
    - 6・12 月：直近の 16 限月
    - 3・9 月： 直近の 3 限月
- 取引時間と約定方式：
    - ＜日中＞
        - オープニング（板寄せ方式）　　　　　　　8:45
        - レギュラー・セッション（ザラバ方式）　　8:45〜15:10
        - クロージング（板寄せ方式）　　　　　　　15:15
    - ＜夜間＞
        - オープニング（板寄せ方式）　　　　　　　16:30
        - レギュラー・セッション（ザラバ方式）　　16:30〜翌 5:25
        - クロージング（板寄せ方式）　　　　　　　翌 5:30
- 呼び値単位：10 円
- 取引最終日：各限月の第 2 金曜日（休業日の場合は繰上げ）の前営業日
- 決済：反対売買（転売または買戻し）をする場合は翌日に決済されます。反対売買をしない場合は，最終決済と言って取引最終日の翌日に SQ 値に基づいて差金決済されます。ただし，SQ 値とは取引最終日の翌営業日における構成銘柄の始値に基づいて算出した日経平均を意味します。なお，SQ は Special Quotation の略で，SQ 値は特別清算数値とも言います。

次に，5.4 節で導出したコスト・オブ・キャリーモデル (5.11) 式を再掲します．

$$F = \text{FV}(現物価格) + \text{FV}(呼び値当たりの保管コスト)$$
$$-\text{FV}(呼び値当たりの受取 CF) - (コンビニエンス)$$

もちろん，この式は，呼び値に対応する数量分の原資産を現物市場で購入して先物受渡日まで保有するという戦略の総費用を先物受渡日における価値として表現するものです．したがって，原資産が日経平均の場合，この戦略は，日経平均の構成銘柄を現物市場で購入して先物受渡日まで保有することを意味

します。そして，上の式の「現物価格」は，約定日における日経平均の数値を指します。また，株式を保有するのに保管コストを必要としないので，上の式の「呼び値当たりの保管コスト」は0円です。さらに，「コンビニエンス」も0円です。なぜならば，株式ポートフォリオはコモディティではないからです。しかし，株式ポートフォリオを約定日から先物受渡日まで保有する場合，日経平均の構成銘柄の一部から配当を受け取る可能性があります。したがって，それらの配当を考慮しなければなりません。ただし，(5.11) 式では受取キャッシュフローが将来価値として表現されていますが，受取キャッシュフローが配当の場合，実務上，将来価値計算をしないことが多いようです。したがって，本書でも配当の将来価値計算をしないことにします。以上の考察から，日経平均先物の場合，(5.11) 式は次式で表せます。

$$F = \text{FV}(日経平均) - (配当)$$

ここで，次の記号を定義します。
$S = $ 約定日における日経平均
$r = $ 約定日から先物受渡日までの資金貸借の利子率(単利で年率表示)
$d = $ 約定日から先物受渡日までの配当利回りを年率で表現したもの
$\tau = $ 約定日から先物受渡日までの期間の年数

ただし，τ はギリシャ文字の小文字でタウと読みます。利子率が単利で年率で表示されている場合，将来価値計算は1.3節の (1.3) 式から，日経平均 S に $(1 + r\tau)$ を掛け合わせれば計算できます。また，4.5節から，日経平均の場合，配当利回り d は，1年当たりの配当を日経平均 S で割った比率です。したがって，1年当たりの配当は配当利回り d と日経平均 S の積 dS で表せます。よって，約定日から先物受渡日までの配当は（かなり大雑把な計算ですが）dS に τ を掛け合わせた $d\tau S$ で求められます。以上から，日経平均先物の理論価格は次式で表せます。

$$\begin{align}F &= \text{FV}(日経平均) - 配当 \\ &= (1 + r\tau)S - d\tau S \\ &= S + (r - d)\tau S\end{align} \quad (5.14)$$

それでは，(5.14) 式を使って日経平均先物の理論価格を計算してみましょう。

（例） 2018年12月21日の日経平均大引けは2万166円19銭でした。この数値を使って2019年3月に限月を迎える日経平均先物の理論価格を計算します。ただし，金利 r には0.06909%（単利で年率），配当利回り d には2.29%（年率）を使います。また，12月21日に現物を買うと，その直後に休日が続くため現物の決済日が12月27日になります。また，2019年3月に限月を迎える日経平均先物の決済日は2019年3月8日です。そこで，12月27日から翌年3月8日までの日数の71日を使って τ を計算します。

$$F = 2万166.19円 + (0.0006909 - 0.0229) \times \frac{71}{365} \times 2万166.19円$$
$$= 2万166.19円 - 87.12円$$
$$= 2万79.07円$$

ちなみに，2018年12月21日における翌年3月限月の日経平均先物取引の終値は2万50円でした。したがって，上記の理論価格から約29.07円，すなわち，約0.14%上回っていました。

問い 章末の練習問題4を解きなさい。

5.6 先渡・先物の利用方法とリスク・リターン

先渡取引と先物取引（以下では随所で，両方をまとめて先物取引と呼びます）の利用方法としてはヘッジ，裁定，投機の3つを挙げることができます。そして，先物取引で発生するリスクやリターンは，先物取引がヘッジ，裁定，投機のいずれで利用されるかによって大きく異なります。そこで，本節ではヘッジ，裁定，投機のそれぞれを説明する際，それぞれの利用方法で発生するリスクやリターンに言及することにします。

先渡・先物を使ったヘッジ

まず，ヘッジを取り上げます。一般に，ファイナンスで**ヘッジ**（hedge）と言うと，それはリスクを減らす行為や手段を意味します。たとえば，5.1節で挙げたABC社が11月10日に10万米ドルの為替予約をした例は先渡取引を使ったヘッジの例です。なぜならば，為替予約の結果，11月10日以降，米ドル/円のスポットレートがどう変化しようとも，「ABC社は翌年の4月10日

に 10 万米ドルを 1136 万 3000 円で手に入れることができる」からです。さて，直前の文の「」内の事実は，「ABC 社が翌年 4 月 10 日に米国企業に 10 万米ドル支払う」という債務において為替レートの変動によって発生する損益が，ABC 社が有する 10 万米ドルの為替予約において為替レートの変動によって発生する損益によってちょうど相殺されるからだと解釈することができます。この解釈は，先物取引をヘッジに利用する投資家にとって有用な見方を提供するので，この解釈を次に解説します。

まず，翌年 11 月 10 日に 10 万米ドルを支払うという債務を検討するために，仮に ABC 社が翌年 4 月 10 日に米ドル/円のスポットレート 120.88 円で 10 万米ドルを買って米国企業に支払うケースについて考えましょう。この場合を，113.63 円のレートで為替予約をした場合と比べると，1 米ドル当たり 120.88 円 − 113.63 円 ＝ 7.25 円の損失が発生したと考えることができます。他方，5.1 節の「先渡・先物取引に発生する損益」の項で考察したように，もし翌年 4 月 10 日に米ドル/円のスポットレートが 120.88 円であれば，ABC 社の為替予約には 1 米ドル当たり 7.25 円の利益が発生したと考えることができます。もちろん，ABC 社には 10 万米ドルを支払う債務と為替予約の両方があります。したがって，もし翌年 4 月 10 日に米ドル/円のスポットレートが 120.88 円であれば，債務に発生する損失を為替予約に発生する利益がちょうど相殺して両方を合わせた損益が 0 円になります。さて，この「債務に発生する損益と為替予約に発生する損益がちょうど相殺」するという議論は，翌年 4 月 10 日に成立する米ドル/円のスポットレートがいくらであっても成立します。したがって，**ABC 社の債務に付随する為替リスク**（為替レートの変動によって損益が発生する可能性）**は，その変動と反対の動き方をする先物取引のポジションをとることによって相殺することができる**というわけです。

もうひとつ，先物取引を使ったヘッジの例を紹介します。仮に XYZ 生命保険が，大規模な債券ポートフォリオを保有しているとしましょう。また，XYZ 生命保険は，近日中に，金融政策が引き締められることを懸念しているとします。もし金融政策が引き締められると，市場金利全般が上昇し，債券価格が下がります。また，同時に，長期国債先物の価格も下がります。したがって，もし XYZ 生命保険が長期国債先物を適当な枚数売り建てておけば，万が一金融政策が引き締められて XYZ 生命保険が保有する債券ポートフォリオに損失が発生しても，売り建てた長期国債先物で発生する利益で相殺できます。

実際にどの程度ヘッジできるかは，リスクの源泉である資産あるいは負債の価値変化と，ヘッジ手段として利用する先物の価格変化の連動性に依存します。この連動性が高いときにはリスクをほぼ無くすことができますが，低いときにはリスクをある程度しか低減することができません。リスクが完全に除去されないときは，リスクの源泉とヘッジ手段の両方で発生する損益の合計がプラスに出ることもマイナスに出ることもあります。ただし，投資家自身，必ずしも100%のヘッジを希望していないかもしれません。その場合，投資家は，将来の見通しや状況に応じてヘッジする程度を調整して，リスクの量をコントロールすればよいのです。このように，先渡取引ないし先物取引は，使い勝手のよいリスク管理の手段を提供します。

裁　　定

　一般に裁定取引とは，5.4節で定義したように，自己資金を使うことなく，確実に利益を上げることができる取引を意味します。そして，先物を使った裁定取引には，5.4節で解説したキャッシュ・アンド・キャリーと，言及のみにとどめたリバース・キャッシュ・アンド・キャリーがあります。これらの取引では，5.4節で指摘したように，取引に着手する時点で将来獲得する裁定利益を計算することができます。したがって，CCMの仮定が完全に成立する世界ではリスクがゼロで確実な利益を上げることができる取引です。

　しかし，実際に裁定取引を執行する際には若干の費用やリスクが発生します。たとえば，先物あるいは原資産を取引する際，取引費用がかかります。また，裁定の機会を見出した時点と実際に取引が成立する時点の間に若干の時間が経過するため，裁定機会を見出した時点で期待したほどの利益が上がらない可能性があります。さらに，裁定を実行するために先物や原資産に注文を出す結果，それらの価格が裁定利益を減らす方向に動きます。たとえば，5.4節で学習したキャッシュ・アンド・キャリーの場合，先物の市場価格が理論価格より高かったので先物を売り，原資産を現物市場で買いました。しかし，先物の売り注文は先物の市場価格を押し下げる効果があります。また，現物の買い注文は原資産の市場価格を押し上げる効果があります。5.4節で指摘したように，キャッシュ・アンド・キャリーの裁定利益は先物価格から，原資産の価格を金利や保管コスト等について調整したものを差し引いたものなので，これらの効果は裁定利益を減少させます。

以上指摘した点から分かるように，裁定取引の執行にはリスクが伴います。したがって，先物の市場価格が理論価格からある程度乖離しなければ裁定取引によって利益を上げることができません。ただし，5.4節でも指摘したように，金融資産を原資産とする先物（金融先物）の場合，先物の市場価格に対するCCMの説明力は高いです。このCCMの当てはまりが良いという事実は，金融先物の場合，裁定取引で利益を上げるために必要な最低限の乖離が小さいことを示唆しています。

投　　機

国語辞典の『広辞苑』は投機を「損失の危険を冒しながら大きな利益をねらってする行為」と説明しています。また，英英辞典の *The Merriam-Webster Dictionary* は投機に相当する英単語の speculation を "assumption of unusual business risk in hopes of obtaining commensurate gain"（並外れた利益を得ることを期待して相応のビジネスリスクをとること）と定義しています。

さて，5.3節の「反対売買」の項で挙げた例を使って考えると，投資家 D は7月31日に150.69円で買い建てた長期国債先物を翌日149.86円で転売したため，額面100円当たり0.83円，先物1枚当たり83万円の損失を被りました。日本証券クリアリング機構（JSCC）が当時要求した証拠金は1枚当たり54万円だったため，投資家はJSCCの証拠金以上の損失を1日で被ったことになります。ちなみに，もし投資家が7月31日に150.69円で売り建てて翌日149.86円で買い戻していたならば，83万円の利益をあげたはずです。このように，先物取引あるいは先渡取引は投機的な面があり，短期間に大きな利益や損失が発生する可能性があります。事実，過去に遡ると，先物取引で巨額の損失が発生して，社会的に大きな注目を集めた事件が起こりました。

> （例）かつて女王陛下の銀行と呼ばれた英国のベアリングス銀行（Barings Bank）のトレーダーだったニック・リーソン（Nick Leeson）は，不正に日経平均先物や日経平均を原資産とするオプション（第6章参照）の取引を繰り返し，最終的に損失が8億6000万ポンドまで膨れ上がりました。その結果，ベアリングス銀行は1995年に破綻してしまいました。
>
> （例）長年証券営業に携わっていた浅川和彦は，1989年に投資顧問会社を買収し，AIJ投資顧問株式会社に名称変更して営業を始めました。業務は中小企業の厚生年金基金や大企業の企業年金の運用の受託であり，2011年9

月末時点で 1984 億円の資産を受託していました。同社は高い運用利回りを喧伝していましたが，2012 年 1 月の証券取引等監視委員会の検査によって受託資産の大部分が消失していることが判明しました。そして，消失の大きな原因が長期国債先物のトレードの失敗によるものであることが明らかになりました。

図書 先物についてもっと学習したい読者は，ハル [2016] を参照してください。

5.7 付録：スワップ*

　この付録では，スワップと呼ばれるデリバティブ（2.2 節参照）を簡単に紹介します。スワップは，店頭市場で活発に取引されるデリバティブです。たとえば，5.2 節で引用した「デリバティブ取引に関する定例市場報告」によると，金利スワップの 2018 年 6 月末の想定元本は 40 兆 7550 万米ドルと，表 5-1 に掲載した他のどのデリバティブよりも大きな残高がありました。したがって，スワップをもっと詳しく解説するべきなのですが，紙幅の制約があるため，簡単な紹介にとどめます。

　スワップ（swap）を一般的に定義すると，それは，2 者の当事者（counterparties）の間で「通常，複数の将来時点に，契約時に合意したルールに従って計算されるキャッシュフローを交換する」契約を指します。もう少し具体的に述べると，交換するキャッシュフローは，特定の経済変数に連動するように設定されます。たとえば，金利スワップの場合は特定の市場金利に，通貨スワップの場合は特定の為替レートに，またエクイティ・スワップの場合は特定の株価指数にキャッシュフローが連動するようにルールが設定されます。以下では，単純な仕組みの金利スワップと通貨スワップを紹介します。

　なお，スワップを第 5 章の付録で紹介するのは，スワップが先渡契約に近い性格を持っているからです。たとえば，スワップの契約時点においては，双方の当事者にとって，将来受け取るキャッシュフローと支払うキャッシュフローの現在価値が等しくなるように条件が設定されるため，スワップの価値は 0 円です。この点は，先渡取引あるいは先物取引で将来授受される原資産と現金が，約定時点において等価であるため，先渡取引あるいは先物取引の約定時点における価値が 0 円であるのと同じです。また，この付録で紹介する単純な仕組みのスワップは，先渡契約のポートフォリオとみなすことができます。

それでは，最初に，金利スワップのうち，仕組みが単純で，かつ，取引高も多い**プレイン・バニラ（金利）スワップ**（plain vanilla (interest rate) swap）を説明します。これは，簡単に言えば，同一通貨の，固定金利と変動金利を交換する契約です。たとえば，これから2年間，半年ごとに企業Aは銀行Bに100億円の想定元本に対して固定金利2%を支払い，銀行Bから同額の想定元本に対して6か月LIBORに等しい変動金利を受け取るスワップ契約を結んだとしましょう。ただし，6か月LIBORとは3.4節で紹介したように，ロンドン市場で国際的な銀行が他の銀行に対して提示する6か月間の貸出金利の平均です。また，上で標準的な教科書と同じように「固定金利と変動金利を交換する」と述べましたが，実際には，差額を授受します。

さて，固定金利の2%は1年当たりの利子率なので，企業Aが銀行Bに半年ごとに支払うキャッシュフローは，2%の約半分（実際には直前の金利支払日からの日数を計算します）の1%に想定元本の100億円を掛け合わせて得た金額になります。他方，企業Aが銀行Bから受け取るキャッシュフローは，半年前に成立しているLIBORの約半分（実際には直前の金利支払日からの日数を計算します）に想定元本を掛け合わせて得る金額になります。したがって，スワップ締結後，LIBORが上昇すると，企業Aが受け取るキャッシュフローが増え，LIBORがおおよそ2%を上回れば，授受する差額がプラスになります。逆に，スワップ締結後，LIBORが下落すると，企業Aが受け取るキャッシュフローが減り，LIBORががおおよそ2%を下回れば，授受する差額がマイナスになります。ちなみに，上の2つの文に「おおよそ」を入れる必要があったのは，固定金利と変動金利は日数計算の方式が異なるからです。

次に，企業Aの観点からスワップの価値を考えましょう。最初に，企業Aが支払うキャッシュフローを考えると，固定金利に基づいているため，金額が確定しています。したがって，LIBORをはじめとする市場金利が上昇すると，現在価値が下がります。逆に，LIBORをはじめとする市場金利が下落すると，企業Aが支払うキャッシュフローの現在価値は上がります。他方，企業Aが受け取るキャッシュフローは変動金利に基づくため，その現在価値は（本書では説明を割愛しますが）市場金利の水準にかかわらずほぼ不変です。したがって，企業Aの観点から見た当該スワップの価値は，LIBORをはじめとする市場金利が上がるとプラスになり，下がるとマイナスになります。以上をまとめると，LIBORをはじめとする市場金利が上がると，企業Aが受け取るキ

ャッシュフローが増え，スワップの価値もプラスになります。逆に，LIBORをはじめとする市場金利が下がると，企業 A が受け取るキャッシュフローが減り，スワップの価値がマイナスになります。もちろん，銀行 B にとっては，キャッシュフローについてもスワップの価値についても，企業 A と逆のことが起こります。したがって，両方の当事者にとってプレイン・バニラ（金利）スワップは将来の金利の動向に賭ける取引であると言えます。

次に，通貨スワップを取り上げます。一般に，**通貨スワップ**（currency swap）とは，異なる通貨建てのキャッシュフローを交換する契約を指します。ただし，この付録では，通貨スワップの中でもっとも単純な仕組みの**プレイン・バニラ通貨スワップ**（plain vanilla currency swap）を説明します。これは，異なる通貨建ての固定金利と元本を交換するスワップです。たとえば，米国アリゾナ州に本社を置く企業 C が，D 銀行と次のようなスワップ契約を結んだとしましょう。「今後2年間，半年ごとに，企業 C が元本1000万米ドルに対して金利2.8%を D 銀行に支払い，D 銀行から元本780万ポンドに対して金利0.82%を受け取る。さらに，2年後に企業 C が元本1000万米ドルを D 銀行に支払い，D 銀行から780万ポンドを受け取る」。このスワップにおいて将来交換するキャッシュフローは各通貨については確定しています。しかし，米ドルの市場金利の変動によって米ドル建てのキャッシュフローの現在価値が上下し，ポンドの市場金利の変動によってポンド建てのキャッシュフローの現在価値も上下します。さらに，ポンドと米ドルの為替レートの変動によって当該スワップの価値が変化します。したがって，このプレイン・バニラ通貨スワップは，米ドル金利，ポンド金利，ポンドと米ドルの間の為替レートの3つの要因によって損益が発生します。

> **図書** スワップについてもっと学習したい読者は杉本他 [2016] を参照してください。

5.8 練習問題

1. （**先渡契約から発生する損益の計算**）XYZ 株式会社は，VW 銀行に「半年後に200万米ドルを1ドル112円50銭のレートで売る」為替予約をしました。もし半年後に米ドルのスポットレートが115円23銭であるならば，XYZ 社の為替予約に発生する損益はいくらになるでしょうか。ま

た，半年後のスポットレートが 109 円 79 銭であるならば，為替予約に発生する損益はいくらになるでしょうか．

2. (**先物の建玉**) ある先物取引について，12 月 2 日に投資家 A が 30 枚売り建て，投資家 B が 10 枚，投資家 C が 20 枚買い建てたとします．次に，翌日，投資家 C が 5 枚転売し，投資家 A は 5 枚買い戻したとします．さらに，翌々日，投資家 D が 15 枚売り建て，投資家 B は 10 枚買い建て，投資家 A は 5 枚買い戻したとします．このとき，12 月 4 日の取引が終了した時点において，投資家 A, B, C, D の建玉はそれぞれいくらになっているでしょうか．ただし，12 月 2 日の取引が始まる時点において，投資家 A, B, C, D の当該先物のポジションは 0 だったとします．

3. (**先渡契約の受渡代金**) 特定の銘柄の米 15 トンを，6 か月後に受渡しする先渡契約が結ばれたとします．また，仮に同じ銘柄の現物市場における値段は米 60 キログラム当たり 1 万 8500 円，この米の貯蔵コストは，前払いで 1 トン当たり 4000 円，6 か月物金利は単利の年率で 2% だったとします．このとき，この先渡契約の受渡代金を計算する公式に適切な数値を代入したものをそれ以上計算しないでそのまま記しなさい．

4. (**CCM から配当を逆算**) 日経平均の大引けが 2 万 497 円，223 日後に受渡しされる日経平均先物の終値が 2 万 294 円だったとします．仮に短期金利が単利の年率で 0.58% だったとすると，市場が予想する配当利回りは何 % でしょうか．ただし，1 年間を 365 日であるとして配当利回りを年率で答えなさい．

第6章 オプション入門

　本章では，オプションと呼ばれる，特定の資産を予め定めた価格で買う権利（コールオプション）および売る権利（プットオプション）について，その仕組み，投資で発生する損益，さらに利用方法を学習します。具体的には，6.1 節でオプションの基本的な用語と仕組みの概略を見た後，6.2 節でオプションの買い手あるいは売り手に生じるキャッシュフローと損益を学びます。次に，6.3 節で日本で取引される主要なオプションを概観した後，6.4 節でオプション取引の仕組みのエッセンスを見ます。そして，6.5 節でオプションの主要な利用方法を学習します。なお，オプションの評価モデルについては，次の第 7 章で統計学の基礎的な概念を学習し，第 8 章と第 9 章でそれらを使い慣れた後，第 10 章でブラック・ショールズモデルと呼ばれるモデルを学習します。

　オプションとしては，本章で学習する**バニラ・オプション**（vanilla option）のほかに，エギゾチック・オプション（exotic option）と呼ばれるタイプのものが取引されています。また，資産や負債の中には，バニラ・オプションの性質を備えているため，バニラ・オプションとして分析することが好ましいものが多数存在します。たとえば，2.2 節で紹介した転換社債，ワラント，仕組債の一部，コーラブル債はバニラ・オプションとしての性質を備えています。本章で学習する内容は，これらのバニラ・オプションとしての性質を備えた資産・負債を分析する上で不可欠な要素であるため，しっかり理解するよう努めてください。なお，本書ではバニラ・オプションしか扱いませんので，以下で，オプションと言えばそれはつねにバニラ・オプションを意味します。

6.1　オプションの基本的な仕組みと用語

　一般に，**オプション**（option）とは「将来の特定の日に，あるいは，将来の特定の日までの任意の日に特定の資産を予め定められた価格で買う，あるいは，売る権利」を意味します。オプションのうち，「買う権利」は**コールオプ**

ション (call option, コール)，「売る権利」は**プットオプション** (put option, プット) と呼ばれます。また，「特定の日」にだけ権利を行使する（すなわち，買う，あるいは，売る）ことができるオプションは**ヨーロピアン・オプション** (European option)，あるいは，ヨーロピアンタイプ・オプション (European-style option)，「特定の日までの任意の日」に権利を行使できるオプションは**アメリカン・オプション** (American option)，あるいは，アメリカンタイプ・オプション (American-style option) と呼ばれます。さらに，オプションを行使できる最後の日を**失効日** (expiration date) あるいは**満期日** (maturity) と言います。したがって，失効日は，上記定義の「特定の日」を指します。念のため付言すると，ヨーロピアンとアメリカンは行使できる日が失効日の1日だけか，あるいは，失効日までの期間かという点を区別するための用語であって，オプションが取引される国や取引する投資家が属する国を意味しません。また，定義の中の「特定の資産」は**原資産** (underlying asset, the underlying) あるいは対象資産と呼ばれます。さらに，「予め定められた価格」は**行使価格** (exercise price, strike price) あるいは**権利行使価格**と呼ばれます。おそらく，これだけの説明ではオプションをイメージしづらいでしょうから，ここで架空のヨーロピアン・コールオプションを投資家の観点から考察します。

（例） 図6-1を見ながらこの例を読んでください。仮に3か月後の9月11日にABC株式会社の普通株式（以下，ABCあるいはABC株と呼びます）100株を1株1100円で購入する権利が現時点の6月11日に取引所で取引されているとします。また，投資家Hは，3か月後のABCの株価が1100円を上回る可能性は高いと予想しているとします。その場合，このコールオプションは投資家Hにとって魅力的な投資対象です。なぜならば，もし3か月後のABCの株価が1100円を上回って，たとえば，1400円に達していれば，このコールオプションを保有している投資家は，権利を行使して（「オプションの行使」と言います）1400円の価値があるABC株を1100円を支払って購入することができるからです。また，予想に反して3か月後のABCの株価が1100円以下であれば，このコールオプションを保有している投資家は，オプションを行使しなければよいからです（オプションの買い手にとってオプションの行使は権利であって義務ではありません）。したがって，このオプションを保有することによって将来得られるかもしれない利得を，このオプションの価格と比較して，もし現時点のオプション価格が高過ぎなけれ

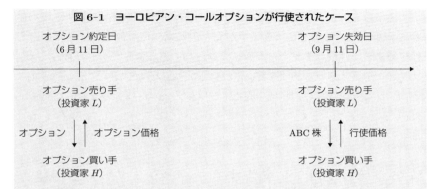

図 6-1 ヨーロピアン・コールオプションが行使されたケース

ば，投資家 H はこのコールオプションを買いたいと思うでしょう。

　他方，投資家の中には，3 か月後の ABC の株価が 1100 円を上回る可能性は低いと予想している人もいるでしょう。そのような投資家（投資家 L と呼びます）にとって，このコールオプションを売ることは魅力的な投資戦略です。なぜならば，予想通り 3 か月後の ABC の株価が 1100 円を上回らなければ，このコールオプションの買い手がオプションを行使しないので，投資家 L はこのオプションを売ったときにオプション価格を受け取る以外，何もせずに済むからです。もちろん，万が一 3 か月後の ABC の株価が 1100 円を上回れば，コールオプションが行使され，投資家 L は 1100 円を上回る価値がある ABC 株を 1100 円と引き換えに渡さなければなりません（オプションの売り手にとってオプションの行使に対応することは義務です）。しかし，このオプションが行使されることによって投資家 L が被る可能性がある損失と比べて現時点のオプション価格が十分高ければ，投資家 L はこのコールオプションを売りたいと思うでしょう。

　上の例で見たように，将来の原資産価格の見通しが投資家によって異なるため，通常，オプションには買い手と売り手の両方が現れます。その場合，上の例をそのまま使えば約定日の 6 月 11 日にオプションの買い手 H は売り手 L からオプションを取得し，その対価としてオプション価格を支払います。また，失効日の 9 月 11 日には，もし ABC の株価が 1100 円を上回れば，オプションの買い手 H はオプションを行使してオプションの売り手 L から原資産の ABC を受け取り，その対価として行使価格の 1100 円を支払います。

　なお，ヨーロピアン・プットオプションについて図 6-1 のような図を描くとすれば，それは図 6-1 とほぼ同じになりますが，失効日に買い手と売り手

が交換するものが異なります。すなわち，プットオプションの場合，買い手がオプションを行使すると，買い手が売り手に原資産を渡し，その対価として行使価格を受け取ります。ちなみに，コールであってもプットであっても，オプションを買っている状態を**買いポジション**（ロングポジション，long position），オプションを売っている状態を**売りポジション**（ショートポジション，short position）と言います。また，オプションの価格は**プレミアム**（premium）とも言います。

6.2 オプションに発生するキャッシュフローと損益

次に，オプションの買い手あるいは売り手に発生するキャッシュフローと損益を考察します。具体的には，コールの買い手，コールの売り手，プットの買い手，プットの売り手の4つの場合に分けて具体的な例を使って考察します。

コールの買い手が受け取るキャッシュフローと損益

(1) 失効日におけるキャッシュフロー

最初に，コールの買い手が失効日に受け取るキャッシュフローを考察します。また，考察の対象とするコールは，ABC株式会社の普通株式（以下，ABCあるいはABC株と呼びます）を原資産とし，行使価格を800円とするコールであるとします。なお，失効日においてはヨーロピアン・オプションとアメリカン・オプションの間に差異がないので，失効日におけるキャッシュフローおよび価値についての議論は両方について同じように成立します。それでは，仮に失効日におけるABCの株価が1400円であるとしましょう。その場合，コールの買い手はコールを行使するのが合理的です。なぜならば，行使すれば1400円の価値がある株式を800円で受け取ることができますが，行使しなければコールが失効して無価値になるからです。さらに，もしコールの買い手が行使して得たABC株を株式市場で売れば1400円で売ることができます。要するに，コールの買い手は，コールを行使すると行使価格の800円を支払って1400円を手に入れ，差額の600円を得ることができます。さて，以上の議論は，失効日におけるABCの株価が800円を上回るときは必ず成立します。したがって，**失効日 T における ABC の株価 S_T が行使価格の 800 円を上回れば，コールの買い手はコールを行使すべきであり，行使によって行使時点の**

株価から行使価格を差し引いた金額をキャッシュフローとして得ることができます。

他方，失効日における ABC の株価が 800 円を下回れば，コールの買い手はコールを行使しません。なぜならば，仮に ABC の株価が 600 円のときにコールを行使すれば，買い手は行使価格の 800 円を支払って 600 円の価値しかない ABC 株を手に入れることになるからです。したがって，**失効日 T における ABC の株価 S_T が行使価格の 800 円を下回れば，コールの買い手はコールを行使すべきではなく，その場合，コールの買い手に発生するキャッシュフローは 0 円になります**。

以上の議論の結論を図 6-2 に図示します。この図の横軸は失効日における ABC の株価 S_T を測り，縦軸はコールの買い手に発生する 1 株当たりのキャッシュフローを測ります。さて，コールの買い手に発生するキャッシュフローは，S_T が 0 円から 800 円の範囲については 0 円で，S_T が 800 円を上回る範囲では S_T が行使価格を上回る金額に等しいです。したがって，そのグラフは，S_T が 0 円から 800 円の範囲については横軸上にあり，S_T が 800 円を上回る範囲では右上がり 45 度の直線になります。図 6-2 ではこのグラフを実線で描いています。なお，英語の payoff には満期で受け取る現金という意味もあるので，このグラフはコールの買いポジション（long call）の**ペイオフ・ダイアグラム**（payoff diagram）と呼ばれます。

(2) 失効日より前にアメリカン・コールオプションの買い手が受け取るキャッシュフロー

次に，対象のオプションがアメリカン・コールオプションである場合に限って，買い手が失効日より前にオプションを行使した場合に受け取るキャッシュフローを考察します。もちろん，この場合も，コールの買い手が行使によって受け取るネットのキャッシュフローは，行使時点 t の ABC の株価 S_t から行使価格の 800 円を差し引いた金額です。したがって，それは，失効日の場合と同じで，図 6-2 のペイオフ・ダイアグラムが当てはまります。ただし，失効日より前に行使する場合，買い手には行使するという選択肢のほかに，行使しないでコールを保有し続けるという選択肢と，コールを市場で売却するという選択肢があるため，それらのうちどれが有利か判断しなければならないという点が失効日に行使する場合と異なります。

図 6-2 コールの買いポジションに発生するキャッシュフローと利益

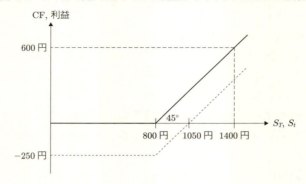

(3) 利　益

　次に，コールの買い手が行使によって得る利益を考えると，それは，(1) と (2) で議論したキャッシュフローから，買い手がコールを買ったときに支払ったオプション価格を差し引いた金額です．たとえば，コールの買い手がABC のコールを買うのに 250 円を支払ったとしましょう．その場合，コールの買い手が得る利益は，行使で得るキャッシュフローから 250 円を差し引いた金額になるので，図 6-2 ではペイオフ・ダイアグラムを下方向に 250 円分平行移動した破線で表しています．このグラフは，一般に，コールの買いポジションの**損益図**（profit and loss diagram, profit diagram）と呼ばれます．なお，行使時点における原資産価格が 1050 円であるとき，損益がちょうど 0 円になります．したがって，コールの買い手に利益が出るためには，行使時点における原資産価格が 800 円 + 250 円 = 1050 円を上回っていなければなりません．

　（注）　厳密には，オプション価格の 250 円を支払った時点とオプションを行使する時点が異なるので，利益は行使で得るキャッシュフローから 250 円の将来価値を差し引いて計算するべきです．しかし，通常は，250 円の将来価値と 250 円の差は大きくないので，250 円の将来価値ではなく，250 円を差し引きます．

(4)　オプションの価値とペイオフ・ダイアグラムの関係

　失効日においてコールの保有から受ける利得はペイオフ・ダイアグラムが示すキャッシュフローだけです．したがって，**失効日におけるコールの価値は，ペイオフ・ダイアグラムによって与えられます**．他方，**失効日より前のコールの価値は，通常，ペイオフ・ダイアグラムが示す金額を上回ります**．これは，コールの買い手が将来受け取るキャッシュフローには，原資産価格が上昇すれば増

えるが，原資産価格が下落しても0円を下回らない（下限が0円である）という，コールの買い手にとって有利な特徴があるからです。そして，この特徴によって，一般の資産と異なり，原資産価格が将来上昇する可能性もあれば，下落する可能性もあるという不確実性はコールの価値を高めます。その結果，失効日より前のコールの価値はペイオフ・ダイアグラムが示す金額を上回ることが多いのです。なお，この将来の不確実性がコールの価値を高めるという性質は，プットオプションについても成立します。

ちなみに，失効日に限らず，それ以前のどの日においても，コールオプションの場合，原資産価格が行使価格より高いとき**イン・ザ・マネー**（in the money），原資産価格が行使価格と等しいとき**アット・ザ・マネー**（at the money），原資産価格が行使価格より低いとき**アウト・オブ・ザ・マネー**（out of the money）であると言います。

コールの売り手に発生するキャッシュフローと損益

(1) 失効日におけるキャッシュフロー

最初に，失効日においてコールの売り手に発生するキャッシュフローを考察します。また，考察の対象は，上記の買い手の例で検討したコールであるとします。さらに，失効日においてABCの株価は1400円であるとします。このとき，コールの買い手はコールを行使するので，コールの売り手はそれに応じなければなりません。具体的には，売り手はABC株を渡して行使価格の800円を受け取ります。さて，仮にコールが失効する直前に売り手がABC株を株式市場で手当てする場合1400円かかるので，売り手は1400円支払って行使価格の800円を受け取ることになります。すなわち，売り手にはABCの1株当たり800円 − 1400円 = −600円のキャッシュフローが発生することになります。もちろん，これは負の値なので，売り手にはその額が示すキャッシュ・アウトフローが起こります。以上の議論は，失効日におけるABCの株価が800円を上回るときは必ず成立します。したがって，**失効日におけるABCの株価が行使価格の800円を上回れば，コールの売り手には行使時点の株価から行使価格を差し引いた金額に等しいキャッシュ・アウトフローが発生します**。他方，失効日におけるABCの株価が800円を下回れば，コールの買い手はオプションを行使しません。したがって，**失効日におけるABCの株価が行使価格の800円を下回れば，コールの売り手に発生するキャッシュフローは0円になり**

図 6-3 コールの売りポジションに発生するキャッシュフローと利益

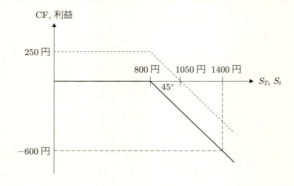

ます。

以上の議論の結論を図 6-3 に図示します。コールの売り手に発生するキャッシュフローは，失効日における ABC の株価 S_T が 0 円から 800 円の範囲では 0 円で，S_T が 800 円を上回る範囲では S_T が行使価格を上回る金額に負の符号を付けたものになります。したがって，そのグラフは，S_T が 0 円から 800 円の範囲については横軸上にあり，S_T が 800 円を上回る範囲では右下がり 45 度の直線になります。図 6-3 ではこのグラフを実線で描いています。なお，このグラフはコールの売りポジション（short call）のペイオフ・ダイアグラムと呼ばれます。

(2) 失効日より前にアメリカン・コールオプションの売り手に発生するキャッシュフロー

次に，今まで考察した ABC のコールオプションがアメリカンである場合について，失効日より前に売り手に発生するキャッシュフローを考察します。もちろん，もしコールの買い手が失効日より前にオプションを行使すれば，コールの売り手はそれに応じなければなりません。その場合，売り手に発生するキャッシュ・アウトフローは，行使時点の ABC の株価から行使価格の 800 円を差し引いた差額によって与えられます。したがって，失効日より前についても図 6-3 に描いたペイオフ・ダイアグラムが当てはまります。ただし，横軸が測るのは行使時点 t における株価 S_t です。

(3) 利　益

次に，コールの売り手に発生する利益を考えると，それは，(1) と (2) で議論したキャッシュフローに，売り手がコールを売ったときに受け取ったオ

プション価格を足した金額になります。たとえば，コールの売り手がABCのコールを250円で売ったとしましょう。その場合，コールの売り手が得る利益は，上記(1)と(2)で特定したキャッシュフローに250円を足した合計になるので，図6-3ではペイオフ・ダイアグラムを上方向に250円分平行移動した破線で表せます。このグラフは，一般に，コールの売りポジションの損益図と呼ばれます。なお，行使時点における原資産価格が1050円であれば，損益がちょうど0円になります。したがって，コールの売り手に利益が出るためには，行使時点における原資産価格が1050円を下回らなければなりません。

プットの買い手が受け取るキャッシュフローと損益

(1) 失効日におけるキャッシュフロー

最初に，プットの買い手が失効日に受け取るキャッシュフローを考察します。また，考察の対象は，ABC株式会社の普通株式を原資産とし，行使価格を800円とするプットだとします。なお，失効日においてはヨーロピアン・オプションとアメリカン・オプションの間に差異がないので，キャッシュフローあるいは価値についての議論は両方に対して同じように成立します。

それでは，仮に失効日におけるABCの株価が480円であるとしましょう。その場合，プットの買い手はプットを行使するのが合理的です。なぜならば，行使すれば480円の価値しかない株式を渡して行使価格の800円を受け取ることができますが，行使しなければプットが失効して無価値になるからです。もちろん，プットの買い手は株式市場でABC株を480円で買うことができます。要するに，プットの買い手は，プットを行使すると480円で買ったABC株をプットの売り手に渡して行使価格の800円を受け取ることができるので，差額の320円をキャッシュフローとして得ることができます。以上の議論は，失効日におけるABCの株価が800円を下回るときは必ず成立します。したがって，**失効日におけるABCの株価が行使価格の800円を下回れば，プットの買い手はプットを行使するべきであり，行使によって行使価格から行使時点の株価を差し引いた金額をキャッシュフローとして得ることができます。**

他方，失効日におけるABCの株価が800円を上回れば，プットの買い手はプットを行使しません。なぜならば，仮にABCの株価が1400円のときプットを行使すれば，買い手は行使価格の800円を受け取って1400円の価値があ

188   第6章 オプション入門

図 6-4　プットの買いポジションに発生するキャッシュフローと利益

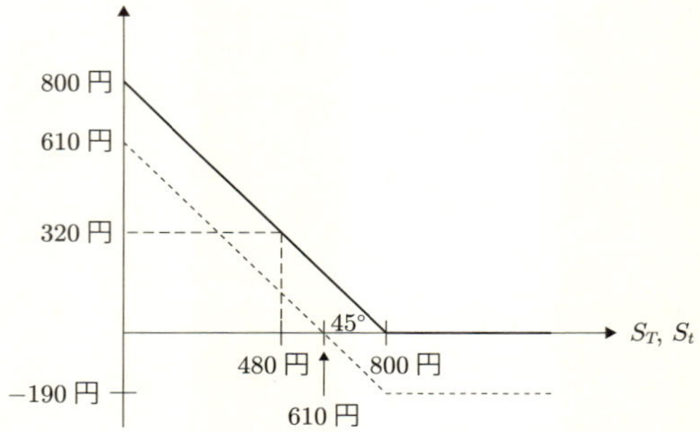

```
        CF, 利益
          │
     800円┤╲
          │ ╲
     610円┤··╲·
          │   ╲ ╲
     320円┤────╲──╲
          │    │╲  ╲
          │    │ ╲45°╲
          │    │  ╲   ╲
          └────┼───╲───╲────→ S_T, S_t
          │  480円 ╲  800円
    −190円┤        ╲
                  610円
```

るABC株を手放すことになるからです。したがって，**失効日におけるABCの株価が行使価格の800円を上回れば，プットの買い手はプットを行使するべきではなく**，その結果，**買い手に発生するキャッシュフローは0円になります**。

　以上の議論の結論を図 6-4 に図示します。プットの買い手に発生するキャッシュフローは，失効日における ABC の株価 S_T が 0 円から 800 円の範囲では S_T が行使価格の 800 円を下回る金額に等しく，S_T が 800 円を上回る範囲では 0 円です。したがって，そのグラフは，S_T が 0 円から 800 円の範囲では右下がり 45 度の直線になり，S_T が 800 円を上回る範囲では横軸上にあります。図 6-4 ではこのグラフを実線で描いています。なお，このグラフはプットの買いポジション（long put）のペイオフ・ダイアグラムと呼ばれます。

　(2)　失効日より前にアメリカン・プットオプションの買い手が受け取るキャッシュフロー

　次に，今まで考察の対象にした ABC のプットがアメリカン・オプションである場合について，買い手が失効日より前に行使によって受け取るキャッシュフローを考察します。もちろん，その場合，買い手がプットを行使すれば，行使価格の 800 円から行使時点 t の ABC の株価 S_t を差し引いた差額を受け取れます。したがって，プットの買い手が受け取るキャッシュフローは図 6-4 が示す通りです。ただし，失効日より前に行使する場合，買い手には行使するという選択肢のほかに，行使しないでプットを保有し続けるという選択肢と，プットを市場で売却するという選択肢があるため，それらのうちどれが有利か判断しなければなりません。

(3) 利　　益

次に，プットの買い手が行使によって得る利益を考えると，それは，(1)と(2)で議論したキャッシュフローから，買い手がプットを買ったときに支払ったオプション価格を差し引いた金額です。たとえば，プットの買い手がABCのプットを買うのに190円を支払ったとしましょう。その場合，プットの買い手の利益は，行使で得るキャッシュフローから190円を差し引いた金額になるので，図6-4ではペイオフ・ダイアグラムを下方向に190円分平行移動した破線で表しています。このグラフは，一般に，プットの買いポジションの損益図と呼ばれます。なお，行使時点における原資産価格が800円 − 190円 = 610円のとき，損益がちょうど0円になります。したがって，プットの買い手に利益が出るためには，行使時点における原資産価格が610円を下回らなければなりません。

(4) オプションの価値とペイオフ・ダイアグラムの関係

失効日においてプットの保有から受ける利得はペイオフ・ダイアグラムが示すキャッシュフローだけです。したがって，**失効日におけるプットの価値は，ペイオフ・ダイアグラムによって与えられます**。他方，**失効日より前のプットの価値は，通常，ペイオフ・ダイアグラムが示す金額を上回ります**。これは，プットの買い手が将来受け取るキャッシュフローには，原資産価格が下落すれば増えるが，原資産価格が上昇しても0円を下回らない（下限が0円である）という，プットオプションの買い手にとって有利な特徴があることに由来します。したがって，一般の資産と異なり，原資産価格が将来上昇する可能性もあれば，下落する可能性もあるという不確実性はプットの価値を高めます。その結果，通常，失効日より前のプットの価値はペイオフ・ダイアグラムが示す金額を上回ります。

ちなみに，失効日に限らず，それ以前のどの日においても，プットオプションの場合，原資産価格が行使価格より低いときイン・ザ・マネー，原資産価格が行使価格と等しいときアット・ザ・マネー，原資産価格が行使価格より高いときアウト・オブ・ザ・マネーであると言います。要するに，これらの用語は，原資産価格と行使価格の大小関係との関連で使われます。ただし，その関係が，プットとコールとの間で逆になるので，その点に注意してください。

図 6-5 プットの売りポジションに発生するキャッシュフローと利益

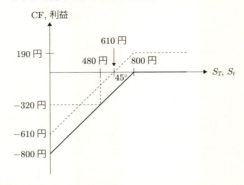

プットの売り手に発生するキャッシュフローと損益

(1) 失効日におけるキャッシュフロー

最初に，プットの失効日において売り手に発生するキャッシュフローを考察します。また，考察の対象は，プットの買い手の例で検討したプットであるとします。さらに，失効日において ABC の株価は 480 円であるとします。このとき，プットの買い手はプットを行使するので，プットの売り手はそれに応じなければなりません。具体的には，売り手は ABC 株を受け取り，行使価格の 800 円を支払います。さて，仮にプットの売り手が ABC を受け取ると同時に株式市場で売るとその代価は 480 円です。したがって，売り手には ABC の 1 株当たり -800 円 $+ 480$ 円 $= -320$ 円のキャッシュフローが発生します。もちろん，これは負の値なので，売り手にその額が示すキャッシュ・アウトフローが起こります。以上の議論は，失効日における ABC の株価が 800 円を下回るときは必ず成立します。したがって，**失効日における ABC の株価が行使価格の 800 円を下回れば，プットの売り手には行使価格から行使時点の株価を差し引いた差額のキャッシュ・アウトフローが起こります**。他方，失効日における ABC の株価が 800 円を上回れば，プットの買い手はプットを行使しません。したがって，**失効日における ABC の株価が行使価格の 800 円を上回れば，プットの売り手に発生するキャッシュフローは 0 円になります**。

以上の議論の結論を図 6-5 に図示します。プットの売り手に発生するキャッシュフローは，失効日における ABC の株価 S_T が 0 円から 800 円の範囲では S_T が行使価格の 800 円を下回る金額に負の符号を付けたものに等しく，S_T が 800 円を上回る範囲では 0 円です。したがって，そのグラフは，S_T が

0 円から 800 円の範囲では右上がり 45 度の直線になり，S_T が 800 円を上回る範囲では横軸上にあります。図 6-5 ではこのグラフを実線で描いています。また，このグラフはプットの売りポジション（short put）のペイオフ・ダイアグラムと呼ばれます。

(2) 失行日より前にアメリカン・プットオプションの売り手に発生するキャッシュフロー

次に，今まで考察の対象にしてきた ABC のプットがアメリカン・オプションである場合について失効日より前に売り手に発生するキャッシュフローを考察します。アメリカン・プットの場合，もし買い手がプットを失効日より前に行使すれば，プットの売り手はそれに応じなければなりません。その場合，売り手に発生するキャッシュ・アウトフローは，行使価格の 800 円から行使時点の ABC の株価を差し引いた金額によって与えられます。したがって，図 6-5 で描いたペイオフ・ダイアグラムがそのまま当てはまります。

(3) 利　益

次に，プットの売り手に発生する損益を考えると，それは，(1) と (2) で議論したキャッシュフローに，売り手がプットを売ったときに受け取ったオプション価格を足した金額になります。たとえば，プットの売り手が ABC の代価として 190 円を受け取ったとしましょう。その場合，プットの売り手の利益は，上記のキャッシュフローに 190 円を足した金額になるので，図 6-5 ではペイオフ・ダイアグラムを上方向に 190 円分平行移動した破線で表しています。このグラフは，一般に，プットの売りポジションの損益図と呼ばれます。なお，行使時点における原資産価格が 800 円 − 190 円 = 610 円であれば，損益がちょうど 0 円になります。したがって，プットの売り手に利益が出るためには，行使時点における原資産価格が 610 円を上回らなければなりません。

6.3　オプション市場

日本の銀行および証券会社のオプション取引

表 6-1 は，5.2 節で紹介した日本銀行の「デリバティブ取引に関する定例市場報告」（2018 年 6 月末調査分）からオプション取引に関する部分を抜き出したものです。ただし，この表で想定元本とは原資産の価値を表します。この表か

表 6-1 日本の主要ディーラーのオプション残高

2018年6月末想定元本（10億米ドル）	OTC	取引所
外為オプション	1,036	1
金利オプション	4,882	1,652
エクイティ・オプション	130	243
コモディティ・オプション	1	0

ら，先物と同様，主要なデリバティブ・ディーラーが保有する外為オプション（為替レートを原資産とするオプション）は大部分が店頭市場（OTC）で取引されたもので，その残高は1兆米ドルを超えていたことが分かります。他方，金利や債券を原資産とする金利オプションと，株式や株価指数を原資産とするエクイティ・オプションの残高は店頭市場と取引所市場のいずれにおいても活発に取引されていたことが分かります。また，原資産の種類別に規模を比べれば，先物・先渡取引と同様，金利が1番大きく，次に外為でした。

日本の取引所で取引されている主要なオプション

次に，日本の取引所で取引されているオプションのうち，主要なものを原資産の種類ごとに挙げます。なお，それらのうちの一部については，2018年の取引高，取引高の金額，さらに，2018年末の建玉を表6-2にまとめています。

- 株価指数オプション

  日経225オプション：日経平均株価（日経225）を原資産とするヨーロピアン・オプションで，大阪取引所（大取）で取引されています。表6-2が示すように活発に取引されています。

  TOPIXオプション：東証株価指数（TOPIX）を原資産とするヨーロピアン・オプションで，大取で取引されています。表6-2が示すようにあまり活発に取引されていません。

- 債券先物オプション

  長期国債先物オプション：長期国債先物を原資産とするアメリカン・オプションで，大取で取引されています。表6-2が示すようにあまり活発に取引されていません。

- 金利先物オプション

  ユーロ円3ヵ月金利先物オプション：ユーロ円3ヵ月金利先物を原資産とするアメリカン・オプションで，東京金融取引所に上場されていま

表 6-2　主要な取引所オプションの取引高と建玉（2018 年）

オプション	年間取引高 (千枚)	年間取引金額 (10 億円)	年末建玉 (千枚)
日経 225 オプション（通常限月）	35,502	6,415	1,909
TOPIX オプション	179	61	69
有価証券オプション	869	7	25
長期国債先物オプション	784	70	8

（出所）　日本取引所グループ「取引高報告 2018 年」。

す。以前は活発に取引されていました。しかし，2010 年以降，取引はほとんどありません。

- 個別株等のオプション

    有価証券オプション：株券等の，個別の有価証券を原資産とするヨーロピアン・オプションで，大取に上場されています。表 6-2 が示すように 2018 年の取引金額は約 70 億円とあまり大きくありませんでした。

- 商品先物オプション

    金先物オプション：金先物を原資産とするヨーロピアン・オプションで，大阪取引所に上場されています。2017 年度の取引高は 3 万 4897 枚と，取引規模は大きくありません。

6.4　オプション取引の仕組み

本節では，取引所でのオプション取引の仕組みを学習します。具体的には，標準化，証拠金制度と値洗い，反対売買，権利行使と割当ての順に学習します。なお，清算に関する仕組みは，JCSS および JCCH の利用も含めて先物取引と同じなので，本節では説明を繰り返しません。

標 準 化

先物契約の仕組みを概説した 5.3 節で定義したように，標準化とは，取引所で取引を行うために，取引対象，取引単位，受渡日，値段の付け方等を予め決めることを指します。以下では，日本の取引所に上場されているオプションの中で取引高が圧倒的に大きい日経 225 オプションについて取引の要綱を掲載

します．ただし，大阪取引所に上場されている日経225オプションには1989年から取引されている「通常限月取引」と，2015年から取引が始まった「週次設定限月取引（Weeklyオプション）」の2種類があり，下に掲載したのは前者に関する要綱です．なお，要綱で使われている用語のうち，限月とザラバ方式については5.3節を，また，板寄せ方式については4.3節を参照してください．また，オプションの注文の基本となるのは，株式と同様，成行注文と指値注文です．他の注文方法については，日本取引所グループのウェブサイトの「先物・オプション」，「取引制度」の下にある「注文の種類等」のページを参照してください．

（例） 日経225オプション（通常限月取引）の取引要綱
- 上場年月日：1989年6月12日
- 取引所：大阪取引所
- 原資産：日経平均株価（日経225）
- 取引単位：オプション価格×1000円
- 取引限月：
    1) 6月と12月については両方合わせて直近の（8年先までの）16限月が設定されます．
    2) 3月と9月については両方合わせて直近の（1年半先までの）3限月が設定されます．
    3) その他の月については直近の6限月が設定されます．
- 権利行使価格：
    1) 新規設定：取引開始日の前営業日の日経平均の終値にもっとも近接する権利行使価格を中心に250円刻みで上下16本ずつ合計33本が設定されます．
    2) 新規設定後，日経平均が既存の権利行使価格から乖離することがあります．他方，多くの投資家は，権利行使価格が日経平均の直近の水準の近くに設定されているオプションに関心があります．したがって，直近3限月については，毎営業日の日経平均の終値にもっとも近接する権利行使価格を中心に125円刻みで上下16本ずつ，合計33本以上が追加設定されます．また，直近の3限月以外の限月については，毎営業日の日経平均の終値にもっとも近接する権利行使価格を中心に250円刻みで上下16本ずつ，合計33本が

追加設定されます。
- 取引時間と約定方式：
  〈日中〉

オープニング（板寄せ方式）	9:00
レギュラー・セッション（ザラバ方式）	9:00〜15:10
クロージング（板寄せ方式）	15:15

  〈夜間〉

オープニング（板寄せ方式）	16:30
レギュラー・セッション（ザラバ方式）	16:30〜翌5:25
クロージング（板寄せ方式）	翌5:30

- 呼び値単位：オプション価格が100円以下のときは1円，100円超1000円以下のときは5円，1000円超のときは10円
- 取引最終日：各限月の第2金曜日（休業日の場合は繰上げ）の前営業日
- 権利行使日（SQ日）：取引最終日の翌営業日です．なお，日経平均先物の場合と同様，日経平均の構成銘柄のSQ日における始値を使って算出した日経平均はSQ，SQ値，あるいは特別清算数値と呼ばれ，日経225オプションの清算に使われます．ちなみに，SQはspecial quotationの略です．

なお，先物市場と同様，オプション市場でも価格の急変によって投資家に想定外の損失が発生するのを避けるため，価格形成に一定の制限が設けられています．たとえば，大阪取引所に上場されているオプションの場合，5.3節で述べた先物取引に対する制約と同じものが設定されています．すなわち，即時約定可能値幅，制限値幅，サーキット・ブレーカー制度等の制限が設けられています．ただし，オプションの場合，清算数値（通常，前取引日の終値）が高くなるほど制限値幅が大きく設定されるという点が先物取引と異なります．

証拠金制度と値洗い

5.2節で見たように，オプションの買い手には，将来，行使によってプラスのキャッシュフローが発生することはあっても，マイナスのキャッシュフローが発生することはありません．したがって，オプションの買いポジションには証拠金が求められません．他方，オプションの売り手には，将来，マイナスのキャッシュフローが発生する可能性があります．したがって，オプションの売

りポジションには証拠金が求められます。

投資家がオプションのポジションを保有する場合，清算機関に差し入れなければならない証拠金所要額は，そのポジションから将来発生する可能性がある損失をカバーするための金額（5.3 節で紹介した SPAN に基づいて計算されるため SPAN 証拠金額と呼ばれます）から，ネット・オプション価値と呼ばれるものを差し引いて計算されます。ただし，ネット・オプション価値とは，オプションの買いポジションの価値と売りポジションの価値との差であり，さらに，オプションのポジションの価値は，オプションの清算価格に取引換算額と呼ばれる数（日経 225 オプションの場合は 1000）と枚数を掛け合わせて計算されます。なお，日経 225 オプションの証拠金所要額の計算例を第 6 章の Web 付録に掲載しましたので，関心がある読者は参照してください。

先物取引と同様，オプションのポジションにも値洗いが行われます。そして，原資産価格の変化によって，受入証拠金が証拠金所要額を下回った場合は，翌営業日に不足額を追加証拠金として清算機関に差し入れなければなりません。逆に，受入証拠金が証拠金所要額を上回った場合は，翌営業日に上回った額を引き出すことができます。

反対売買

オプションの失効日前に反対売買（転売または買戻し）を行えば，それと元のポジションが相殺されて取引残高が 0 になります。そして，翌営業日に，最初に取引したときのオプション価格と反対売買したときのオプション価格の差に取引換算額（日経 225 オプションの場合は 1000）と枚数を掛け合わせて計算される損益を清算機関と決済します（差金決済）。もちろん，コールでもプットでも，オプション価格が上昇すれば，買いポジションには利益が発生し，売りポジションには損失が発生します。逆に，オプション価格が下落すれば，買いポジションには損失が発生し，売りポジションには利益が発生します。もちろん，決済と同時に証拠金が返却されます。

権利行使と割当て

先物取引と同様，取引所で取引されるオプションも多くは権利行使されないで反対売買されて決済されます。しかし，もしオプションの買いポジションを保有する投資家がオプションを行使すれば，図 6-2 あるいは図 6-4 が示す

キャッシュフローと損益を得ることができます。また，その場合，オプションの売りポジションを保有する投資家には，権利行使が割り当てられるので，図6-3あるいは図6-5が示すキャッシュフローと損益が発生します。なお，万が一イン・ザ・マネーの買いポジションが失効日まで行使されないで残っていれば，自動的に行使され，売りポジションに割り当てられます。

6.5 オプションを使った投資戦略とそのリスク・リターン

本節では，オプションを使った多種多様な投資戦略のうち，ほんの一部を紹介します。それらのうち，単一のオプションへの投資とストラドルは将来の原資産価格に関する予想に基づいた戦略です。他方，プロテクティブ・プットとカバード・コールは，通常，ヘッジ戦略に分類される戦略です。さらに，オプションを使った裁定取引も紹介します。

単一のオプションへの投資

最初に，単一のオプションに投資する場合のリスクとリターンを考察します。この種の投資がオプションの失効日にもたらす損益については，既に6.2節で学習しました。そこで，ここではオプションが失効する前に反対売買する場合の収益性を検討します。そのためには，オプションを売買するときの価格が情報として必要です。なぜならば，価格についての情報がなければ売買でどんな損益が発生するのか議論できないからです。そこで，ここでは，第10章で解説するオプションの理論モデル（ブラック・ショールズモデル）を使って架空のオプションの理論価格を求め，オプション投資の収益性を議論します。なお，この議論には理論モデルそのものの理解は必要ないので，本節ではその点を気にしないで読み進んでください。

具体的には，ある資産（たとえば，株式）を原資産とするヨーロピアン・コールとヨーロピアン・プットを対象にします。また，オプションは3か月後に失効し，行使価格は1000円だとします。さらに，原資産の収益率（受取キャッシュフローと値上がり益の合計を投資額で割った比率：7.1節で詳述）の変動性が一定の水準で（正確には，7.5節で学習する標準偏差が60%），3か月間の資金貸借の金利が連続複利に基づいた年利率で1%であるとします。

図6-6は横軸で原資産価格Sを測り，縦軸でコールの価格Cを測って，ブ

図 6-6　コールの理論価格

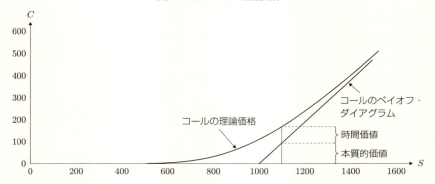

ラック・ショールズモデルに基づいたコールの理論価格をグラフに描いたものです。また，図 6-6 には，後で利用するためコールのペイオフ・ダイアグラムも描いています。明らかに，コールの理論価格を表すグラフは右端がペイオフ・ダイアグラムからやや離れていますがおおよそそれに沿った滑らかな右上がりの曲線です。

さて，一般に，コールオプションに短期間投資する場合，もし原資産の収益率の変動性や市場利子率がその期間に急変しなければ，投資期間のスタートとエンドで成立する，コールの理論価格のグラフ（図 6-6 のグラフ）は，あまり変わりません。したがって，その期間に原資産価格が上昇すると予想するときコールを買い，逆に，原資産価格が下落すると予想するときコールを売って，期間の終わりに反対売買すれば，予想が的中した場合，利益を得ることができます。

（注）　オプションの理論価格は，コールの場合もプットの場合も，原資産価格だけでなく，原資産の収益率の変動性，失効日までの期間の長さ，市場利子率に依存します（これらの点は 10.5 節で学習します）。したがって，オプションを最初に売買してから反対売買をするまでの期間が長い場合，あるいは，短期間でも上記の変数が大きく変化する場合には，図 6-6 のグラフがシフトします。その結果，上の段落で述べた投資で利益が出ないことがあるので，上の段落では，「短期間投資する場合」で，「収益性の変動性や市場利子率がその期間に急変しなければ」という条件を置きました。ちなみに，上記の分析では，他の変数を（ほぼ）一定に保ち，株価だけ変化させたときにオプションの理論価格がどう変化するかを分析しています。この種の分析は，経済学では比較静学と呼びます。

次に，図 6-7 は横軸で原資産価格 S を測り，縦軸でプットの価格 P を測っ

図 6-7 プットの理論価格

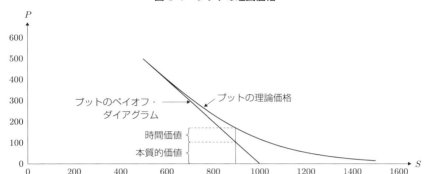

てプットの理論価格のグラフを描いたものです。また，図6-7には，後で利用するのでプットのペイオフ・ダイアグラムも描いています。明らかに，プットの理論価格を表すグラフは左端がペイオフ・ダイアグラムに交わっていますが，おおよそそれに沿った滑らかな右下がりの曲線になっています。

さて，プットオプションに短期間投資する場合，もし原資産の収益率の変動性や市場利子率がその期間に急変しなければ，投資期間のスタートとエンドで成立する，プットの理論価格のグラフ（図6-7）は，あまり変わりません。したがって，その期間に原資産価格が上昇すると予想するときプットを売り，逆に，原資産価格が下落すると予想するときプットを買って，期間の終わりに反対売買すれば，予想が的中した場合，利益が得られます。なお，上記のコールに関する（注）がプットにも当てはまります。

図6-6と図6-7を使って新しい用語を紹介します。失効日前のオプションの価値のうち，（ヨーロピアン・オプションは期限前に行使できないのですが）ペイオフ・ダイアグラムが示す価値を日本語では**本質的価値**あるいは本質価値，英語では intrinsic value と呼びます。また，オプション価値と本質的価値の差は**時間価値**（time value）と呼びます。なぜならば，時間価値と呼ばれる部分は，時間の経過と深い関係があるからです。具体的には，通常，オプション価値は本質的価値を上回り，その差である時間価値は時間の経過とともに減少して失効日には0円になるからです。

表6-3は，原資産価格が800円，900円，1000円，1100円，1200円のいずれかの値をとるとき，上記のコールとプットの理論価格がいくらになるかを示しています。また，原資産価格が1000円からそれ以外の価格に変化すると

表 6-3 コールとプットの理論価格とその収益率

原資産価格 (円)	800	900	1000	1100	1200
原資産の収益率 (%)	−20	−10	0	10	20
コール理論価格 (円)	36	71	120	183	256
コールの収益率 (%)	−70	−41	0	52	113
プット理論価格 (円)	233	168	118	80	54
プットの収益率 (%)	97	42	0	−32	−54

き，コールとプットの収益率がいくらになるかも計算しています．たとえば，もし原資産価格が 1000 円から 1200 円に上昇するならば，コール価格は 120 円から 256 円に上昇するので，その収益率は，$\frac{256 円 - 120 円}{120 円} = 1.13 = 113\%$ と計算できます．

表 6-3 は，原資産価格の収益率と比べてオプションの収益率が非常に大きいことを示しています．たとえば，原資産価格が 20% 上昇すると，コール価格は 113% 上昇し，プット価格は 54% 下落します．また，原資産価格が 20% 下落すると，コール価格は 70% 下落し，プット価格は 97% 上昇します．もちろん，表 6-3 に掲載した収益率は特定の例に関するものなので，そのまま一般化することはできません．しかし，多くの場合**単一のオプションへの投資は**，表 6-3 が示すように**ハイリスク・ハイリターンになります**．ちなみに，表 6-3 でオプション価格の収益率が原資産価格の収益率の数倍に達するのは，収益率の分母である，当初のオプション価格が低いことに起因します．たとえば，原資産が 1000 円から 1200 円に 200 円上昇するとき，コール価格は 120 円から 256 円に 136 円しか上昇しません．しかし，コールの収益率を計算するのに，$\frac{256 円 - 120 円}{120 円} = \frac{136 円}{120 円} = 1.13 = 113\%$ と，136 円を 120 円で割るので，収益率が高くなるのです．他方，原資産の収益率は，$\frac{1200 円 - 1000 円}{1000 円} = \frac{200 円}{1000 円} = 0.2 = 20\%$ と，200 円を 1000 円で割るので，それほど高くなりません．

プロテクティブ・プット

原資産の買いポジションと，当該原資産を同じ数量売る権利（プット）の買いポジションの両方を保有すると，プットは原資産価格が下がったときの保険の役割を果たします．したがって，この両方のポジションを保有する戦略は**プロテクティブ・プット**（protective put）と呼ばれます．以下では，グラフを使

図 6-8　原資産，プット，プロテクティブ・プットの価値

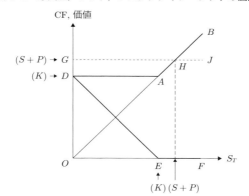

って失効日にこの戦略に発生する損益を明らかにします．

図 6-8 は，横軸で失効日における原資産価格 S_T を測り，縦軸で原資産やプットの失効日における価値を測ります．また，横軸と縦軸のほぼ中央に記載された K は，プットの行使価格を表します．まず，原資産 1 単位の価値は，原資産価格と同一なので，そのグラフは右上がり 45 度線の OAB で表せます．次に，原資産 1 単位を売る権利であるプットの失効日における価値は，図 6-4 で描かれたプットのペイオフ・ダイアグラムによって与えられます．そこで，図 6-8 ではこのプットの失効日における価値を折れ線 DEF で表します．さて，原資産 1 単位に関するプロテクティブ・プットの価値は，直線 OAB と折れ線 DEF の高さを合計したものになるので，折れ線 DAB で表せます．

次に，プロテクティブ・プットを組む費用は，原資産の購入価格 S とプットの購入価格 P です．仮にこれらの和 $S+P$ を線分 OG の長さで表すことにします（図 6-8 では $S+P$ がプットの行使価格 K より大きいと仮定しています：また線分 OG とは直線 OG のうち点 O から点 G までの間の部分を指します）．その場合，点 G を通る水平線 GHJ を描いて，それをプロテクティブ・プットの価値を表す折れ線 DAB と比較すれば，プロテクティブ・プットの損益を把握することができます．すなわち，線分 GH の範囲ではプロテクティブ・プットの費用を表す GH が価値を表す DAH より上にあるので，損失が発生します．他方，半直線 HJ の範囲ではプロテクティブ・プットの費用を表す HJ より価値を表す HB が上にあるので，利益が発生します．ただし，半直線 HJ とは，直線 HJ のうち，一般に端点と呼ばれる点 H から J 側の部分を指します．

(注) 日本の教育課程では，中学数学で直線（限りのないまっすぐな線），半直線，線分を使い分けることを学習します。しかし，著者の経験では，日常会話でこれらの用語を使い分けることは稀です。そこで，本書では，範囲を明確に指定する場合にのみこれらの用語を使い分け，それ以外の場合は，直線という用語を使います。

したがって，損益の分岐点は点 H です。さて，H の y 座標は，点 G の y 座標と同じなので，プロテクティブ・プットの費用 $S+P$ を表します。また，点 H は原点を通る右上がりの 45 度線上にあるので，点 H の y 座標と x 座標は同じ値をとります。したがって，点 H の x 座標は，プロテクティブ・プットの費用 $S+P$ を表します。以上から，図 6-8 のように，$S+P$ がプットの行使価格 K より高い場合には，失効日の原資産価格 S_T が原資産購入価格とプット購入価格の和 $S+P$ を上回ると利益が発生し，その額は S_T が高いほど大きくなります。他方，失効日の S_T が $S+P$ を下回ると，損失が発生します。ただし，その額は最大でも $S+P$ から行使価格 K を差し引いた差 $S+P-K$ に限定されます。なお，原資産購入価格 S が低かった等の理由で $S+P$ がプットの行使価格 K より低い場合には，失効日における原資産価格 S_T がいくらであるかにかかわらず，必ず利益が発生します。

要するに，**プロテクティブ・プットには，原資産価格の上昇とともに利益が増大するが，損失は（発生する場合でも）限定的である**というきわめて好ましい特徴があります。したがって，保有するポートフォリオの価値が低下することを懸念する投資家は，そのポートフォリオを原資産とするプットか，あるいは，そのポートフォリオとの連動性が高いポートフォリオを原資産とするプットを購入することによって，保有するポートフォリオの価値が一定水準以下に低下するリスクを 0 にすることができます。事実，1980 年代後半，米国の株式ポートフォリオのマネージャーの間で，投資銀行や専門のブティック（たとえば，Leland O'Brien Rubinstein Associates, Inc.）からオーダーメイドのプットを購入してプロテクティブ・プット戦略を組むことが流行しました。また，このオーダーメイドのプットは，当時，**ポートフォリオ・インシュアランス**（portfolio insurance）と呼ばれました。しかし，1987 年 10 月 19 日に世界中の株式市場が連鎖的に暴落したとき（ブラック・マンデー，Black Monday），ポートフォリオ・インシュアランスがプットとしての機能を果たさなかったため，急速に廃れました。ちなみに，当時，ポートフォリオ・インシュアランスは暴落の原因

図 6-9　原資産，コールの売り，カバード・コールの価値

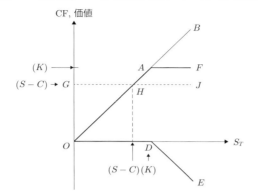

のひとつであると言われました。

カバード・コール

カバード・コール（covered call）は，原資産の買いポジションと当該原資産を同じ数量買う権利（コール）の売りポジションの両方を保有する戦略です。以下では，グラフを使って失効日にこの戦略に発生する損益を分析します。図6-9は，横軸で失効日における原資産価格 S_T を測り，縦軸で原資産の買いポジションとコールの売りポジションの失効日における価値を測ります。また，横軸と縦軸のほぼ中央に記載した K は，コールの行使価格を表します。

まず，原資産1単位の価値は，右上がり45度線の OAB で表せます。次に，原資産1単位を買う権利であるコールの売りポジションの失効日における価値は，図6-3で描かれたコールの売りポジションのペイオフ・ダイアグラムによって与えられるので，図6-9では折れ線 ODE で表しています。したがって，カバード・コールの価値は，直線 OAB と折れ線 ODE の高さを合計したものなので，折れ線 OAF で表せます。

次に，カバード・コールを組む費用は，原資産の購入価格 S からコールの売却価格 C を差し引いた $S-C$ です。図では，$S-C$ を線分 OG の長さで表すことにします（図6-9では $S-C$ がコールの行使価格 K より小さいと仮定しています）。その場合，点 G を通る水平線 GHJ を描いて，それをカバード・コールの価値を表す折れ線 OAF と比較すれば，カバード・コールの損益を把握することができます。すなわち，線分 GH の範囲ではカバード・コールの

費用を表す GH が価値を表す OH より上にあるので，損失が発生します。他方，半直線 HJ の範囲ではカバード・コールの費用を表す HJ より価値を表す HAF が上にあるので，利益が発生します。

　要するに，損益の分岐点は点 H です。さて，点 H は原点を通る右上がりの 45 度線上にあるので，その x 座標は，y 座標と等しく，したがって，原資産購入価格 S とコール売却価格 C の差 $S - C$ に等しいです。よって，図 6-9 のように，$S - C$ がコールの行使価格 K より小さい場合には，失効日の原資産価格 S_T が $S - C$ を上回ると，利益が発生しますが，その額には上限（$K - S + C$）があります。他方，失効日における原資産価格 S_T が $S - C$ を下回ると，損失が発生し，その額は S_T が低いほど大きくなります。なお，原資産購入価格 S が高かった等の理由で $S - C$ がコールの行使価格 K より高い場合には，失効日における原資産価格がいくらであるかにかかわらず，必ず損失が発生します。

　要するに，**カバード・コールは，原資産価格の上昇で得られる利益に上限（$K - S + C$）を設ける代償としてコールの売却価格を得る**戦略です。したがって，もし原資産価格がコールの行使価格を超えて上昇する可能性が低いのであれば，カバード・コールを組む合理性があります。念のため，一言付け加えると，仮に失効日における原資産価格が低かったとしても，カバード・コールに発生する損失はコールの売却価格だけ少なくなります。すなわち，コールの売却価格は，原資産で発生する損失に対してクッションとして機能しますから，原資産を保有する投資家がコールを売るのは一種のヘッジだと考えることができます。

ストラドル

　ストラドル（straddle）とは，原資産，失効日，行使価格のすべてが同一のコールとプットの買いポジションを同数保有する戦略です。以下では，グラフを使って失効日にこの戦略に発生する損益を明らかにします。図 6-10 は，横軸で失効日における原資産価格 S_T を測り，縦軸でコールの買いポジションとプットの買いポジションの失効日における価値を測ります。また，横軸と縦軸に記載した K は，コールとプットの行使価格を表します。まず，原資産 1 単位を買う権利であるコールの買いポジションの失効日における価値は，図 6-2 で描かれたコールの買いポジションのペイオフ・ダイアグラムによって与えら

図 6-10 コール，プット，ストラドルの価値

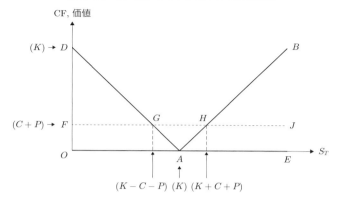

れるので，図 6-10 では折れ線 OAB で表しています。また，原資産 1 単位を売る権利であるプットの買いポジションの失効日における価値は，図 6-4 で描かれたプットの買いポジションのペイオフ・ダイアグラムによって与えられるので，図 6-10 では折れ線 DAE で表しています。さて，ストラドルの失効日における価値は，折れ線 OAB と折れ線 DAE の高さを合計したものになるので，折れ線 DAB で表せます。

次に，ストラドルを組む費用は，コールの購入価格 C とプットの購入価格 P の和 $C+P$ です。仮に $C+P$ を線分 OF の長さで表すことにします。その場合，点 F を通る水平線 $FGHJ$ を描いて，それをストラドルの価値を表す折れ線 DAB と比較すれば，ストラドルの損益を把握することができます。すなわち，線分 GH の範囲ではストラドルの費用を表す GH が価値を表す折れ線 GAH より上にあるので，損失が発生します。他方，線分 FG の範囲ではストラドルの費用を表す線分 FG より価値を表す線分 DG が上にあるので，利益が発生します。また，半直線 HJ の範囲ではストラドルの費用を表す HJ より価値を表す HB が上にあるので，利益が発生します。

したがって，損益の分岐点は点 G と点 H です。さて，線分 GA が右下がりの 45 度線であることに着目することによって，点 G の x 座標はコールの購入価格とプットの購入価格の和 $C+P$ だけ行使価格 K より小さな値，すなわち，$K-C-P$ をとることが分かります。また，点 H の x 座標はオプションの購入価格合計 $C+P$ だけ行使価格 K より大きな値，すなわち，$K+C+P$ をとることが分かります。

以上の議論から，失効日においてストラドルに発生する損益を次のようにまとめることができます。もし原資産価格 S_T が行使価格 K からオプションの購入価格の和 $C+P$ 以上に乖離すれば（すなわち，$0 \leq S_T < K-C-P$ あるいは $K+C+P < S_T$）利益が発生し，その額は原資産価格が行使価格から乖離すればするほど大きくなります。他方，原資産価格 S_T が行使価格 K からオプションの購入価格合計 $C+P$ 以上に乖離しなければ（$K-C-P < S_T < K+C+P$）損失が発生し，損失額は原資産価格が行使価格に近いほど大きくなります。事実，損失額は原資産価格 S_T が行使価格 K に一致するとき最大で，その額はオプション購入価格合計 $C+P$ になります。したがって，**ストラドルは原資産価格の変動性**（ボラティリティ，volatility）**に対する賭けである**と言えます。また，ストラドルを組む投資家は，原資産価格について市場の予想（当該の資産を原資産とするオプションの取引に参加する投資家全体の予想）より高い変動性を予想していると言えます。

問い 章末の練習問題 2 を解きなさい。

オプションを使った裁定取引

本項では，オプションを使った裁定取引について概略を述べるに留めます。一般に，原資産市場と金融市場の両方が流動性の高い市場であれば，原資産価格の変動に合わせて原資産と資金貸借を組み入れたポートフォリオの投資比率を適切に調整し続けることができ（dynamic rebalancing），その結果，将来の特定時点（たとえば，ヨーロピアン・オプションの場合であれば失効日）におけるポートフォリオのキャッシュフローを，ターゲットとするオプションの同時点におけるキャッシュフローに（ほぼ）一致させることができます。したがって，そのような手法を使えば，原資産と資金貸借を組み入れたポートフォリオによってターゲットのオプションを複製（replicate）あるいは合成（synthesize）することができるので，原資産と資金貸借を組み入れたポートフォリオは複製ポートフォリオ（replicating portfolio）あるいは模倣ポートフォリオと呼ばれます。

次に，先物の理論価格を導出する際に使った裁定の議論を適用します。すなわち，複製ポートフォリオを構築するのに初期時点において要する費用と，ターゲットのオプションの初期時点における市場価格を比べて，一方が他方より高ければ，割安の方を買い，割高の方を売り，将来の特定時点において両方

のポジションを清算します。上で指摘したように，将来の特定時点において両方のポジションのキャッシュフローが一致し，かつ，(一方を買い，他方を売ったので) 正負の符号が逆になるので，その時点で発生するキャッシュフローの合計は 0 円になります。他方，初期時点で割安な方を買い，割高な方を売ったので，その差 (サヤ) が稼げます。つまり，この一連の取引は裁定取引であり，その定義通り，「自己資金を使うことなく，確実に利益をあげることができる」取引です。なお，もう一言コメントを加えると，先物を対象とする裁定取引の場合，初期時点で原資産を使って先物を合成するポジション (5.4 節の戦略 S) を組んだ後は清算時点までポジションに手を加えませんでした。他方，オプションを使った裁定取引の場合，模倣ポートフォリオを調整し続ける必要があります。したがって，英語では，先物の模倣は static replication, オプションの模倣は dynamic replication と言います。

6.6　練習問題

1. **(転換社債の価値)** XYZ 株式会社は，転換社債のほか，転換権が付いていないが他の属性については転換社債と完全に同一な債券 (ここではストレートボンドと呼びます) を発行することを計画しているとします。発行価格 (債券が発行されるときの価格) は，転換社債とストレートボンドのうち，どちらが高くなるでしょうか。また，その理由も述べなさい。次に，転換社債を転換しないで償還期限まで保有すると仮定して転換社債の最終利回りを計算した場合，それはストレートボンドの最終利回りより高くなるでしょうか，それとも低くなるでしょうか。また，その理由も述べなさい。

2. **(オプションのペイオフ・ダイアグラム)** 日経平均を原資産とし，行使価格を 1 万 7000 円とするヨーロピアン・コールオプションと，日経平均を原資産とし，行使価格を 2 万 5000 円とするヨーロピアン・プットオプションとを 1 枚ずつ買い入れたポートフォリオのペイオフ・ダイアグラムを描きなさい。ただし，両方のオプションの失効日は同じだとします。また，グラフの作図に当たっては，横軸で日経平均の水準を測り，縦軸でオプションの失効日におけるキャッシュフローを測りなさい。

3. **(プロテクティブ・プットの複製)** 6.5 節で解説したように，プロテクティブ・プットは，原資産とプットを同数保有する戦略であると言われます。

もう少し詳しく言えば，それは，原資産の買いポジションと，その資産を同一数量売る権利であるプットの買いポジションを保有する戦略です。しかし，実は，プロテクティブ・プットの失効日におけるキャッシュフローや価値は，当該資産を原資産とするコールの買いポジションと割引国債の買いポジションの両方を保有することによって作り出すことができます。この点を確認するために，図6-8を手本にして，失効日において割引国債の買いポジションとコールの買いポジションのそれぞれに発生するキャッシュフローをグラフに描きなさい。ただし，コールの行使価格 K もその図に書き入れなさい。次に，オプションの失効日まで1年あり，1年後に償還される短期国債の (2.3) 式によって計算される単利最終利回りが y だとします。このとき，プロテクティブ・プットの失効日におけるキャッシュフローを複製するために，現時点で割引国債に投資しなければならない金額を計算する式を立てなさい。もちろん，解答するに当たって，行使価格を表す K や単利最終利回りを表す y をそのまま使いなさい。

4. (**プット・コール・パリティ***) 上記の問い3から，割引国債の買いポジションとコールの買いポジションを適切に組み入れたポートフォリオは，プロテクティブ・プットを構成する原資産の買いポジションとプットの買いポジションのポートフォリオと失効日において同一のキャッシュフローを生み出すことが分かりました。したがって，両方のポートフォリオの現時点における価値も一致しなければなりません。なぜならば，もし両方のポートフォリオの現時点の価値が一致しなければ，先物取引の理論価格を導出する際に使った裁定取引と類似した取引によって裁定利益を稼ぐことができるからです（ここでは，この取引の詳細には触れないで，先に進みます）。そこで，まず，この「両方のポートフォリオの現時点の価値が一致する」という主張を数式で表しなさい。ただし，原資産の現時点の価格は S，コールオプションの現時点の価格は C，プットオプションの現時点の価格は P，コールとプットの行使価格は K で表しなさい。ちなみに，そのようにして導出した式は**プット・コール・パリティ**（put-call parity）と呼ばれます。次に，この数式を使って次の問いに答えなさい。すなわち，もし $S = 1000$ 円，$C = 230$ 円，$K = 950$ 円，さらに，1年後に償還される短期国債の単利最終利回りが 3% であるならば，プットの価格はいくらでしょうか。プットの妥当な価格を求めなさい。

第7章 ポートフォリオ理論のための統計学

　本章では，第8章から第11章にかけて学習するポートフォリオ理論，CAPM，ブラック・ショールズモデル，効率的市場仮説を理解するために必須な統計学の概念を学習します。具体的には，確率変数，期待値，分散，標準偏差，共分散，相関係数を入門的な統計学の教科書以上に易しく解説するので，しっかり理解するよう努めてください。もちろん，これらの概念を習得している読者はこの章を読み飛ばして構いません。

　各節のトピックを概観すると，7.1節では投資の収益性を測る尺度である収益率を学びます。続く7.2節から7.5節では，それぞれ確率変数，期待値，分散，標準偏差をできるだけフレンドリーな形で導入します。また，7.6節から7.8節にかけて共分散と呼ばれる尺度によって，なぜ2つの確率変数が同じ方向あるいは逆の方向に動く度合いを測ることができるのか，その仕組みを学習します。最後に，7.9節では共分散をさらに使いやすくした尺度である相関係数を学びます。

7.1　収　益　率

　本章で学習する統計学の概念は，以降の章で収益率に対して適用します。たとえば，期待値は収益率の期待値，標準偏差は収益率の標準偏差，相関係数は2資産の収益率の間の相関係数という形で使います。そこで，収益率については既に簡単な説明をしていますが，本節でもう少し詳しく説明します。

　まず，任意の資産について，ある時点（0時点と呼びます）の価格がP_0，その後の時点（時点1と呼びます）の価格がP_1だとします。このとき投資家がこの資産について0時点から時点1までの価格変化の結果得る利得（**キャピタルゲイン**，capital gain，資本利得，売買差益，評価差益）は$P_1 - P_0$で表せます。ただし，もしこの値が負であれば，損失が発生したことになり，キャピタルロス（capital loss，資本損失，売買差損，評価差損）と言います。また，株式の配当，

利付債のクーポン等，資産によっては，投資家は資産の保有からキャッシュフロー（**インカムゲイン**，income）を受け取ります。そこで，投資家が0時点から時点1まで資産を保有することによって受け取るキャッシュフロー（正確にはキャッシュフローの時点1における将来価値）を D_1 で表します。このとき，投資家がこの資産を0時点から時点1まで保有することによって得る総収益（**トータルゲイン**，total return）は，$P_1 - P_0 + D_1$ で表せます。そこで，トータルゲイン $P_1 - P_0 + D_1$ を0時点の資産価格 P_0 で割れば，この資産へ投資することによって得られる，投資金額1円当たりの収益が計算できます。この値を**収益率**，あるいは，投資収益率と呼びます。また，英語では rate of return と呼びます。念のため，収益率 R を計算式で表しておきます。

$$R = \frac{(P_1 - P_0) + D_1}{P_0} \tag{7.1}$$

さて，一般に，時点1が過去ないし現在の時点であれば，P_0, P_1, D_1 の値がすべて確定しているので，収益率も確定した数値として計算できます。他方，時点1が将来の時点であれば，多くの資産の P_1 と D_1 は確定していませんから，収益率も確定しません。その場合，収益率をどう扱ったらよいのでしょうか。

ファイナンスで採るアプローチは，収益率を統計学でいう確率変数として扱うというものです。ただし，本書で**確率変数**（random variable）とは，複数の値の候補のうち，物事が起こる前（事前）にはどの値をとるか分からないが，物事が起こった後（事後）にはどの値をとったか観察できる変数を意味します。あるいは，より簡潔に言えば，**確率変数とは，とる可能性のある値が複数ある変数です**。なお，本章では，主に，足し算と掛け算だけで議論できる**離散型**（discrete）の確率変数を解説し，連続型（continuous）と呼ばれる確率変数については，第10章で正規分布だけを解説します。

7.2 離散型の確率変数

まず，次の例を見ましょう。

（例）硬貨を投げて表か裏のいずれが上を向くかを観察する実験を行います。また，この実験で，表が上を向く可能性と，裏が上を向く可能性がそれぞれ50%あると仮定します。このとき，硬貨の表が上を向いたとき1の値

7.2 離散型の確率変数

をとり，裏が上を向いたとき 0 の値をとる変数 X を定義すると，前節の定義から X は確率変数であると言えます。

上の例の「50%」は，統計学で**確率**（probability）と呼ばれ，確率変数が特定の値をとることの起こりやすさ（likelihood）を表します。この点をもう少し詳しく説明すると，（統計学には，確率の定義を巡って複数の立場があるのですが）本書では，仮に確率変数がどの値をとるかを観察する実験を何度も行い，特定の値が観察された回数を実験全体の回数で割った比率（**相対頻度**，relative frequency）を確率として定義します。

なお，本書では，上記の数値例の確率変数 X に関する情報を次の形式で表現することにします。

$$X = \begin{cases} 0 & \text{w.p.} \quad \frac{1}{2} \\ 1 & \text{w.p.} \quad \frac{1}{2} \end{cases}$$

すなわち，波括弧の後に確率変数がとる可能性のある値をすべて列挙し，w.p.（with probability の略）の後に各値の確率を記します。

次に，本書で使う，確率変数の表記の仕方を説明します。

- 通常，統計学では確率変数を大文字のアルファベット（たとえば，$X, Y, Z, \ldots$）で表し，確率変数がとる可能性のある値を小文字のアルファベット（たとえば，$x, y, z, \ldots$）で表します。そこで，本書でもこの表記方法を採用します。

- 確率変数がとる可能性のある値は，通常，2個以上あります。したがって，たとえば，確率変数 X がとる可能性のある値のそれぞれを記号で表現する場合は，小文字の x の下付き文字（subscript）に 1 から始まる整数（1, 2, 3, ...）を付けて $x_1, x_2, \ldots$ と表します。また，確率変数 X が $x_1, x_2, \ldots$ のそれぞれの値をとる確率は，下付き文字の整数を対応させて $p_1, p_2, \ldots$ で表します。なお，統計学では，「ある事柄 A が起こる確率」を $\text{Prob}(A)$ と表します。したがって，この表記法を使うと，上の p_1 は $\text{Prob}(X = x_1)$ を表します。また，本書では，確率変数がとる可能性のある個別の値，たとえば x_1 を文章で言い表すときは，「X がケース 1 でとる値」，あるいは，「X が 1 番目のケースでとる値」と言うことにします。

(例) 確率変数 X がとる可能性のある値が 2 つだけのとき，それらは，

x_1 と x_2 と表すことができます。また，X が x_1 あるいは x_2 をとる確率は，それぞれ p_1 と p_2 で表せます。したがって，確率変数 X は次の式で表せます。

$$X = \begin{cases} x_1 & \text{w.p.} & p_1 \\ x_2 & \text{w.p.} & p_2 \end{cases}$$

ちなみに，この式を上記の硬貨を投げる実験に当てはめると，x_1 は 0，x_2 は 1，p_1 と p_2 はともに $\frac{1}{2}$ です。

- 一般に，離散型の確率変数は，とる可能性のある値をすべてリストアップし，さらに，それらの値をとる確率をすべて特定すれば，完全に規定することができます。したがって，任意の離散型の確率変数 X は，次式の形式で表現できます。

$$X = \begin{cases} x_1 & \text{w.p.} & p_1 \\ x_2 & \text{w.p.} & p_2 \\ \vdots & \vdots & \vdots \\ x_n & \text{w.p.} & p_n \end{cases} \tag{7.2}$$

- なお，(7.2) 式は，確率変数がとる可能性のある値 x_i のそれぞれに対して確率が特定されていることを示しています。この x_i と p_i の対応関係（換言すると，関数関係）を確率変数の**分布** (distribution) あるいは確率分布 (probability distribution) と呼びます。

- また，確率変数 X がとる可能性のある個別の値（たとえば，x_1）ではなく，確率変数がとる可能性のある値を一般的に表現するときは，x_i（X が i 番目のケースでとる値）と表すことにします。

- ちなみに，上で述べたように確率を相対頻度として捉えると，任意のケース i の確率 p_i は 0 以上で 1 以下でなければなりません。すなわち，どの i についても $0 \leq p_i \leq 1$ が成立します。また，すべてのケースについて確率を合計すると 1 になるはずです。すなわち，$p_1 + p_2 + \cdots + p_n = 1$ が成立します。

7.3 期 待 値

まず，次の例を見ましょう。

(例) 最初に一定額のお金を支払い，硬貨を投げて表が出たとき1万円を受け取り，裏が出たとき何も受け取らないという賭けを考えます。また，表が出る確率は60%，裏が出る確率は40%になるように硬貨が加工されているとします。さて，確率は，実験を何度も行ったときの相対頻度を表すため，もしこの賭けを1万回繰り返せば，表が出る回数は1万回に確率の0.6を掛け合わせた6000回，裏が出る回数は1万回に確率の0.4を掛け合わせた4000回に近い回数になるはずです。そこで，計算の簡便さを考え，表がちょうど6000回，裏がちょうど4000回出たと仮定します。その場合，受け取る金額の合計は6000万円です。したがって，受け取る金額の，賭け1回当たりの平均は，$\frac{6000 万円}{1 万回} = 6000$ 円と計算できます。

さて，この平均を求める計算は，次のように変形できます。

$$\frac{6000 回 \times 1 万円 + 4000 回 \times 0 円}{10000 回}$$
$$= \frac{6000 回}{10000 回} \times 1 万円 + \frac{4000 回}{10000 回} \times 0 円$$
$$= 0.6 \times 1 万円 + 0.4 \times 0 円$$

上式を言葉で表現すると，**平均は**，「受け取る金額」という**確率変数がとる可能性のある値**（1万円と0円）**に，その値が起きる確率**（0.6と0.4）**を掛け合わせ，その積を合計すれば**求めることができます。したがって，統計学では，確率変数 X がとる可能性のある値の平均を次式で定義して E[X] で表し，X の**期待値**（expectation, expected value）と呼んでいます。

$$\mathrm{E}[X] = p_1 x_1 + p_2 x_2 + p_3 x_3 + \cdots + p_n x_n \tag{7.3}$$

なお，E[X] は E(X) と表現することもあります。

(7.3) 式は X がとり得る各値 x_i にその値が発生する確率 p_i を掛け合わせてそれらを合計しています。さて，もし1番目のケースが発生する確率 p_1 が他のケースの確率と比べて大きければ，1番目のケースで X がとる値 x_1 が X の期待値 E[X] に影響する度合いが大きくなります。たとえば，x_1 が大き

ければ $E[X]$ も大きくなり，x_1 が小さければ $E[X]$ も小さくなります。このような意味で確率 p_i は重み（ウェイト，weight）と呼ばれることがあります。また，期待値は確率 p_i を重みとする加重平均（weighted average）であると解釈できます。

> （例） ある投資家は，XYZ 株式会社の株式に 1 年間投資する場合，収益率が 10% である確率が 0.2，2.5% である確率が 0.4，−5% である確率が 0.4 であると予想しています。この予想に基づくと，XYZ 株式の収益率 R の期待値は次式で計算できます。
>
> $$E[R] = 0.2 \times 10\% + 0.4 \times 2.5\% + 0.4 \times (-5\%) = 1\%$$

問い 章末の練習問題の 2 を解きなさい。

本書では確率変数を複数の値をとる可能性がある変数と定義しました。しかし，次章で，1 つの値しかとらない変数（すなわち，定数）の期待値を計算する問題に遭遇します。そこで，次の例では，確率変数の定義を一時的に拡大して，1 つの値しかとらない変数も確率変数として扱い，その期待値を計算します。

> （例） まず，X は数値の 4 を確率 1 でとる確率変数であるとし，X を (7.2) 式の形式で表します。
>
> $$X = \{4 \quad \text{w.p.} \quad 1$$
>
> 次に，期待値の定義式 (7.3) に従って確率変数 X の期待値を計算します。
>
> $$E[X] = 1 \times 4 = 4$$

したがって，定数 4 の期待値は 4 です。さらに，任意の定数についても同じ計算ができるため，**定数の期待値はその定数に等しい**と言えます。

7.4 分　散

一般に，投資家がどの資産にいくら投資するかを決定するに当たって，個別資産やポートフォリオ全体のリスクを把握することは必須です。そこで，本書では資産の種類や利用の目的に合わせて複数のリスク尺度（ものさし）を紹介しています。たとえば，3.3 節では市場金利の変化に対する債券価格の感応

図 7-1 資産 A と資産 B の収益率がとる可能性のある値

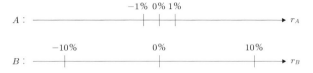

図 7-2 資産 B の収益率がとり得る値から期待値を引いた差

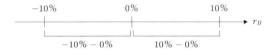

度を測る修正デュレーションを学びました。また，第 8 章ではポートフォリオのリスク尺度として分散と標準偏差を学び，第 9 章では個別資産やポートフォリオのリスク尺度であるベータを学習します。そこで，その準備をするために，本節と次節では，分散と標準偏差に関して最低限必要な知識を学習します。

まず，次の 2 つの資産について考えてみましょう。資産 A は，0.5 の確率で -1%，0.5 の確率で 1% の収益率が上がる資産だとします。また，資産 B は，0.5 の確率で 10%，0.5 の確率で -10% の収益率が上がる資産だとします。図 7-1 は資産 A の収益率 R_A と，資産 B の収益率 R_B を直線上に図示したものです。なお，図 7-1 では資産 A と資産 B の収益率がとり得る値を示しているので，矢印の先には大文字ではなく，小文字で r_A, r_B を表記しています。

リスクを嫌う（リスク回避的）な投資家は，資産 A のリスクが小さく，資産 B のリスクが大きいと感じるでしょう。なぜならば，資産 A の収益率は悪いときでも -1% にしかなりませんが，資産 B の収益率は悪いときには -10% にもなるからです（すなわち，初期時点の投資額の 10% の損失を被ります）。さて，図 7-1 から，リスクの大小関係は，直線上の点のばらつきが小さいか，大きいかという点に着目すれば識別できることが分かります。そこで，以下では，点のばらつきを数値化する工夫を試みましょう。そのため，まず，資産 A と資産 B の収益率の期待値 $\mathrm{E}[R_A]$ と $\mathrm{E}[R_B]$ を計算します。

$$\mathrm{E}[R_A] = 0.5 \times 1\% + 0.5 \times (-1\%) = 0\%$$

$$\mathrm{E}[R_B] = 0.5 \times 10\% + 0.5 \times (-10\%) = 0\%$$

両方の資産とも収益率の期待値は 0% です。

図 7-3　資産 B の収益率がとり得る値と期待値の差の 2 乗

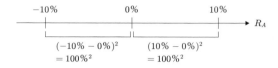

次に，資産 B の収益率のばらつきを数値化するために，資産 B の収益率がとる可能性がある値から収益率の期待値 0% を差し引きます。図 7-2 から明らかなように，視覚的な観点から言えば，10% が期待値の 0% から離れている度合いは，−10% が期待値の 0% から離れている度合いと同じですが，差は 10% と −10% でまったく異なります。そこで，両方のケースで同じ数値になるようにするために 10% と −10% を 2 乗します。図 7-3 が明示しているように，差を 2 乗すると両方のケースで $100\%^2$ という同じ値を得ます。

（注）　上記の例では % 表示した収益率を使って分散を計算したので，分散に（他の教科書では通常使われることがない）% の 2 乗を付けました。その理由は，そのように計算した分散は，収益率を % 表示しないで計算した分散の 1 万倍になるからです。この点を明らかにするために，上記の例のケース 1 を，収益率を % 表示しないで計算します。

$$0.5 \times (0.1 - 0)^2 = 0.005$$

もちろん，ケース 2 についても同じことが起こるので，それらの合計である分散の値も 1 万倍になります。さて，% は 100 分の 1 を表すので $\%^2$ は $\left(\frac{1}{100}\right)^2 = \frac{1}{10000}$ で，1 万分の 1 を表すと考えることができます。したがって，% 表示した収益率を使って計算した分散は，% の 2 乗を付けることによって % 表示しないで計算した分散と一致します。しかし，残念ながら $\%^2$ という表記を見るのは稀です。

最後に，10% が期待値から離れている度合いを表す $100\%^2$ と，−10% が期待値から離れている度合いを表す $100\%^2$ を統合します。どうしたら統合できるでしょうか。答えは，平均，すなわち，期待値を求めるとよいのです。具体的には，10% について計算した $100\%^2$ が発生する確率が 0.5 で，−10% について計算した $100\%^2$ が発生する確率が 0.5 なので，それらの期待値を次式で計算します。

$$0.5 \times 100\%^2 + 0.5 \times 100\%^2 = 100\%^2$$

表 7-1　XYZ 株式会社の株式の収益率の分散計算

i	p_i	r_i	$p_i(r_i - \mathrm{E}[R])^2$
1	0.2	10%	$0.2 \times (10\% - 1\%)^2 = 16.2\%^2$
2	0.4	2.5%	$0.4 \times (2.5\% - 1\%)^2 = 0.9\%^2$
3	0.4	−5%	$0.4 \times (-5\% - 1\%)^2 = 14.4\%^2$
合計			$31.5\%^2$

　このように計算して求めた値は**分散**（variance）と呼ばれます．すなわち，**分散は，確率変数がとり得るすべての値について(確率) × [(とり得る値) − (期待値)]^2 を計算し，それらを合計したもの**です．したがって，対象の確率変数が X の場合，その分散 $\mathrm{Var}[X]$ は次式で定義されます．

$$\mathrm{Var}[X] = p_1(x_1 - \mathrm{E}[X])^2 + \cdots + p_n(x_n - \mathrm{E}[X])^2 \tag{7.4}$$

　なお，分散を表すのに，2種類の記号が使われます．ひとつは，分散を意味する英語である variance（動詞の vary の名詞形です）に由来する $\mathrm{Var}[X]$，$\mathrm{Var}(X)$，$\mathrm{var}[X]$，$\mathrm{var}(X)$ です．もうひとつは，ギリシャ文字のシグマの小文字 σ に上付き文字（スーパースクリプト）として2を付けた σ^2 です．ただし，どの確率変数の分散であるかを明示したいときはその確率変数を表す記号を下付き文字として入れます．なお，分散を表すのに σ に上付き文字として2を付ける理由は，7.5 節で説明します．

　ちなみに，上で資産 B の収益率の分散を計算した際，収益率がとる可能性がある値（10% と −10%）から期待値の 0% を差し引いて差を求めたのは，各値が期待値からどのくらい離れているのかを測るためでした．もちろん，その後，差を2乗しましたが，それは，負の数を正の数にするためだけに行った操作です．そして，差を2乗したものの加重平均（期待値）を計算して分散と呼びました．したがって，分散を言葉で表現すると，**分散は確率変数のとり得る値がその期待値から平均的にどのくらい離れているかを表す**と言えます．

　（例）　7.3 節で使った XYZ 株式会社の例について分散を計算します．ただし，確率変数がとる可能性がある値が多数存在する場合，(7.4) 式をそのまま使うより，表 7-1 のような形式で計算する方が，Excel を適用し易いです．もちろん，分散は合計の行に掲載した $31.5\%^2$ です．ただし，表 7-1 の r_i は XYZ 社の株式の収益率が i 番目のケースでとる値，p_i は i 番目のケー

スが起こる確率を表します。また，$E[R]$ は XYZ 社の株式の収益率の期待値を表し，7.3 節の例でそれが 1% であることを計算済みです。

問い 章末の練習問題の 3 のうち分散を解きなさい。

Excel 各ケースが起きる確率が完全に等しい（equally likely）場合には VAR.P 関数を使って分散を計算することができます。他方，各ケースが起きる確率が等しくない場合には表 7-1 のような表を作って分散を計算するしかありません。なお，Excel には VAR.S と名付けられた関数があります。この関数は，確率変数がとる可能性がある値やそれらの確率の全貌は知り得ないが，確率変数が実際にとった値（実現値）を観察できるとき，真の分散の値を推定する（estimate）ときに使う関数です。ただし，本書では VAR.S を実際に使う機会はありません。

なお，分散は，$(x_1 - E[X])^2$，$(x_2 - E[X])^2$ など，数字を 2 乗したもの（必ず正の数か 0 になります）にそれぞれの確率（必ず正か 0 の数）を掛け，それらを合計して求めます。したがって，**分散は必ず正か 0 の数をとります**。

また，次章で，1 つの値しかとらない変数（すなわち，定数）の分散を計算します。そこで，次の例で，確率変数の定義を一時的に拡大して定数 4 を確率変数として扱い，その分散を計算します。

（例）定数 4 の分散を計算します。まず，4 を確率変数 X が確率 1 でとる値であると考え，(7.2) 式の形式で記述します。

$$X = \{4 \quad \text{w.p.} \quad 1$$

次に，分散の定義式 (7.4) に従って確率変数 X の分散を計算します。

$$\text{Var}[X] = 1 \times (4-4)^2 = 0$$

すなわち，定数 4 の分散は 0 です。また，他の定数についても同様にして分散が 0 であることを確認できます。したがって，一般に，**定数の分散はつねに 0 です**。

7.5 標準偏差

標準偏差を定義するためには中学で学習した平方根の知識が必要です。そこで，最初に，平方根を復習すると，$\sqrt{a}$ は 2 乗すると a になる正の数を表しま

す。また，$\sqrt{a}$ は「ルート a」あるいは「a の正の平方根」と読みます。

(例) $\sqrt{4} = 2, \sqrt{9} = 3, \sqrt{36} = 6, \sqrt{121} = 11$

Excel 平方根は SQRT 関数，POWER 関数，あるいは，"^"（ハット）を使って計算できます。たとえば，$\sqrt{5}$ は，"= SQRT(5)"，"= 5^{0.5}"，あるいは，"= POWER(5, 0.5)" によって計算できます。なお，POWER(5,0.5) の 2 番目の引数やハットの後の括弧の中に 0.5 を入力するのは，数学上，平方根をとる操作が「0.5 乗」をとることと同じだからです。

さて，**標準偏差**（standard deviation）とは，分散の正の平方根を意味します。したがって，たとえば，確率変数 X の標準偏差 σ_X は次式によって定義されます。

$$\sigma_X = \sqrt{\mathrm{Var}[X]} \tag{7.5}$$

よって，標準偏差を表す記号 σ は，分散を表す記号 σ^2 と上付き文字として 2 が付いているかどうかの違いしかありません。この表記法が自然なものであることを理解するために，(7.5) 式の右辺の $\mathrm{Var}[X]$ を σ^2 に置き換えてみましょう。すると，(7.5) 式は $\sigma_X = \sqrt{\sigma_X^2}$ と表せます。すなわち，「2 が付いているかどうか」という違いはべき乗のルールと整合的なのです。

(例) 前節の XYZ 株式会社の株式の収益率の標準偏差は，$\sqrt{31.5\%^2}$ = 5.6% と計算できます。

Excel 各ケースが起きる確率が完全に等しい場合には STDEV.P 関数を使って標準偏差を計算することができます。他方，各ケースが起きる確率が等しくない場合には表 7-1 のような表を作って分散を計算し，その後，分散の正の平方根をとって標準偏差を求めることができます。なお，Excel には STDEV.S と名付けられた関数があります。この関数は，確率変数がとる可能性がある値やそれらの確率の全貌は知り得ないが，確率変数が実際にとった実現値を観察できるとき，真の標準偏差の値を推定するときに使う関数です。ただし，本書では STDEV.S を実際に使うことはありません。

上で説明したように，標準偏差は分散の正の平方根を求めれば計算できます。しかし，逆に，標準偏差を 2 乗すれば分散が計算できます。なぜならば，標準偏差の定義式 (7.5) を 2 乗すると，$(\sigma_X)^2 = \mathrm{Var}[X]$ を得るからです。したがって，標準偏差と分散は同一な情報を異なる形で表現していると言えます。ただし，分散は，確率変数がとる値と期待値との差を 2 乗しているので，

その単位は，確率変数の単位の2乗になっているのに対し，標準偏差は，分散の平方根をとっているので，その単位は確率変数の単位に戻っているという違いがあります。

また，分散と標準偏差の間には，一方が大きければ他方も大きいという関係があります。したがって，標準偏差も，分散と同じように，ばらつきの大きさを表します。もう少し具体的に言えば，標準偏差も「確率変数の取り得る値が期待値から平均的にどのくらい離れているか」を表現すると解釈できます。なお，しばしば金融業界では，収益率の標準偏差を**ボラティリティ**（volatility, vol, ボル）と呼びます。

7.6 共分散と相関係数のイントロダクション

本節から7.9節にかけて，2つの確率変数が同じ方向に動いたり，あるいは，逆の方向に動いたりする度合い，すなわち，Xが大きな値をとるときYも大きな値をとる傾向，あるいは，Xが大きな値をとるときYが小さな値をとる傾向を測る尺度について学習します。そのため，表7-2に従って値をとる確率変数XとYを例に使います。ただし，表7-2でp_iはi番目のケースが発生する確率を表します。また，x_iとy_iは，確率変数XとYがi番目のケースでとる値を表します。

次に，横軸にx_iの値，縦軸にy_iの値を測って，表7-2の各ケースで発生するx_iとy_iの値のペア（組）を平面上の点として表しましょう。たとえば，ケース1のx_1の値は3で，y_1の値も3なので，ケース1は図7-4の「1」の点で表せます。また，他のケースについても，x_iとy_iの値のペアを点としてプロットします。なお，このように，2つの確率変数がとり得る値（あるいはとった値）を平面上の点としてプロットした図は**散布図**（scatter diagram）と呼ばれます。なお，散布図の各点は，x_iの値とy_iの値のペアを使って特定できます。たとえば，点「1」は，$x_1 = 3, y_1 = 3$なので，$(3, 3)$で特定できます。

次に，3つの図7-5，7-6，7-7を見比べてみましょう。確率変数XとYとの間に，同じ方向に動く

表7-2 確率変数XとYがとる可能性がある値とその確率

ケース i	p_i	x_i	y_i
1	0.2	3	3
2	0.2	1	2
3	0.2	2	-2
4	0.2	0	-4
5	0.2	-1	-4

7.6 共分散と相関係数のイントロダクション *221*

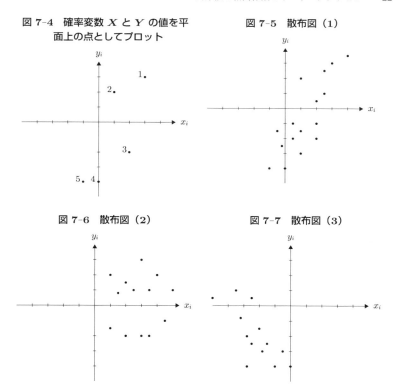

傾向があるのは，どの図でしょうか．また，逆の方向に動く傾向がある図はどの図でしょうか．

視覚的に言えば，図 7-5 のように，**点の集まりのおおよその中心から見て，点が右上や左下に多くあれば，2 つの変数に，同じ方向に動く傾向があると言えます**．なぜならば，中心の右上にあるということは，X と Y の両方の値が相対的に大きいことを意味し，中心の左下にあるということは，X と Y の両方の値が相対的に小さいことを意味するからです．また，図 7-7 のように，**点の集まりのおおよその中心から見て，点が右下や左上に多くあれば，2 つの変数に，逆の方向に動く傾向があると言えます**．なぜならば，中心の右下にあるということは，X の値が相対的に大きいとき Y の値が相対的に小さいことを意味し，中心の左上にあるということは，X の値が相対的に小さいときに Y の値が相対的に大きいことを意味するからです．他方，図 7-6 では，点の集まりのおおよその中心から見て，点が右上や左下に多くあるわけでも，あるいは，

右下や左上に多くあるわけでもありません．したがって X と Y との間に同じ方向に動く傾向も，あるいは，逆の方向に動く傾向もあるとは言えません．

7.7 点の相対的位置を数値化する方法

そこで，以下では，点の集まりのおおよその中心から見て，点が右上および左下に多くあるのか，あるいは，右下および左上に多くあるのかを数値化する方法を考えます．そのため，まず，散布図の中心について考えると，X の期待値 $\mathrm{E}[X]$ は，X の平均値を表すので，X がとり得る値の中心と解釈することができます．また，同様の理由から Y の期待値 $\mathrm{E}[Y]$ を Y がとり得る値の中心と解釈することができます．したがって，以下では点 $(\mathrm{E}[X], \mathrm{E}[Y])$ を散布図の中心として扱います．そこで，まず，表 7-2 の数値に基づいて $\mathrm{E}[X]$ と $\mathrm{E}[Y]$ を計算します．

$$\mathrm{E}[X] = 0.2 \times 3 + 0.2 \times 1 + 0.2 \times 2 + 0.2 \times 0 + 0.2 \times (-1) = 1.0$$

$$\begin{aligned}\mathrm{E}[Y] &= 0.2 \times 3 + 0.2 \times 2 + 0.2 \times (-2) + 0.2 \times (-4) + 0.2 \times (-4) \\ &= -1.0\end{aligned}$$

よって，この数値例の散布図の中心は点 $(1, -1)$ です．そこで，図 7-8 から図 7-10 までの図では，この点を散布図の中心として C と表示します．

(1) 次に，散布図の各点が散布図の中心から見て右上・左下に位置するのか，あるいは，右下・左上に位置するのかを数値で表現する方法を紹介します．そのために，各点 (x_i, y_i) と散布図の中心 $(\mathrm{E}[X], \mathrm{E}[Y])$ を向かい合う頂点とする長方形を描きます．最初に，図 7-8 でケース 1 の点 $(3,3)$ と散布図の中心 $(1, -1)$ を向かい合う頂点とする長方形を描きます．そして，頂点 A から頂点 C までの辺の長さを $(x_1 - \mathrm{E}[X])$ で測り，頂点 1 から頂点 A までの辺の長さを $(y_1 - \mathrm{E}[Y])$ で測ります．次に，これら 2 つの辺の積 $(x_1 - \mathrm{E}[X])(y_1 - \mathrm{E}[Y])$ を計算します．

$$(x_1 - \mathrm{E}[X])(y_1 - \mathrm{E}[Y]) = (3 - 1)(3 - (-1)) = 2 \times 4 = 8$$

要するに，$(x_1 - \mathrm{E}[X])(y_1 - \mathrm{E}[Y])$ は 8 であり，図 7-8 の長方形の面積を表します．以下では，i 番目の点と散布図の中心 C を向かい合う頂点とする長方形の 2 辺の積を d_i で表します．さて，点 1 について次の点を確認

図 7-8 ケース 1 の点と散布図の中心を向かい合う頂点とする長方形

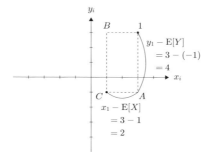

図 7-9 ケース 5 の点と散布図の中心を向かい合う頂点とする長方形

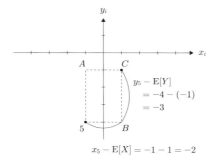

してください。まず，点 1 が中心 C の右上にあるので，$(x_1 - \mathrm{E}[X])$ と $(y_1 - \mathrm{E}[Y])$ の両方が正になり，それらの積 $d_1 = (x_1 - \mathrm{E}[X])(y_1 - \mathrm{E}[Y])$ も正になります。さらに，もし点 1 が中心 C のはるか右上にあれば，d_1 は大きな正の値をとります。他方，もし点 1 が中心 C 近くの右上にあれば d_1 は小さな正の値をとります。

(2) 次に，点が中心の左下にあるケース 5 を見てみましょう。言葉で説明すると，$(x_5 - \mathrm{E}[X])$ は，頂点 5 から頂点 B までの辺の長さに負の符号を付けたもの，$(y_5 - \mathrm{E}[Y])$ は，頂点 B から頂点 C までの辺の長さに負の符号を付けたものを表します。このとき，d_5 を計算します。

$$d_5 = (x_5 - \mathrm{E}[X])(y_5 - \mathrm{E}[Y])$$
$$= (-1 - 1)(-4 - (-1)) = (-2) \times (-3) = 6$$

したがって，d_5 は 6 で，図 7-9 の長方形の面積を表すと考えることができます。ケース 5 に限らず，一般に，**i 番目のケースに対応する点が中心**

図 7-10 ケース 3 の点と散布図の中心を向かい合う頂点とする長方形

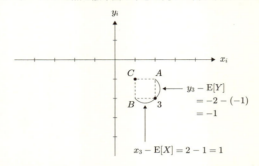

C の左下にあるならば，$(x_i - \mathrm{E}[X])$ と $(y_i - \mathrm{E}[Y])$ の両方が負の値になるので，その積 d_i は正になります。さらに，点 i が C のはるか（近くの）左下にあるとき，積 d_i は大きな（小さな）正の値をとります。

(3) 次に，点が中心の右下にあるケース 3 を見ます。言葉で説明すると，$(x_3 - \mathrm{E}[X])$ は，頂点 3 から頂点 B までの辺の長さ，$(y_3 - \mathrm{E}[Y])$ は，頂点 3 から頂点 A までの辺の長さに負の符号を付けたものを表します。このとき，d_3 を計算します。

$$d_3 = (x_3 - \mathrm{E}[X])(y_3 - \mathrm{E}[Y]) = (2-1)(-2-(-1)) = 1 \times (-1)$$
$$= -1$$

したがって，$d_3 = (x_3 - \mathrm{E}[X])(y_3 - \mathrm{E}[Y])$ は -1 であり，上の図の長方形の面積に負の符号を付けたものに等しいです。一般に，i 番目のケースに対応する点が中心 C の右下にあるとき，$(x_i - \mathrm{E}[X])$ が正で $(y_i - \mathrm{E}[Y])$ が負になるので，積 d_i は負になります。さらに，点 i が C のはるか（近くの）右下にあるとき，積 d_i の絶対値は大きく（小さく）なります。ただし，ある数の絶対値とは，その数が正であればその数そのもの，負の数であればその数から負の符号を省いたものを表します。たとえば，7 の絶対値は 7，-3 の絶対値は 3 です。

(4) 最後に，点が中心の左上にあるケースについて考察します。残念ながら，表 7-2 の例には，そのような点はありません。しかし，今まで見たケース 1，5，3 から，次のことが推論できます。すなわち，**点 i が中心 C の左上にあるとき，$(x_i - \mathrm{E}[X])$ は負で，$(y_i - \mathrm{E}[Y])$ は正になるので，それらの積 $d_i = (x_i - \mathrm{E}[X])(y_i - \mathrm{E}[Y])$ は負になります**。さらに，i

番目のケースに対応する点が C のはるか（近くの）左上にあるとき，積 d_i は負で，絶対値が大きく（小さく）なります。

以上4つのケースから，$d_i = (x_i - \mathrm{E}[X])\,(y_i - \mathrm{E}[Y])$ について次のことが言えます。

第1に，もし点 (x_i, y_i) が散布図の中心 $(\mathrm{E}[X], \mathrm{E}[Y])$ の右上あるいは左下にあるならば，d_i は正の値をとります。他方，もし点 (x_i, y_i) が散布図の中心 $(\mathrm{E}[X], \mathrm{E}[Y])$ の右下あるいは左上にあるならば，d_i は負の値をとります。

第2に，点 (x_i, y_i) が中心点 $(\mathrm{E}[X], \mathrm{E}[Y])$ から離れているほど，d_i の絶対値が大きくなります。なお，$(x_i - \mathrm{E}[X])$ や $(y_i - \mathrm{E}[Y])$ は，確率変数がとる可能性がある値から期待値を引いた差を表すので，**偏差**と呼ばれます。そこで，以下では，$d_i = (x_i - \mathrm{E}[X])\,(y_i - \mathrm{E}[Y])$ を偏差の積と呼ぶことにします。

7.8 共分散

7.7節で点が中心点の右上・左下にあるか，あるいは，中心点の右下・左上にあるかは，d_i の値が正であるか，あるいは，負であるかで判別できることが分かりました。また，7.6節で散布図の中心から見て，点が右上・左下に多くあれば，2つの変数が同じ方向に動く傾向があり，右下・左上に多くあれば，逆の方向に動く傾向があることを確認しました。

そこで，散布図を構成する点すべてについて d_i を計算して加重平均し，それが正負のいずれであるか見れば，2つの変数の間に同じ方向に動く傾向が強いのか，あるいは，逆の方向に動く傾向が強いのかをおおよそ判断できるはずです。

したがって，我々は，2変数が同じ方向に動くのか，あるいは，逆の方向に動くのかの尺度を d_i の加重平均，すなわち，期待値によって定義します。また，それを**共分散**（covariance）と呼び，たとえば，確率変数 X と Y の共分散は $\mathrm{Cov}[X,Y]$, $\mathrm{Cov}(X,Y)$, $\mathrm{cov}[X,Y]$, $\mathrm{cov}(X,Y)$, あるいは，σ_{XY} で表します。以上の点を数式を使って表せば次のように表せます。

表 7-3 表 7-2 の数値例について共分散の計算

ケース i	p_i	x_i	y_i	$p_i(x_i - \mathrm{E}[X])\,(y_i - \mathrm{E}[Y])$
1	0.2	3	3	$(0.2)(3-1)(3-(-1)) = 1.6$
2	0.2	1	2	$(0.2)(1-1)(2-(-1)) = 0.0$
3	0.2	2	-2	$(0.2)(2-1)(-2-(-1)) = -0.2$
4	0.2	0	-4	$(0.2)(0-1)(-4-(-1)) = 0.6$
5	0.2	-1	-4	$(0.2)(-1-1)(-4-(-1)) = 1.2$
合計				3.2

$$\begin{aligned}
\mathrm{Cov}[X,Y] &= (d_i \text{ の加重平均}) \\
&= p_1 d_1 + p_2 d_2 + \cdots + p_n d_n \\
&= p_1(x_1 - \mathrm{E}[X])(y_1 - \mathrm{E}[Y]) + p_2(x_2 - \mathrm{E}[X])(y_2 - \mathrm{E}[Y]) + \\
&\quad \cdots + p_n(x_n - \mathrm{E}[X])(y_n - \mathrm{E}[Y])
\end{aligned} \tag{7.6}$$

念のため，(7.6) 式を言葉で言うと，**共分散は，各ケースの偏差の積 d_i に確率を掛け，それをすべてのケースについて合計したものです**．次に，表 7-2 の数値例について表 7-3 を使って共分散を計算します．

> **Excel** 実は，表 7-3 のように各ケースが起きる確率が完全に等しい場合には，表を使わなくても COVARIANCE.P 関数を使って共分散を計算することができます．他方，各ケースが起きる確率が等しくない場合には表 7-3 のような表を作って共分散を計算しなければなりません．なお，Excel には COVARIANCE.S と名付けられた関数があります．この関数は，確率変数がとる可能性がある値やそれらの確率の全貌は知り得ないが，確率変数が実際にとった値（実現値）を観察できるとき，真の共分散の値を推定するときに使う関数です．ただし，本書では COVARIANCE.S を実際に使うことはありません．

今までの議論から明らかですが，念のため，ここで共分散のもっとも重要な性質を再確認しておきます．すなわち，**共分散が正（負）であれば，通常，2 つの確率変数の間には同じ（逆の）方向に動く傾向があります**．また，**共分散の絶対値が大きいほど，その傾向が強いです**．他方，**共分散が 0 に近い値をとるとき，通常，2 つの確率変数の間に同じ方向，あるいは，逆の方向に動く傾向はありませ**

ん。

また，次の章で必要になるので，ここで定数と確率変数の間の共分散を計算しておきます。たとえば，定数 4 と確率変数 Y の共分散を計算してみましょう。その場合，定数 4 の期待値は 4 なので，共分散は次式で計算できます。

$$\mathrm{Cov}[4, Y] = p_1(4-4)(y_1 - \mathrm{E}[Y]) + \cdots + p_n(4-4)(y_n - \mathrm{E}[Y]) = 0$$

よって，定数 4 と確率変数 Y の共分散は 0 です。もちろん，4 に限らずどんな定数の場合でも，その定数と任意の確率変数の共分散を計算すれば，上の式と同じようにすべての項が 0 になるので，共分散は 0 になります。

さらに，もう一点，次の章で使う共分散の性質があります。それは，同じ確率変数どうしの共分散はその確率変数の分散そのものであるという性質です。この点を確かめるために，たとえば，確率変数 X と確率変数 X の共分散を (7.6) 式を使って計算してみましょう。

$$\begin{aligned}\mathrm{Cov}[X, X] &= p_1(x_1 - \mathrm{E}[X])(x_1 - \mathrm{E}[X]) + \cdots \\ &\quad + p_n(x_n - \mathrm{E}[X])(x_n - \mathrm{E}[X]) \\ &= p_1(x_1 - \mathrm{E}[X])^2 + \cdots + p_n(x_n - \mathrm{E}[X])^2 \\ &= \mathrm{Var}[X]\end{aligned}$$

問い 章末の練習問題の 4 のうち共分散を計算しなさい。

7.9 相関係数

実は，共分散そのものより，共分散を 2 つの確率変数の標準偏差の積で割った**相関係数**（correlation coefficient）の方がよく使われるかもしれません。そこで，本節では，相関係数について学習します。まず，確率変数 X と確率変数 Y の相関係数 ρ_{XY} が，共分散 $\mathrm{Cov}[X, Y]$ を X の標準偏差と Y の標準偏差の積 $\sigma_X \sigma_Y$ で割ったものであることを式で表しておきましょう。ただし，ρ はギリシャ文字の小文字で「ロー」と読みます。

$$\rho_{XY} = \frac{\mathrm{Cov}[X, Y]}{\sigma_X \sigma_Y} \tag{7.7}$$

ただし，σ_X か σ_Y のいずれかあるいは両方が 0 のときは，(7.7) 式の右辺が

定義できません．しかし，その場合，X と Y の一方あるいは両方が変動しないので，X と Y の関係性を測る相関係数を 0 と定義するのが自然です．したがって，そのように定義します．なお，共分散を σ_{XY} と表すときは，(7.7) 式は $\rho_{XY} = \frac{\sigma_{XY}}{\sigma_X \sigma_Y}$ と表せます．

(例) 表 7-3 の数値例の共分散は 3.2 でした．また，Excel 等を使えば X の標準偏差が 1.414214 であり，Y の標準偏差が 2.966479 であることが計算できます．したがって，X と Y の相関係数は 3.2 をこれらの標準偏差の積で割って 0.76277 と求められます．

Excel 実は，表 7-3 のように各ケースの起きる確率が完全に等しい場合には，CORREL 関数を使って相関係数を計算することができます．他方，各ケースが起きる確率が等しくない場合には表 7-3 のような表を作って共分散を計算し，その後，共分散を標準偏差の積で割れば相関係数が計算できます．

実は，共分散には，標準偏差の積以下で，かつ，標準偏差の積に負の符号を付けた数値以上の値しかとらないという性質があります．すなわち，この性質を確率変数 X, Y を使って表すと，次の不等式で表せます．

$$-\sigma_X \sigma_Y \leq \sigma_{XY} \leq \sigma_X \sigma_Y \tag{7.8}$$

さて，標準偏差は定義により分散の正の平方根なので，必ず，正か 0 の数です．したがって，$\sigma_X \sigma_Y \geq 0$ が成立します．ただし，$\sigma_X \sigma_Y = 0$ の場合，(7.8) 式を $\sigma_X \sigma_Y$ で割ることができないので，$\sigma_X \sigma_Y > 0$ が成立するとして $\sigma_X \sigma_Y$ で (7.8) 式を割ります（$\sigma_X \sigma_Y = 0$ の場合は，本節の冒頭で指摘したように ρ_0 と定義します）．その場合，正の数で割ったことになるので，不等式の向きが変わりません．よって次式を得ます．

$$-1 \leq \frac{\sigma_{XY}}{\sigma_X \sigma_Y} = \rho_{XY} \leq 1 \tag{7.9}$$

すなわち，**相関係数は必ず -1 以上で，かつ，1 以下の値をとります．**

次に，相関係数の主要な性質を挙げておきます．ただし，以下の議論では，共分散が対象とする 2 つの確率変数が正の標準偏差を持つ（すなわち，変動性がある）ことを前提にします．

(1) 標準偏差が正なので，共分散が正（負，ゼロ）のとき，共分散を標準偏差の積で割った相関係数も正（負，ゼロ）になります．さらに，標準偏差

の積と比べて共分散が大きければ（小さければ），共分散を標準偏差の積で割った比率である相関係数も大きく（小さく）なります。したがって，共分散の性質から演繹して，**相関係数が正のとき，通常，2つの確率変数の間には同じ方向に動く傾向があります。さらに，もし相関係数が0より1に近い値であればあるほど，その傾向が強くなります。**なお，相関係数が正のとき，「2つの確率変数の間には正の相関がある」と言われます。

(2) また，上と同様の議論によって，**相関係数が負のとき，通常，2つの確率変数の間には逆の方向に動く傾向があります。さらに，もし相関係数が負で，0より−1に近い値であればあるほど，その傾向が強くなります。**なお，相関係数が負のとき，「2つの確率変数の間には負の相関がある」と言われます。

(3) さらに，もし相関係数が0であれば，「無相関である」と言われ，**通常，2つの確率変数の間には，同方向あるいは逆方向に動く明確な傾向がありません。**また，相関係数が0でなくても0に近い値であれば，2つの確率変数の間には無相関に近い関係があります。

(4) **もし相関係数が1（−1）ならば**，2つの確率変数がとる可能性がある値のペアをプロットした**散布図は正（負）の傾きを持った直線上に並びます。**逆に，もし散布図のすべての点が正（負）の傾きを持った直線上に並ぶならば，相関係数は1（−1）です。なお，相関係数が1あるいは−1であることは，散布図の点が並ぶ直線の傾きについて何も意味しません。

(5) また，**相関係数が±1に近い値であれば**，あたかも銀河系の星を回転軸に対して垂直に見たときのように，**散布図の点が1本の直線の周辺に密に集まった状態を呈します。**したがって，横軸の変数が増加したとき，縦軸の変数も，傾きが正の場合はほぼ確実に増加し，傾きが負の場合はほぼ確実に減少するので，相関（両方の変数が同じ方向，あるいは，逆の方向に動く傾向）が強いと言えます。逆に，**相関係数が0に近い値であれば**，図7-6のように，**散布図の点が攪拌して散らばった状態です。**したがって，横軸の変数が増加したとき，縦軸の変数がどう変化するか，見当が付かないので，相関は弱いと言えます。

(6) 最後に，相関係数の解釈をもうひとつ紹介します。相関係数を2乗したものは**決定係数**（coefficient of determination, R^2）と呼ばれ，ある変数の変動のうち，どれだけがもう1つの変数で説明できるかを表します。し

たがって，仮に Y と X との間の相関係数が 0.5 であれば，Y の変動のうち，0.5 を 2 乗した 25% が X によって説明できます．

7.10 練習問題

1. **（収益率等の計算）** ソニー株式会社（以下，ソニー）は，1000 社以上の子会社を通じて電気機器だけでなく，半導体，ゲーム，音楽，映画，金融等，多数の分野で事業を行う持ち株会社です．また，ソニーの株式は東京証券取引所とニューヨーク証券取引所に上場されていて，2018 年 4 月 2 日月曜日の終値は 5173 円，2018 年 10 月 1 日月曜日の終値は 6879 円でした．また，ソニーは中間配当と期末配当を払っており，2018 年 9 月 30 日を権利確定日とする配当は 1 株当たり 15 円でした．これらの情報に基づいて，2018 年 4 月 2 日にソニーの株式 1000 株を終値で買い，2018 年 10 月 1 日の終値で売ったときの収益率を計算しなさい．ただし，計算を簡単にするため，配当は 10 月 1 日にソニーの株式を売却する直前に受け取ったと仮定して収益率を計算しなさい．また，この売買の結果，投資家が稼いだインカムゲインとキャピタルゲインを 1000 株について計算しなさい．

2. **（期待収益率の計算）** ソニーは，2019 年 2 月 1 日に 2019 年 3 月期（2018 年 4 月 1 日から 2019 年 3 月 31 日までの 1 年間）の純利益が 8350 億円になると発表しました．さて，投資家 A は，ソニーのその後の業績について楽観的で，2019 年 2 月 1 日から 1 年間ソニーの株式に投資すれば，その収益率は，0.3 の確率で 45%，0.5 の確率で 5%，0.2 の確率で −25% になると予想しています．この予想に基づいてソニーの株式に 1 年間投資して得られる収益率の期待値を計算しなさい．ただし，解答は公式に適当な数値を代入したものをそれ以上計算しないでそのまま記しなさい．また，電卓，Excel 等を使って期待値を計算しなさい．

3. **（分散と標準偏差の計算）** 上記の問い 2 の投資家 A の予想に基づいてソニーの株式に 1 年間投資して得られる収益率の分散を計算しなさい．ただし，解答は公式に適当な数値を代入したものをそれ以上計算しないでそのまま記しなさい．また，電卓，Excel 等を使って分散と標準偏差を計算しなさい．

4.（共分散と相関係数の計算） 投資家 A はソニーの収益率 R^S とパナソニックの収益率 R^P について次の表に掲載した予想を立てています。この予想に基づき Excel 等を使って両社の収益率の共分散を計算しなさい。また，相関係数も計算しなさい。ただし，r_i^S はケース i が発生したときに R^S がとる値，r_i^P はケース i が発生したときに R^P がとる値を表します。

i	p_i	r_i^S	r_i^P
1	0.25	45%	25%
2	0.05	45%	−20%
3	0.40	5%	25%
4	0.10	5%	−20%
5	0.05	−25%	25%
6	0.15	−25%	−20%

第8章 ポートフォリオ理論入門

　本章では，投資家が保有する資金をどの資産にいくら投資するかという問題について，ハリー・マーコウィッツ（Harry M. Markowitz）が Markowitz [1952] で提唱した手法を学習します．ちなみに，マーコウィッツはこの業績に対して 1990 年にノーベル賞を受賞しました．また，本書ではこの手法を**ポートフォリオ理論**（portfolio theory）と呼ぶことにします．さて，節ごとのトピックを列挙すると，まず，8.1 節でポートフォリオ理論を概観し，8.2 節で同理論の仮定を学びます．次に，8.3 節で組み入れた資産の属性を使ってポートフォリオの収益率の期待値と標準偏差を計算する公式を学びます．8.4 節と 8.5 節では，それらの公式を使って投資家が選択可能なポートフォリオの集合（投資機会集合）を特定します．そして，8.6 節では，投資機会集合の中から特定の投資家の満足度を最大にするポートフォリオ（最適ポートフォリオ）を選ぶ方法を学習します．最後に，8.7 節では，ポートフォリオ理論の利用を概観した後，それから得られる知見をまとめます．

　　（注）　ポートフォリオ理論という用語は，マーコウィッツが提唱した手法だけを指すのに使われることもあれば，第 9 章で学習する CAPM や APT なども含めて使われることもあります．他方，現代ポートフォリオ理論（modern portfolio theory, MPT）という用語は，多くの場合 CAPM や APT も含めて使われます．なお，Markowitz は英語では「マーコウィッツ」と発音します．

8.1　概　　観

　ポートフォリオという用語は本章以前に何度も使いました．それは，特定の投資家が保有するか，あるいは，思考実験において保有することを検討する資産の集合を意味します．ただし，単に，資産の組み合わせという意味で使うこともあります．さて，投資家にとって，投資に振り向けることができる資金（以下，投資資金）は外生的に決まっています．したがって，「投資家がどの

資産にいくら投資するか」という問題は,「投資資金の何 % を各資産に投資するか」という問題であると言えます．また,「最適なポートフォリオを構築し維持する」問題であるとも言えます．

さて，ここでマーコウィッツが提唱したポートフォリオ理論の概略を述べておきます．一言で言うと，それは，ポートフォリオをその収益率の期待値と標準偏差で特徴付け，それらの情報に基づいて最適ポートフォリオを選択するというものです．これをもう少し詳しく述べると，それは，3つの部分で構成されていると言えます．第1の部分は，投資家の収益率に関する好みを特定する部分です．具体的には，投資家の好みは，将来の一定期間に得られるポートフォリオ p の収益率 R_p の期待値 $\mathrm{E}[R_p]$ と標準偏差 σ_p に関する好みとして表現できると仮定します．ただし，ここで「一定期間」とは，投資家が最適なポートフォリオを構築した後，次に最適ポートフォリオを再構築するまでの，保有資産の内訳が変化しない期間を指します．したがって，この期間の長さは，投資家によって異なるはずで，1日，1週間，1か月，四半期と様々な期間が考えられます．

第2の部分は，ポートフォリオに組み入れる資産の候補について収益率の期待値と標準偏差，さらに，他の資産の収益率との共分散について予想を立て，それらを本章で学習する公式に代入してポートフォリオ収益率の期待値 $\mathrm{E}[R_p]$ と標準偏差 σ_p を計算する部分です．この計算によって投資家が選択可能なポートフォリオの収益率の期待値と標準偏差の全体像（投資機会集合）を把握することができます．第3の部分では，第1の部分と第2の部分を統合して最適なポートフォリオを選択します．

以上を一言でまとめると，ポートフォリオ理論は，ポートフォリオの収益率の期待値と標準偏差に基づいて最適なポートフォリオを選択する手法です．したがって，日本語では**平均分散アプローチ**，英語では mean-variance approach あるいは mean-variance analysis と呼ばれることがあります．また，ポートフォリオ理論自体は数式で組み立てられていますが，本書では可能な限り図を使ってエッセンスを学習します．

8.2　ポートフォリオ理論の仮定

本節では，ポートフォリオ理論の仮定を挙げます．それは大きく分けて2

種類の仮定で構成されています.ひとつは,資産が完全競争的な市場で取引されるという仮定です.この仮定については5.4節を参照してください.ただし,本章では,どの資産について空売りができるかという点についてそのつど仮定します.また,もう一種類の仮定は,投資の収益率に対する投資家の好みに関するもので,以下に3点説明します.なお,経済学では,一般に投資家や消費者の好みを**選好**(preference)という用語で表すので,本書でも以下ではこの用語を使います.

それでは,選好に関する最初の仮定を述べると,それは,**投資家はポートフォリオの収益率の期待値 $E[R_p]$ と標準偏差 σ_p のみに基づいてポートフォリオを選択する**というものです.換言すると,投資家がポートフォリオの属性の中で考慮するのは,$E[R_p]$ と σ_p だけであり,他の属性にはまったく留意しないということです.したがって,考慮すべきポートフォリオの属性は,横軸で σ_p を測り,縦軸で $E[R_p]$ を測った平面上の点によって表現できます.なお,今後は,収益率の期待値を**期待収益率**(expected rate of return)と呼びます.また,収益率に関するものであることを強調したい場合を除いて,文脈から明らかな場合は,収益率の分散あるいは標準偏差を単に分散あるいは標準偏差,2つの資産の収益率の間の共分散あるいは相関係数を単に共分散あるいは相関係数と呼ぶことにします.

次に,選好に関する第2の仮定を述べると,それは,**投資家は σ_p が同じで $E[R_p]$ が異なる2つのポートフォリオについては,$E[R_p]$ の高いポートフォリオをより好む**(経済学では「選好する」という言い回しを使います)というものです.たとえば,図8-1の点 A, B, C はすべて40%の標準偏差を持つポートフォリオを表していますが,A が B より上にあり,B が C より上にあるので,期待収益率が一番高いのは A,次に B,そして一番低いのは C です.したがって,選好に関する第2の仮定を満たす投資家は A, B, C の中では A を一番好み,次に B を好み,C を一番好みません.要するに,図8-1のように横軸で σ_p を測り,縦軸で $E[R_p]$ を測った図では,同一垂直線上にある点の中では上にある点がより好まれます.

選好に関する第3の仮定を述べると,それは,**投資家は $E[R_p]$ が同じで σ_p が異なる2つのポートフォリオについては,σ_p が低いポートフォリオをより好む**というものです.たとえば,図8-1の点 D, E, F はすべて8%の期待収益率を持つポートフォリオを表していますが,D が E より左にあり,E が F より

図 8-1　σ_p と $\mathrm{E}[R_p]$ のペアに対する投資家の選好

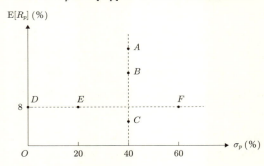

左にあるので，標準偏差が一番低いのは D，次に E，そして一番高いのが F です．したがって，選好に関する第3の仮定を満たす投資家は D，E，F の中では D を一番好み，次に E を好み，F を一番好みません．要するに，図8-1のように横軸で σ_p を測り，縦軸で $\mathrm{E}[R_p]$ を測った図では，同一水平線上にある点の中では左にある点がより好まれます．

　ここで，上記の仮定についてコメントを加えます．まず，投資家は収益を求めて様々な資産に投資しますが，投資家にとって最終的な関心事は，全体として，すなわち，ポートフォリオとしてどれだけ収益を上げるかという点のはずです．したがって，我々はポートフォリオの収益率に焦点を当てます．次に，大部分の投資対象の将来収益は不確実です．したがって，ほとんどの投資家にとって平均的にいくら収益があがるのかが重大な関心事のはずです．そこで，我々は，ポートフォリオの期待収益率をポートフォリオの選択基準のひとつにしているのです．さらに，大部分の投資対象の将来収益が不確実なので，将来損失が発生する可能性もあれば，予想以上に大きな利益が発生する可能性もあります．したがって，多くの投資家は将来発生する損益の変動性に基づいてポートフォリオを選択したいと考えるはずです．そこで，我々は，収益率の標準偏差をポートフォリオの選択基準のひとつにしています．

無差別曲線

　ポートフォリオ理論の最後の仮定を説明するためには，無差別曲線と呼ばれるツールが必要です．そこで，ここでは，経済学に由来する無差別曲線を，ポートフォリオ理論の枠組みの中で定義します．すなわち，**無差別曲線**（indifference curve）とは，縦軸で期待収益率 $\mathrm{E}[R_p]$，横軸で収益率の標準偏差 σ_p を測

図 8-2 σ_p が 12% でポートフォリオ G と無差別なポートフォリオ

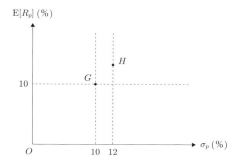

った平面上において，特定の投資家にとって無差別な（満足度が同じという経済学独特の言い回しです）点の集合を意味します．なお，経済学では満足度を**効用**（utility）と呼びます．

それでは，無差別曲線の基本的な性質を知るために，次の質問について考えてみましょう．図 8-2 には標準偏差が 10% で期待収益率も 10% のポートフォリオが点 G で表現されています．さて，仮にポートフォリオ G より高い標準偏差，たとえば，12% の標準偏差を持つポートフォリオ H があるとします．このポートフォリオ H が，あなたにとってポートフォリオ G と無差別であるためには，ポートフォリオ H の期待収益率は 10% より高くなければならないでしょうか，それとも，低くなければならないでしょうか．

本節で説明した選好に関する 3 つの仮定を満たす投資家の場合，ポートフォリオ H がポートフォリオ G と無差別であるためには，ポートフォリオ H は 10% より高い期待収益率を上げなければなりません．なぜならば，投資家が嫌う，より高い標準偏差に伴う満足度の低下を補うために，ポートフォリオ H は，投資家が好む，より高い期待収益率を提供しなければならないからです．したがって，上記の選好に関する 3 つの仮定を満たす投資家の場合，縦軸で期待収益率，横軸で標準偏差を測った平面において**無差別曲線は必ず右上がりになります**．

それでは，選好に関する第 4 の仮定を述べます．それは，**無差別曲線は下から見て凸の形状**（凸レンズの形状）**をしている**という仮定です（日本の数学の教科書では「下に凸」という言い方をします）．図 8-3 には 3 本の無差別曲線が描かれていますが，確かにどの線も凸の形状をしています．

ちなみに，無差別曲線が凸であるということの意味を少し考えてみましょ

図 8-3　無差別曲線群

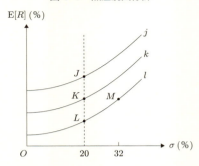

う。たとえば，無差別曲線 l を例にとると，この曲線の点 L での傾きは，標準偏差が 20% よりほんの少し高い，たとえば，21% の標準偏差を持つポートフォリオが，20% の標準偏差を持つポートフォリオ L と無差別であるために必要な期待収益率の増分 ΔE_L をおおよそ表しています。また，曲線 l 上にあって 32% の標準偏差を持つ点 M での傾きは，32% よりほんの少し高い 33% の標準偏差を持つポートフォリオが，ポートフォリオ M と無差別であるために必要な期待収益率の増分 ΔE_M をおおよそ表しています。さて，無差別曲線 l が凸であるということは，曲線に沿って右に行けば行くほど傾きが大きくなるということなので，それは ΔE_L より ΔE_M が大きいことを意味します。これを言い換えると，同一無差別曲線上においては，点（ポートフォリオ）の標準偏差が大きければ大きいほど，標準偏差の若干の増加に伴う満足度の低下を補うために必要な期待収益率の増分は大きくならなければならないということです。なお，本節では，第4の仮定が最適なポートフォリオを選択するのに必要であることだけ予告し，実際にそれが必要であることの説明は 8.6 節に譲ります。

　最後に，無差別曲線の性質を4点指摘します。第1に，無差別曲線 j, k, l は，20% の標準偏差を表す垂直線と点 J, K, L で交わっています。さて，上記の選好に関する第2の仮定から点 J は点 K より選好され（好まれ），点 K は点 L より選好されます。したがって，無差別曲線 j は無差別曲線 k より選好される σ_p と $E[R_p]$ の組み合わせを表し，無差別曲線 k は無差別曲線 l より選好される σ_p と $E[R_p]$ の組み合わせを表しています。要するに，**左上に位置する無差別曲線の方が投資家にとって好ましい σ_p と $E[R_p]$ の組み合わせを表します**。

第2に，無差別曲線が他の無差別曲線と交わることはありません。たとえば，無差別曲線 k が無差別曲線 l と交わることはあり得ません。なぜならば，もし曲線 k が曲線 l と交わるのであれば，無差別曲線 k と無差別曲線 l が同じ点（すなわち，σ_p と $E[R_p]$ が同じポートフォリオ）を共有していることになるので，両曲線は同じ満足度を表すことになります。しかし，それは，上で指摘した，無差別曲線 k が無差別曲線 l より高い満足度を表すという事実と矛盾します。

第3に，図8-3には3本の無差別曲線しか描かれていませんが，たとえば，点 J と点 K の間には無数の点が存在し，それらの点を通る無差別曲線を無数に描くことができます。したがって，一般に，**どの投資家についても無数の無差別曲線を描くことができます。**

第4に，図8-2を使った質問でポートフォリオ H がポートフォリオ G と同じ満足度を与えるために必要なポートフォリオ H の期待収益率の増分は投資家のリスク許容度（前出，投資家が許容できるリスクの程度），あるいは，逆の言い回しを使えば，**リスク回避度**（risk aversion, 投資家がリスクを回避する度合い）によって異なるはずです。たとえば，リスク許容度が低い投資家は，ポートフォリオ H の期待収益率が 14% でなければ，ポートフォリオ H がポートフォリオ G と無差別であると感じないかもしれません。他方，リスク許容度が高い投資家は，ポートフォリオ H の期待収益率が 11% であれば，ポートフォリオ H がポートフォリオ G と無差別であると感じるかもしれません。要するに，リスク許容度の低い，すなわち，リスク回避度の高い投資家の無差別曲線は傾きが大きくなります。他方，リスク許容度の高い，すなわち，リスク回避度の低い投資家の無差別曲線は傾きが小さくなります。なお，リスク許容度の違いによって無差別曲線の傾きが異なる例を8.8節の付録で図示しているので，関心のある読者は参照してください。

8.3　ポートフォリオの期待収益率と標準偏差

ポートフォリオの収益率

ポートフォリオの収益率は，ポートフォリオに組み入れた個別資産の収益率を使って簡単に計算することができます。この点を示したのが次の例です。なお，この性質は，過去に実現した収益率だけでなく，将来の特定のシナリオで

予想される収益率（たとえば，確率変数としての収益率が特定のケースでとる値）についても当てはまります。

> （例） ポートフォリオが資産1と資産2で構成されているとします。また，資産1の実現した収益率 R_1 が 25%，資産2の実現した収益率 R_2 が −8% であるとします。このとき，資産1への投資比率（資産1への投資額をポートフォリオの総額で割った比率）w_1 が 0.6，資産2への投資比率 w_2 が 0.4 のポートフォリオの実現した収益率 R_p は，資産 1, 2 の収益率を加重平均することによって計算できます（証明は第8章の Web 付録に掲載しています）。
>
> $$R_p = w_1 R_1 + w_2 R_2 = 0.6 \times 25 + 0.4 \times (-8) = 11.8 \ (\%)$$

さらに，上の計算式は，n 個の資産を組み入れたポートフォリオについても成立します。すなわち，資産 i の実現した収益率を R_i，資産 i への投資比率を w_i で表すと，ポートフォリオの実現した収益率 R_p は次式で計算できます。

$$R_p = w_1 R_1 + w_2 R_2 + \cdots + w_n R_n \tag{8.1}$$

(8.1) 式の関係は $R_1, R_2, \ldots, R_n$ が将来の収益率を表す場合，すなわち，それらの変数が確率変数である場合もケースごとに成立します。

ポートフォリオの期待収益率

ポートフォリオの期待収益率は，ポートフォリオに組み入れられた個別資産の期待収益率を使って簡単に計算することができます。この点を示したのが次の例です。

> （例） ポートフォリオが資産1と資産2で構成されているとします。また，資産1の期待収益率 $\mathrm{E}[R_1]$ が 24.76%，資産2の期待収益率 $\mathrm{E}[R_2]$ が 14.08% であるとします。このとき，資産1への投資比率 w_1 が 0.3，資産2への投資比率 w_2 が 0.7 のポートフォリオの期待収益率 $\mathrm{E}[R_p]$ は，資産 1, 2 の期待収益率を加重平均することによって計算できます（証明は第8章の Web 付録に掲載しています）。
>
> $$\begin{aligned} \mathrm{E}[R_p] &= w_1 \mathrm{E}[R_1] + w_2 \mathrm{E}[R_2] \\ &= 0.3 \times 24.76 + 0.7 \times 14.08 = 17.28 \ (\%) \end{aligned}$$

さらに，上の計算式は，n 個の資産を組み入れたポートフォリオについても

成立します。すなわち，資産 i の期待収益率を $\mathrm{E}[R_i]$，資産 i への投資比率を w_i で表すと，ポートフォリオの期待収益率 $\mathrm{E}[R_p]$ は次式で計算できます。

$$\mathrm{E}[R_p] = w_1\mathrm{E}[R_1] + w_2\mathrm{E}[R_2] + \cdots + w_n\mathrm{E}[R_n] \tag{8.2}$$

換言すると，**ポートフォリオの期待収益率は組み入れた資産の期待収益率の加重平均として計算できます**。ただし，加重するウェイトには，組み入れた資産に対する投資比率を使います。

> (例) 証券アナリストの鈴木さんは，資産 1～4 について次の期待収益率を予想しています。
>
> $\mathrm{E}[R_1] = 10\%$, $\mathrm{E}[R_2] = 13\%$, $\mathrm{E}[R_3] = 15\%$, $\mathrm{E}[R_4] = 20\%$
>
> もし資産 1～4 への投資比率がそれぞれ 0.1, 0.3, 0.2, 0.4 であるならば，これらの資産を組み入れたポートフォリオの期待収益率は次式で計算できます。
>
> $\mathrm{E}[R_p] = 0.1 \times 10 + 0.3 \times 13 + 0.2 \times 15 + 0.4 \times 20 = 15.9 \,(\%)$

問い 章末の練習問題の 1 を期待収益率について解きなさい。

ポートフォリオの分散

次に，ポートフォリオの分散を個別資産の分散と個別資産の間の共分散を使って計算する公式を紹介します。ただし，ポートフォリオの分散は σ_p^2，資産 i の分散は σ_i^2，資産 i と資産 j の間の共分散は σ_{ij} で表します。また，資産 i に対する投資比率を w_i で表します。このとき，資産 1, 2 を組み入れたポートフォリオの分散 σ_p^2 は次式で計算できます（証明は第 8 章の Web 付録に掲載しています）。

$$\sigma_p^2 = w_1^2\sigma_1^2 + w_2^2\sigma_2^2 + 2w_1w_2\sigma_{12} \tag{8.3}$$

(8.3) 式を言葉で表現すると，資産 1, 2 を組み入れた**ポートフォリオの分散は，各資産の分散（σ_1^2, σ_2^2）に投資比率の 2 乗を掛け合わせたものの和（$w_1^2\sigma_1^2 + w_2^2\sigma_2^2$）に，共分散（$\sigma_{12}$）に投資比率と 2 を掛け合わせたもの（$2w_1w_2\sigma_{12}$）を合計して計算できます**。

> (例) 資産 1 の標準偏差 σ_1 が 42.7% で，資産 2 の標準偏差 σ_2 が 29.37%

だとします。また，資産1, 2の共分散 σ_{12} は $75.25\%^2$ だとします。このとき，資産1に対する投資比率が0.3で，資産2に対する投資比率が0.7のポートフォリオの分散を（8.3）式を使って計算します。

$$\begin{aligned}\sigma_p^2 &= w_1^2\sigma_1^2 + w_2^2\sigma_2^2 + 2w_1w_2\sigma_{12} \\ &= 0.3^2 \times 42.7^2 + 0.7^2 \times 29.37^2 + 2 \times 0.3 \times 0.7 \times 75.25 \\ &= 164.0961 + 422.6725 + 31.6050 \\ &= 618.3736\ (\%^2)\end{aligned}$$

したがって，$618.3736\%^2$ の正の平方根をとって約 24.9% が標準偏差として求まります。

なお，7.9節で見たように，資産1, 2の相関係数 ρ_{12} は $\frac{\sigma_{12}}{\sigma_1\sigma_2}$ によって定義されます。したがって，この定義式の両辺に $\sigma_1\sigma_2$ を掛けると，$\rho_{12}\sigma_1\sigma_2 = \sigma_{12}$ が得られます。よって，この関係式を（8.3）式の σ_{12} に代入すると，次式が得られます。

$$\sigma_p^2 = w_1^2\sigma_1^2 + w_2^2\sigma_2^2 + 2w_1w_2\rho_{12}\sigma_1\sigma_2 \tag{8.4}$$

したがって，（8.4）式を使って，2資産を組み入れたポートフォリオの分散を計算することもできます。

問い 章末の練習問題1を標準偏差について解きなさい。

なお，3つ以上の資産を組み入れたポートフォリオの分散を計算するには，8.8節の付録に掲載した（8.7）式あるいは（8.8）式を使います。

8.4 危険資産だけを組み入れたポートフォリオ

本節と次節では，前節で学習した公式（8.2）式のほか，（8.3）式あるいは（8.4）式を使って，投資家が投資可能なポートフォリオの期待収益率と標準偏差の組み合わせを点として図にプロットします。そのようにして得られる図の形状は，次項で定義する安全資産が投資可能な資産として存在するかどうかによって質的に異なります。まず，安全資産と，その反対語である危険資産を定義することから始めます。

危険資産と安全資産

まず，**危険資産**（リスク資産，risky asset）を定義します．一般に，ポートフォリオ理論を利用する投資家は，投資対象の候補である資産について収益率の期待値と標準偏差のほか，他の資産の収益率との共分散あるいは相関係数を予想します．この収益率を計算するのに用いる1期間（8.1節で「一定期間」と呼んだ期間のことです）の期首時点において収益率に不確実性がある資産，すなわち，収益率が確率変数である資産が危険資産です．したがって，ポートフォリオ理論の観点から言えば，株式やデリバティブだけでなく，大部分の債券も危険資産です．なぜならば，たとえば，投資家が1か月間の収益率の予想に基づいてポートフォリオを構築する場合，5年後に償還が予定されている国債の1か月間の収益率は，1か月後の価格に依存します．そして，それは，1か月後に市場で成立している金利水準に依存します．したがって，5年後に償還が予定されている国債の1か月間の収益率は，確率変数です．

次に，**安全資産**（無リスク資産，risk-free asset, riskless asset）を定義すると，それは，上の段落で「一定期間」と呼んだ期間の期首時点において収益率に不確実性がない資産，すなわち，「一定期間」の収益率が定数の資産を指します．たとえば，インフレ率が0%の経済システムにおいて，1か月間の収益率の予想に基づいてポートフォリオを構築する投資家にとって安全資産と言ってよい資産は，1か月後に満期が到来するデフォルトリスクのない債券あるいは預金です．なぜならば，そのような資産の場合，1か月後に受け取る金額に不確実性がないので，その金額と期首時点の債券価格あるいは預金金額を使えば，収益率が定数として計算できるからです．具体的にそのような条件を満たす資産を挙げると，真っ先に挙げられるのは，1か月後に償還される国債です．また，財務状態が良好な銀行が発行し，1か月後に満期が到来する流動性の高い預金（たとえば，譲渡性預金）も，そのような条件をほぼ満たしています（満たしていると言い切れないのは，財務状態の良好な銀行でも若干のデフォルトリスクが存在するからです）．なお，安全資産の収益率は**安全利子率**（無リスク利子率，risk-free rate, riskless rate）と呼ばれます．

(注) 上の段落では「インフレ率が0%」という条件の下で議論しました．そこで，この注でインフレ率が0%ではない場合の安全資産について議論します．その場合，合理的な投資家はインフレ率の効果を除いた実質の収益率に基づいてポートフォリオを選択すると考えられるので，その場合の安全資産は，インフレ

率の効果を除いた実質の収益率に不確実性がない資産です。たとえば，上の段落で例として使った「1か月間の収益率の予想に基づいてポートフォリオを構築する投資家」にとって安全資産と言えるのは，1か月後に満期が到来し，満期で受け取るキャッシュフローの金額が1か月間のインフレ率に連動する（すなわち，(1＋インフレ率)に比例する）債券あるいは預金です。ただし，先進国の場合，通常，短期間（たとえば，1日，1週間，1か月，四半期）のインフレ率は高くないため，インフレ率に関しては厳密さを欠くものの，本文の「一定期間」後に満期が到来するデフォルトリスクのない債券あるいは預金を安全資産として扱います。

2 危険資産を組み入れたポートフォリオ

次に2つの危険資産を組み入れたポートフォリオの期待収益率と標準偏差を計算してその組み合わせを点として図にプロットします。

> (例) 資産Aの期待収益率は14%で標準偏差は50%，資産Bの期待収益率は8%で標準偏差は42%だとします。また，資産Aと資産Bの相関係数については，1.0, 0.25, −0.4, −1.0のそれぞれを仮定して，相関係数が異なることによる影響を見ます。このとき，資産Aに対する投資比率を1.0, 0.9, ..., 0.1, 0.0と0.1の刻みで減らし，それと同時に資産Bに対する投資比率を0.0, 0.1, ..., 0.9, 1.0と0.1の刻みで増やしてポートフォリオの期待収益率と標準偏差を計算しました。表8-1はそれらの結果をまとめたものです。

たとえば，表8-1の3行目には，投資資金の80%を資産Aに，20%を資産Bに投資したポートフォリオの期待収益率と標準偏差を掲載しています。まず，ポートフォリオの期待収益率は，それを計算する(8.2)式に代入するのが，組み入れる資産の投資比率と期待収益率だけなので，相関係数に左右されません。したがって，投資資金の80%を資産Aに，20%を資産Bに投資したポートフォリオの期待収益率は，両資産間の相関係数の値にかかわらず，12.8%です。他方，ポートフォリオの標準偏差は，投資比率と標準偏差のほか相関係数を(8.4)式に代入して計算した分散の正の平方根をとったものなので，相関係数の影響を受けます。具体的には，相関係数が1より小さければ小さいほど，さらに，−1に近ければ近いほど，(8.4)式の第3項が小さくなるので，ポートフォリオの分散そして標準偏差が小さくなります。たとえば，表8-1の3行目を見ると，左から右に行くほど（すなわち，相関係数ρが1

表 8-1 資産 A, B を組み入れたポートフォリオの $\mathrm{E}[R_p]$ と σ_p

w_A	w_B	$\mathrm{E}[R_p](\%)$	$\sigma_p(\%)$			
			$\rho=1$	$\rho=0.25$	$\rho=-0.4$	$\rho=-1$
1.0	0.0	14.0	50.0	50.0	50.0	50.0
0.9	0.1	13.4	49.2	46.2	43.5	40.8
0.8	0.2	12.8	48.4	42.9	37.4	31.6
0.7	0.3	12.2	47.6	40.1	32.1	22.4
0.6	0.4	11.6	46.8	37.9	27.9	13.2
0.5	0.5	11.0	46.0	36.4	25.4	4.0
0.4	0.6	10.4	45.2	35.9	25.1	5.2
0.3	0.7	9.8	44.4	36.2	27.1	14.4
0.2	0.8	9.2	43.6	37.4	31.0	23.6
0.1	0.9	8.6	42.8	39.3	36.1	32.8
0.0	1.0	8.0	42.0	42.0	42.0	42.0

図 8-4 資産 A, B のポートフォリオの $\mathrm{E}[R_p]$ と σ_p のプロット図

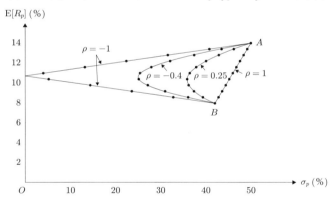

から -1 に下がるほど) 標準偏差が 48.4%, 42.9%, 37.4%, 31.6% と小さくなっています。

図 8-4 は，表 8-1 の数値を，縦軸で期待収益率を測り，横軸で標準偏差を測った平面にプロットしたものです。図 8-4 には 4 本のグラフが描かれています。一番右側の直線上の点は，資産 A と資産 B の相関係数 ρ が 1 の場合について，両資産を組み入れたポートフォリオの期待収益率 $\mathrm{E}[R_p]$ と標準偏差 σ_p の組み合わせを表しています。具体的には，この直線上の 11 個の点は，

表 8-1 の $\mathrm{E}[R_p]$ の列の値と $\rho = 1$ の列の σ_p 値のペアをプロットしたものです。たとえば，この直線の上から 3 番目の点は，投資資金の 80% を資産 A に，20% を資産 B に投資した場合の，ポートフォリオの期待収益率 (12.8%) と標準偏差 (48.4%) のペアを表しています。同様に，図 8-4 の右から 2 番目の曲線上の点は，資産 A と資産 B の相関係数 ρ が 0.25 の場合について，さらに，右から 3 番目の曲線上の点は，資産 A と資産 B の相関係数 ρ が -0.4 の場合について，最後に，もっとも左側の 2 本の直線上の点は，資産 A と資産 B の相関係数 ρ が -1 の場合について，資産 A, B を組み入れたポートフォリオの期待収益率 $\mathrm{E}[R_p]$ と標準偏差 σ_p の組み合わせを表しています。

さて，8.2 節で述べた仮定 3 の観点から言えば，投資家は期待収益率が同じであれば，標準偏差が低いポートフォリオを選好します。したがって，他の条件（すなわち，2 つの危険資産の期待収益率と標準偏差）が同じであれば，投資家は相関係数が低い資産の組み合わせを選好すると言えます。よって，図 8-4 について言えば，投資家は，$\rho = 1$ より $\rho = 0.25$ のケース，$\rho = 0.25$ より $\rho = -0.4$ のケース，$\rho = -0.4$ より $\rho = -1$ のケースを選好します。

一般に，以下に述べる表 8-1 および図 8-4 が示すポートフォリオの期待収益率と標準偏差の性質は，任意の 2 つの危険資産を組み入れたポートフォリオについて成立します。第 1 に，表 8-1 で示したように，投資比率の多数の組み合わせについてポートフォリオの期待収益率と標準偏差を計算し，図 8-4 のようにそれらを点としてプロットすると，それらの点は，通常，**左方向にふくらんだスムーズな曲線上に並びます**（正確には，$\sigma_p^2 = a(\mathrm{E}[R_p])^2 + b\mathrm{E}[R_p] + c$ を満たす，双曲線と呼ばれる曲線になります）。

第 2 に，**2 つの危険資産の相関係数が 1 から -1 に近づくほど**，すなわち，2 資産の収益率が同じ方向に動く傾向が弱ければ弱いほど，あるいは，反対の方向に動く傾向が強ければ強いほど，ポートフォリオの標準偏差が小さな値をとるので，期待収益率と標準偏差の組み合わせを点としてプロットした**図がいっそう左にふくらんだ形状になります**。なお，相関係数が 1 のときは，プロットした点が，2 つの危険資産を表す点を結んだ直線上に並びます。他方，相関係数が -1 のときは，プロットした点は，2 つの資産を表す点と，縦軸上の点を結んだ 2 本の直線上に並びます。ちなみに，この 2 本の直線は縦軸に接するので，その接する点における標準偏差は 0 です。したがって，もし相関係数が -1 の危険資産が 2 つあれば，投資比率を適切に選ぶことによってそれらの

ポートフォリオの標準偏差を0にすることができます。ただし，異なる資産のペアで，相関係数が -1 の例は現実には思いつきません。しかし，-1 に近い値をとる資産のペアの例としては，先物・先渡契約と原資産があります。

分散投資の効果

表8-1を見ると，相関係数と投資比率の組み合わせによっては，ポートフォリオの標準偏差が，両資産のいずれの標準偏差よりも低くなっています。たとえば，相関係数 ρ が 0.25 の場合，資産 A への投資比率が 0.7 から 0.1 の範囲で，また，相関係数 ρ が -0.4 の場合，資産 A への投資比率が 0.8 から 0.1 の範囲でポートフォリオの標準偏差が，両資産のいずれの標準偏差よりも低くなっています。

この現象が起きるのは，資産 A の収益率と資産 B の収益率が逆の方向に動くことがあるため，両方の収益率が部分的に相殺されてポートフォリオの収益率の変動性が低くなるからです。実は，この現象は，上記の例に限らず一般的に成立する性質です。すなわち，ランダム（無作為）に **1つの資産より複数の資産，あるいは，少数の資産より多数の資産をポートフォリオに組み入れると，ポートフォリオの標準偏差が小さくなる傾向がある**のです。一般に複数の資産に分散して投資することや，複数の資産クラス（3.5節参照）に分散して投資することを**分散投資**（diversification）と呼びます。したがって，上で指摘した点を言い換えると，分散投資はポートフォリオの標準偏差を小さくする効果があると言えます。ただし，表8-1あるいは図8-4が示すように，この効果は，組み入れる資産の間の相関係数が1に近い値の場合生じず，-1 に近い値になればなるほど大きくなります。なお，分散投資の効果については，8.7節でさらに議論します。

3 危険資産を組み入れたポートフォリオ

本項では，「2 危険資産を組み入れたポートフォリオ」の項の結論を利用して，3つの危険資産を組み入れたポートフォリオの期待収益率と標準偏差の組み合わせを図示します。そのため，例として表8-2に掲載した属性を持つ資産を取り上げます。なお，表8-2の資産 A, B の期待収益率と標準偏差は，表8-1に掲載した資産 A, B と同じ値に設定しています。

それでは，図8-5を見てください。この図には，4本の曲線（正確に言えば

表 8-2 資産 A, B, C の期待収益率，標準偏差，相関係数

資産	期待収益率 (%)	標準偏差 (%)	相関係数 A	B	C
A	14	50	1.00		
B	8	42	0.25	1.00	
C	4	20	0.06	0.05	1.00

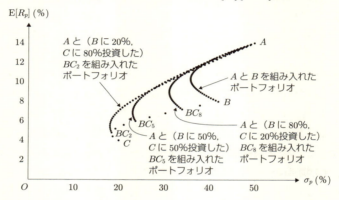

図 8-5 資産 A, B, C のポートフォリオの $E[R_p]$ と σ_p のプロット図

点の集合ですが，以下では単に曲線と呼びます）が描かれています．これらの曲線は，図 8-4 と同じように，2 つの危険資産を組み入れたポートフォリオの期待収益率と標準偏差のペアを点としてプロットしたものです．たとえば，一番右側の「A と B を組み入れたポートフォリオ」とマークされた曲線は，資産 A, B の間の相関係数が 0.25 であるとして，これらの資産を組み入れたポートフォリオの期待収益率と標準偏差のペアを点としてプロットしたものです．したがって，この曲線は図 8-4 の $\rho = 0.25$ の曲線と完全に同じものです．

次に，図 8-5 の「BC_8」とマークされた点に注目してください．この点は，投資資金の 80% を資産 B に，20% を資産 C に投資したポートフォリオ（ポートフォリオ BC_8）の期待収益率と標準偏差を表します．もしこのポートフォリオ BC_8 を単一の危険資産とみなせば，表 8-1 および図 8-4 と同じ手順を踏んで，それと資産 A を組み入れたポートフォリオの期待収益率と標準偏差を表す点を多数描くことができます．それが，図 8-5 の右から 2 番目の曲線です．

図 8-6 資産 A, B, C のポートフォリオの $\mathrm{E}[R_p]$ と σ_p を無数にプロットした図

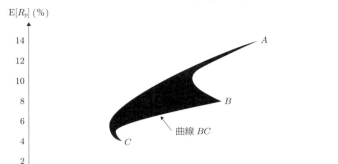

また,「BC_5」とマークされた点は資産 B に 50%, 資産 C に 50% 投資したポートフォリオの期待収益率と標準偏差を表します。そして,図 8-5 の右から 3 番目の曲線は,そのポートフォリオ BC_5 と資産 A を組み入れたポートフォリオの期待収益率と標準偏差の多数の組み合わせを点としてプロットしたものです。さらに,「BC_2」とマークされた点は資産 B に 20%, 資産 C に 80% 投資したポートフォリオの期待収益率と標準偏差を表します。そして,図 8-5 の一番左の曲線は,そのポートフォリオ BC_2 と資産 A を組み入れたポートフォリオの期待収益率と標準偏差の多数の組み合わせを表しています。

3 危険資産を組み入れたポートフォリオを無数に生成

図 8-5 を描くのに使った手順は,投資比率の変化をさらに小さくしても同じように実行することができます。すなわち,表 8-1 を作成したやり方で資産 B と資産 C に対する投資比率を小さな幅で変化させて多数の投資比率を設定し,それぞれの投資比率について資産 B, C を組み入れたポートフォリオの期待収益率と標準偏差を計算してプロットすれば図 8-6 の曲線 BC が描けます。次に,曲線 BC を構成するそれぞれの点に対応するポートフォリオ(ポートフォリオ BC_i と呼びます)を単一の資産とみなして,その資産 BC_i と資産 A を組み入れたポートフォリオの期待収益率と標準偏差を,資産 A とポートフォリオ BC_i に対して設定した多数の投資比率についてプロットすれば,それらの点は左にふくらんだ曲線を描くはずですから,それらを多数の i について描けば図 8-6 のベタ塗りの図形が描けるはずです。要するに,**3 つの危険資産**

図 8-7 多数の危険資産を組み入れたポートフォリオの $E[R_p]$ と σ_p をプロットした図

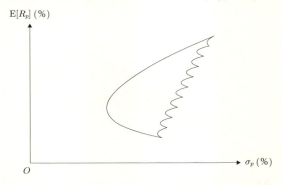

を組み入れたポートフォリオにおいて，3資産に対する投資比率を小さな刻みで少しずつ変化させてポートフォリオの期待収益率と標準偏差を計算し，そのペアを点としてプロットすると，図 8-6 のベタ塗りをした図形が描けるのです。この点を投資家の観点から言えば，投資家は，3危険資産に対する投資比率を調整することによって，図 8-6 のベタ塗りの図形の中のどの点（その点が表す期待収益率と標準偏差のペアを持ったポートフォリオ）でも投資可能な選択肢として選ぶことができるのです。

多数の危険資産を組み入れたポートフォリオ

前項の議論を3危険資産のポートフォリオからさらに多数の危険資産のポートフォリオに展開します。すなわち，多数の危険資産を組み入れたポートフォリオにおいて，投資比率を多数設定して期待収益率と標準偏差を計算し，そのペアを点としてプロットするのです。そのような手順を踏めば図 8-7 のような図が描けるはずです。本書ではこの図を「歪んだ傘」と呼ぶことにします。

図 8-7 を投資家の観点から言えば，投資家は，多数の危険資産に対する投資比率を調整することによって，図 8-7 の歪んだ傘の内側のどの点（具体的には，その点が表す期待収益率と標準偏差のペアを持ったポートフォリオ）でも投資の対象として選ぶことができるということです。さて，一般に，投資家が選択可能なポートフォリオの $(\sigma_p, E[R_p])$ の点の集合は**投資機会集合**（investment opportunity set）あるいは投資可能集合と呼ばれます。したがって，**図 8-7 の歪んだ傘は，危険資産のみに投資し，かつ，危険資産の空売りができない場合の投**

図 8-8 投資機会集合と効率的フロンティア

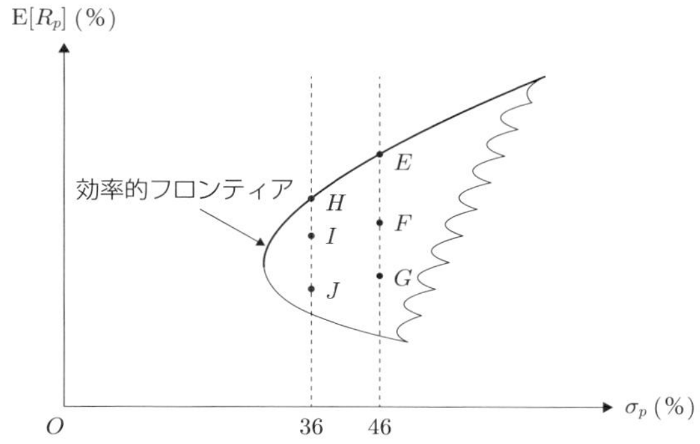

資機会集合です。

> （注） 本章では，危険資産を空売りできないという前提で議論を展開しています。上の文でこの点を明示的に述べたのは，危険資産の空売りができる場合，投資機会集合の形状が図 8-7 の歪んだ傘と異なるからです。すなわち，その場合，図 8-7 の図形がさらに右側に延び，上下にも少し膨らむことが知られています。この点については，第 8 章の Web 付録に掲載されている図，小林・芹田 [2009]，あるいは，Elton 他 [2014] を参照してください。

それでは，次に図 8-8 を見てください。点 E, F, G はすべて 46% の標準偏差を持っていますが，点 E が点 F や点 G より上にあるので，点 E は点 F や点 G より高い期待収益率を提供します。したがって，8.2 節の仮定 2 より点 E が点 F や点 G より選好されます。その結果，ポートフォリオ理論の仮定を満足する投資家の場合，投資の候補から点 F や点 G を除外し，点 E だけを投資の候補として残すでしょう。また，36% の標準偏差を持つ点 H, I, J についても同じ論理によって，投資の候補から点 I, J を外し，点 H だけを投資の候補として残すでしょう。もちろん，この論理はどの標準偏差の値についても成立します。したがって，投資家が投資の候補として検討すべき点（具体的には，ポートフォリオの期待収益率と標準偏差のペア）は，標準偏差 σ_p の各値について期待収益率 $\mathrm{E}[R_p]$ を最大化する点の集合だけです。すなわち，図 8-8 の投資機会集合のうち，太線で描いた上側の境界線部分だけです。この集合は**効率的フロンティア**（efficient frontier）あるいは有効フロンティアと呼ばれます。もちろん，図 8-8 で示している効率的フロンティアは安全資産が存在せず，危険資産の空売りができない場合の効率的フロンティアです。また，その

形状は $\sigma_p^2 = a(\mathrm{E}[R_p])^2 + b\mathrm{E}[R_p] + c$ で規定される，左側に膨らんだ滑らかな曲線の一部であることが知られています．

8.5 安全資産と危険資産を組み入れたポートフォリオ

前節では，投資家が投資対象の候補とする資産は危険資産のみであるという前提のもとで投資機会集合および効率的フロンティアを描きました．本節では，投資家が安全資産にも投資できるという前提のもとで投資機会集合および効率的フロンティアを描きます．そのため，まず，安全資産と1危険資産を組み入れたポートフォリオがどのような期待収益率と標準偏差のペアを提供するか考察しましょう．

安全資産と1危険資産を組み入れたポートフォリオ

まず，安全利子率の期待値，標準偏差，さらに他の資産との共分散および相関係数を計算します．第1に，7.3節の最後の段落で「定数の期待値はその定数に等しい」ことを確認したことを思い出してください．また，安全利子率 R_f は定数です．したがって，**安全利子率の期待値 $\mathrm{E}[R_f]$ は安全利子率 R_f そのものです**．すなわち，$\mathrm{E}[R_f] = R_f$ が成立します．第2に，7.4節の最後の段落で「定数の分散はつねに0」であることを確認しました．したがって，安全利子率の分散は0です．その結果，分散の正の平方根をとった**安全利子率の標準偏差 σ_f も0です**．第3に，7.8節の最後から2番目の段落で定数と任意の確率変数の共分散が0になることを確認しました．したがって，**安全利子率 R_f と任意の資産 i の収益率の共分散 σ_{fi} は0です**．その結果，**安全利子率 R_f と任意の資産 i の収益率の相関係数 ρ_{fi} も0です**．

次に，安全資産と1つの危険資産だけを組み入れたポートフォリオの期待収益率を計算します．たとえば，危険資産を資産 K と呼び，それに対する投資比率を w で表すと，安全資産に対する投資比率は $1-w$ で表せます．このとき (8.2) 式の第1資産を資産 K，第2資産を安全資産であるとしてポートフォリオの期待収益率を計算すると次式を得ます．

$$\mathrm{E}[R_p] = w\mathrm{E}[R_K] + (1-w)\mathrm{E}[R_f] = w\mathrm{E}[R_K] + (1-w)R_f \tag{8.5}$$

ただし，(8.5) 式の変形では上の段落でも指摘した $\mathrm{E}[R_f] = R_f$ を使いまし

8.5 安全資産と危険資産を組み入れたポートフォリオ

た。

次に,安全資産と危険資産 K だけを組み入れたポートフォリオの分散を計算します。本項の最初の段落で確認したように,安全資産の標準偏差は 0 なので,$\sigma_f = 0$ が成立します。また,安全資産と任意の危険資産の共分散も 0 なので,$\sigma_{fK} = 0$ が成立します。これらの関係式をポートフォリオの分散を計算する (8.3) 式に代入すると,次式が得られます。

$$\sigma_p^2 = w^2\sigma_K^2 + (1-w)^2\sigma_f^2 + 2w(1-w)\sigma_{fK} = w^2\sigma_K^2$$

さて,標準偏差は分散の正の平方根として定義されているので σ_K は必ず 0 以上の値をとります。また,表 8-1 で検討した投資と同様,ここでも危険資産 K への投資比率は 0 から 1 の範囲であることを前提にしています。したがって,$w\sigma_K$ は 0 以上の数です。その結果,分散 $w^2\sigma_K^2$ の正の平方根をとると,$w\sigma_K$ が得られ,これが安全資産と危険資産 K を組み入れたポートフォリオ p の標準偏差を表します。

$$\sigma_p = w\sigma_K \tag{8.6}$$

問い 章末の練習問題の 4 を解きなさい。

それでは,(8.5) 式と (8.6) 式を使って安全資産と 1 危険資産を組み入れたポートフォリオがどんな期待収益率と標準偏差のペアを提供するか,例示します。

(例) 安全利子率は 2%,危険資産 K の期待収益率は 12%,さらに,危険資産 K の標準偏差は 40% だとします。このとき,資産 K と安全資産を組み入れたポートフォリオについて,資産 K への投資比率 w を 0, 0.2, 0.4, 0.6, 0.8, 1.0 と変化させ,同時に,安全資産への投資比率を 1.0, 0.8, 0.6, 0.4, 0.2, 0 と変化させて,このポートフォリオの期待収益率と標準偏差を計算しました。結果は,表 8-3 の通りです。

表 8-3 安全資産と危険資産 K のポートフォリオの $E[R_p]$ と σ_p

w	$E[R_p]$ (%)	σ_p (%)
0.0	2	0
0.2	4	8
0.4	6	16
0.6	8	24
0.8	10	32
1.0	12	40

さて,資産 K への投資比率 w の変化の刻みをもっと小さくすれば (たとえば刻みを 0.2 ではなく,0.01 にして w を 0 から 1 まで変化させれば),もっと多くの

図 8-9 安全資産と資産 K のポートフォリオの $E[R_p]$ と σ_p の図

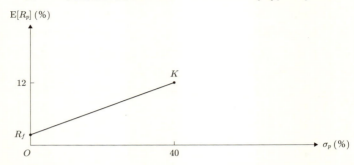

期待収益率と標準偏差のペアが計算でき，刻みを極限まで増やすと，無限に多くの期待収益率と標準偏差のペアが得られます．この無限個のペアを，縦軸で $E[R_p]$ を測り，横軸で σ_p を測った平面にプロットすれば，図 8-9 が得られます．

図 8-9 を言葉で述べると，**安全資産と 1 つの危険資産を組み入れたポートフォリオの期待収益率と標準偏差のペアを際限なくプロットすると，安全資産を表す点と危険資産を表す点を結ぶ直線が描ける**と言えます．ここで，図 8-9 を図 8-4 と比べてください．ポートフォリオの期待収益率と標準偏差のペアを点として無数にプロットすると，2 つの危険資産を組み入れた場合は，左側に膨らんだ滑らかな曲線が描けますが，安全資産と 1 つの危険資産を組み入れた場合は，直線が描けます．

安全利子率で借り入れて 1 危険資産に投資したポートフォリオ

本項では，最初に，安全利子率で借り入れることの意味付けをします．そのため，次の例について考えてみましょう．

> （例）優良銀行の佐藤銀行は 3 億円を安全利子率 2% で 1 年間借り入れ，その 3 億円を残存期間 1 年の安全資産に投資したとします．ただし，安全利子率の 2% は単利です．このとき，佐藤銀行に発生するキャッシュフローは表 8-4 の通り，現時点も 1 年後も 0 円です．要するに，安全利子率での借入れと安全資産への同額の投資を組み合わせることは，借入れも資産保有もしていない状態に等しいです（それなのになぜこの組み合わせを議論するのかと言えば，それはもうじき明らかになるのでしばらくお待ちください）．

さて，ここで，負の数の性質を確認します．たとえば，負の数である -3

表 8-4　安全利子率での借入れと安全資産への投資の組み合わせ

	現時点	1 年後
借入れ	3 億円	−3 億 600 万円
安全資産への投資	−3 億円	3 億 600 万円
合　計	0 円	0 円

図 8-10　安全利子率での借入れと安全資産への投資

に 3 を足すと 0 を得ます。一般に，負の数 $-a$（ただし a は正の数であるとします）に a を足すと 0 を得ます。逆に，この性質を使って負の数を定義することができます。すなわち，「負の数とは，正の数との和が 0 になる数である」と（事実，負の数はそのようなものとして定義されます）。

ここで，上の段落で議論した負の数の観点から，安全利子率での借入れに関わる投資額を定義します。まず，佐藤銀行の例で確認したように，安全利子率での借入れと，安全資産への同額の投資の組み合わせは，まったく何も保有していない 0 の状態に等しいです。この点を図示したのが図 8-10 の上の式です。

次に，「安全資産への投資」を正の数とみなすと，それとの和が 0 になる「安全利子率での借入れ」は，負の「安全資産への投資」とみなすことができます。この点を図示したのが図 8-10 の下の式です。

したがって，一般的に言えば，X が正の数であるとして，**安全利子率で X 円を t 年の期間借り入れることは，t 年後に償還が到来する安全資産への $-X$ 円の投資とみなすことができます**。ちなみに，安全利子率での借入れを安全資産の空売りに置き換えても，上記の議論を展開することができます。よって，**安全資産の空売りも安全資産への負の投資とみなすことができます**。

次に，投資家が安全利子率で借り入れ，借り入れた資金を危険資産に投資した場合について投資比率を計算します。

(例) XYZファンドは大手金融機関傘下のヘッジファンドだとします。ただし，**ヘッジファンド** (hedge fund) とは，典型的には，私募で少数の投資家から資金を集め，借入れ，空売り，デリバティブ等，通常，投資信託が利用できない投資手法を使って，集めた資金を運用する機関投資家です。さて，XYZファンドが2000億円の資金を集め，さらに，1000億円を安全利子率で借り入れて，合計3000億円を危険資産で構成されるポートフォリオに投資したとしましょう。その場合，XYZファンドの安全資産に対する投資比率と危険資産で構成されるポートフォリオに対する投資比率を計算します。

まず，XYZファンドの借入れは安全資産への負の投資 −1000億円 とみなすことができます。また，危険資産のポートフォリオへの投資額は3000億円です。したがって，安全利子率での借入れ（すなわち安全資産への負の投資）と危険資産ポートフォリオを組み入れたポートフォリオの価値は，−1000億円 + 3000億円 = 2000億円です。よって，安全資産への投資比率は $\frac{-1000 \text{億円}}{2000 \text{億円}} = -0.5$，危険資産ポートフォリオへの投資比率は $\frac{3000 \text{億円}}{2000 \text{億円}} = 1.5$ と計算できます。

なお，上記の例で危険資産ポートフォリオへの投資比率は1を超えていますが，安全資産への投資比率が負であるため，投資比率の和は依然として1です。この性質は一般的に成立し，特定の資産に対する投資比率が負であったり，1を超えていても，投資比率の和は必ず1になります。

それでは，次の例について安全利子率で借り入れた資金と当初の投資資金を合わせて危険資産に投資した場合の期待収益率と標準偏差を計算してみましょう。

表 8-5 安全利子率で借り入れて資産 K に投資するときの $E[R_p]$ と σ_p

w	$E[R_p]$ (%)	σ_p (%)
1.0	12	40
1.2	14	48
1.4	16	56
1.6	18	64
1.8	20	72
2.0	22	80

(例) 前項と同様，安全利子率は2%，危険資産 K の期待収益率は12%，その標準偏差は40%だとします。このとき，安全利子率で当初の投資資金の0%，20%，40%，60%，80%，100%に相当する金額を借り入れ，それに当初投資資金を加えて危険資産 K へ投資するとします。このとき，危険資産 K への投資比率 w は 1.0, 1.2, 1.4, 1.6, 1.8, 2.0 に上がり，ポートフォリオの期待収益率と標準偏差は表8-5に掲載したように上昇します。もちろん，これらの期待収益率と標準偏差は (8.5) 式と (8.6)

8.5 安全資産と危険資産を組み入れたポートフォリオ

図 8-11 安全利子率で借り入れて危険資産 K に投資したポートフォリオの $E[R_p]$ と σ_p の図

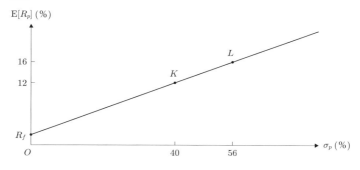

式を使って計算しました.

さて，資産 K に対する投資比率 w の変化の刻みを小さくすれば（たとえば変化の刻みを 0.2 ではなく，0.01 にして w を 1 から 2 まで変化させれば），もっと多数の期待収益率と標準偏差が計算でき，極限では，無限に多くの期待収益率と標準偏差のペアが得られます．この無限個のペアを，縦軸で $E[R_p]$ を測り，横軸で σ_p を測った平面にプロットすれば，図 8-11 が描けます．すなわち，**安全利子率で借り入れた資金を 1 つの危険資産に投資する場合，その期待収益率と標準偏差のペアは，安全資産を表す点と危険資産を表す点を結んだ直線の延長線**（直線 $R_f K$ のうち点 K の右側部分）**の点として表せます．**

もちろん，借入れ比率および資産 K への投資比率が高くなればなるほど，期待収益率と標準偏差を表す点が直線上の右上に位置します．したがって，投資家がどの程度借り入れることができるかによって，図 8-11 の直線の長さが決まります．たとえば，投資家が最大で当初資金の 40% までしか借りられないのであれば，表 8-5 からポートフォリオの期待収益率と標準偏差の最大値はそれぞれ 16% と 56% になるので，図 8-11 の直線のうち点 L より右側の部分は存在しないことになります．

図 8-11 で気が付いてほしいもうひとつの点は，安全資産への投資比率によってポートフォリオの期待収益率と標準偏差を簡単に調整することができるという点です．したがって，ポートフォリオ構築において重要なのは，どの危険資産にどれだけ投資するかという点だけでなく，安全資産と危険資産の間の投資バランスです．

（注）優良銀行であれば，信用リスクが低いので安全利子率に近い金利で借り入れ

図 8-12　安全資産が存在する場合の投資機会集合

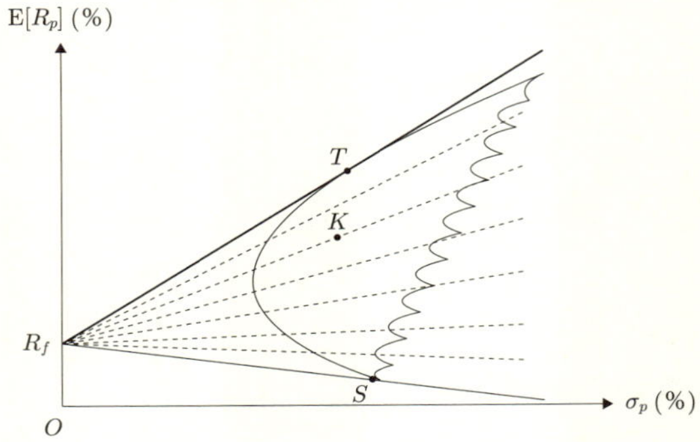

ることができるので，図8-11がおおよそ妥当します。しかし，信用リスクが高く，借入れ金利が安全利子率よりずっと高い投資家の場合，図8-11は妥当しません。その場合については Elton 他 [2014] の第5章等を参照してください。

安全資産と多数の危険資産を組み入れたポートフォリオ

次に，図8-7と図8-11を統合して，安全資産と多数の危険資産を組み入れたポートフォリオがどんな期待収益率と標準偏差を提供し得るか，すなわち，その投資機会集合を描きます。ただし，ここでは，安全利子率での借入れはできるが，危険資産の空売りはできないことを前提にします。

まず，図8-12で，安全資産と危険資産 K の2資産だけを組み入れたポートフォリオの期待収益率と標準偏差のペアを点としてプロットすると，図8-11を描いたときと同様，それは点 R_f と点 K を結んだ直線になります。次に，この操作を，危険資産だけを投資対象にした場合の投資機会集合，すなわち，歪んだ傘の中のすべての点に適用すれば，安全資産を表す点 R_f を端点とする無数の直線が描けます。図8-12ではそれらのほんの一部の直線を破線で描いています。さて，これらの直線のうち，一番上に位置する直線は歪んだ傘の上側の境界線と接します。この直線が接する点（接点）を T で表し，この直線を直線 R_fT と呼びます。また，これら無数の直線のうち，一番下に位置する直線は歪んだ傘の下側の境界線上にある点 S を通ります。そして，この直線を直線 R_fS と呼びます。このとき，無数の直線全体が作る図は，**直線 R_fT と直線 R_fS に挟まれた部分**です。そして，**この部分が，安全資産と多数の危険資産に投資できる場合の投資機会集合**です。

次に，効率的フロンティアを特定しましょう．図 8-8 と同様，それは，図 8-12 の投資機会集合のうち，標準偏差 σ_p の各値について期待収益率 $\mathrm{E}[R_p]$ を最大化する点の集合になります．したがって，それは，投資機会集合の上側の境界線部分，すなわち，直線 $R_f T$ です．図 8-12 ではこの点を強調するために直線 $R_f T$ を太い線で描きました．なお，接点 T が表す期待収益率と標準偏差を与えるポートフォリオは，**接点ポートフォリオ**（tangency portfolio）と呼ばれます．したがって，前文を言い換えれば，**安全資産が存在し，かつ，安全利子率で借入れができる場合の効率的フロンティアは，安全資産を表す点と接点ポートフォリオを表す点を結んだ直線で表せます．**

8.6　最適ポートフォリオの選択

最適ポートフォリオを決定する枠組み

8.1 節で述べたように，ポートフォリオ理論に従って最適なポートフォリオを選択するためには，次の 3 つの作業が必要です．第 1 に，ポートフォリオ理論を利用する特定の投資家について，ポートフォリオの期待収益率 $\mathrm{E}[R_p]$ と標準偏差 σ_p のペアに関する好みを無差別曲線を使って特定します．第 2 に，ポートフォリオに組み入れる可能性がある個別資産について収益率の期待値，標準偏差，さらに，他の個別資産の収益率との共分散の予想を立て，それらに基づいて投資機会集合および効率的フロンティアを描きます．第 3 に，無差別曲線と投資機会集合を統合して最適なポートフォリオを決定します．もちろん，第 1 と第 2 の点はそれぞれ 8.2 節および 8.5 節で既に学習したので，本節では第 3 の点を学習します．

安全資産が存在しない場合の最適ポートフォリオ

図 8-13 には，安全資産が存在せず，危険資産の空売りができない場合の投資機会集合（歪んだ傘）と効率的フロンティア（太い実線部分）が描かれています．また，特定の投資家の好みを表す無差別曲線 e, f, g, h が描かれています．さて，投資機会集合は，投資家が選択可能なすべてのポートフォリオの期待収益率と標準偏差のペア（図 8-13 上の点）の集合なので，投資家はその中でもっとも高い満足度（効用）をもたらす点を選ぶのが合理的です．したがって，投資家は，投資機会集合の中の点であって，一番左上に位置する無差別曲線と点

図 8-13　安全資産が存在しない場合の最適ポートフォリオ

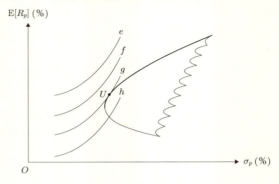

を共有するポートフォリオを選択するべきです。それは，図 8-13 では，無差別曲線 g が投資機会集合あるいは効率的フロンティアと接する点 U です。よって，点 U が表す期待収益率と標準偏差を持つポートフォリオが，この投資家が選択するべきポートフォリオです。一般に，投資家の満足度を最大化するポートフォリオは**最適ポートフォリオ**（optimal portfolio）と呼ばれます。したがって，以上の議論から，**最適ポートフォリオは無差別曲線が効率的フロンティアに接する点として特定できる**と言えます。なお，図 8-13 において最適ポートフォリオが 1 つだけユニークに決まるのは，8.2 節で「無差別曲線は下から見て凸の形状をしている」と仮定したからです。

安全資産が存在する場合の最適ポートフォリオ

図 8-14 には，図 8-13 で描いた，危険資産にのみ投資した場合の投資機会集合（歪んだ傘）のほか，安全資産を表す点 R_f を端点とし，歪んだ傘に接する直線 $R_f T$ と，点 S を通る直線 $R_f S$ が描かれています。もちろん，安全資産が存在する場合の投資機会集合は，2 本の直線 $R_f T$ と $R_f S$ に囲まれた領域です。また，効率的フロンティアは，直線 $R_f T$ です。

さて，投資機会集合は，投資家が選択可能なすべてのポートフォリオの期待収益率と標準偏差のペア（図 8-14 上の点）の集合なので，投資家はその中でもっとも高い満足度をもたらす点を選ぶのが合理的です。したがって，投資家は，投資機会集合の中の点であって，一番左上に位置する無差別曲線と接する点を選択するべきです。それは，図 8-14 では，無差別曲線 f が投資機会集合あるいは効率的フロンティアと接する点 V です。よって，点 V が表す期待収

図 8-14　安全資産が存在する場合の最適ポートフォリオ

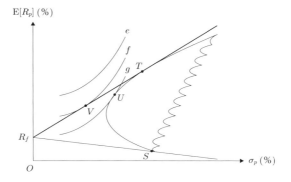

益率と標準偏差を持つポートフォリオが，この投資家が選択すべき最適ポートフォリオです。念のため，この結論をまとめると，安全資産が存在する場合も，**最適ポートフォリオは無差別曲線が効率的フロンティアに接する点として特定できます。**

　さて，前節の図 8-9 および図 8-11 において，安全資産へ正あるいは負の投資をし，同時に 1 つの危険資産へ正の投資をしてできるポートフォリオについて，投資比率を際限なく変化させて，ポートフォリオの期待収益率と標準偏差のペアを無数に計算してプロットすると，安全資産を表す点と危険資産を表す点を結ぶ直線が描けることを学びました。このことから，安全資産を表す点と危険資産を表す点を結ぶ直線上の任意の点が表す期待収益率と標準偏差を持ったポートフォリオは，投資比率を適切に調整して安全資産と危険資産に投資することによって作り出せることが分かります。したがって，図 8-14 の**点 V が表す期待収益率と標準偏差を持った最適ポートフォリオも，適切な投資比率で安全資産**（図上の点 R_f）**と接点ポートフォリオ**（図上の点 T）**に投資することによって作り出すことができます。**

　よって，**投資家としては，最初に，接点ポートフォリオを決定し**（具体的には，接点ポートフォリオに占める個別の危険資産への投資比率を決定することを意味します），**次に，その投資家のリスク回避度あるいはリスク許容度に応じて安全資産と接点ポートフォリオへのベストな投資比率を決定すれば，最適ポートフォリオを構築することができます。**なお，この最適ポートフォリオの構築において接点ポートフォリオそのものの決定に投資家のリスク回避度がまったく影響しないという点が重要です。

(注) 第9章の CAPM では,「すべての投資家が, すべての危険資産の期待収益率, 標準偏差, 他の資産との共分散について同一の数値を予想する」という, いわゆる同質的期待を仮定します。その結果, 上の段落の結論よりさらに強い結論を得ることができます。もちろん, その内容については, 9.4節までお待ちください。

図8-14に関してもう2点コメントを加えます。第1に, 図8-14を見ると, 点 V の満足度を表す無差別曲線 f は点 U の満足度を表す無差別曲線 g より左上に位置しています。したがって, 安全資産が存在する場合の最適ポートフォリオ (点 V) は, 安全資産が存在しない場合の最適ポートフォリオ (点 U) より投資家に高い満足度を与えます。この性質は, 図8-14だけでなく, 一般的に成立します。なぜならば, 図8-14で, 2本の直線 R_fT および R_fS に囲まれた部分が, 歪んだ傘を完全に含んでいて, かつ, それより大きいからです。これを言い換えると, 安全資産が存在する場合の投資機会集合は, 安全資産が存在しない場合の投資機会集合を完全に含んでいて, かつ, それより大きいので, 投資家により多くの選択肢を提供するのです。その結果, 投資家は, 必ず, 安全資産が存在する場合の方が満足度の高いポートフォリオを選ぶことができるのです。

第2に, 図8-14で最適ポートフォリオを表す点 V は, 接点ポートフォリオ T と位置が異なります。両方の点が接点ですが, 点 V は無差別曲線が効率的フロンティアに接する点です。他方, 点 T は安全資産を表す点 R_f を端点とする直線が, 危険資産のみに投資した場合の投資機会集合 (歪んだ傘) に接する点です。よって, 通常, 最適ポートフォリオを表す点 V は接点ポートフォリオ T と異なります。

なお, 本節で得た様々な知見は, 危険資産の空売りができる場合にも成立します。ただし, 危険資産の空売りができる場合は, 危険資産だけで構成される投資機会集合が図8-13および図8-14に描かれている「歪んだ傘」より大きくなります。

8.7 ポートフォリオ理論の利用とメッセージ

本節では, ポートフォリオ理論の利用方法を例示した後, ポートフォリオ理論から得られる知見のうち特に重要な点を紹介します。

ポートフォリオ理論の利用例

ポートフォリオ理論の利用例のひとつは，もちろん，ポートフォリオの構築です。しかし，そのためには，投資の候補とするすべての資産について期待収益率，標準偏差，さらに，投資候補の中のすべての他資産との共分散あるいは相関係数を予想しなければなりません。その数は，候補となる資産が多いと膨大になります。たとえば，候補となる資産が1000ある場合，ポートフォリオ理論を適用するためには，期待収益率を1000，標準偏差を1000予想しなければなりません。また，資産が1000ある場合，それらの共分散あるいは相関係数は，1000の資産から2つの資産を選ぶ組み合わせの数だけあるので $\frac{1000 \times 999}{2} = 49$ 万 9500 あります。したがって，49 万 9500 の共分散あるいは相関係数を予想しなければなりません。よって，この作業を実行できる投資家は機関投資家に限定されます。また，実際に個別資産に直接ポートフォリオ理論を適用する機関投資家は多くないと言われています。なお，実際にそのような形でポートフォリオ理論を利用する場合，その運用に必要なデータを維持し，期待収益率等を予想し，ポートフォリオの最適化を実行するシステムが必要です。それは，社内で開発して維持することも可能でしょうし，あるいは，そのようなシステムを提供する社外のサービス（たとえば，米国の MSCI Inc. によるもの）を利用することも可能でしょう。

ポートフォリオ理論のもうひとつの利用例は，3.5 節で紹介したアセット・アロケーションです。もちろん，その場合，各資産クラスを単独の資産とみなし，各資産クラスの期待収益率，標準偏差，他の資産クラスとの相関係数を予想して，最適な資産クラスの組み合わせを解きます。なお，アセット・アロケーションで対象とする資産クラスには，投資家が投資の候補とする資産のうち，収益の特徴が類似した資産の集合であって投資家にとって使い勝手のよいものを設定します。たとえば，投資家によっては，現金および換金性の高い預金，国内株式，国内債券，外国株式，外国債券といった標準的な資産クラスではなく，国内株式を大型株式と小型株式に，外国株式を先進国株式と新興国株式に，さらに，外国債券を先進国債券と新興国債券に分けて資産クラスを設定する方が使い勝手がよいかもしれません。

また，**オルタナティブ投資**（alternative investment，代替投資）と言って，現預金，株式，債券以外の資産に投資する投資家もいます。たとえば，不動産（不動産は伝統的資産に区分されることもあれば代替資産に区分されることもあります），

コモディティ（商品），ヘッジファンド，プライベートエクイティが，オルタナティブ投資の例です．その場合，オルタナティブ投資全体をひとつの資産クラスとして設定する投資家もいれば，不動産，コモディティ，ヘッジファンド，プライベートエクイティ等を別々の資産クラスに設定する投資家もいます．なお，**プライベートエクイティ**（private equity）は，単語の組み合わせから言えば未上場株式（未公開株式）を意味しますが，通常，未上場株式の過半数を取得し，企業価値を向上させた後，IPO，第三者への譲渡等によってキャピタルゲインを得ることを目指すファンドを指すのに使われます．

ちなみに，次の例からうかがえるように，生命保険会社，投資信託運用会社，ETF 運用会社，ヘッジファンド等の機関投資家は顧客のために多額の資金を運用しています．したがって，3.5 節で概略を述べたように，資金の運用を組織的に行う必要があり，そのためポートフォリオ理論を何らかの形で利用する必要が生まれるのです．以下では，多額の資金を運用している機関投資家の例を挙げます．

> （例）　日本生命の貸借対照表によると，同社は 2018 年 12 月末に約 67 兆円の資産を保有し，そのうち約 55 兆円を有価証券で運用していました．また，2018 年 9 月末において，野村アセットマネジメントは，投資信託業務を通じて 36 兆円，投資顧問業務を通じて 13 兆円の資産を運用していました．さらに，2016 年 10 月にみずほフィナンシャルグループ傘下にあった，みずほ信託銀行の資産運用部門，みずほ投信投資顧問，新光投信のほか，みずほフィナンシャルグループと第一生命保険の折半出資会社だった DIAM アセットマネジメントが事業統合してアセットマネジメント One（ワン）が発足しました．統合時の同社の資産運用額は 52 兆円にのぼります．ちなみに，資産運用額において世界最大の機関投資家は，ニューヨークに本拠を置くブラックロック（BlackRock Inc.）で，同社は 2018 年 12 月末時点で約 6 兆ドルの資産を運用していました．

分散投資の効果

次に，ポートフォリオ理論から得られるリスク（収益率の標準偏差および共分散）に関する知見をさらに踏み込んで議論します．最初のトピックは，分散投資の効果です．8.4 節でポートフォリオの標準偏差は，組み入れる資産が多いほど下がる傾向があることを指摘しました．表 8-6 はこの点を明瞭に示して

8.7 ポートフォリオ理論の利用とメッセージ

表 8-6 銘柄数の変化によるポートフォリオの標準偏差の変化

銘柄数	標準偏差の平均(%)	銘柄数	標準偏差の平均(%)
1	49.24	20	21.68
2	37.36	50	20.20
4	29.69	100	19.69
6	26.64	500	19.26
8	24.98	1000	19.21
10	23.93	3290	19.17

(出所) Elton and Gruber [1977].

います。この表は，Elton and Gruber [1977] の Table 8 の内容を 1 年当たりの収益率の標準偏差に変換して掲載したものです。元となるデータは，（大変古いですが）1971 年 6 月から 1974 年 6 月までの期間にニューヨーク証券取引所とアメリカン証券取引所（American Stock Exchange, AMEX, 2008 年に NYSE ユーロネクストに買収され，2017 年以降は NYSE American と呼ばれています）で取引されていた 3290 銘柄の株式の週次収益率です。表 8-6 は，ポートフォリオに組み入れる銘柄数を 1, 2, 4, 6, ⋯, 3290 と増やしたときにポートフォリオの標準偏差の平均がいくらになるかを示しています。

ポートフォリオに組み入れる銘柄数を 1 銘柄から 2 銘柄に増やすと標準偏差が約 4 分の 3 に減っています。また，銘柄数を 10 銘柄に増やすと標準偏差が 1 銘柄の場合の半分以下に減っています。しかし，それ以降は，銘柄数増加による標準偏差低減の効果は大きくないことが分かります。さらに，標準偏差の平均には下限があって，組み入れる資産を 3290 銘柄まで増やしても，ポートフォリオの標準偏差は，19.17% までしか下がりません。

(注) 表 8-6 に掲載した標準偏差はあくまで平均です。特定の個別銘柄を組み入れたポートフォリオの標準偏差は，(8.4) 式あるいは付録の (8.8) 式が示すように，組み入れた個別銘柄の標準偏差と組み入れた銘柄間の相関係数に依存します。したがって，組み入れる銘柄によっては，6 銘柄のポートフォリオが，2 銘柄のポートフォリオより高い標準偏差を示すことがあります。

この「ポートフォリオの標準偏差は，組み入れる資産が多いほど下がる傾向があるが，下限がある」という現象は，資産の変動性（標準偏差）が，他の資産の変動性と相殺される部分と，相殺されない部分とで構成されると考えるこ

とで理解できます。たとえば，ある食品会社の衛生管理がずさんなことがマスコミに報道され，その結果，その会社の株価が下がったとしましょう。もしこのニュースが，当該食品会社とその関連会社だけにしか影響しなければ，その結果生じる当該会社の株式の収益率の変動は，「他の資産の変動性と相殺される部分」だと言えます。他方，たとえば，景気の動向，金利の変化，原油価格の変動等は，多数の銘柄の株価に影響するため，それによって生じる個別銘柄の収益率の変動は，「相殺されない部分」だと言えます。

要するに，多数の銘柄を組み入れたポートフォリオにおいて，個別銘柄の変動性のうち「他の資産の変動性と相殺される部分」は相殺されてなくなります。しかし，「相殺されない部分」はなくならないでポートフォリオの変動性として残るのです。通常，前者は**非システマティック・リスク**（nonsystematic risk），diversifiable risk，あるいは，**固有リスク**（idiosyncratic risk），後者は**システマティック・リスク**（systematic risk），nondiversifiable risk，あるいは，**市場リスク**（market risk）と呼ばれます。

このリスクの二分法を個別資産の分散あるいは標準偏差と，共分散とに関連付けてみましょう。まず，個別資産の分散あるいは標準偏差は，当該資産の変動性の全本を測ります。したがって，これは総リスクあるいはトータルリスク（total risk）と呼ばれます。次に，システマティック・リスクは他の資産の収益率と相殺されない部分ですから，それは，ポートフォリオの他の多数の資産（すなわち，ポートフォリオ全体）の収益率とともに変動する部分のはずです。したがって，それは，個別資産の収益率とポートフォリオ全体の収益率との間の共分散によって測れるはずです（この点の証明は第9章のWeb付録3に掲載します）。そこで，以下ではシステマティック・リスクが共分散によって測れることを前提にして議論を進めます。

次に，表8-6からもう1点重要な知見が学べます。それは，少数の資産を保有する個人投資家と，数十から数百，あるいは，大手であれば数千の資産を保有する機関投資家とでは，個別資産のリスクを把握するに当たって異なるアプローチを採るべきだという点です。すなわち，**投資家が少数の資産のみ保有し，それらの資産の中に固有リスクが大きいものがある場合**，ポートフォリオに固有リスクが残ります。したがって，そのような投資家の場合，**個別資産の標準偏差と，保有する資産の間の共分散の両方を考慮してリスクを捉えるべきです**。他方，**投資家が多様な資産を多数保有し，どの資産への投資比率も低い場合**，各

資産の固有リスクが相殺されてポートフォリオからほぼ消滅します。したがって，そのような場合，個々の資産の標準偏差を考慮することは間違った判断に繋がるので有害であって，むしろ，**個別資産の収益率が，保有するポートフォリオの収益率とどのような共分散を持っているかという点だけに注目するべきです**。ちなみに，この主張は，次章で学習する CAPM のベータにつながるものです。なお，多様な資産を多数組み入れ，どの資産への投資比率も低いポートフォリオを英語では well-diversified portfolio（直訳すると，十分，分散投資されたポートフォリオ）と呼びます。

安全資産の組み入れによるリスクの調整

図 8-9 および図 8-11 が明瞭に物語っているように，安全資産が存在する場合，ポートフォリオのリスクは，安全資産への投資比率を変化させることによって簡単に調整することができます。この点を考慮に入れると，たとえば，「年金生活者の投資対象としては標準偏差の低い資産が適当である」といったアドバイスが必ずしも適切でないことが分かります。むしろ，投資に対する合理的なアプローチは，まず，危険資産だけで構成されるベストなポートフォリオ（図 8-14 の接点ポートフォリオ T）を構築して，次に，投資家のリスクに対する選好に合わせて安全資産を組み入れ，ポートフォリオ全体のリスクを調整するというものです。ちなみに，この点でポートフォリオ理論が米国のファンドマネジャーに多大な影響を与えたことは，ベストセラーになったバーンスタイン [2006] で雄弁に描かれています。

8.8 付録：リスク許容度が無差別曲線群と最適ポートフォリオに及ぼす影響等[*]

リスク許容度が無差別曲線群と最適ポートフォリオに及ぼす影響

一般に，ファイナンス理論では，投資家はリスク回避的であると仮定します。たとえば，ポートフォリオ理論では，8.2 節で述べたように「投資家は $E[R_p]$ が同じで σ_p が異なる 2 つのポートフォリオについては，σ_p が低いポートフォリオをより好む」と仮定しました。ただし，8.2 節の最後の段落で指摘したように，投資家によってリスク許容度あるいはリスク回避度が異なります。図 8-15 には 2 人の投資家の無差別曲線群を描いています。8.2 節でリス

図 8-15 リスク許容度が異なる投資家の無差別曲線群と最適ポートフォリオ

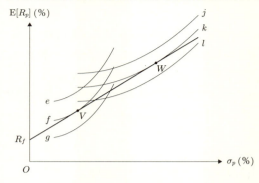

ク許容度が低いほど,無差別曲線の傾きが大きいことを指摘しました。したがって,曲線 e, f, g は,2人のうち相対的にリスク許容度の低い投資家の無差別曲線を表します。他方,曲線 j, k, l は,2人のうち相対的にリスク許容度の高い投資家の無差別曲線を表します。

また,図 8-15 には,効率的フロンティアを安全利子率 R_f を端点とする右上がりの直線で表しています。なお,この付録では,リスク許容度の違いによって最適ポートフォリオがどう異なるかという点を議論したいので,あえて2人の投資家が予想する,投資候補の個別資産の期待収益率,標準偏差,さらに,任意の2資産の相関係数はすべて同じであると仮定しています。その結果,2人の投資家の効率的フロンティアが一致するので,図 8-15 では,それを安全利子率 R_f を端点とする右上がりの直線で表しているのです。

図 8-15 から明らかなように,リスク許容度が低い投資家(曲線 e, f, g)の最適ポートフォリオは点 V で表されるポートフォリオです。また,リスク許容度が高い投資家(曲線 j, k, l)の最適ポートフォリオは点 W で表されるポートフォリオです。これらの2つのポートフォリオを比べると,点 V は期待収益率と標準偏差の両方が相対的に低くなります。したがって,リスク許容度が低い投資家はいわゆる「ローリスク・ローリターン」(low risk, low return)なポートフォリオを選択していることになります。他方,点 W は期待収益率と標準偏差の両方が相対的に高くなります。よって,リスク許容度が高い投資家はいわゆる「ハイリスク・ハイリターン」(high risk, high return)なポートフォリオを選択していることになります。

3 資産以上を組み入れたポートフォリオの分散

この項では,n 個の資産を組み入れたポートフォリオの分散を計算する公式を示します。そのため,まず,記号の定義を確認すると,σ_p^2 はポートフォリオの分散,σ_i^2 は資産 i の分散,σ_{ij} は資産 i と資産 j の共分散,w_i は資産 i への投資比率を表します。このとき,ポートフォリオの分散は次式で計算できます。

$$\sigma_p^2 = w_1^2\sigma_1^2 + w_2^2\sigma_2^2 + \cdots + w_n^2\sigma_n^2 \\ + 2w_1w_2\sigma_{12} + 2w_1w_3\sigma_{13} + \cdots + 2w_{n-1}w_n\sigma_{n-1\,n} \tag{8.7}$$

(8.7) 式を言葉で表すと,ポートフォリオの分散は,まず,組入れ資産すべてについて分散と投資比率の 2 乗の積を求め,次に,組入れ資産のすべてのペアについて共分散と投資比率と数字の 2 の積を求め,最後にそれらの項をすべて合計すれば計算できるという主張です。

また,8.3 節で指摘したように,共分散 σ_{ij} は,相関係数 ρ_{ij},標準偏差 σ_i,標準偏差 σ_j の積と等しくなります。この関係式を (8.7) 式に代入すると次式を得ます。

$$\sigma_p^2 = w_1^2\sigma_1^2 + w_2^2\sigma_2^2 + \cdots + w_n^2\sigma_n^2 + 2w_1w_2\rho_{12}\sigma_1\sigma_2 \\ + 2w_1w_3\rho_{13}\sigma_1\sigma_3 + \cdots + 2w_{n-1}w_n\rho_{n-1\,n}\sigma_{n-1}\sigma_n \tag{8.8}$$

(例) 資産 1, 2, 3 の標準偏差がそれぞれ 42%, 29%, 35% であるとします。また,相関係数が $\rho_{12} = 0.06, \rho_{13} = 0.25, \rho_{23} = 0.05$ であるとします。このとき資産 1, 2, 3 への投資比率がそれぞれ 0.4, 0.36, 0.24 のポートフォリオの分散を計算するため,(8.8) 式に適切な数値を代入したものをそれ以上計算しないでそのまま記します。ただし,単位は %^{2} です。

$$\sigma_p^2 = 0.4^2 \times 42^2 + 0.36^2 \times 29^2 + 0.24^2 \times 35^2 \\ + 2 \times 0.4 \times 0.36 \times 0.06 \times 42 \times 29 \\ + 2 \times 0.4 \times 0.24 \times 0.25 \times 42 \times 35 \\ + 2 \times 0.36 \times 0.24 \times 0.05 \times 29 \times 35 (\%^2)$$

8.9　練習問題

1. **（ポートフォリオの期待収益率と標準偏差）** 資産1, 2の期待収益率がそれぞれ10%, 14%であり，標準偏差がそれぞれ30%, 40%であるとします。このとき，資産1, 2への投資比率がそれぞれ0.3, 0.7のポートフォリオの期待収益率と標準偏差とを計算しなさい。ただし，資産1, 2の間の相関係数は0.3だとします。

2. **（相関係数のポートフォリオの期待収益率と標準偏差への影響）** 上記の問い1において，もし資産1, 2の間の相関係数が −0.3 であったとすると，ポートフォリオの期待収益率と標準偏差はいくらになるでしょうか。

3. **（ポートフォリオの期待収益率と標準偏差）** 上記の問い1において，もし投資家がポートフォリオの期待収益率を12%にしたいならば，資産1, 2への投資比率をいくらにするべきでしょうか。

4. **（安全資産を含んだポートフォリオの期待収益率と標準偏差）** 山田航空（株）の株式について期待収益率が18%，標準偏差が36%であると予想しています。このとき，山田航空に0.6，安全資産に0.4投資するポートフォリオの期待収益率と標準偏差を計算しなさい。ただし，安全利子率は4%であるとします。

    （ヒント：8.5節で学習した，安全資産と危険資産を組み入れたポートフォリオの期待収益率と標準偏差の公式を使えば簡単に解けます。）

5. **（安全資産を含んだポートフォリオの期待収益率と標準偏差）** 上記の問い4の設定のもとで，もし投資家が，山田航空と安全資産とを組み入れて，8%の期待収益率が期待できるようなポートフォリオを組みたいとすると，両資産への投資比率をいくらにするべきでしょうか。

第9章 リスクとリターンのトレードオフモデル

　本章では，リスクとリターンのトレードオフと呼ばれる関係を表現するモデルを学習します。まず，本章の前半では，この種のモデルの中でもっとも広く知られ，様々な場面で利用される CAPM をじっくりと学びます。ただし，CAPM は capital asset pricing model（資本資産評価モデル）の略で，「シー・エー・ピー・エム」あるいは「キャップ・エム」と読みます。次に，本章の後半では，CAPM と競合するモデルである，APT を取り上げます。APT は arbitrage pricing theory（裁定価格理論）の略で，「エー・ピー・ティー」と読みます。

　本章の内容をもう少し詳しく概観すると，9.3 節で挙げる CAPM の仮定のもとでは，すべての投資家が同一の接点ポートフォリオを保有するという結論が得られます。そして，9.4 節でこの接点ポートフォリオを市場ポートフォリオと呼び，それについて基本的な理解を習得した後，9.5 節および 9.6 節で市場ポートフォリオの観点から個別資産のリスクを捉える場合は，標準偏差ではなく，ベータと呼ばれる指標が適切であることを論じます。そして，9.7 節でベータを使って視覚的に CAPM を導出します。

　APT は，資産収益率の変動要因のうち，システマティック・リスクに関わる部分が少数の変数によって表現できると仮定します。この表現（数式）はファクターモデルと呼ばれ，9.8 節で学習します。また，もし多数の資産について摩擦なく売買できる完全競争的な市場が成立していれば，投資家は分散投資によってポートフォリオの固有リスクをほぼ完全に消去することができます。したがって，そのような仮定が満たされていれば，投資家はシステマティック・リスクを表現する変数にのみ着目して資産の価格付けを行うはずです。これが，APT のエッセンスであって，本書では 9.9 節で論じます。ただし，APT はどの変数がシステマティック・リスクを表現するかについては無言です。そこで，9.10 節で 2 つの例を取り上げます。そのうち，2 番目のファーマ・フレンチの 3 ファクターモデルは，資産の実際の収益率の説明力が高

いため，近年，実務家の間でポピュラーなモデルになっています．また，9.12節では，トレードオフモデルの主要な利用方法を概観します．

9.1　リスクとリターンのトレードオフ

2.5節で，他の属性について大きな差異がない場合，格付けが低い債券は，格付けが高い債券に比べて最終利回りが高くなることを取り上げました．また，前章の図8-13で安全資産が存在しない場合について，また，図8-14で安全資産が存在する場合について，横軸で標準偏差を測り，縦軸で期待収益率を測った平面において効率的フロンティアが右上がりのグラフになることを学びました．この結論は，もし投資家が高い期待収益率が期待できるポートフォリオを望むのであれば，高い標準偏差を受け入れなければならないことを意味します．逆に，投資家が低い標準偏差を持つポートフォリオを望むのであれば，低い期待収益率を覚悟しなければなりません．このように，個別債券の間，あるいは，投資候補として検討すべきポートフォリオ（すなわち，効率的フロンティア上のポートフォリオ）の間には，高いリスクには高いリターンが伴い，低いリスクには低いリターンが伴うという関係があります．この関係を**リスクとリターンのトレードオフ**（risk-return trade-off）と言います．ただし，リスクは，上記の債券の例の場合は信用リスク，ポートフォリオの場合はポートフォリオ収益率の標準偏差を意味し，リターンは，債券の例の場合は最終利回り（それは期待収益率を反映しているはずです），ポートフォリオの場合は期待収益率を指します．

それではなぜリスクとリターンのトレードオフという現象が生じるのでしょうか．それは，大部分の投資家がリスク回避的だからです．この点を確認するために，図8-2を使ったポートフォリオに関する質問を再び考えてみましょう．この質問は，「点Gで表されるポートフォリオより少し高い標準偏差を持つポートフォリオHが，ポートフォリオGと無差別（満足度が同じ）であるためには，その期待収益率がポートフォリオGの期待収益率より高くなければならないか，あるいは，低くなければならないか」というものでした．もちろん，正解は，「リスク回避的な投資家であれば，ポートフォリオHの期待収益率はポートフォリオGの期待収益率より高くなければならない」となります．

さて，本章では，9.5節で，ポートフォリオについては妥当なリスク尺度だ

った標準偏差が，個別資産のリスク尺度としては適さないことを明らかにします。したがって，実は，図8-2を使った上記の質問を個別資産に適用することはできません。しかし，一定の仮定を設けると，個別資産に関する適切なリスク尺度が存在して，個別資産についてもリスクとリターンのトレードオフが存在することを示すことができます。ただし，当然のことながら，設定する仮定が異なれば，得られるトレードオフ関係も異なります。したがって，個別資産に関するリスクとリターンのトレードオフを表現するモデルが多数存在するのです。本書では，その中でもっともよく知られているCAPMのほか，APTを学習します。

9.2　CAPMの概観

　直観的に考えると，個別資産の間にもリスクとリターンのトレードオフが成立しているはずです。したがって，ジャック・トレイナー（Jack L. Treynor），ウィリアム・シャープ（William F. Sharpe），ジョン・リントナー（John V. Lintner），ジャン・モシン（Jan Mossin）が，それぞれTreynor [1961, 1962], Sharpe [1964], Lintner [1965], Mossin [1966]で独立にCAPMを提唱して以来，CAPMは，ブラック・ショールズモデル等とともにファイナンス分野（ここでは資金調達，資金運用，資産市場に関する研究分野という意味で使っています）の中核的な成果のひとつと考えられてきました。事実，シャープは1990年にCAPMの業績に対してノーベル経済学賞を受賞しました。ちなみに，トレイナーはTreynor [1961, 1962]が公刊されておらず，リントナーとモシンは1990年以前に亡くなっていたため，ノーベル賞受賞の栄誉に浴することができませんでした。

　CAPMは，部分的には，前章のポートフォリオ理論の結果に基づいています。しかし，ポートフォリオ理論とはモデルの役割が大きく異なります。ざっくりと言えば，ポートフォリオ理論は，ポートフォリオを決定する際の支援ツールです。他方，CAPMは資産市場が**均衡**（equilibrium）しているとき（各投資家が希望通りのポートフォリオを保有し，各資産に対する需要と供給が一致している状態）に成立していると考えられる，リスクとリターンのトレードオフを特定の数式で表現したものです。そのエッセンスを簡潔に述べれば，第1に，各資産のリスクは，市場に存在するすべての資産で構成されるポートフォリオ

(9.4節で市場ポートフォリオと呼ぶものです）との共分散，あるいは，それを加工したベータと呼ばれる指標で測ることができるという主張です．そして，第2に，各資産の期待収益率と安全利子率の差は，市場ポートフォリオの期待収益率と安全利子率の差に，当該資産のベータを掛け合わせたものに等しいという主張です．

以下では，まず，CAPMの仮定をリストアップし，その結果，必然的に生まれる市場ポートフォリオという概念を説明します．次に，上でも言及したベータを定義した後，CAPMを視覚的に導出します．

9.3　CAPMの仮定

CAPMでは次の5種類の仮定を設けます．第1に，すべての資産が完全競争的な市場で売買されていると仮定します．この仮定の詳細については5.4節を参照してください．ただし，CAPMの標準的な仮定では危険資産の空売りを含めるのですが，前章では危険資産の空売りができないことを前提にして議論しましたので，本章でもその前提を踏襲します．第2に，投資家の選好について，8.2節で挙げた4つの仮定を設けます．第3に，安全資産が存在し，投資家は安全資産に投資でき，さらに，安全利子率で借り入れることができると仮定します．第4に，すべての投資家の投資期間（8.1節で「一定期間」と呼んだものです）が同一であると仮定します．第5に，すべての投資家が，すべての危険資産の期待収益率，標準偏差（あるいは，分散），他の資産との共分散（あるいは，相関係数）について同一の数値を予想すると仮定します．なお，この第5の仮定は同質的な期待（homogeneous expectations）と呼ばれます．

上記の5つの仮定のうち，最初の2つの仮定は，8.2節で設定したポートフォリオ理論の仮定と一致します．第3の仮定は，8.5節で設定した仮定と同じです．その結果，ポートフォリオ理論で得た結論は必ずCAPMでも成立します．また，上で挙げた5つの仮定の一部を外しても，トレイナー・シャープ・リントナー・モシンが提唱したCAPM（Treynor-Sharpe-Lintner-Mossin form of CAPM）を表現する式（後述する(9.12)式）か，あるいは，それに表現が近い式を導出することができます．たとえば，安全資産が存在しないとしても，後述するベータが0のポートフォリオに安全資産の役割を担わせることによって，トレイナー・シャープ・リントナー・モシンのCAPMに近い式を

導出することができます。このタイプの CAPM は，提唱者のフィッシャー・ブラック（Fischer S. Black：第 10 章で学習するブラック・ショールズモデルの提唱者の一人）の名前にちなんでブラック CAPM（Black CAPM），あるいは，ゼロベータ CAPM（zero-beta CAPM）と呼ばれます。また，同質的期待を外しても，投資家の効用（8.6 節参照）を表現する関数に強い仮定を設けることによってトレイナー・シャープ・リントナー・モシンの CAPM と同じ表現を導出することができます。さらに，トレイナー・シャープ・リントナー・モシンの CAPM では危険資産の空売りができると仮定するので，その点で本書は，標準的な仮定群を部分的に他の仮定に置き換えてもトレイナー・シャープ・リントナー・モシンの CAPM が導出できる例を提示していることになります。

> **図書** CAPM の標準的な仮定群を部分的に外したり，あるいは，他の仮定に置き換えたりすると，トレイナー・シャープ・リントナー・モシンの CAPM とは若干異なった式が導出されます。それらの例については，Elton 他 [2014] の第 14 章を参照してください。

9.4 市場ポートフォリオ

　図 8-14 のうち，危険資産だけで構成される投資機会集合（歪んだ傘）は，投資家が投資の候補とする資産の期待収益率，標準偏差，他の資産との共分散に依存します。さて，第 4 と第 5 の仮定を設けると，すべての投資家の投資期間が同一となり，さらに，すべての投資家が，すべての危険資産の期待収益率，標準偏差（あるいは，分散），他の資産との共分散（あるいは，相関係数）について同じ数値を予想します。したがって，第 4 と第 5 の仮定の下では，図 8-14 の歪んだ傘がすべての投資家にとって同一になります。また，CAPM の第 3 の仮定の下では，すべての投資家が，安全資産に投資できるだけでなく，同一のレート（安全利子率）で借り入れることができます。以上の議論から，歪んだ傘が同一で，借入れ金利も同一になるので，図 8-14 に描かれた接点ポートフォリオと効率的フロンティアもすべての投資家にとって同一になります。

　さて，安全資産が存在する場合，8.2 節で挙げた仮定（すべて 9.3 節で挙げた仮定に含まれています）に従ってポートフォリオを構築する投資家は，図 8-14 に描かれた接点ポートフォリオと安全資産を組み合わせることによって満足

度がもっとも高い最適なポートフォリオを構築します．したがって，9.3 節で挙げた仮定の下では，**すべての投資家が同一の接点ポートフォリオと安全資産を組み入れることによって最適なポートフォリオを構築します**．この性質は，**分離定理**（separation theorem, mutual fund theorem）と呼ばれます．なお，この定理がこの名称で呼ばれるのは，この定理のもとでは接点ポートフォリオの決定が投資家の選好から分離しているからです．ただし，8.8 節の付録で述べましたが，投資家によってリスクとリターンの組み合わせに対する選好が異なるため，接点ポートフォリオと安全資産に対する投資比率が異なります．また，CAPM のもとで成立する図 8-14 の直線 $R_f T$ は**資本市場線**（capital market line, CML）と呼ばれます．

次に，もしすべての投資家が同一の接点ポートフォリオを保有しているならば，この接点ポートフォリオにはすべての危険資産が含まれているはずです．この点が意味するところを明瞭に理解するため次の例を見てみましょう．

> （例）仮に 2 人の投資家 A, B と 4 つの危険資産 1, 2, 3, 4 で構成され，かつ，各資産に対する需要と供給が一致する（市場均衡に達している）完結した経済システムが存在するとしましょう．また，投資家は，ポートフォリオ理論に従って満足度が最大になるように投資比率を決定するとします．さらに，投資家 A の危険資産全体に対する期首投資額は 1000 万円，投資家 B のそれは 5000 万円であるとします．このとき，各投資家の危険資産ごとの投資比率，投資額，さらに，経済システム全体に存在する各危険資産の総額が表 9-1 に示した通りであるとしましょう．なお，この表の最後の列は，危険資産 i の総額 V_i を，この経済システムに存在するすべての危険資産の総額 V_m で割った比率を表します．

表 9-1 の第 2 列と第 6 列は一致します．すなわち，次式が成立します．

$$\begin{pmatrix} \text{接点ポートフォリオに占める} \\ \text{各危険資産の投資比率} \end{pmatrix} = \begin{pmatrix} \text{全危険資産の総額に占める} \\ \text{各危険資産の総額の比率} \frac{V_i}{V_m} \end{pmatrix}$$

したがって，CAPM の仮定のもとでは，接点ポートフォリオは，すべての危険資産で構成され，かつ，各危険資産への投資比率が $\frac{V_i}{V_m}$ に等しいポートフォリオです．このポートフォリオを**市場ポートフォリオ**（market portfolio）と呼びます．また，この用語を使えば，分離定理を「すべての投資家が市場ポートフォリオと安全資産で構成されたポートフォリオを最適ポートフォリオとし

表 9-1 投資家 A, B と危険資産 1, 2, 3, 4 で構成される経済

資産 i	接点ポートフォリオに占める投資比率	投資家Aの投資額 (万円)	投資家Bの投資額 (万円)	各資産の総額 V_i (万円)	$\frac{V_i}{V_m}$
1	0.2	200	1,000	1,200	0.2
2	0.1	100	500	600	0.1
3	0.3	300	1,500	1,800	0.3
4	0.4	400	2,000	2,400	0.4
合　計	1.0	1,000	5,000	6,000 ($=V_m$)	1.0

て保有する」と言い換えることができます。ただし，上で指摘したように，市場ポートフォリオと安全資産に対する投資比率は，投資家のリスク回避度，あるいは，リスク許容度によって異なります。

今後，市場ポートフォリオの収益率は R_M で表します。ただし，実際にすべての危険資産の市場価値を測って，R_M を計算することは不可能です。したがって，通常，TOPIX などの株価指数の収益率が R_M の代理として使われます。

9.5　$\mathrm{E}[R_p]$ と σ_p に対する個別資産の影響

マーコウィッツが提唱したポートフォリオ理論では，投資家はポートフォリオの期待収益率 $\mathrm{E}[R_p]$ と標準偏差 σ_p に基づいて最適ポートフォリオを選択します。ただし，投資家がポートフォリオ選択において操作できるのは個別資産への投資比率 w_i だけです。したがって，直前の文を言い換えると，投資家は，$\mathrm{E}[R_p]$ と σ_p の組み合わせが最適になるように，個別資産への投資比率 w_i を決定すると言えます。よって，この決定に当たって**投資家が考慮すべき点は，w_i を変化させたとき $\mathrm{E}[R_p]$ と σ_p がどう変化するか**という点です。

そこで，最初に，w_i が $\mathrm{E}[R_p]$ に及ぼす影響を考察します。そのため，ポートフォリオの期待収益率を計算するのに使う (8.2) 式を用います。ただし，(本章では一貫して安全資産が存在することを前提にするので) 投資家は，安全資産，危険資産1, 危険資産2, ..., 危険資産 n に投資しており，それぞれに対する投資比率は，$w_f, w_1, w_2, \ldots, w_n$ で表すことにします。すなわち，安全資産を

資産 $1, 2, \ldots, n$ の中の資産として扱わないで,それらとは別のものとして f で表示します。その結果,その点で (8.2) 式と表現が異なる (9.1) 式を得ます。

$$\mathrm{E}[R_p] = w_f R_f + w_1 \mathrm{E}[R_1] + \cdots + w_i \mathrm{E}[R_i] + \cdots + w_n \mathrm{E}[R_n] \qquad (9.1)$$

(9.1) 式を使って,たとえば,資産1への投資比率 w_1 がポートフォリオの期待収益率 $\mathrm{E}[R_p]$ に及ぼす影響を考察しましょう。(9.1) 式において資産1への投資比率 w_1 が現れるのは第2項だけです。したがって,資産1への投資比率 w_1 の変化が $\mathrm{E}[R_p]$ に及ぼす影響は,w_1 の係数である $\mathrm{E}[R_1]$ によって決まります。もちろん,同じことが任意の危険資産 i について言えます。したがって,**資産 i への投資比率 w_i が $\mathrm{E}[R_p]$ へ及ぼす影響は,$\mathrm{E}[R_i]$ によって決まる**と言えます。

> (注) 本節で「資産1への投資比率 w_1 の変化」の影響を考察するに当たって,他の資産への投資比率は変化しないと仮定しました。これは,経済学分析で多用される,比較静学と呼ばれる分析手法です。すなわち,他の変数の値が一定であると仮定して,分析対象の変数に限りなく小さな変化が起こったとき,それがどんな影響を及ぼすかを分析します。

次に,資産 i への投資比率 w_i がポートフォリオの収益率の分散 σ_p^2 へ及ぼす影響を議論します。もちろん,標準偏差 σ_p へ及ぼす影響を議論することもできますが,その場合,下記の (9.2) 式ではなく,その正の平方根をとったものを議論することになるので,それは一部の読者に必要以上に難しく見えます。また,分散 σ_p^2 に及ぼす影響は,そのまま標準偏差 σ_p に及ぼす影響として理解することができます。したがって,本書では,標準偏差 σ_p ではなく,分散 σ_p^2 へ及ぼす影響を議論することにします。

この点を理解するには,下記の (9.2) 式が有用です。

$$\sigma_p^2 = (1-w_f)w_1\sigma_{1T} + (1-w_f)w_2\sigma_{2T} + \cdots + (1-w_f)w_n\sigma_{nT} \qquad (9.2)$$

(9.2) 式は分散の定義式を変形することによって求めたもので,そのプロセスは第9章の Web 付録3で解説しています。ここでは,ポートフォリオの分散 σ_p^2 が,ポートフォリオに組み入れられた各資産 (資産 i) と接点ポートフォリオ T との共分散 σ_{iT},資産 i への投資比率 w_i のほか,1から安全資産への投資比率 w_f を引いた差 $1-w_f$ によって表現できることについてコメントします。

(9.2) 式を理解するために，最初に，8.6 節の結論を思い起こしてみましょう。そこで，8.6 節の結論を繰り返すと，それは，安全資産が存在する場合，8.2 節の仮定に従う投資家は安全資産と接点ポートフォリオ（図 8-14 の点 T）を組み合わせることによって最適ポートフォリオを構築するというものでした。さて，安全資産の収益率には変動性がありません。したがって，投資家のポートフォリオに変動性を生み出すのは，接点ポートフォリオだけです。そして，接点ポートフォリオに対する投資比率は 1 から安全資産への投資比率 w_f を引いた差 $1 - w_f$ として表せます。したがって，$1 - w_f$ が投資家のポートフォリオの変動性を大きく左右するはずです。このように考えると，(9.2) 式の右辺に $1 - w_f$ が現れるのは当然です。

また，上の段落で指摘したように，投資家のポートフォリオの変動性は，接点ポートフォリオの変動性に起因します。そして，それは，接点ポートフォリオにどんな資産がどんな投資比率で組み入れられているかに依存するはずです。よって，(9.2) 式の右辺に w_i が現れるのは不思議ではありません。

最後に，共分散 σ_{iT} を取り上げます。8.2 節の仮定を前提にすると，接点ポートフォリオは，多数の資産が組み入れられ，分散投資が十分行われたポートフォリオのはずです。その場合，8.7 節の「分散投資の効果」の項で指摘したように，個別資産の変動性のうち，固有リスクは相殺して消え，システマティック・リスクだけが残り，それがポートフォリオの変動性を構成するはずです。そして，システマティック・リスクは，定義により，当該資産の変動性のうちポートフォリオの他の多くの資産とともに変動する部分です。したがって，それは，当該資産 i と（他の資産全体を代表する）ポートフォリオの共分散，すなわち σ_{iT} によって測れるはずです。

それでは，(9.2) 式を使って，資産 i への投資比率 w_i がポートフォリオの収益率の分散 σ_p^2 へ及ぼす影響を議論しましょう。たとえば，第 1 資産についてそれを議論しましょう。(9.2) 式を見ると，資産 1 への投資比率 w_1 が現れるのは第 1 項のみで，それ以外の項には現れません。そして，第 1 項の $(1 - w_f) w_1 \sigma_{1T}$ は，接点ポートフォリオへの投資比率 $1 - w_f$ と資産 1 への投資比率 w_1 に，資産 1 の収益率と接点ポートフォリオの収益率の共分散 σ_{1T} を掛け合わせたものです。たとえば，ある投資家が安全資産に 20% 投資し，第 1 資産に 1.6% 投資し，さらに，第 1 資産と接点ポートフォリオとの間の共分散が $240\%^2$ であるとすると，(9.2) 式の第 1 項は $(1 - 0.2) \times 0.016 \times 240\%^2 =$

3.072%^{2} になります.したがって,安全資産も含めて他の資産に対する投資比率を一定にしたまま,資産 1 への投資比率 w_1(上記の数値例だと 0.016)をわずかに変化させたとき,ポートフォリオの収益率の分散 σ_p^2(あるいは,標準偏差 σ_p)へ及ぼす影響を決定するのは,資産 1 の収益率と接点ポートフォリオの収益率の共分散 σ_{1T} だけです.

もちろん,同じことが任意の危険資産 i について言えます.したがって,**資産 i への投資比率 w_i を変化させたとき,ポートフォリオの収益率の分散 σ_p^2(あるいは,標準偏差 σ_p)へ及ぼす影響を決定するのは,資産 i の収益率と接点ポートフォリオの収益率の共分散 σ_{iT} です**.その結果,たとえば,接点ポートフォリオとの共分散が高い資産の投資比率を下げて,同時に,それが低い資産の投資比率を上げると,ポートフォリオ p の分散および標準偏差は下がります.

さて,本節で今まで議論した内容は,ポートフォリオ理論の仮定(すなわち,CAPM の 5 つの仮定のうち,最初の 3 つの仮定)だけで成立します.本段落と次の段落では,この議論を CAPM の仮定のすべてが成立している場合に展開します.まず,ポートフォリオの期待収益率へ及ぼす影響については上で述べたことがそのまま妥当します.すなわち,資産 i への投資比率 w_i が,投資家が保有するポートフォリオ p の期待収益率 $\mathrm{E}[R_p]$ へ及ぼす影響は,$\mathrm{E}[R_i]$ によって決まります.次に,ポートフォリオの分散へ及ぼす影響については,変更が必要です.なぜならば,CAPM の仮定のすべてが成立している場合には,すべての投資家が同一の接点ポートフォリオを保有するので,それを市場ポートフォリオと呼ぶことにしたからです.したがって,上の段落で得た結論の接点ポートフォリオ T を市場ポートフォリオ M に置き換えなければなりません.その結果,(9.2) 式は次式に置き換わります.

$$\sigma_p^2 = (1-w_f)w_1\sigma_{1M} + (1-w_f)w_2\sigma_{2M} + \cdots + (1-w_f)w_n\sigma_{nM} \quad (9.3)$$

よって,CAPM のすべての仮定が成立している場合には,次のように言い換える必要があります.すなわち,資産 i への投資比率 w_i を変化させたとき,投資家が保有するポートフォリオ p の分散 σ_p^2(あるいは,標準偏差 σ_p)への影響は,資産 i の収益率と市場ポートフォリオの収益率の共分散 σ_{iM} によって決まります.以上から,**CAPM が成立している資産市場において投資家が考察すべき個別資産 i の性質は,期待収益率 $\mathrm{E}[R_i]$ と,資産 i の収益率と市場ポートフォリオの収益率の共分散 $\sigma_{iM} = \mathrm{Cov}[R_i, R_M]$ の 2 点だけです**.

9.6 ベータ

前節の議論から，CAPM の仮定のもとでは，個別資産 i のリスクは，個別資産 i の収益率と市場ポートフォリオの収益率の共分散 σ_{iM} によって測るのが適当であることが分かりました．しかし，個別資産のリスク尺度としては，通常，σ_{iM} そのものではなく，σ_{iM} を市場ポートフォリオの収益率の分散 σ_M^2 で割った比率が使われます．そして，この比率は**ベータ**と呼ばれ，β_i と表記されます．ただし，β はギリシャ文字の小文字で，ベータと読みます．念のため，資産 i のベータ β_i が共分散 σ_{iM} を市場ポートフォリオの分散 σ_M^2 で割った比率であることを式で表しておきます．

$$\beta_i = \frac{\sigma_{iM}}{\sigma_M^2} \tag{9.4}$$

前節および本節の今までの議論では，個別資産のリスク尺度として共分散やベータを議論してきました．しかし，複数の資産を組み入れたポートフォリオ i についても σ_{iM} が計算できるので，(9.4) 式によってベータを算出することができます．したがって，今後は，個別資産だけでなくポートフォリオについてもベータを使います．

ベータの推定

ベータは (9.4) 式によって定義しました．すなわち，ベータは，CAPM の第 4 の仮定ですべての投資家にとって同一であると仮定した将来の「投資期間」について，CAPM の第 5 の仮定ですべての投資家が一致した予想を立てると仮定した，資産 i と市場ポートフォリオの共分散 σ_{iM} を市場ポートフォリオの分散 σ_M^2 で割った比率です．ここで，市場ポートフォリオの収益率 R_M を特定の株価指数の収益率で代替することができ，かつ，将来の投資期間に関する σ_{iM} と σ_M^2 が，過去の σ_{iM} と σ_M^2 で代替できると仮定すれば，ベータは次の 2 つのステップを踏んで過去の収益率から推定することができます．

まず，第 1 のステップでは，市場ポートフォリオの収益率 R_M が TOPIX の収益率で代替できると仮定して TOPIX の収益率と対象資産 i の収益率を計算します．

（例）表 9-2 の第 2 列と第 4 列にはそれぞれある年の 1 月から 10 月までの

表 9-2　TOPIX および XYZ 社株価の月末値と月次収益率

月	TOPIX 月末値	TOPIX 収益率 (%)	XYZ 社 株式月末値 (円)	XYZ 社 株式収益率 (%)
1	1,300.23		8,450	
2	1,241.48	−4.52	8,450	0
3	1,277.27	2.88	8,900	5.33
4	1,366.46	6.98	9,240	3.82
5	1,310.81	−4.07	9,170	−0.76
6	1,300.98	−0.75	8,200	−10.58
7	1,190.31	−8.51	6,150	−25.00
8	1,103.67	−7.28	5,290	−13.98
9	1,023.42	−7.27	4,390	−17.01
10	1,059.37	3.51	4,630	5.47

図 9-1　TOPIX および XYZ 社株式の月次収益率と回帰直線

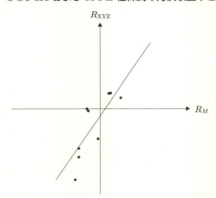

TOPIX と XYZ 社の株価の月末値を掲載しています．また，これらの月末値を (7.1) 式に代入して計算した月次収益率 (1 か月当たりの収益率) を第 3 列と第 5 列に掲載しています．ただし，XYZ 社の収益率の計算において XYZ 社のこの期間の配当支払いは 0 円であると仮定しました．また，TOPIX には配当が算入されていませんが，その影響は軽微だとみなして収益率を計算しました．

第 2 のステップでは，図 9-1 で描いたように，横軸で TOPIX の収益率 R_M を測り，縦軸で XYZ 社株式の収益率 R_{XYZ} を測って散布図を描き，その散布

図にもっともよくフィットする直線を引きます。具体的には，統計学の**回帰分析**（regression analysis）と呼ばれる手法を使って，散布図にもっともよくフィットする直線を推定します。なお，このような手法で推定された直線は回帰直線と呼ばれます。

> Excel　LINEST 関数を使って回帰分析を行うことができます。また，回帰直線の傾きだけを推定する場合は，SLOPE 関数が使えます。

実は，ベータが表す比率 $\frac{\sigma_{iM}}{\sigma_M^2}$ は，回帰直線の傾きとして推定できるという性質があります。また，その結果，ベータを直観的に解釈することができます。すなわち，ベータは，横軸で測る量（R_M）1 単位の変化に対して縦軸で測る量（R_i）が平均して何単位変化するかを表すと解釈できるのです。したがって，ベータは資産 i の収益率の，市場ポートフォリオの収益率変化に対する感応度あるいはセンシティビティ（sensitivity）であると言えます。表 9-3 は，ポータルサイトの msn の「マネー」が掲載している上場会社から 10 社を選んで，同サイトで 2019 年 3 月 15 日に掲示されていた株式のベータ，同日の株価終値，同日を最終日とする 52 週間の最安値と最高値，時価総額をまとめたものです。

表 9-3 に掲載した企業はすべて大企業と言ってよい企業です。このような企業のベータは，通常，1 の前後にあります。ちなみに，配当落ち前後の時期を除けば収益率は株価変化を期首株価で割った，株価の変化率を表します。したがって，ベータが 1 前後の株式の場合，株価の変化率は株価指数の変化率に近くなる傾向があると言えます。

ベータの利用について留意すべき点を 2 点指摘します。第 1 に，ベータは，本来，対象資産と市場ポートフォリオに関する将来の収益率の共分散を市場ポートフォリオの将来の収益率の分散で割った比率です。したがって，過去の収益率を生み出したプロセス（return generating process）が，将来の収益率を生み出すプロセスに関して投資家が抱く予想に十分近いものである限りにおいて，過去の収益率データを回帰分析して推定したベータが有用です。

第 2 に，同じ銘柄について，2011 年から 2015 年までの 5 年間のデータを使った場合と，2016 年から 2020 年までの 5 年間のデータを使った場合とでは，ベータの推定値が大きく異なることがあります。これは，ひとつには，対象企業の事業内容や事業環境が変化した結果，当該株式のベータの真の値が変化したためかもしれません。あるいは，ベータの真の値は大きく変化していな

表 9-3　株式のベータ，株価，52 週間の最安値と最高値，時価総額

会社名	ベータ	株　価 (円)	52 週安値高値 (円)	時価総額 (兆円)
武田薬品工業	0.78	4,713	4,664-4,732	7.24
ソニー	1.27	5,119	4,704-6,973	6.57
オリンパス	1.05	4,890	4,890-4,970	1.68
東京エレクトロン	1.18	15,220	11,595-22,710	2.44
トヨタ自動車	1.08	6,615	6,045-7,686	21.49
日産自動車	1.21	939	836-1158	3.92
三菱自動車工業	1.40	601	557-934	0.90
NTT ドコモ	0.58	2,511	2,321-3,095	8.28
ソフトバンクグループ	1.26	10,840	10,805-11,500	11.73
東京電力ホールディングス	0.90	702	378-767	1.12

いのだけれども，ベータの推定で大きな誤差が出たためなのかもしれません．

ベータの性質

　本項では次の節で使うベータの性質を学習します．まず，安全資産のベータを考察します．一般に，資産 i のベータは（9.4）式によって定義されます．したがって，安全資産のベータ β_f は安全資産の収益率（すなわち，安全利子率）と市場ポートフォリオの収益率の共分散 σ_{fM} を市場ポートフォリオの分散 σ_M^2 で割った比率として定義できます．しかし，8.5 節で確認したように，「安全利子率 R_f と任意の資産 i の収益率の共分散 σ_{fi} は 0 です」．したがって，**安全資産のベータ β_f は 0 です**．

　次に，市場ポートフォリオのベータ β_M を計算します．これは，（9.4）式によって次式で定義されます．

$$\beta_M = \frac{\sigma_{MM}}{\sigma_M^2} \tag{9.5}$$

すなわち，市場ポートフォリオのベータ β_M は，市場ポートフォリオの収益率と市場ポートフォリオの収益率の共分散 σ_{MM} を市場ポートフォリオの収益率の分散 σ_M^2 で割った比率です．しかし，7.8 節の最後の段落で「同じ確率変数どうしの共分散はその確率変数の分散そのものである」ことを確認しました．したがって，$\sigma_{MM} = \sigma_M^2$ です．この関係を（9.5）式に代入すると，**市場**

ポートフォリオのベータ β_M が 1 であることが分かります。

$$\beta_M = \frac{\sigma_{MM}}{\sigma_M^2} = \frac{\sigma_M^2}{\sigma_M^2} = 1 \tag{9.6}$$

次に，ポートフォリオのベータはポートフォリオに組み入れた資産のベータの加重平均に等しいという性質を紹介します。そこで，ポートフォリオ p に資産 $1, 2, \ldots, n$ が組み入れられているとします。また，資産 i への投資比率は w_i，資産 i のベータは β_i であるとします。このとき，ポートフォリオ p のベータ β_p は次式によって与えられます。

$$\beta_p = w_1\beta_1 + w_2\beta_2 + \cdots + w_n\beta_n \tag{9.7}$$

なお，(9.7) 式の導出に関心がある読者は本章の Web 付録 4 を参照してください。

問い 章末の練習問題 1 を解きなさい。

9.7 CAPM の直観的導出

本節で展開する議論は長いので，5 つのステップに分割して議論を進めます。

ステップ 1：まず，本節の議論で使う数値例を設定して，それを図示します。

（例）資産 A の期待収益率は 12% でベータは 1.5 です。また，資産 B の期待収益率は 7% でベータは 0.9 です。さらに，安全利子率 R_f は 4% です。

投資家はこの状態には満足しないはずです。なぜならば，まず，9.5 節および 9.6 節で考察したように，CAPM の仮定が成立している世界の投資家は，個別資産あるいは（投資家が保有する資産全体ではなく，その部分としての）ポートフォリオの属性として，リスクを表すベータと期待収益率しか考慮に入れません。そして，上記の例では，資産 A に投資資金の 60%，安全資産に 40% を投資すれば，資産 B と同じベータを持ち，資産 B より高い期待収益率を提供するポートフォリオが構築できるからです。この点を確認するため，このポートフォリオ p の期待収益率 $\mathrm{E}[R_p]$ とベータ β_p を計算します。

$$E[R_p] = 0.6 \times 12 + 0.4 \times 4 = 8.8$$
$$\beta_p = 0.6 \times 1.5 + 0.4 \times 0 = 0.9$$

資産 A, B とこのポートフォリオ p の関係を視覚的に捉えるため，図9-2で，横軸でベータを測り，縦軸で期待収益率を測った平面上にこれらの資産とポートフォリオを表す点をプロットしました。なお，図9-2では，ポートフォリオ p を表す点が安全資産を表す点 R_f と資産 A を表す点を結ぶ直線上にあります。これは，(8.2) 式と (9.7) 式により，安全資産と危険資産を組み入れたポートフォリオの期待収益率とベータが，必ず，両資産を表す点を結んだ直線上にあるという性質が成立するからです。ここでステップ1のポイントを確認すると，ポートフォリオ p のベータは 0.9 と資産 B のベータと同じであるにもかかわらず，期待収益率は 8.8% と，資産 B の期待収益率 7% より高いのです。したがって，すべての投資家が資産 B を売って，資産 A に対する投資比率 0.6，安全資産に対する投資比率 0.4 のポートフォリオ p を買おうとします。その結果，資産 B の価格が下がり，資産 A と安全資産の価格が上がるはずです。

ステップ2：ここで，期待収益率と価格の関係を解説します。まず，9.3節で「すべての投資家の投資期間が同一である」と仮定しました。この「投資期間」の期首におけるある資産の価格を P_0，期末における価格を P_1，さらに，この投資期間に受け取るキャッシュフローの期末における将来価値を D_1 で表します。このとき，この資産の収益率 R は (7.1) 式で計算されます。一般に，P_1 と D_1，さらに，R は期首時点では不確実なので，確率変数です。そこで，この (7.1) 式の両辺の期待値をとると，次式を得ます。

$$E[R] = E\left[\frac{P_1 - P_0 + D_1}{P_0}\right] \tag{9.8}$$

第8章の Web 付録2で解説した期待値の性質から，(9.8) 式の右辺は次式のように変形できます（この変形に関心のある読者は第9章の Web 付録5を参照してください）。

$$E[R] = \frac{E[P_1] - P_0 + E[D_1]}{P_0} = \frac{E[P_1] + E[D_1]}{P_0} - 1 \tag{9.9}$$

(9.9) 式を言葉にすると，期待収益率 $E[R]$ は，期末価格の期待値 $E[P_1]$ と，投資期間に受け取るキャッシュフローの期待値 $E[D_1]$ の合計を期首価格 P_0

図 9-2 危険資産 A, B とポートフォリオ p の $\mathrm{E}[R]$ と β

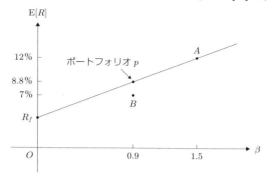

で割った比から1を引いて計算できるということです．したがって，$\mathrm{E}[R]$ と P_0 は逆の方向に動く傾向が生まれます．次の例は期末価格の期待値 $\mathrm{E}[P_1]$ が一定であるという単純化の仮定の下でこの点を例示します．

> （例）　$\mathrm{E}[P_1] = 1200$ 円で，かつ，$\mathrm{E}[D_1] = 0$ 円であるとします．このとき，もし $P_0 = 1000$ 円であれば，期待収益率は次式の計算によって20%です．
>
> $$\mathrm{E}[R] = \frac{\mathrm{E}[P_1]}{P_0} - 1 = \frac{1200\text{ 円}}{1000\text{ 円}} - 1 = 20\%$$
>
> また，もし $P_0 = 800$ 円であれば，期待収益率は次式の計算によって50%です．
>
> $$\mathrm{E}[R] = \frac{\mathrm{E}[P_1]}{P_0} - 1 = \frac{1200\text{ 円}}{800\text{ 円}} - 1 = 50\%$$

したがって，ステップ1で例に挙げた資産 B の価格が下がれば，資産 B の期待収益率が上がり，資産 A の価格が上がれば，資産 A の期待収益率が下がるメカニズムが存在することが理解できるでしょう．

ステップ3：資産 A, B にはステップ1で指摘した価格変化が生じるので，ステップ2で指摘した期待収益率の変化が起こります．そして，CAPM は取引費用が0円の完全競争的な市場を仮定するので，これらの変化は資産 B とポートフォリオ p の期待収益率が完全に一致するまで続くはずです．その結果，図9-3で示したように，資産 A と資産 B を表す点は，R_f を通る同一直線上に並びます．

ステップ4：さて，ステップ1～3で展開した議論は，任意の2つの危険資

図 9-3　1本の直線上の危険資産 A, B, ポートフォリオ p, 安全資産

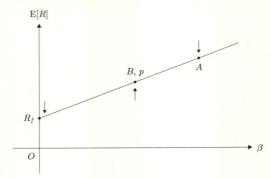

図 9-4　1本の直線上に並んだ資産およびポートフォリオ

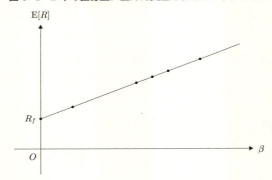

産，あるいは，危険資産で構成される2つのポートフォリオについて成立します。したがって，図9-4で示したように，すべての危険資産のほか，危険資産で構成されるポートフォリオを表す点が，期待収益率とベータを測る平面図において，1本の直線上に並ぶはずです。また，この直線上には，安全資産を表す点が存在するはずです。さらに，ステップ1で指摘したように，安全資産と危険資産を組み入れたポートフォリオもこの直線上に並びます。以上から，**すべての資産およびポートフォリオがこの直線上に並びます**。この直線は，**証券市場線**（security market line, SML）と呼ばれます。

　ステップ5：さて，(9.6) 式より，市場ポートフォリオのベータは1です。したがって，市場ポートフォリオを表す点は証券市場線上にあってベータが1の点で表せるはずです。図9-5では，その点を点 M で表示しました。また，市場ポートフォリオの期待収益率を $E[R_M]$ で表すことにします。さらに，横

図 9-5　証券市場線上の安全資産と市場ポートフォリオ

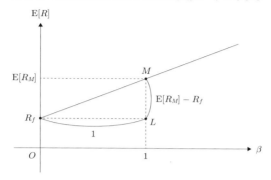

軸の値（ベータ）が 1 で縦軸の値（E[R]）が R_f の点を L で表します。

このとき，直線 $R_f M$ を，独立変数（横軸の値を測る変数）が β で従属変数（縦軸の値を測る変数）が E[R] の関数として捉えると，それは次式で表せます。ただし，a と b は定数であるとします。

$$\mathrm{E}[R] = a\beta + b \tag{9.10}$$

図 9-5 から，直線 $R_f M$ が縦軸と交差する点（y-切片）は点 R_f なので，その縦軸上の値である R_f が (9.10) 式の b の値を与えます。すなわち，$b = R_f$ です。また，a はこの直線 $R_f M$ の傾きです。図 9-5 から，ベータが 0 から 1 に増えるとき E[R] は R_f から $\mathrm{E}[R_M]$ に増えるので，この直線の傾きは $\frac{\mathrm{E}[R_M] - R_f}{1 - 0}$ として求められます。すなわち，$a = \mathrm{E}[R_M] - R_f$ です。これらの a と b の値を (9.10) 式に代入して次式を得ます。

$$\mathrm{E}[R] = \beta(\mathrm{E}[R_M] - R_f) + R_f \tag{9.11}$$

したがって，任意の資産 i の期待収益率 $\mathrm{E}[R_i]$ とベータ β_i が (9.11) 式を満たすはずです。すなわち，次式が成立します。

$$\mathrm{E}[R_i] = \beta_i(\mathrm{E}[R_M] - R_f) + R_f \tag{9.12}$$

これが CAPM の結論です。したがって，CAPM と言えば，通常，(9.12) 式を指します。さて，9.5 節および 9.6 節で議論したように，CAPM の仮定が成立する世界でベータは個別資産やポートフォリオの適切なリスク尺度です。また，期待収益率は投資から期待される平均的な収益率を表し，リターンと呼

ばれます．したがって，CAPM は，リターンを増やすためには，ベータで測ったリスクを相応に負担しなければならないという主張であると言えます．この点をより明瞭に表現するため (9.12) 式の両辺から R_f を差し引くと，次式を得ます．

$$E[R_i] - R_f = \beta_i(E[R_M] - R_f)$$

さて，期待収益率から安全利子率を差し引いた差 $E[R_i] - R_f$ は，リスクを負担することに対する報酬だと考えることができるので，**リスクプレミアム** (risk premium) と呼ばれます．したがって，CAPM は，個別資産やポートフォリオのリスクプレミアムが，ベータ β_i と市場ポートフォリオのリスクプレミアム $E[R_M] - R_f$ の積によって与えられるという主張だと言うこともできます．

> (例) XYZ 株式会社の株式のベータを 9.6 節の手法を使って推定したところ 1.2 だったとします．また，某経済研究所が 1 年後の TOPIX の予想と現時点の TOPIX の水準を (7.1) 式に代入して，TOPIX の 1 年間の期待収益率 $E[R_M]$ が 8% であると予想したとします．さらに，現時点の短期国債の利回りは 0.01% であるとします．これらの数値を (9.12) 式に代入して，XYZ 社の株式の期待収益率を計算してみましょう．
>
> $$E[R_i] = \beta_i(E[R_M] - R_f) + R_f = 1.2 \times (8 - 0.01) + 0.01 = 9.598 \ (\%)$$
>
> したがって，上記の数値に基づいた場合，XYZ 社の株式の期待収益率は 9.598% です．

問い 章末の練習問題 2 を解きなさい．

9.8 ファクターモデル*

ファクターモデル (factor model) は，資産の収益率を少数の変数の関数として表現するモデルです．本節では次節で解説する APT に不可欠な要素であるファクターモデルを，APT に先立って説明します．なお，ファクターモデルは株式ポートフォリオのパッシブ運用とアクティブ運用の両方で利用されます．したがって，ファクターモデルは証券投資の理論および実務の両面で重要な役割を担うモデルです．

9.8 ファクターモデル

　それでは，ファクターモデルの説明を始めます。8.7 節の「分散投資の効果」の項で，資産の収益率の変動性（トータルリスク）は，2 種類の要因に起因すると考えることができることを指摘しました。第 1 の種類の要因は，少数の資産にしか影響しない要因です。その結果，十分に分散投資されたポートフォリオ（well-diversified portfolio）においては，この種の要因に起因する収益率の変動性（固有リスク）は他の資産の固有リスクと相殺され，消滅します。他方，第 2 の種類の要因は，景気，金利，原油価格等，多数の資産に影響するマクロ変数の変化です。したがって，この種の要因に起因する収益率の変動性（システマティック・リスク）は他の資産のシステマティック・リスクとともに，分散投資されたポートフォリオにおいても残り，その変動性（リスク）を構成します。

　そこで，資産の収益率の生成プロセスを数式で表す場合，システマティック・リスクを生み出す要因を具体的な K 個のマクロ変数 $F_1, F_2, \ldots, F_K$ によって表現する方法が考えられます。その場合，$F_1, F_2, \ldots, F_K$ のそれぞれを**ファクター**（factor）と呼びます。また，資産によって，特定のマクロ変数，たとえば k 番目のファクター F_k によって生じる収益率の大きさや正負が異なるはずです。たとえば，4.6 節で見たように，1 米ドル当たり 1 円の円高は，自動車会社の株式の収益率にはマイナスに働きますが，電力会社の株式の収益率にはプラスに働く傾向があります。そこで，ファクターモデルでは，k 番目のファクターの 1 単位の変化によって生じる資産 i の収益率の増減を b_{ik} で表します。なお，b_{ik} は，日本語では**ファクター感応度**あるいはファクターエクスポージャ，英語では factor loading あるいは factor beta と呼びます。以上から，資産 i の収益率のうちシステマティック・リスクを生み出す部分は，各ファクターについてファクター感応度とファクターを掛け合わせ，それらを合計すれば表現できるはずです。すなわち，それは，$b_{i1}F_1 + b_{i2}F_2 + \cdots + b_{iK}F_K$ で表せます。

　他方，固有リスクは十分に分散投資されたポートフォリオの中では（ほぼ）消滅するので，1 つの変数で表すことができます。そこで，資産 i の収益率のうち固有リスクを生み出す部分は e_i で表し，誤差項と呼ぶことにします。なお，誤差項 e_i は，当該資産の収益率にとって良いことが起こってプラスになる可能性もあれば，悪いことが起こってマイナスになる可能性もあります。したがって，期首時点における e_i の期待値は 0 であるとします。すなわち，

$\mathrm{E}[e_i] = 0$ が成立するとします。以上の議論から，資産 i の収益率 R_i は次式で表せます。

$$R_i = b_{i1}F_1 + \cdots + b_{iK}F_K + e_i \tag{9.13}$$

しかし，(9.13) 式は資産の収益率を記述する式としては問題があります。なぜならば，仮に安全資産が存在する場合，安全資産が (9.13) 式を満たさないからです。以下では，この点を説明します。まず，安全資産は収益率に不確実性がないので，すべてのファクターについてファクター感応度が 0 で，かつ，誤差項も 0 です。そこで，$b_{i1} = b_{i2} = \cdots = b_{iK} = 0$ および $e_i = 0$ を (9.13) 式に代入すると 0 を得ます。しかし，安全資産は安全利子率を稼ぐので，本来，$R_i = R_f$ が成立しなければなりません。そこで，この問題を回避し，さらに，安全資産が存在しない場合にも対応できるようにするために，(9.13) 式に定数を表す項（定数項）a_i を加えます。

$$R_i = a_i + b_{i1}F_1 + \cdots + b_{iK}F_K + e_i \tag{9.14}$$

さらに，(9.14) 式の誤差項 e_i や，誤差項 e_i とファクター F_k の間の関係について以下の仮定を設けます。第 1 に，どの資産の誤差項も他の資産の誤差項と相関関係がないと仮定します。この仮定を共分散を使って表すと，資産を表す i と j がとる異なる値 $(i \neq j)$ のすべての組み合わせについて $\mathrm{Cov}[e_i, e_j] = 0$ が成立するということです。第 2 に，どの資産の誤差項も $F_1, \ldots, F_K$ のどのファクターとも相関関係がないと仮定します。この仮定を共分散を使って表すと，資産を表す i とファクターを表す k がとる値のすべての組み合わせについて $\mathrm{Cov}[e_i, F_k] = 0$ が成立するということです。ちなみに，これらの仮定は「すべての資産の相関がファクター $F_1, \ldots, F_K$ によって完全に表現できる」という性質につながります。

なお，ファクターが 1 個の場合，**シングルファクターモデル**（single factor model）と呼びます。特に，ファクターが市場ポートフォリオ（通常は，株価指数を代理変数として使います）であるとき，**マーケットモデル**（market model）と呼びます。さらに，ファクターが複数個の場合，**マルチファクターモデル**（multifactor model）と呼びます。

最後に，個別資産の収益率がファクターモデルによって表現されることを前提にした場合，ポートフォリオの収益率がどのような形で表現されるかについ

て考察します.そこで,仮に任意の資産の収益率が2個のファクターを持つファクターモデルによって表現できると仮定します.すなわち,資産 i の収益率 R_i が次式で与えられるとします.

$$R_i = a_i + b_{i1}F_1 + b_{i2}F_2 + e_i$$

このとき,次のポートフォリオの収益率がどのような形で表現されるかを考えてみましょう.

> (例) 投資資金の 50% を資産 1 に投資し,残りの 50% を資産 2 に投資するポートフォリオの収益率 R_p は次式で表せます.
>
> $$\begin{aligned} R_p &= 0.5R_1 + 0.5R_2 \\ &= 0.5 \times (a_1 + b_{11}F_1 + b_{12}F_2 + e_1) \\ &\quad + 0.5 \times (a_2 + b_{21}F_1 + b_{22}F_2 + e_2) \\ &= (0.5a_1 + 0.5a_2) + (0.5b_{11} + 0.5b_{21})F_1 \\ &\quad + (0.5b_{12} + 0.5b_{22})F_2 + (0.5e_1 + 0.5e_2) \\ &= a_p + b_{p1}F_1 + b_{p2}F_2 + e_p \end{aligned}$$
>
> ただし,上の式の最後の表現の係数 a_p, b_{p1}, b_{p2}, e_p は,それぞれこのポートフォリオの定数項,ファクター感応度,誤差項を表します.

上の例から次の2点が確認できました.第1に,ポートフォリオの収益率は,個別資産の収益率に関するファクターモデルと同一の形の式によって表現できます.第2に,ポートフォリオの収益率に関するファクターモデルのファクター感応度,定数項,誤差項は,ポートフォリオを構成する個別資産のファクター感応度,定数項,誤差項の加重平均として与えられます.ただし,加重平均のウェイトは個別資産への投資比率です.

9.9 ＡＰＴ*

APT はスティーヴン・ロス (Stephen A. Ross) が Ross [1976] で提唱したリスクとリターンのトレードオフに関するモデルです (Stephen の "ph" を「ヴ」と発音するのは英語でも稀な例です).したがって,CAPM と同様,リスクとリターンとの間に特定のトレードオフ関係が存在することを主張します.ただ

し，モデルの出発点である仮定が CAPM と異なるため，結論として得られるトレードオフ関係も CAPM と異なります。

そこで，APT の主要な仮定をリストアップすると，それは以下の通りです。第1に，資産市場は完全競争的であると仮定します（詳細については5.4節を参照してください）。第2に，多様な資産が多数存在するため，投資家は分散投資によって固有リスクを完全に消去することができると仮定します。第3に，資産の価格が適切に形成されているため，裁定機会（自己資金を使うことなく，確実に利益をあげることができる機会）が存在しないと仮定します。第4に，各資産の収益率は，マルチファクターモデルに従うと仮定します。第5に，投資家はファクターモデルについて同じ予想を持っている（同質的期待）と仮定します。

APT の直観的導出

それでは，上記の仮定のもとで APT が主張するリスクとリターンの関係を導出します。ただし，議論が長くなるので，6つのステップに分けて議論を進めます。

ステップ1：まず，2個のファクター1, 2から成るファクターモデルを仮定します。すなわち，任意の資産 i の収益率 R_i が次式で表現できると仮定します。

$$R_i = a_i + b_{i1}F_1 + b_{i2}F_2 + e_i$$

また，4つの資産 A, B, C, D が表9-4で示す属性を持っているとします。

さて，2本の水平線でファクター1とファクター2に対する感応度を測り，垂直線で期待収益率を測った3次元の図9-6において各資産は点として表現できます。

表 9-4 資産 A, B, C, D の期待収益率とファクター感応度

資産 i	$E[R_i]$ (%)	b_{i1}	b_{i2}
A	12.6	1.0	0.6
B	13.5	0.5	1.0
C	8.1	0.3	0.2
D	13.2	0.6	0.6

図 9-6 3 次元の図で資産 A, B, C, D を点として表現

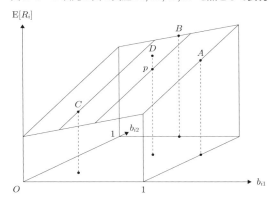

ステップ 2：次に，資産 A, B, C を組み入れて，資産 D と同一のファクター感応度を持つポートフォリオ p を構築します．そこで，まず，資産 A, B への投資比率をそれぞれ w_A, w_B で表します．その場合，資産 C への投資比率 w_C は $1 - w_A - w_B$ で表せます．次に，前節で述べたように，ポートフォリオ p の第 1 ファクターに対する感応度 b_{p1} は，投資比率をウェイトとした，組入れ資産の感応度を加重平均したものとして与えられます．

$$\begin{aligned}
b_{p1} &= w_A b_{A1} + w_B b_{B1} + w_C b_{C1} \\
&= w_A b_{A1} + w_B b_{B1} + (1 - w_A - w_B) b_{C1} \\
&= w_A + 0.5 w_B + 0.3(1 - w_A - w_B) \\
&= 0.7 w_A + 0.2 w_B + 0.3
\end{aligned}$$

したがって，ポートフォリオ p の第 1 ファクターに対する感応度 b_{p1} が資産 D のそれ (0.6) と一致するためには，次式が成立しなければなりません．

$$0.7 w_A + 0.2 w_B + 0.3 = 0.6 \tag{9.15}$$

(9.15) 式の左辺の 0.3 を右辺に移項すると次式を得ます．

$$0.7 w_A + 0.2 w_B = 0.3 \tag{9.16}$$

また，同様に，ポートフォリオ p の第 2 ファクターに対する感応度 b_{p2} が資産 D のそれ (0.6) と一致するためには，次式が成立しなければなりません．

$$b_{p2} = w_A b_{A2} + w_B b_{B2} + w_C b_{C2}$$
$$= 0.6 w_A + w_B + 0.2(1 - w_A - w_B)$$
$$= 0.4 w_A + 0.8 w_B + 0.2$$
$$= 0.6$$

すなわち，次式が成立しなければなりません．

$$0.4 w_A + 0.8 w_B = 0.4 \tag{9.17}$$

(9.16) 式と (9.17) 式を w_A と w_B について解くと，$w_A = \frac{1}{3}$ と $w_B = \frac{1}{3}$ が得られます．したがって，資産 C に対する投資比率は $w_C = 1 - w_A - w_B$ によって $\frac{1}{3}$ を得ます．

ステップ3：次に，ポートフォリオ p の期待収益率を計算します．ポートフォリオ p の期待収益率は，(8.2) 式に資産 A, B, C の投資比率と期待収益率を代入すれば計算できます．

$$\mathrm{E}[R_p] = w_A \mathrm{E}[R_A] + w_B \mathrm{E}[R_B] + w_C \mathrm{E}[R_C]$$
$$= \frac{1}{3} \times 12.6\% + \frac{1}{3} \times 13.5\% + \frac{1}{3} \times 8.1\%$$
$$= \frac{34.2\%}{3}$$
$$= 11.4\%$$

以上から，ポートフォリオ p は，資産 D と同一のリスク（第1ファクター感応度が 0.6，第2ファクター感応度も 0.6）を持っているにもかかわらず，資産 D より低い期待収益率しか提供しません（11.4% 対 13.2%）．したがって，資産 D を購入し，ポートフォリオ p を空売りすれば（資産 A, B, C を適切な比率で空売りすれば），裁定利益を得ることができます．ただし，そのような裁定取引は，資産 D の価格を上げ，ポートフォリオ p を構成する資産 A, B, C の価格を下げる効果があります．その結果，9.7 節のステップ2で議論したメカニズムによって資産 D の期待収益率が下がり，資産 A, B, C の期待収益率が上がって，上記の裁定機会が消滅するでしょう．

ステップ4：ステップ4では，図 9-6 の資産 A, B, C を表す点を通る平面を表す関数を求めます．この関数は，ステップ5と6で利用します．なお，ス

テップ3で資産 A, B, C の期待収益率が上がることを議論したので，その点を加味するのであれば図9-6における資産 A, B, C の位置を若干変えなければなりません．しかし，紙幅を抑えるため，以下では図9-6をそのまま使います．

まず，9.7節のステップ5で，直線を1次関数で表したことを思い出してください．実は，3次元の空間に存在する平面も，1次関数で表すことができます（この性質を知らない読者は，この性質が真であるとして読み進んでください）．さて，図9-6を見ると，縦軸は任意の資産 i の期待収益率 $\mathrm{E}[R_i]$ を測るので，関数の従属変数（縦軸で測る変数）には $\mathrm{E}[R_i]$ を使います．また，横軸のひとつは，第1ファクターに対する資産 i の感応度 b_{i1}，横軸のもうひとつは，第2ファクターに対する資産 i の感応度 b_{i2} を測っています．したがって，関数の独立変数（横軸で測る変数）には b_{i1} と b_{i2} を使います．以上の考察から，求める関数は次式で表せます．ただし，c, d_1, d_2 は定数であるとします．

$$\mathrm{E}[R_i] = c + d_1 b_{i1} + d_2 b_{i2} \tag{9.18}$$

次に，資産 A, B, C が図9-6の平面上にあるということは，資産 A, B, C の期待収益率とファクター感応度が（9.18）式を満たすことを意味します．したがって，次の3つの式が成立します．

$$12.6 = c + 1.0 d_1 + 0.6 d_2 \tag{9.19}$$
$$13.5 = c + 0.5 d_1 + 1.0 d_2 \tag{9.20}$$
$$8.1 = c + 0.3 d_1 + 0.2 d_2 \tag{9.21}$$

（9.19）式，（9.20）式，（9.21）式から成る連立方程式を c, d_1, d_2 について解くと，$c = 6, d_1 = 3, d_2 = 6$ を得ます．したがって，図9-6の平面は，（9.18）式にこれらの値を代入して次式で表せます．

$$\mathrm{E}[R_i] = 6 + 3 b_{i1} + 6 b_{i2} \tag{9.22}$$

ステップ5：このステップでは，資産 A, B, C を組み入れたポートフォリオを表す点が必ず資産 A, B, C を表す点を通る平面の上にあることを指摘します．まず，手始めにステップ2で構築したポートフォリオ p がステップ4で特定した平面上にあることを確認します．そのため，ポートフォリオ p のファクター感応度（$b_{i1} = 0.6, b_{i2} = 0.6$）を（9.22）式に代入して，これらのフ

ァクター感応度におけるこの平面の縦軸の値（すなわち，期待収益率）を求めます。

$$E[R_i] = 6 + 3b_{i1} + 6b_{i2}$$
$$= 6 + 3 \times 0.6 + 6 \times 0.6 = 11.4 \quad (\%)$$

この値は，ステップ3で求めたポートフォリオ p の期待収益率と一致します。したがって，ポートフォリオ p は確かにこの平面上にあります。

実は，これは一般的に成立する性質です。すなわち，**資産 A, B, C を組み入れたポートフォリオを表す点は必ず資産 A, B, C を表す点を通る平面の上に位置します**（この性質の証明に関心がある読者は第9章のWeb付録6を参照してください）。

ステップ6：ステップ5で指摘した点を踏まえると，**資産市場で裁定機会が存在するかどうかは，任意の資産を表す点が，他の任意の3資産を表す点を通る平面上にあるかどうかによって判別できる**ことが分かります。たとえば，上記の資産 A, B, C, D を使った例では，資産 D の期待収益率が，資産 D と同じファクター感応度を持ったポートフォリオ p の期待収益率より高かったため，裁定取引を編み出すことができました。これは，図9-6においては，資産 D を表す点が資産 A, B, C を表す点を通る平面より上にあることに対応しています。

もちろん，反対のケース，すなわち，資産 D の期待収益率が，資産 D と同じファクター感応度を持ったポートフォリオの期待収益率より低い場合には，そのポートフォリオを購入し（すなわち，資産 A, B, C を適切な比率で購入し），資産 D を空売りして裁定利益を得ることができます。これは，図9-6においては，資産 D を表す点が資産 A, B, C を表す点を通る平面より下にあることに対応しています。そして，いずれのケースでも，APTの仮定のもとでは，当該の4資産の価格が変化し，その結果，期待収益率も変化して図9-6のような図において当該の4資産が同一平面上に並びます。

上記の4資産の例を一般化すれば，APTの仮定のもとでは，いずれかの資産が他の任意の3資産を表す点を通る平面上になければ，上の段落で述べた裁定取引が行われ，その結果，当該の4資産が同一平面上に並びます。したがって，APTの仮定のもとでは，裁定取引を行う機会（裁定機会）がまったく存在しなくなるように価格が形成され，**すべての資産が同一平面上に並ぶはず**

です。たとえば，ファクターが2個のファクターモデルを前提にする場合は，図9-6で描いたような平面にすべての資産が並ぶはずです。さらに，ステップ4で指摘したように，そのような平面は1次関数として表現できます。もちろん，その場合，従属変数は任意の資産iの期待収益率$\mathrm{E}[R_i]$であり，独立変数はファクター感応度b_{i1}, b_{i2}です。念のため，その関数を次式で表しておきます。ただし，この式の$\lambda_0, \lambda_1, \lambda_2$は定数です。また，$\lambda$はギリシャ文字の小文字で「ラムダ」と読みます。

$$\mathrm{E}[R_i] = \lambda_0 + \lambda_1 b_{i1} + \lambda_2 b_{i2} \tag{9.23}$$

(9.23)式が，2ファクターモデルを前提にした場合のAPTです。なお，安全資産が存在する場合は$\lambda_0 = R_f$が成立します。また，その場合，図9-6において点A, B, C, Dを通る平面が$\mathrm{E}[R_i]$軸と交差する切片の$\mathrm{E}[R_i]$軸上の座標はR_fで与えられます。

> (注) 本章では，9.2節から9.7節までCAPMを学習しました。そのうち，9.3節から9.6節まではファクターモデルではなく，CAPMの仮定に基づいて議論を展開しています。しかし，9.7節でCAPMを視覚的に導出した際は，本節と同様，裁定取引の議論を使っています。したがって，本書におけるCAPMの扱いは，その前半部分ではCAPM固有の議論を展開し，後半部分ではAPT的な議論を展開していると言えます。

ＡＰＴ

ここまでの議論はファクターが2個あるファクターモデルを前提にしました。一般に，(9.14)式のように，ファクターがK個あるファクターモデルを前提にする場合は，資産の期待収益率とK個のファクター感応度のそれぞれを測る$K+1$本の軸で定義された空間において平面の概念を拡張したもの（超平面と呼ばれます）を導入して，「裁定取引を通じてすべての資産が同一の超平面上に位置する」と結論付けることができます。また，その場合，その超平面は次式で表現できます。

$$\mathrm{E}[R_i] = \lambda_0 + \lambda_1 b_{i1} + \lambda_2 b_{i2} + \cdots + \lambda_K b_{iK} \tag{9.24}$$

これが，Kファクターモデルを前提にした場合のAPTです。もちろん，(9.24)式でb_{ik}は，ファクターkに対する資産iの感応度を表します。

次に，(9.24) 式の係数 $\lambda_0, \lambda_1, \ldots, \lambda_K$ について若干の考察を加えます。まず，もしすべてのファクターについて感応度が 0 の資産（たとえば，安全資産）があれば，(9.24) 式の右辺において $b_{i1}, \ldots, b_{iK}$ がすべて 0 になるので，$\mathrm{E}[R_i] = \lambda_0$ が成立します。したがって，λ_0 はそのような資産に投資することによって得られる期待収益率を表します。その結果，もし安全資産が存在するならば，$\lambda_0 = R_f$ が成立します。

$\lambda_1, \ldots, \lambda_K$ は，一般に，正のものもあれば，負あるいは 0 のものもあり得ます。仮にあるファクター k に関する λ_k が正だとしましょう。その場合，投資家はそのファクターが大きな値をとることをリスクの増大として捉えていることになります。なぜならば，そのようなファクターに対する感応度が 1 単位上がれば期待収益率は λ_k だけ高くなるからです。他方，あるファクター k に関する λ_k が負だとしましょう。その場合，投資家はそのファクターが大きな値をとることをリスクの減少として捉えていることになります。なぜならば，そのようなファクターに関する感応度が 1 単位上がれば期待収益率は λ_k だけ低くなるからです。このように，λ_k は，ファクター感応度が 1 単位増えたときに期待収益率がどれだけ上下するかを表します。したがって，APT においてリスクプレミアムは，各ファクターについてファクター感応度と λ の積を計算し，それらを合計したものとして与えられます。

念のため，(9.24) 式を分散投資の観点から解釈します。8.4 節および 8.7 節で議論したように，分散投資を十分に行うと，ポートフォリオ内で固有リスクは相殺されて消滅し，システマティック・リスクだけが残ります。したがって，CAPM や APT では，分散投資によって消滅する固有リスクに対してリスクプレミアムが発生しないと考えているのです。この点は，(9.12) 式や (9.24) 式に固有リスクに関する項がないことに表れています。他方，十分に分散投資されたポートフォリオにおいてもシステマティック・リスクは残ります。この点は，(9.12) 式や (9.24) 式にシステマティック・リスクを表すベータやファクター感応度の項があり，それらに対してリスクプレミアムが付くことに現れています。

9.10 APT の具体例*

APT はファクターモデルを前提にして (9.24) 式を導出しました。しかし，

ファクターが何であるのかについては無言です．したがって，実際にAPT を利用する場合，ファクターを特定して各資産の感応度 $b_{i1},\ldots,b_{iK}$ のほか，$\lambda_1,\ldots,\lambda_K$ を推定しなければなりません．以下では，2つのアプローチを紹介します．ひとつは，マクロ経済変数をファクターとするアプローチです（次項のマクロファクターモデル）．また，もうひとつは，資産の特性をファクターとするアプローチです（下記のファーマ・フレンチの3ファクターモデル）．

マクロファクターモデル

7.1節で定義したように，収益率はキャピタルゲイン（価格の変化）とインカムゲインの合計を期首の価格で割った比率です．そして，価格の変化は，価格に影響を及ぼす要因の予想外の変化によって生じるはずです．なぜならば，予想値はすでに価格に織り込まれているはずなので，価格に影響を及ぼす要因が予想通りの値をとる場合は，価格が変動しないからです．したがって，APTのためにファクターモデルを使う場合（ファクターモデルはAPT以外の用途でも使われます），多くは，「予想外の変化」（対象とする変数からその期待値を差し引いたもの）を測る変数としてファクターを定義します．たとえば，本項でマクロファクターモデルの例として挙げるチェン・ロール・ロスの論文（Chen, Roll, and Ross [1986]）は，ファクターを予想外の変化を捉えるように定義したと主張しています．なお，この論文は，米国株式の月次収益率（1か月当たりの収益率）を対象としているので，ファクターの測定にも米国の月次データを採用しています．

それでは，具体的にチェン達が使ったファクターを紹介します．ただし，彼等はファクターとして使うマクロ変数の組み合わせを複数試みています．ここで紹介するのは，それらのうちのひとつで，5つのマクロ変数をファクターとして定義しています．

まず，第1ファクター F_1 は鉱工業生産指数（industrial production）の月次変化率です．前月の指数を当月の指数の期待値とみなせば，確かに第1ファクターは景気の動向に関する予想外の変化を測る変数とみなせます．第2ファクター F_2 はファーマ・ギボンズ（Fama and Gibbons [1984]）が推定した月次の期待インフレ率について，当月のものから前月のものを引いた差を測ります．第3ファクター F_3 は観察されたインフレ率からファーマ・ギボンズが推定した期待インフレ率を差し引いた，インフレ率の予想外の変化を測りま

す。第4ファクター F_4 は Baa（2.2節で学習した BBB と同義です）格以下の債券ポートフォリオの月次収益率から長期国債ポートフォリオの月次収益率を引いた差を測ります。ちなみに，投資家の間で信用リスクに対する懸念が高まれば（あるいは，減少すれば），低格付け債の価格が低下し（上昇し），F_4 が負（正）になることが予想されます。したがって，チェン達は F_4 を価格付けにおけるリスク回避度を測る指標（"measure of the degree of risk aversion implicit in pricing"）と捉えました。第5ファクター F_5 は長期国債ポートフォリオの月次収益率から短期国債の月次収益率を引いた差です。2.3節で学習したように，仮に長期金利が低下すれば，長期国債の価格が上昇し，長期国債の月次収益率が上がって，F_5 は正の値になります。事実，チェン達は F_5 をイールドカーブの形状の影響を捉えるファクターであることを意図しました（"to capture the influence of the shape of the term structure"）。

さて，チェン達は1958年から1984年までのファクターと株式収益率に関するデータに基づいて（9.24）式を推定し，次式を得ました。ただし，$E[R_i]$ は月次収益率を表し，単位は % です。

$$E[R_i] = 0.4124 + 1.3589 b_{i1} - 0.0125 b_{i2} - 0.0629 b_{i3}$$
$$+ 0.7205 b_{i4} - 0.5211 b_{i5} \tag{9.25}$$

（9.25）式に基づくと，たとえば，もしある資産の第1ファクターに対する感応度が0.2であれば，その資産は，第1ファクターに由来するリスクの報酬として $1.3589 \times 0.2 = 0.27178\%$ だけ高い期待収益率を提供することが期待できます。ちなみに，この 0.27178% という数字は月次収益率なので，12倍して1年当たりの収益率に換算すると，3.26136% になります。

ファーマ・フレンチの3ファクターモデル

1980年頃から，株式あるいはその発行企業の属性が，その後の株式の収益率と関連があることを報告する論文が次々に発表されました。たとえば，バンツ（Banz [1981]）は，ニューヨーク証券取引所（NYSE）に上場されていた株式を時価総額によって5つのグループ（ポートフォリオ）に分けて，ポートフォリオごとに収益率を計算しました。その結果，時価総額の小さな株式（小型株）で構成されるポートフォリオが，時価総額が大きな株式（大型株）で構成されるポートフォリオと比べて，CAPMを使って調整した収益率が高いこ

とを発見しました。これは**小型株効果**（small firm effect），あるいは，規模効果（size effect）と呼ばれ，米国だけでなく，多くの国で観察された現象です。

　ちなみに，「CAPMを使って調整」するのは，次の理由によります。もしCAPMが成立しているとすれば，ベータが高い株式ほど高い期待収益率が得られます。したがって，過去の収益率についても，ベータの高い株式を多数組み入れたポートフォリオの収益率の平均は，ベータの低い株式を多数組み入れたポートフォリオの収益率と比べて高くなる傾向があるはずです。よって，バンツは，時価総額の違いによってポートフォリオの収益率に違いが生じるかどうかという点を純粋に観察するために，分析した5つのポートフォリオのベータを推定して，ベータの違いによって生じたかもしれない収益率の違いを調整したのです。

　また，4.5節で株価純資産倍率を学びましたが，その逆数，すなわち，1株当たり純資産を株価で割った比率は**簿価・時価比率**（book-to-market ratio）と呼ばれます。さて，ファーマとフレンチ（Fama and French [1992]）は，NYSE，アメリカン証券取引所（AMEX），ナスダックに上場されていた株式を簿価・時価比率によって12のグループ（ポートフォリオ）に分け，ポートフォリオごとに1963年7月から1990年12月までの月次収益率を計算しました。その結果，簿価・時価比率の1番高いポートフォリオが1番低いポートフォリオに比べて月次収益率で1.53%高かったことを報告しています。

　これらの発見は，時価総額と簿価・時価比率が株式ポートフォリオの収益率の説明変数としてきわめて有効であることを示唆しています。そこで，ファーマとフレンチは，上記とは別の論文（Fama and French [1993]）で，市場ポートフォリオ，時価総額，簿価・時価比率に基づいたファクターモデルを提唱しました。具体的には，彼等は，まず，NYSE，AMEX，あるいはナスダックに上場された株式を時価総額によって小型株（同論文でsmallと呼んでいます）と大型株（同論文でbigと呼んでいます）の2つのグループに分けました。また，同じ株式を簿価・時価比率が高いグループ（同論文でhighと呼んでいます），中くらいのグループ（同論文でmediumと呼んでいます），低いグループ（同論文でlowと呼んでいます）の3つのグループに分けました。

　そして，ファーマとフレンチは，次の3つの変数をファクターとするファクターモデルを提唱しました。第1に，市場ポートフォリオに関するファクターMKT（marketの略）として，NYSE，AMEX，ナスダックに上場された

株式の月次収益率を時価総額をウェイトとして加重平均し，それから1か月後に満期になる短期国債（英語では Treasury bill と呼ばれます）の利子率を引いた差を定義しました．第2に，時価総額，すなわちサイズに関するファクター SMB として，小型株ポートフォリオの月次収益率から大型株ポートフォリオの月次収益率を引いた差を定義しました．ちなみに，SMB は "small minus big" の略です．第3に，簿価・時価比率に関するファクター HML として，同比率が高いポートフォリオの月次収益率から同比率が低いポートフォリオの月次収益率を引いた差を定義しました．ちなみに，HML は "high minus low" の略です．なお，ファーマ・フレンチの3ファクターモデルの文脈では，簿価・時価比率が高い銘柄はバリュー株（value stock），それが低い銘柄はグロース株（growth stock）と呼ばれます．

ファーマ・フレンチの3ファクターモデル（Fama-French three-factor model）は，資産 i あるいはポートフォリオ i の収益率 R_i が，上記の3個のファクターを説明変数とする次式によって与えられるとします．

$$R_i = a_i + b_{i,\text{MKT}}(R_M - R_f) + b_{i,\text{SMB}}\text{SMB} + b_{i,\text{HML}}\text{HML} + e_i \quad (9.26)$$

なお，Fama and French [1993] はファクターを F_k ではなく，SMB と HML で表しました．その結果，ファーマ・フレンチの3ファクターモデルを記述する際は，ファクターを SMB と HML と表すのが標準になったため，本書もそれに従っています．

（例）Fama and French [1993] は，1963年7月から1991年12月までのデータに基づいて，NYSE，AMEX，ナスダックに上場されている企業の株式を時価総額に基づいて5グループに分割し，さらに，簿価・時価比率に基づいて5グループに分割して，合計25のグループ（ポートフォリオ）を作りました．そして，それぞれのポートフォリオについて (9.26) 式を推定しました．その結果を一部紹介すると，時価総額が1番大きく，簿価・時価比率が1番低いポートフォリオの場合，$b_{i,\text{MKT}} = 0.96$，$b_{i,\text{SMB}} = -0.17$，$b_{i,\text{HML}} = -0.46$ でした．他方，時価総額が1番小さく，簿価・時価比率が1番高いポートフォリオの場合，$b_{i,\text{MKT}} = 0.96$，$b_{i,\text{SMB}} = 1.23$，$b_{i,\text{HML}} = 0.62$ でした．また，すぐ下の Web の項で紹介するフレンチのサイトによると，2019年1月の各ファクターの値は，$(R_M - R_f) = 8.41\%$，SMB $= 3.02\%$，HML $= -0.60\%$ でした．さらに，安全利子率 R_f は1か月当

たり 0.21% でした。そこで、$a_i = R_f = 0.21\%$ および $e_i = 0$ を仮定して、これらの数値のほか、時価総額が1番大きく、簿価・時価比率が1番低いポートフォリオの感応度を (9.26) 式に代入して、このポートフォリオの月次収益率 R_i を計算します。ただし、単位は % です。

$$R_i = a_i + b_{i,\text{MKT}}(R_M - R_f) + b_{i,\text{SMB}}\text{SMB} + b_{i,\text{HML}}\text{HML} + e_i$$
$$= 0.21 + 0.96 \times 8.41 + (-0.17) \times 3.02 + (-0.46) \times (-0.6)$$
$$= 8.0462 \ (\%)$$

問い 章末の練習問題5を解きなさい。

Web フレンチは上記の3ファクターモデルのほか、その拡張モデルについて各ファクターの月次、週次、日次の値を、日本を含めた多数の国について算出してダートマス大学 (Dartmouth College) のウェブページで公開しています。関心がある読者は、"Ken French data" で検索してください。

また、ファーマ・フレンチの3ファクターモデルの場合、期待収益率は次式によって与えられます。

$$\text{E}[R_i] = R_f + b_{i,\text{MKT}}\lambda_{\text{MKT}} + b_{i,\text{SMB}}\lambda_{\text{SMB}} + b_{i,\text{HML}}\lambda_{\text{HML}} \tag{9.27}$$

(例) 仮に月次収益率について $\lambda_{\text{MKT}} = 0.5\%$, $\lambda_{\text{SMB}} = 0.2\%$, $\lambda_{\text{HML}} = 0.25\%$ だとします。その場合、上の例で挙げた、時価総額が1番小さく、簿価・時価比率が1番高いポートフォリオの月次の期待収益率を計算してみましょう。ただし、安全利子率は1か月当たり 0.21% だとします。

$$\text{E}[R_i] = \lambda_0 + \lambda_1 b_{i1} + \lambda_2 b_{i2} + \lambda_3 b_{i3}$$
$$= R_f + b_{i,\text{MKT}}\lambda_{\text{MKT}} + b_{i,\text{SMB}}\lambda_{\text{SMB}} + b_{i,\text{HML}}\lambda_{\text{HML}}$$
$$= 0.21 + 0.96 \times 0.5 + 1.23 \times 0.2 + 0.62 \times 0.25 = 1.091 \ (\%)$$

問い 章末の練習問題6を解きなさい。

図書 小林・芹田 [2009] は、フレンチが公開している米国のデータを使って産業別のファクター感応度と（1か月当たりではなく）1年当たりのラムダを推定しています。関心のある読者は、同書の第4章第3節を参照してください。

なお、ファーマ・フレンチの3ファクターモデルにはいくつかの拡張モデルがあります。それらのうちもっともよく知られているのは、おそらく、カー

ハート（Carhart [1997]）の4ファクターモデル（Carhart four-factor model）でしょう。これは，ファーマ・フレンチの3ファクターモデルにモメンタムに関するファクター WML（"winners minus losers"）を加えたモデルです。具体的には，カーハートは，NYSE, AMEX, ナスダックに上場されている銘柄について，毎月，直近11か月間の収益率に基づいてランク付けし，上位30%の銘柄の収益率の単純平均から下位30%の銘柄の収益率の単純平均を引いた差をモメンタムに関するファクターと定義しました。

また，ファーマとフレンチ自身（Fama and French [2015]），彼等の3ファクターモデルに収益性に関するファクターと投資に関するファクターを加えた5ファクターモデルを提唱しています。具体的には，売上高から売上原価，販売費および一般管理費，さらに，支払利息を引いた差を株主資本で割った比率を operating profitability（OP）と呼び，NYSE, AMEX, ナスダックに上場されている企業を OP によってランク付けしました。そして，上位30%の銘柄（"robust"）から成るポートフォリオの月次収益率から下位30%の銘柄（"weak"）から成るポートフォリオの月次収益率を引いた差を RMW（"robust minus weak"）ファクターと定義しました。また，総資産の1年間の増減を1年前の総資産で割った比率を Investment（Inv）と呼び，NYSE, AMEX, ナスダックに上場されている企業を Inv によってランク付けしました。そして，下位30%の銘柄（"conservative"）より成るポートフォリオの月次収益率から上位30%の銘柄（"aggressive"）より成るポートフォリオの月次収益率を引いた差を CMA（"conservative minus aggressive"）ファクターと定義しました。

9.11　CAPM と APT[*]

CAPM は，期待収益率はベータが大きいほど大きく，それ以外の変数に依存しないと主張します。したがって，もし CAPM が成立し，（株価指数ではなく）真の市場ポートフォリオを計測でき，さらに，各資産のベータを大きな誤差なく推定できるのであれば，（期待収益率だけではなく）実際に観察される収益率についてもベータが大きいほど収益率が大きくなる傾向があることが観察できるはずです。そして，実際に観察される収益率とベータ以外の変数との間にシステマティックな関係を見つけられないはずです。しかし，上記の「ファーマ・フレンチの3ファクターモデル」の項で指摘したように，1980年頃か

ら，株式ポートフォリオの収益率が，株式の時価総額や簿価・時価比率等，ベータ以外の変数とシステマティックな関係を有することが報告されるようになりました。したがって，近年では，実務家がリスクとリターンのトレードオフモデルを利用する場合，CAPMよりファーマ・フレンチの3ファクターモデルあるいはその拡張モデルを使うことが多くなったと言われています。

しかし，CAPMが資産のリスクとリターンの関係を表現するモデルとして妥当かどうかを確かめるには，実は，株価指数ではなく，9.4節で定義した「すべての危険資産をその市場価値の比率で含む」真の市場ポートフォリオについてCAPMの妥当性を検証しなければなりません。この点は，それを指摘したリチャード・ロール（Richard Roll）にちなんで「ロールの批判」として知られています。また，研究者の間では，CAPMについての実証研究（実際のデータを使った研究）が依然として盛んに行われています。したがって，1990年頃に起こった「CAPMは死んだか」（"Is CAPM dead?"）という論争は依然として続いています。

9.12　トレードオフモデルの利用

リスクとリターンのトレードオフモデルは投資およびコーポレート・ファイナンスの両方で利用されます。本節では，それらの一部を簡潔に紹介します。

株式ポートフォリオの運用

4.7節で株式のインデックス運用を解説した際，ベンチマークとする株価指数が多数の銘柄の株価に基づく場合，少数の銘柄を組み入れたポートフォリオを構築して，それが株価指数に追随するように，組入れ銘柄を選ぶことを説明しました。その場合，特定のマルチファクターモデルに基づいて，ポートフォリオと株価指数のファクター感応度ができるだけ一致するように，組み入れる銘柄を選べば，ポートフォリオが株価指数を追随する精度を上げることができます。

また，4.7節では，アクティブ運用の一例として，株価指数の上昇（あるいは，下落）を予想する場合には，保有ポートフォリオのCAPMのベータを上げる（あるいは，下げる）マーケットタイミング戦略を紹介しました。これは株価指数の変化について賭ける戦略ですが，もちろん，ファクターモデルのファ

クターについて賭けることもできます。たとえば，ある投資家が，一般に考えられているよりも高いインフレ率を予想しているとします。その場合，インフレ率に関するファクターに対して保有ポートフォリオの感応度を高めておけば，実際にインフレ率が一般に考えられているより高かった場合，その分収益率を上げることができます。

さらに，4.7 節で，銘柄単位あるいはセクター単位で割安・割高を判断して，割安なものを新規に買い入れたり，割安なものへの投資比率を上げたりすることや，割高なものを空売りしたり，割高なものへの投資比率を下げたりする戦略を説明しました。もしファンダメンタル分析等を使って銘柄あるいはセクターの期待収益率を予想し，さらに，CAPM のベータあるいは APT のファクター感応度等を推定すれば，両者を統合することによって割安・割高を判断することができます。

> （例） XYZ 株式会社の株式への 1 年間の投資によって 8% の期待収益率が得られると予想しているとします。また，同株式のベータは 1.2 だと予想しているとしましょう。さらに，安全利子率は 0.5% で，市場ポートフォリオの期待収益率は 6% が適当だと判断したとします。これらの数値を CAPM の (9.12) 式に代入すると，同株式の適正な期待収益率が 7.1% であることが計算できます。
>
> $$E[R_{\text{XYZ}}] = 1.2 \times (6 - 0.5) + 0.5 = 7.1 \ (\%)$$
>
> 以上から，期待収益率の予想値 (8%) が，ベータに基づいた期待収益率 (7.1%) より高いので，XYZ 株式は割安だと判断できます。したがって，上記の数値に基づくと，XYZ 株式を買うべきだという結論になります。

一般に，CAPM，APT 等のリスクとリターンのトレードオフモデルを使えば，リスクに見合った期待収益率を計算できます。したがって，ある銘柄あるいはセクターについて予想する期待収益率が，CAPM，APT 等に基づいて計算した期待収益率より高ければ（あるいは，低ければ），その銘柄あるいはセクターはリスクから計算される適正な数値以上（以下）の期待収益率を提供していることになるので，買い（売り）の対象になるというわけです。

ポートフォリオのパフォーマンス評価

投資信託，ETF，あるいは，投資顧問契約を通じて運用される資金等（本項

9.12 トレードオフモデルの利用

では，以上をまとめてファンドと呼びます）のパフォーマンス（すなわち，過去の収益性）を評価するに当たっては，リスクを加味しなければなりません。なぜならば，仮にあるポートフォリオ・マネージャー（portfolio manager，ファンドの運用を担当している人：ファンド・マネージャーとも言います）が高いリスクをとった運用をしている場合，その分，より高いパフォーマンスを上げなければ，（リスク回避的な）資金提供者が満足しないからです。したがって，ポートフォリオ・マネージャーのパフォーマンスを評価する際には，リスクとリターンの両方を分析しなければなりません。さて，リスクとリターンのトレードオフモデルは，各モデルが提示するリスク指標に対して市場で要求されると考えられる期待収益率を表現します。よって，もしそれらのモデルが実際のデータに妥当しているのであれば，それらを使ってポートフォリオ・マネージャーのパフォーマンスを評価することができます。本項では，CAPMが妥当し，かつ，月次収益率がデータとして与えられている場合について，リスクを加味してリターンを評価する例を示します。なお，以下で挙げた尺度のうちジェンセンのアルファは，CAPM以外のモデルを使って利用することができます。また，どの尺度についても月次収益率以外の収益率を使うことができます。

まず，分析対象のファンドの過去60か月の月次収益率の平均が $\bar{R}_p$ だとします。また，このファンドの月次収益率の標準偏差を推定したものが σ_p だとします。さらに，1か月後に償還される短期国債の過去60か月の利子率の平均が1か月当たり $\bar{R}_f$ だとします。このとき，ファンドの収益率の平均 $\bar{R}_p$ と短期国債金利の平均 $\bar{R}_f$ の差をファンドの月次収益率の標準偏差を推定値 σ_p で割った比率 $\frac{\bar{R}_p - \bar{R}_f}{\sigma_p}$ を**シャープレシオ**（Sharpe ratio）あるいはシャープの測度と呼びます。

一般に，分析対象のファンドが特定の投資家が保有するすべての危険資産で構成されるポートフォリオ，あるいは，その候補であるとき，そのリターンをリスクに照らして評価するのにはシャープレシオが適しています。なぜならば，仮に分析対象のファンドを図8-14にプロットしたとすると，投資家は安全資産とファンドに適切な投資比率で投資することによって，安全資産を表す点 R_f とファンドを表す点を結ぶ直線上の任意の点が表す期待収益率と標準偏差のペアに投資することができます。したがって，シャープレシオが高いファンドほど，点 R_f とファンドを表す点を結ぶ直線が左上に位置することになるので，ポートフォリオ理論の仮定を満たす投資家にとって優れた期待収益率と

標準偏差の組み合わせを提供するからです。

次に，ファンドのパフォーマンスに関する第2の評価尺度として日本語では**トレイナーの測度**あるいはトレイナーの尺度，英語では Treynor measure と呼ばれるものを紹介します。これは，ファンドの収益率の平均 $\bar{R}_p$ と短期国債金利の平均 $\bar{R}_f$ の差をファンドのベータ β_p で割った比率 $\frac{\bar{R}_p - \bar{R}_f}{\beta_p}$ を指します。9.5 節および 9.6 節で論じたように，CAPM が成立している世界においては，個別資産，あるいは，投資家が保有する危険資産全体のポートフォリオの一部を構成するファンドのリスクを評価するのには，標準偏差ではなく，ベータが適しています。したがって，トレイナーの測度は，そのような文脈においてファンドのリターンをリスクに照らして評価するのに適した尺度です。

第3に，日本語では**ジェンセンのアルファ**あるいはジェンセンの測度，英語では Jensen's alpha と呼ばれる評価尺度を紹介します。そのため，市場ポートフォリオの代理変数として使う株価指数の 60 か月の月次収益率の平均が $\bar{R}_M$ だとします。このとき，ファンド p の**アルファ** α_p は，次式によって定義されます。

$$\alpha_p = \bar{R}_p - [\beta_p(\bar{R}_M - \bar{R}_f) + \bar{R}_f]$$

すなわち，アルファ α_p は，対象のファンドの収益率の平均 $\bar{R}_p$ が，CAPM が成立していると仮定したときにファンドが得るべき収益率の平均をどれだけ上回っていたかを表します。

> （例）$\bar{R}_p = 6\%, \bar{R}_M = 4\%, \bar{R}_f = 0.5\%, \beta_p = 1.2$ だったとします。このとき，アルファは次式で計算できます。
>
> $$\alpha_p = 6 - [1.2 \times (4 - 0.5) + 0.5] = 1.3 \quad (\%)$$

図 9-7 はこれを図示したものです。もちろん，図 9-7 の $\beta_p(\bar{R}_M - \bar{R}_f) + \bar{R}_f$ は，CAPM が成立する世界において対象のファンドのリスク（ベータ）に相応しい収益率の平均値を表します。したがって，CAPM を使ってジェンセンのアルファを計算した場合，ジェンセンのアルファは CAPM に基づいてリスク調整をした後のリターンを表していると言えます。もちろん，APT を使ってジェンセンのアルファを計算することもできます。その場合，ジェンセンのアルファは APT に基づいてリスク調整をした後のリターンを表していることになります。

図 9-7　ジェンセンのアルファ α_p

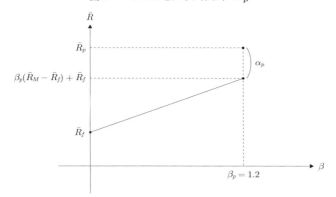

株主資本コストの推定

　企業は，つねに，新たな投資案件を検討しているはずです。たとえば，企業が製造業に属していれば，投資案件は，新製品の開発プロジェクトであるかもしれません。あるいは，既存の生産設備をより効率的なものに買い換える案件であるかもしれません。また，企業が金融業に属していれば，投資案件は，店舗の新設であるかもしれません。

　さて，企業の財務行動に関する教育・研究分野であるコーポレート・ファイナンス（corporate finance）では，投資案件を採択するかどうかの決定を，**正味現在価値法**（net present value method, NPV method）に基づいて行うことを推奨します。正味現在価値法では，まず，投資案件が生み出す将来キャッシュフローの期待値を予想し，次に，投資案件のリスクの度合いに合わせて適切な割引率を推定し，4.4 節で概略を紹介した不確実性のあるキャッシュフローに対する現在価値計算を行い，最後にそれから初期投資額を差し引いて投資案件の正味現在価値（net present value, NPV）を計算します。したがって，正味現在価値法を使うためには，リスクの計測とリスクを適切な割引率に変換する数式が必要になります。基本的には，資産のリスクとリターンのトレードオフを表現するモデルであれば，どれでもその両方の機能を提供します。しかし，実務家の間では，CAPM かファーマ・フレンチの 3 ファクターモデルが利用されることが多いようです。

9.13　練習問題

1. **（ポートフォリオのベータ）** 資産 1, 2, 3 のベータがそれぞれ 1.2, 0.8, 1.4 だとします．このとき，資産 1, 2, 3 への投資比率がそれぞれ 0.4, 0.3, 0.3 であるポートフォリオのベータを計算しなさい．また，資産 1, 2, 3 への投資比率がそれぞれ $-0.5, 0.8, 0.7$ であるポートフォリオのベータも計算しなさい．さらに，これらの 3 資産で構成されるポートフォリオのベータが 0 になるために必要十分な条件を数式で表しなさい．

2. **（CAPM）** 市場ポートフォリオの期待収益率が 5% であると予想しているとします．また，安全利子率は 0.2% であるとします．このとき，CAPM が成立していることを前提にして，ベータが 1.4 の資産の適正な期待収益率を計算しなさい．

3. **（CAPM）** 仮に千代田投資信託（株）が TOPIX の収益率に追随することを目標とする「千代田 TOPIX ファンド」という投資信託を運用しているとします．ただし，TOPIX の期待収益率は 5% で，安全利子率は 0.2% だとします．さて，千代田投資信託の営業を担当する山田さんが顧客の佐々木さんにアプローチしたところ，佐々木さんから，この千代田 TOPIX ファンドと安全資産だけを使って，期待収益率が 3.8% になるポートフォリオを構築したいという要望を受けました．山田さんはどのようなポートフォリオを佐々木さんに提案したらよいでしょうか．また，山田さんはもう一人の顧客の太田さんから，千代田 TOPIX ファンドと安全資産だけを使って，期待収益率が 6.2% になるポートフォリオを構築したいという要望を受けました．山田さんはどんなポートフォリオを太田さんに提案したらよいでしょうか．

4. **（CAPM）** 上記の問い 2 の設定のもとで，収益率の標準偏差が 40% でベータが 0 の資産の期待収益率はいくらであるべきでしょうか．また，この資産の期待収益率に標準偏差がどのように影響するか，あるいは影響しないかについて記しなさい．

5. **（ファーマ・フレンチの 3 ファクターモデル）** 9.10 節で紹介したフレンチのサイトによると，米国市場に関する 3 ファクターの 2019 年 2 月の値は $(R_M - R_f) = 3.39\%, \text{SMB} = 2.03\%, \text{HML} = -2.82\%$ でした．また，

安全利子率 R_f は 1 か月当たり 0.18% でした。このとき，9.10 節で例として挙げた，時価総額が 1 番大きく，簿価・時価比率が 1 番低いポートフォリオのファクター感応度を前提にしたとき，このポートフォリオに発生する月次収益率を計算しなさい。ただし，このポートフォリオの感応度は，9.10 節で記したように $b_{\mathrm{MKT}} = 0.96$, $b_{\mathrm{SMB}} = -0.17$, $b_{\mathrm{HML}} = -0.46$ だったとします。また，この問題に解答するに当たって誤差項の e_i は 0 であると仮定しなさい。

6. **（ファーマ・フレンチの 3 ファクターモデルに基づいた期待収益率**）仮にファーマ・フレンチの 3 ファクターモデルに関するラムダが 1 か月当たりの収益率に対して $\lambda_{\mathrm{MKT}} = 0.5\%$, $\lambda_{\mathrm{SMB}} = 0.2\%$, $\lambda_{\mathrm{HML}} = 0.25\%$ だとします。このとき，上記の問い **5** で挙げた，時価総額が 1 番大きく，簿価・時価比率が 1 番低いポートフォリオの期待収益率を月次（1 か月当たり）で計算しなさい。ただし，ファクター感応度と安全利子率は，前問で設定した数値を使いなさい。

第10章 ブラック・ショールズモデル[*]

　金融資産や負債にはオプションとみなせるものが多数存在します。したがって，そのような資産や負債について，動学的な裁定取引（5.4節で説明した裁定取引を多期間の各期において行うこと）に基づいた価格モデルを提唱する論文が多数発表されました。

　本書では，動学的な裁定取引に基づいてオプションの価格付けを行った最初のモデルであり，その結果，もっとも広く知られているオプション評価モデルであるブラック・ショールズモデル（Black-Scholes model, BSM）を学習します。ただし，BSMは自然対数という数学のツールのほか，正規分布と呼ばれる統計学のツールを含んだ数式で表現されます。したがって，それらを学習していない読者のために，10.2節で自然対数と正規分布の初歩的な解説を行います。また，BSMは幾何ブラウン運動と呼ばれる確率モデルを仮定します。そこで，10.3節で幾何ブラウン運動をできるだけ易しく紹介します。これらのトピックを既習の読者は10.2節や10.3節を読み飛ばしてください。続く10.4節では，BSMの仮定をリストアップし，BSMを表現する公式とその数値例を示します。当然のことですが，オプションを投資に利用するに当たっては，どの変数がどのようにオプション価格に影響するのかを理解しておく必要があります。したがって，10.5節でそれらの点について概説します。また，10.6節では，オプション価格に影響する変数のひとつであるボラティリティをオプション価格から推定する方法を述べます。なお，BSMはヨーロピアン・オプションの評価モデルです。したがって，10.7節でアメリカン・オプションの評価についてコメントを加えます。

10.1　オプションモデルについての概説

　金融資産や負債にはオプションとみなせるものやオプションが付随しているものが多数存在します。たとえば，転換社債の株式への転換やローンの繰上

返済はコールオプションの行使とみなすことができます。また，社債やスワップにはオプション的な条項が付随するものが多種多様に存在します。したがって，オプションあるいはオプション的性格を有する金融資産・負債についてオプション理論を適用した学術論文が多数発表されました。

さて，フィッシャー・ブラック（Fischer S. Black）とマイロン・ショールズ（Myron S. Scholes）が Black and Scholes [1973] で発表した，ヨーロピアン・コールとヨーロピアン・プットを価格付けする BSM は，実務家の利用に堪え得る最初の理論モデルでした。したがって，BSM は実務家の間で広く普及し，オプション価格を評価する際の一種のベンチマーク（基準）として利用されるようになりました。また，この論文を契機として，オプションに関する学術研究が急速に発展しました。たとえば，BSM とは異なった仮定のもとでオプションの価格モデルを導出したり，あるいは，オプション的な性格を有する他の証券や資産の価格モデルが多数提唱されました。そして，そのことが，新種のデリバティブの開発や，それらの市場の発展に繋がりました。また，新種の債券や資産の証券化商品などの市場は，オプション理論が提供する価格ツールの精緻化とともに発展を遂げました。したがって，BSM は，ファイナンス分野の中で，オプション理論という新しいサブエリアを創出すると同時に，金融市場においてデリバティブに関わる新しいビジネスが拡大するのに大きな貢献をしました。このように考えると，1997 年に，ショールズとロバート・マートン（Robert C. Merton）がオプション理論における業績に対してノーベル経済学賞を受賞したのは，もっともなことです。なお，ブラックは 1997 年時点で故人であったため，ノーベル賞受賞の栄誉に浴することができませんでした。

10.2　自然対数と正規分布のエッセンス

自然対数とは何だろう？

BSM の公式には，自然対数と呼ばれる数学のツールが使われています。そこで，最初に，自然対数が何を表すのかを説明します。それを達成する一番簡単な方法は，おそらく，1.6 節の「連続複利」の項で紹介したネイピア数 e（2.718281...）を利用する方法です。そこで，まず，$y = e^x$ のグラフを描きます。ただし，$y = e^x$ は，y の値が，e が表す数値 2.718281... を x 乗したも

図 10-1　$x = -5, -4, -3, \ldots, 4, 5$ のとき $y = e^x$ がとる値

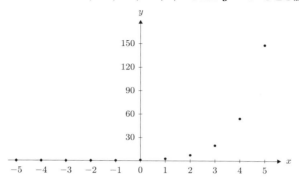

のによって与えられることを表しています。この関係を図示するために，図10-1で，横軸で測る x が $-5, -4, -3, \ldots, 4, 5$ の各値をとるとき，縦軸で測る y がとる値を点としてプロットしました。なお，図10-1では，$x = -5, -4, -3, \ldots, 0$ のとき，y が 0 の値をとるように見えるかもしれませんが，実際には，e^x はつねに正の値をとり，0 の値をとることはありません。

次に，$y = e^x$ の x の値と y の値を交換したグラフを描きます。すなわち，図10-1の縦軸の値 $y = e^x$ を図10-2では横軸の値としてとり，図10-1の横軸の値 x を図10-2では縦軸の値としてとってグラフを描きます。図10-2で描き直した点の縦軸の値（新しい y の値）を，横軸の値（新しい x の値）の**自然対数**（natural logarithm）と呼びます。あるいは，「ネイピア数 e を底とする対数（logarithm to base e）」と呼びます。また，y が x の自然対数であるとき，$y = \ln x$, $y = \log_e x$，あるいは，$y = \log x$ と表記します。

> **Excel**　LN 関数を使えば正の数 x の自然対数 $\ln x$ を計算することができます。

正規分布とは何だろう？

第7章で離散型の確率変数を学習しましたが，確率変数には離散型のほかに連続型と呼ばれるものがあります。一般に，**連続型確率変数**（continuous random variable）とは，実数（直線上の任意の点）の集合全体あるいは実数の特定の範囲の中の任意の値をとる可能性がある確率変数を指します。たとえば，0から1までの実数の中の任意の値をとる連続型確率変数を考えることができます。そして，連続型確率変数の中でもっとも広範に利用され，本章のテーマ

図 10-2 $y = e^x$ の x の値を縦軸に y の値を横軸にとったグラフ

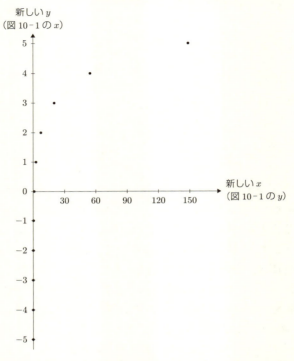

であるBSMに必須なのが正規分布と呼ばれる分布に従う確率変数です。そこで，本項では，BSMを利用するのに最低限必要な正規分布に関する知識を概説します。

まず，分布について解説します。7.2節では，離散型確率変数を対象にして，分布を「確率変数がとる可能性のある値 x_i とその確率 p_i の対応関係（換言すると，関数関係）」と定義しました。したがって，離散型確率変数の分布は (7.2) 式によって表現できます。しかし，この分布の定義は，連続型確率変数には当てはまりません。なぜならば，連続型確率変数の場合，実数全体あるいは実数の特定の範囲の値をとる可能性があり，それらのすべての値に1番目のケース，2番目のケース，...というふうにケースを振り付けることができないため，(7.2) 式で表現することができないからです（これは大学レベルの解析学で学ぶ性質です）。また，その結果，特定の値をとる確率がつねに0になるという性質が発生するからです（これも大学レベルの解析学を使わなければ説明で

図 10-3　正規分布の密度関数

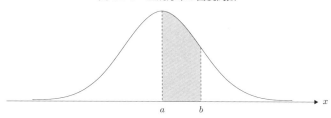

きない性質なので，そのまま真として受け入れてください）。したがって，たとえば X が連続型確率変数の場合，その分布は X がとり得る値 x を横軸にとり，それを独立変数とする関数のグラフを描くことによって表現するというアプローチをとります。以下では，このアプローチを正規分布について説明します。

図 10-3 は**正規分布**（normal distribution）を表現する**密度関数**（density function）と呼ばれる関数のグラフです。図から明らかなように，釣鐘の形状をしていて，頂点を境に左右対称です。このグラフの役割は，X が特定の範囲の値，たとえば a から b までの範囲の値をとる確率 $\text{Prob}(a < X < b)$ をグラフ，a を通る垂直線，b を通る垂直線，そして，横軸の 4 つの線で囲まれた灰色の部分の面積で表すことにあります。したがって，X はグラフの高さが高い領域の値をとる確率が高く，グラフの高さが低い領域の値をとる確率が低くなります。たとえば，図 10-3 では $x = a$ のときグラフが一番高いので，X が a の近くの値をとる確率が高くなります。また，図 10-3 では $x = a$ から離れた両端の高さが低いので，X が a よりずっと大きな値やずっと小さな値をとる確率が低くなります。

（例）　X は実数のうち任意の値をとる可能性がある確率変数で，その分布は図 10-3 の密度関数に従うとします。このとき，X が実数のうちどの値でもよいからとる確率，すなわち $\text{Prob}(-\infty < X < \infty)$ は何でしょう。「どの値でもよい」のでそれは 1 です。したがって，図 10-3 で描かれたグラフと横軸に囲まれた領域の面積はちょうど 1 になるはずです。次に，X が a より大きな任意の値をとる確率，すなわち $\text{Prob}(X > a)$ は何でしょう。この問いには，図 10-3 の密度関数が $x = a$ において頂点をとり，上で指摘したように，正規分布は「頂点を境に左右対称」であることを思い出せば答えられます。すなわち，$\text{Prob}(X > a)$ は 1 の半分の 0.5 です。

図 10-3 で示した正規分布のグラフは数式で表すことができます。それが

図 10-4　平均は同じだが標準偏差が異なる正規分布

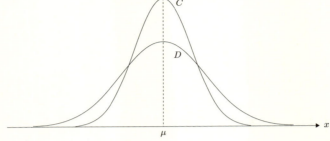

(10.1) 式です．ただし，正規分布に従う確率変数について確率を計算する場合，(10.1) 式を直接使うことはありません．後述するように，Excel の関数あるいは統計学の教科書に付録として載っている表を使います．

$$y = \frac{1}{\sqrt{2\pi}\sigma} e^{-\frac{(x-\mu)^2}{2\sigma^2}} \tag{10.1}$$

(10.1) 式で，x は横軸が測る独立変数，e はネイピア数，π は $3.141592\ldots$ を表す円周率です．また，μ (ギリシャ文字の小文字で「ミュー」と読みます) と σ は，図 10-3 で示した正規分布のグラフの形状を決める数値を表します．もう少し具体的に言うと，まず μ は X の平均と呼ばれ，事実，X の期待値に必ず等しくなります．すなわち，$\mu = \mathrm{E}[X]$ が成立します．また，σ は X の標準偏差，したがって，σ^2 は X の分散に等しくなります．すなわち，$\sigma^2 = \mathrm{Var}[X]$ が成立します．ただし，連続型の確率変数の場合，期待値や分散は積分で計算します．

ここで，簡単に μ および σ の値と正規分布のグラフの形状との関係を述べておきます．まず，グラフの頂点は X の平均 μ で起こります．したがって，図 10-3 の a は平均です $(a = \mu)$．また，σ の値を固定したまま μ の値を大きくすると，グラフ全体が右にシフトし，発生頻度の高い領域が右へ移動します．次に，σ はグラフの釣鐘状の形状を決定します．すなわち，μ を一定に保ったまま σ を大きくすると，釣鐘の頂点周辺は低くなり，両端はやや高くなります．たとえば，図 10-4 のグラフ C と D を見てください．両者の平均 μ は同じですが，D は C より大きな標準偏差を持っています．その結果，D は C と比べて X が μ 周辺の値をとる確率が小さく，μ よりずっと大きな値やずっと小さな値をとる確率が高くなっています．

正規分布に限らず一般に確率変数 X が特定の値 x 以下の値をとる確率 $\text{Prob}(X \leq x)$ は，x の大きさによって決まるので，x の関数と捉えることができます。そして，それは，**累積分布関数**（cumulative distribution function）あるいは分布関数（distribution function）と呼ばれます。なお，密度関数を使って累積分布関数を説明すれば，それは，密度関数，x を通る垂直線，横軸の 3 本の線で囲まれた左側の領域の面積を表します。たとえば，図 10-3 を使って正規分布の累積分布関数を説明すれば，$\text{Prob}(X \leq a)$ は密度関数，a を通る垂直線，横軸の 3 本の線で囲まれた，a より左側の領域の面積です。

標準正規分布

標準正規分布（standard normal distribution）とは，平均 μ が 0 で標準偏差 σ が 1 の正規分布を指します。本書では標準正規分布の累積分布関数を $N(x)$ で表します。すなわち，$N(x)$ は標準正規分布に従う確率変数 X が特定の値 x 以下の値をとる確率 $\text{Prob}(X \leq x)$ を表します。

> （例） $N(0)$ は標準正規分布に従う確率変数が 0 以下の値をとる確率を表します。また，$N(1)$ は標準正規分布に従う確率変数が 1 以下の値をとる確率を表します。

Excel $N(x)$ は NORM.S.DIST 関数で計算できます。たとえば，次のように入力すると $N(1.96)$ として $0.975002\ldots$ が出力されます。

"= NORM.S.DIST(1.96, true)"

ちなみに，2 番目の引数に "true" あるいは "1" を入力すると上の例のように累積分布関数 $N(x)$ が出力され，"false" あるいは "0" を入力すると密度関数が出力されます。たとえば，"= NORM.S.DIST(1.96, false)" と入力すると $N(x)$ ではなく密度関数の高さを表す $0.058440\ldots$ が出力されます。なお，NORM.DIST という関数は，標準正規分布ではなく，一般的な正規分布に関して同様の計算をする関数です。

10.3 確率過程と幾何ブラウン運動のエッセンス

一般に，オプションの価格理論では，確率過程と呼ばれるタイプの確率モデルを仮定します。したがって，本節ではできるだけ平易に確率過程，さらに，その一例であり，BSM に必須の要素である幾何ブラウン運動を説明します。

まず，**確率過程** (stochastic process) とは，ある変数 t（通常，時間 t として扱います）とともに変化する確率変数 S_t の集合を指します。たとえば，7.2 節で硬貨を投げる実験を考えました。具体的には，硬貨を投げて表が上を向いたとき 1 の値をとり，裏が上を向いたとき 0 の値をとる変数を確率変数 X として定義しました。もし硬貨が上を向く確率がちょうど $\frac{1}{2}$ であるならば，確率変数 X は次式で表現できます。

$$X = \begin{cases} 0 & \text{w.p.} \quad \frac{1}{2} \\ 1 & \text{w.p.} \quad \frac{1}{2} \end{cases} \tag{10.2}$$

次に，この実験を際限なく繰り返すことを考えます。そして，1 回目の実験の結果を X_1，2 回目の実験の結果を X_2，i 番目の実験の結果を X_i で表します。このとき，$X_1, X_2, \ldots, X_N$ の集合は確率過程の定義を満たしています。すなわち，$X_1, X_2, \ldots, X_N$ のいずれも確率変数であり，それぞれが $1, 2, \ldots, N$ という添え字を持っているからです。なお，$X_1, X_2, \ldots, X_N$ のそれぞれを要素とする集合を表すのに $\{X_1, X_2, \ldots, X_N\}$ あるいは $\{X_n : n = 1, 2, \ldots, N\}$ を使うことにします。

次に，S_0 を確率変数あるいは定数とし，S_n を S_0 に，1 番目から n 番目までの実験で X_i がとる値の合計を足したものを表す変数とします。すなわち，S_n を次式で定義します。

$$S_n = S_0 + X_1 + X_2 + \cdots + X_n \tag{10.3}$$

このとき，$\{S_0, S_1, S_2, \ldots, S_N\}$ も確率過程の定義を満たしています。なぜならば，$S_0, S_1, S_2, \ldots, S_N$ のいずれも確率変数であり，それぞれが $0, 1, 2, \ldots, N$ という添え字を持っているからです。ちなみに，(10.3) 式で規定される確率過程は二項過程 (binomial process) と呼ばれ，二項モデル (binomial model) と呼ばれるオプション評価モデルで仮定される確率過程です。

それでは，幾何ブラウン運動を紹介します。ただし，次節以降に備えて資産価格が幾何ブラウン運動に従う場合について説明します。また，そのため次の記号を定義します。

$S_t =$ 時点 t における資産価格

$\Delta t =$ 時点 t を始点とする非常に短い期間の長さ（単位は年）

$\Delta S_t =$ 短い期間 Δt において発生する資産価格の変化

$\mu =$ 資産の1年当たりの収益率の期待値

$\sigma =$ 資産の1年当たりの収益率の標準偏差

$\Delta Z_t =$ 期待値が0で分散が Δt の正規分布に従う確率変数

このとき，資産価格が**幾何ブラウン運動**（geometric Brownian motion）に従うとすると，資産の価格変化 ΔS_t はおおよそ次式によって与えられます。

$$\Delta S_t = \mu S_t \Delta t + \sigma S_t \Delta Z_t \tag{10.4}$$

(10.4) 式を言葉で表現すると，それは，非常に短い期間 Δt の間に発生する資産価格の変化 ΔS_t が，資産価格 S_t に1年当たりの収益率の期待値 μ と期間の長さ Δt を掛けたものと，資産価格 S_t に収益率の標準偏差 σ と確率変数 ΔZ_t を掛けたものとの合計として与えられると規定しています。

> （例） 変化直前の資産価格 S_t が500円，非常に短い期間 Δt が0.01年（3.65日），資産の1年当たりの収益率の期待値 μ が5% (0.05) で標準偏差 σ が40% (0.4) だとします。上で定義したように，ΔZ_t は期待値が0で分散が Δt の正規分布に従う確率変数なので，Δt が0.01年の場合，ΔZ_t は期待値が0で分散が0.01の正規分布に従います。そして，資産価格の変化 ΔS_t は次式で与えられます。
>
> $$\begin{aligned}\Delta S_t &= \mu S_t \Delta t + \sigma S_t \Delta Z_t \\ &= 0.05 \times 500 \times 0.01 + 0.4 \times 500 \times \Delta Z_t \\ &= 0.25 + 200 \Delta Z_t \quad \text{（円）}\end{aligned}$$

さて，非常に短い期間 Δt における資産価格の変化は (10.4) 式によって与えられるので，これを0時点（$t = 0$ で表す時点）から将来の特定時点 T までの期間について足し合わせば T 時点における資産価格 S_T の分布が特定できるはずです。事実，幾何ブラウン運動の場合，S_T は対数正規分布（lognormal distribution）と呼ばれる分布に従うことが知られています。ただし，対数正規分布とは，対数をとったものが正規分布に従う確率変数を意味します。たとえば，S_T を例にとると，それは対数正規分布に従うので，その対数 $\ln S_T$ は正規分布に従います。

（注） 次節でBSMがヨーロピアン・オプションを対象にしていることや幾何ブラウン運動を仮定していることを述べます。読者の中には，そうであれば，幾何ブラウン運動ではなく，対数正規分布だけを仮定すればよいのではないかと疑問を持

つ人がいるかもしれません．本書では説明しませんが，BSMでは，幾何ブラウン運動を前提に，動学的な裁定取引（5.4節で説明した裁定取引を多期間の各期間について行うこと）の議論を使って理論価格を導出します．したがって，幾何ブラウン運動は，BSMにおいて失効日における原資産価格S_Tの分布を規定する以上の役割を担っているのです．

10.4　BSM

まず，BSMの仮定を列挙します．
(1) 対象のオプションはヨーロピアン・コールおよびヨーロピアン・プットです．
(2) 対象のオプション，その原資産，さらに，安全資産がオプションの価格を評価する0時点からオプション失効日までの期間の任意の時点で取引されていて，かつ，それぞれの市場は完全競争的です．
(3) 原資産の価格は幾何ブラウン運動に従って変動します．
(4) 安全利子率は0時点からオプションの失効日までの間一定です．

(3)の仮定である幾何ブラウン運動には複数の仮定が内在しています．第1に，10.3節で説明したように，幾何ブラウン運動は，短い期間Δtに生じる原資産価格の変化がおおよそ（10.4）式によって与えられると仮定します．そして，（10.4）式に現れる収益率の標準偏差σは定数です．したがって，BSMでは収益率の標準偏差が一定であると仮定しています．第2に，（10.4）式に現れるΔZ_tは正規分布に従います．10.2節で学習したように，正規分布の密度関数は釣鐘の形状をしているので，期待値から大きく乖離した値をとる確率が著しく小さくなります．したがって，BSMでは，価格がジャンプしないと仮定していることになります．第3に，資産の保有者にキャッシュが支払われると，資産価格が下がることがあります．たとえば，この現象の身近な例として，株価が配当落ち日前後に1株当たり配当金に近い金額下がる現象を挙げることができます（ただし，この現象を明瞭に観察するためには，他の情報の効果を除去する操作が必要です）．他方，BSMでは幾何ブラウン運動を仮定しているので，上で指摘したように，原資産価格がジャンプすることはありません．したがって，BSMでは，0時点からオプション失効日までの期間に原資産でキャッシュが支払われることがないと仮定していることになります．

次に，BSM の公式に使う記号を定義します．

$S = 0$ 時点の原資産価格

$K = $ 行使価格

$T = 0$ 時点からオプションの失効日（時点 T）までの期間の年数

$r = $ 連続複利の年利率で表示した安全利子率

$\sigma = $ 原資産の 1 年当たりの収益率の標準偏差

$\ln(\cdot) = $ 自然対数

$N(\cdot) = $ 標準正規分布の累積分布関数

ブラック・ショールズモデル（BSM）はヨーロピアン・コールオプションの価格 C およびヨーロピアン・プットオプションの価格 P が次式によって与えられると主張します．

$$C = SN(d_1) - Ke^{-rT}N(d_2) \tag{10.5}$$

$$P = Ke^{-rT}N(-d_2) - SN(-d_1) \tag{10.6}$$

$$d_1 = \frac{\ln\left(\frac{S}{Ke^{-rT}}\right)}{\sigma\sqrt{T}} + \frac{1}{2}\sigma\sqrt{T} \tag{10.7}$$

$$d_2 = d_1 - \sigma\sqrt{T} \tag{10.8}$$

（例）行使価格が 5000 円で，3 か月後に失効するヨーロピアン・コールオプションとヨーロピアン・プットオプションに対して BSM を適用してみましょう．ただし，原資産の 0 時点の価格は 5400 円で，原資産の 1 年当たりの収益率の標準偏差は 40% であるとします．また，安全利子率は連続複利の年利率で 6% であるとします．

まず，(10.5)，(10.6)，(10.7) 式の中に現れる行使価格 K の現在価値 Ke^{-rT} を計算します．

$$Ke^{-rT} = 5000e^{-0.06 \times 0.25} = 4926 \quad (\text{円})$$

次に，$\ln\left(\frac{S}{Ke^{-rT}}\right)$ と $\sigma\sqrt{T}$ を計算します．

$$\ln\left(\frac{S}{Ke^{-rT}}\right) = \ln\left(\frac{5400}{4926}\right) = 0.091961$$

$$\sigma\sqrt{T} = 0.4 \times \sqrt{0.25} = 0.2$$

よって，d_1 は次式の通りです．

$$d_1 = \frac{\ln\left(\frac{S}{Ke^{-rT}}\right)}{\sigma\sqrt{T}} + \frac{1}{2}\sigma\sqrt{T}$$
$$= \frac{0.091961}{0.2} + \frac{1}{2} \times 0.2 = 0.4598 + 0.1 = 0.5598$$

また，d_2 は次式の通りです．

$$d_2 = d_1 - \sigma\sqrt{T} = 0.5598 - 0.2 = 0.3598$$

したがって，ヨーロピアン・コールオプションの理論価格 C は次式で与えられます．

$$C = SN(d_1) - Ke^{-rT}N(d_2)$$
$$= 5400 \times N(0.5598) - 4926 \times N(0.3598)$$
$$= 5400 \times 0.71219 - 4926 \times 0.64050$$
$$= 3846 - 3155 = 691 \quad (\text{円})$$

また，ヨーロピアン・プットオプションの理論価格 P は次式で与えられます．

$$P = Ke^{-rT}N(-d_2) - SN(-d_1)$$
$$= 4926 \times N(-0.3598) - 5400 \times N(-0.5598)$$
$$= 4926 \times 0.35950 - 5400 \times 0.28781$$
$$= 1771 - 1554 = 217 \quad (\text{円})$$

（注）BSM の公式は，テキストによって若干異なる式で表現されます．たとえば，d_1 は次のように変形できるので (10.9) 式で定義するテキストが多数あります．

$$d_1 = \frac{\ln\left(\frac{S}{K}e^{rT}\right) + \frac{1}{2}\left(\sigma\sqrt{T}\right)^2}{\sigma\sqrt{T}} = \frac{\ln\left(\frac{S}{K}\right) + rT + \frac{\sigma^2 T}{2}}{\sigma\sqrt{T}}$$
$$= \frac{\ln\left(\frac{S}{K}\right) + \left(r + \frac{\sigma^2}{2}\right)T}{\sigma\sqrt{T}} \tag{10.9}$$

10.5 オプション価格に影響を及ぼす変数

本節では，ヨーロピアン・オプションの市場価格が，BSM によって与えられると仮定して，それがどの変数によってどのような影響を受けるかを議論します。このように議論の枠組みを設定すると，ヨーロピアン・オプションの価格に直接影響を及ぼす変数は，(10.5) 式あるいは (10.6) 式の右辺に現れる変数だけになります。そこで，本節では原資産の 0 時点の価格 S，行使価格 K，1 年当たりの収益率の標準偏差 σ，失効日までの年数 T，安全利子率 r の 5 つの変数が及ぼす影響を議論します。

原資産価格のコール価格に対する影響

他の条件が一定であるとき，0 時点の原資産価格が高ければ，失効日における原資産価格も高くなる確率が高く，その結果，失効日においてコールオプション行使で得られるキャッシュフローも多くなる確率が高くなります。したがって，**0 時点の原資産価格 S が高ければ，コールオプションの 0 時点の価格も高くなります**。この点を図示したのが第 6 章の図 6-6 です。すなわち，図 6-6 には BSM に基づくヨーロピアン・コールオプションの理論価格を原資産価格の関数として描いています。なお，本章の Web 付録 1 でこのグラフの漸近線を求めているので，関心がある読者は参照してください。

このグラフの傾きは，**デルタ**（delta）あるいは**ヘッジ比率**（hedge ratio）と呼ばれ，**原資産価格が 1 円上がったときにコールオプション価格が何円上がるかを表します**。したがって，**コールオプション 1 単位の変化額が，原資産の買いポジションの何単位分の変化額に相当するかを表す**と解釈することもできます。たとえば，デルタが 0.6 であれば，コールオプション 1 単位の変化額は原資産 0.6 単位の買いポジションの変化額にほぼ等しくなります。この解釈から，1 単位のコールオプションの売りポジションと，0.6 単位の原資産の買いポジションの両方を保有すれば，（一定の条件の下では）両者の損益をほぼ相殺することができることが分かります。なお，本章の Web 付録 2 では，微分を使ってこの議論を正当化しているので，関心がある読者は参照してください。

(注) 上の文章の「一定の条件」とは，第 1 に，オプションの市場価格がつねに BSM の与える理論価格に一致すること，第 2 に，コールと原資産を保有する

期間が十分短いこと，第3に原資産価格の変化が小さいことを指します。

図6-6で描かれたコールオプションの理論価格のグラフの傾きを見ると，グラフの左端，すなわち，原資産価格が行使価格と比べて著しく低く，ディープ・アウト・オブ・ザ・マネー（deep out of the money）と呼ばれる状況のとき，傾き，すなわち，デルタはほぼ0です。しかし，原資産価格が高くなるにつれて傾きが上がり，グラフの右端，すなわち，原資産価格が行使価格と比べて著しく高く，ディープ・イン・ザ・マネー（deep in the money）と呼ばれる状況のとき，傾き，すなわち，デルタは1に近づきます。なお，デルタはグラフの傾きなので，(10.5) 式を微分すれば求めることができます。事実，(10.5) 式を微分すると，BSMに基づいたヨーロピアン・コールオプションのデルタが $N(d_1)$ であることが分かります。

（例） (10.5) 式の直後の数値例の場合 $d_1 = 0.5598$ だったので，コールオプションのデルタは $N(d_1) = N(0.5598) = 0.71219$ です。

原資産価格のプット価格に対する影響

他の条件が一定であるとき，0時点の原資産価格が低ければ，失効日における原資産価格も低くなる確率が高く，その結果，失効日においてプットオプション行使で得られるキャッシュフローも多くなる確率が高くなります。したがって，**0時点の原資産価格 S が低ければ，プットオプションの0時点の価格は高くなります**。この点を図示したのが第6章の図6-7です。すなわち，図6-7にはBSMに基づくヨーロピアン・プットオプションの理論価格を原資産価格の関数として描いています。なお，本章のWeb付録1でこのグラフの漸近線を求めているので，関心がある読者は参照してください。

このグラフの傾きは負ですが，コールと同様，**デルタ**あるいは**ヘッジ比率**と呼ばれ，**原資産価格が1円上がったときにプットオプション価格が何円下がるか**を表します。したがって，デルタは，**プットオプション1単位の変化額が，原資産の売りポジションの何単位分の変化額に相当するかを表す**と解釈することもできます。たとえば，デルタが −0.6 であれば，プットオプション1単位の変化額は原資産0.6単位の売りポジションの変化額にほぼ等しいです。この解釈から，1単位のプットオプションの買いポジションと，0.6単位の原資産の買いポジションの両方を保有すれば，（コールに関する注で指摘した条件の下では）両者の損益をほぼ相殺することができます。

10.5 オプション価格に影響を及ぼす変数

図 6-7 で描かれたプットオプションの理論価格のグラフの傾きを見ると，グラフの左端，すなわち，原資産価格が行使価格と比べて著しく低く，ディープ・イン・ザ・マネーのとき，傾き，すなわち，デルタはほぼ -1 です。しかし，原資産価格が高くなるにつれて傾きが徐々に緩やかになり（数値としては負で絶対値が小さくなり），グラフの右端，すなわち，原資産価格が行使価格と比べて著しく高く，ディープ・アウト・オブ・ザ・マネーのとき，傾き，すなわち，デルタは 0 に近づきます。なお，BSM に基づいたヨーロピアン・プットオプションのデルタは $-N(-d_1)$ です。

（例）(10.8) 式の直後の数値例の場合 $d_1 = 0.5598$ だったので，この数値例のプットオプションのデルタは $-N(-d_1) = -N(-0.5598) = -0.28781$ です。

行使価格の影響

失効日においてコールオプションの買い手に発生するキャッシュフローの点から言えば，行使価格 K を高くすることは，S を低くすることと同等な効果があります。したがって，他の条件を一定としたとき，**行使価格 K が高いほど，コールオプションの価格は低くなります**。他方，プットオプションの場合，他の条件を一定とすると，K を高くするほど，プットの買い手に発生するキャッシュフローが増える確率が高くなるので，**行使価格 K が高いほど，プットオプションの価格は高くなります**。

ボラティリティの影響

次に，原資産の収益率の標準偏差 σ の効果を考えます。ただし，オプションの文脈では，σ はしばしば**ボラティリティ**（volatility）と呼ばれます。一般に，ボラティリティが大きいと，失効日における原資産価格の標準偏差も大きくなります。その結果，失効日に原資産価格が行使価格から大きく乖離する可能性が高くなります。これは，コールオプションの買い手にとっては好ましい状況です。なぜならば，失効日における原資産価格が行使価格を大きく上回れば，買い手が行使によって受け取るキャッシュフローが大きくなり，逆に，原資産価格が行使価格を大きく下回れば，買い手はオプションを行使しなければよいからです。したがって，**ボラティリティが大きいほどコールオプションの価格は高くなります**。また，プットオプションについても同じ議論ができる

ので，**ボラティリティが大きいほどプットオプションの価格も高くなります**。なお，ボラティリティのわずかな増加に対するオプション価格の変化の比率は**ベガ**（vega）と呼ばれます。もちろん，ボラティリティのわずかな増加に対してコールもプットも価値が高まるため，ベガは正の値をとります。

失効日までの期間の長さの影響

次に，0時点から失効日までの期間の長さT年の影響について考えます。Tが短いとき，たとえば，オプションが3日後に失効するとき，それまでに大きなニュースが発生しない限り失効日における原資産価格は0時点の価格から大きく乖離しないでしょう。他方，Tが長いとき，たとえば，オプションが1年後に失効するとき，失効日における原資産価格は0時点の価格から大きく乖離する可能性が高くなります。したがって，失効日までの期間Tが長いほど，失効日における原資産価格が行使価格から大きく乖離する確率が高くなるので，その点から言えば，コールの場合もプットの場合も，0時点における価格が高くなります。

さらに，コールの場合，Tが長いほどオプション行使のコスト（行使価格）の現在価値が下がるというメカニズムも働きます。したがって，コールの場合，両方の効果がコールの価値を高める方向に働くため，他の条件を一定としたとき，**失効日までの期間Tが長いほど，コールの現在価格は高くなります**。

他方，プットの場合，失効日までの期間Tが長くなることは，行使によって受け取る行使価格の現在価値を低下させます。この効果は，上で指摘した失効日における原資産価格が行使価格から大きく乖離する確率が高まる効果と，プットの価値に対して逆方向に働きます。よって，失効日までの期間Tが長くなることは，プット価格の上昇に働くこともあれば，下落に働くこともあります。なお，失効日までの期間のわずかな変化に対するオプション価格の変化の比率を-1倍したものは，**セータ**（theta，ギリシャ文字のθ）と呼ばれます。

金利の影響

次に，金利r（厳密に言えば超短期の安全利子率）の効果に触れると，**金利上昇はコール価格を上昇させ，プット価格を低下させる要因です**。理由は，コールの場合，金利上昇は，オプション行使のコスト（行使価格）の現在価値を下げるからです。他方，プットの場合，金利上昇は，オプションを行使したとき受け

取る行使価格の現在価値の低下を意味するからです。なお，金利のわずかな増加に対するオプション価格の変化の比率は，**ロー**（rho, ギリシャ文字の ρ）と呼ばれます。

原資産の期待収益率の影響

ちなみに，原資産の期待収益率 μ は（10.5）式および（10.6）式には現れません。したがって，BSM の公式から，原資産の期待収益率がオプション価格に直接影響しないことが分かります。ただし，4.4 節の「割り引くキャッシュフローが不確実な場合の現在価値計算の例」の議論は，株式だけでなく，一般の原資産についても妥当するので，期待収益率は原資産価格の決定要因のひとつであると言えます。したがって，原資産の期待収益率は，原資産価格を通じて間接的にオプション価格に影響しますが，そのメカニズムを超えて直接オプション価格に影響することはありません。

10.6　インプライド・ボラティリティ

10.5 節でも指摘した通り，BSM の（10.5）式と（10.6）式に基づくと，ヨーロピアン・オプションの価格に影響を及ぼす変数は，原資産の 0 時点における価格 S，行使価格 K，失効日までの期間 T，ボラティリティ σ，金利 r の 5 つです。そのうち，原資産の 0 時点の価格 S と金利 r は，0 時点で観察できます。また，行使価格 K と失効日までの期間 T はオプションを特定すれば特定されます。したがって，（10.5）式と（10.6）式は，ボラティリティが特定されればオプション価格が決まり，逆に，オプション価格が観察されれば，ボラティリティを逆算することができることを意味します。

さて，（10.5）式あるいは（10.6）式を使って，観察されたオプションの市場価格から逆算したボラティリティは，**インプライド・ボラティリティ**（implied volatility, IV）と呼ばれ，ボラティリティに関する市場参加者の見通しを読んだり，あるいは，個別のオプションの割安・割高を判断するのに使われます。

> **Excel**　最初に BSM の公式である（10.5）式あるいは（10.6）式のいずれかについてインプットとアウトプットのすべてをそれぞれ別のセルに入力あるいは出力しておきます。次に，[データ] タブにある [What-If 分析]

から [ゴールシーク] をクリックして選択し，[数式入力セル] にコールあるいはプットの BSM 価格が出力されているセルを指定し，[目標値] に市場で観察されたコールあるいはプットの市場価格を入力し，[変化させるセル] にボラティリティを入力したセルを指定して [OK] ボタンをクリックすれば，IV が出力されます．

　原資産によっては，行使価格や失効日が異なる多数のオプションが取引されています．その場合，行使価格や失効日が異なる個別オプションの IV を計算して，それらを行使価格，あるいは失効日，あるいは行使価格および失効日の関数としてグラフ化することができます．事実，オプショントレーダーは，これらのグラフを重要な情報としてトレードに利用します．

　興味深いことに，これらのグラフは，通常，水平な直線や水平な平面にはならないで，U字型の形状になったり，右上がりや右下がりの曲線になったりします．たとえば，縦軸で IV を測り，横軸で行使価格 K を測った図に個別オプションの IV と K のペアをプロットすると，通貨オプションの場合，行使価格 K が原資産価格から乖離すればするほど（すなわち，高くなればなるほど，あるいは，低くなればなるほど）IV が高くなる傾向があります．この IV と K の関係は，笑い顔を連想させるので，英語では volatility smile と呼ばれ，日本語では**スマイルカーブ**と呼ばれることがあります．ただし，人によっては（たとえば，ハル [2016]）volatility smile という用語を U 字型の形状だけでなく，K が異なると IV が異なる現象全般に使います．

　また，米国の個別株式や株価指数を原資産とするオプション，さらに，日本の日経 225 オプションについて IV と K のペアをプロットすると，行使価格が高くなるにつれて IV が低くなる傾向が現れます．IV と K の関係がこのように右下がりである場合，また，右上がりである場合は，ボラティリティ・スキュー（volatility skew）と呼ばれます．

　さらに，縦軸で IV を測り，横軸で失効日までの期間の長さ T を測った図に個別オプションの IV と T のペアをプロットしたものは，**ボラティリティ・タームストラクチャ**（volatility term structure）と呼ばれます．また，縦軸で IV を測り，横軸の1本で行使価格 K，横軸のもう1本で失効日までの期間の長さ T を測った3次元の図に個別オプションの IV，K，T の組み合わせをプロットしたものは，**ボラティリティ・サーフィス**（volatility surface）と呼ばれます．

ちなみに，BSM は幾何ブラウン運動を仮定するので，必然的に原資産の収益率の標準偏差，すなわち，ボラティリティが一定であると仮定しています。しかし，IV の観察に基づくと，その仮定が現実には満たされていないことが分かります。

10.7　アメリカン・オプション

まず，行使できる期間以外の点で同一なアメリカン・オプションとヨーロピアン・オプションの価格関係について一般的に成立する性質を列挙します。

(1) アメリカン・オプションは，ヨーロピアン・オプションよりも権利を行使できる期間が長いため，アメリカン・オプションの価格がヨーロピアン・オプションの価格を下回ることはありません。

(2) もしアメリカン・オプションが失効日前に行使される（期限前行使，早期行使，early exercise）確率が 0 ではなく，正であれば，アメリカン・オプションの価格はヨーロピアン・オプションの価格を上回ります。

(3) 他方，もしアメリカン・オプションが失効日前に行使される確率が 0 であれば，アメリカン・オプションの価格はヨーロピアン・オプションの価格に一致します。したがって，その場合，ヨーロピアン・オプションの評価モデルを使ってアメリカン・オプションの価格付けをすることができます。

本章の冒頭で触れたように，オプションとみなせる資産や負債には多種多様なものが存在し，それらにはヨーロピアンタイプのものもあれば，アメリカンタイプのものもあります。一般的に言えば，ヨーロピアンタイプの資産や負債には，BSM のように理論価格を 1 つの数式で表現できるものが多数存在します。他方，アメリカンタイプの資産や負債は，期限前行使の確率が 0 でないことが多く，その場合，いつ，そして原資産価格がいくらのときに期限前行使が行われるのかをモデルの中で解かなければ理論価格を求めることができません。したがって，そのようなアメリカンタイプの資産や負債の理論価格は，通常，BSM のように 1 つの数式では表現できません。

そこで，ひとつのアプローチとしては，0 時点からオプションの失効日までの期間を多数の小期間に分割し，小期間ごとに裁定取引の議論に基づいて理論価格を解き，さらに期限前行使を実行するかどうかという意思決定問題を解く

という方法（小期間ごとの操作）があります．この方法の場合，小期間ごとの操作を，失効日を含む小期間から始めて，順繰りに直前の小期間について繰り返し，最後に0時点を含む小期間について行って理論価格を求めます．もちろん，このアプローチはコンピューター上で実行します．また，このアプローチには数学の一分野である**数値解析**（numerical analysis），その中でも特に，有限差分法（finite difference method）と呼ばれる方法が利用されます．

また，0時点からオプションの失効日までの期間を多数の小期間に分割し，コンピューター上で原資産が各小期間でとり得る価格の列を多数発生させるというアプローチが採られることもあります．たとえば，最初の小期間の期末の価格を S_1，2期目の小期間の期末の価格を S_2，さらに，i 期目の小期間の期末の価格を S_i で表すことにしましょう．もちろん，これらの価格は，将来にならなければ値が観察できないので，0時点では確率変数です．そして，1期から n 期までの価格の列 $\{S_1, S_2, \ldots, S_n\}$ を考えると，それは10.3節で概説した確率過程です．仮にコンピューター上でそれらの値を3期までランダムに発生させ，そのひとつが $(S_1 = 653 円, S_2 = 642 円, S_3 = 648 円)$ だったとします．これは確率過程の実現値のひとつであり，パス（path）と呼ばれます．

さて，もし価格付けの対象のオプションが，過去の原資産価格の実現値が特定されればキャッシュフローを特定できるタイプのものであれば，パスごとにキャッシュフローを特定し，その現在価値を計算することによってそのパスが発生した場合の0時点におけるオプション価格を求めることができます．そこで，コンピューター上でパスを多数ランダムに発生させて，それぞれに対してオプション価格を計算し，それらを平均することによって，対象オプションの理論価格を求めることができます．また，アメリカンタイプのオプションであっても，もし期限前行使に関するデータ等に基づいて期限前行使を時間や原資産価格あるいはパスの関数として表現することができれば，同様の方法によって理論価格を求めることができます．このように，確率過程のパスを多数発生させて理論価格を求める方法は，数値解析の手法のひとつである**モンテカルロ法**（Monte Carlo method）の応用です．

10.8 練習問題

1. **(標準正規分布の累積分布関数)** Z が標準正規分布に従う確率変数であるとします。まず，Excel 等を使って，Z が 3 以下の値をとる確率を求めなさい。次に，その確率を使って Z が 3 より大きな値をとる確率を求めなさい。さらに，その確率に基づいて，1 万回の実験をしたとき，Z が 3 を上回る（すなわち，$Z > 3$）ことが何回起こると予想できるか答えなさい。次に，Z が -2 以下の値をとる確率を求め，その確率に基づいて 1 万回の実験をしたとき，Z が -2 以下の値をとる（すなわち，$Z \leq -2$）ことが何回起こると予想できるか答えなさい。

2. **(BSM の適用)** 法政ビジネス（株）の株価は 1300 円で，同社株式の収益率の標準偏差は 30% です。さて，同社株式を原資産とし，失効日まで 3 か月あるヨーロピアン・コールオプションの理論価格を BSM に基づいて計算しなさい。ただし，このオプションの行使価格は 1200 円で，安全利子率は連続複利の年利率で 10% だとします。

3. **(連続複利を用いたプット・コール・パリティ*)** 第 6 章の練習問題 4 で導出したプット・コール・パリティは 1 年後に失効するオプションを対象にしており，利子率は単利で表示されたものを使いました。ここでは，T 年後に失効するオプションを対象にし，連続複利の年利率で表示した利子率 r を使って，プット・コール・パリティを表現しなさい。（ヒント：連続複利の年利率で表示された利子率 r を使う場合，T 年後に授受される行使価格 K の現在価値は Ke^{-rT} と表せます。）

4. **(ヨーロピアン・プットオプション公式の導出*)** 一般に，標準正規分布には $N(-z) = 1 - N(z)$ という性質があります（この性質が成立する理由は解答で説明します）。上記の問い **3** のプット・コール・パリティに，標準正規分布に関するこの性質を適用し，さらに，C に BSM の (10.5) 式を代入することによって BSM の (10.6) 式を導出しなさい。

第 11 章　効率的市場仮説

　本章では，証券価格に影響し得る情報が証券価格に正しく反映されているかどうかという点を検討します。この情報と証券価格の関係は，従来から，主に株式を対象にして，効率的市場仮説と呼ばれる仮説の検証という形で研究されてきました。したがって，本章でもそれに沿って研究成果の一部を紹介します。次に，節ごとに本章で取り上げるトピックを一覧すると，まず，11.1 節では効率的市場を「価格が利用可能な情報をつねに完全に反映する市場」として定義します。11.2 節では「利用可能な情報」を分析対象の証券の現在および過去の価格に限定して効率性を議論します。11.3 節では「利用可能な情報」を対象証券に関するすべての公開情報まで拡げて効率性を論じます。さらに，11.4 節では「利用可能な情報」がすべての情報である場合の効率性を取り上げます。一般に，市場効率性に矛盾し，一時的とみなせない現象が起こったとき，その現象をアノマリーと呼びます。11.5 節では，様々なアノマリーを紹介します。

　なお，効率的市場仮説に関する多数の実証分析（実際のデータを使った分析：empirical study）のうち，日本市場に関する研究については倉澤 [1989] が，また，米国市場に関する研究については，日本語で書かれたものではブリーリー他 [2014] の第 13 章，英語で書かれたものでは Elton 他 [2014] の第 17 章が包括的にサーベイしています。本章では，これらのサーベイで取り上げられている個別の研究については，原論文を引用せずに紹介することがあります。

11.1　効率的市場とは何か

　本書では，証券の主要な種類である債券，株式，先渡・先物，オプションを取り上げました。本書が依拠するファイナンスと呼ばれる研究・教育分野では，債券，株式，オプションの価値は，これらの証券に将来発生するキャッシュフローの現在価値によって与えられると考え，この現在価値を本源的価値と

呼んでいます。他方，先渡・先物の場合，契約時に対価が支払われませんが，それは，契約時において先渡・先物の現在価値がゼロになるように受渡価格が決定されるからです。さて，もし証券市場がよく機能しているならば，証券の市場価格はその本源的価値に等しくなると考えられます。なぜならば，仮にある企業が市場で予想されていた以上に利益をあげたり，あるいは，予想以下の利益しかあげられなかったりしたことが明らかになれば，それに応じて株式の本源的価値が増加あるいは減少し，株価が新たな本源的価値に改定されると考えられるからです。このような情報と証券価格の関係が，本章で取り上げる効率的市場仮説のテーマです。

効率的市場とはどんな市場か

効率的市場仮説を提示したのは，シカゴ大学教授のユージン・ファーマ (Eugene F. Fama) です。ファーマは 1970 年に発表した展望論文 (Fama [1970, p. 383]) において効率的市場を「価格が利用可能な情報をつねに完全に反映する市場」(a market in which prices always "fully reflect" available information) と定義しました。また，ファーマは，効率的市場を次のように解説しています。

「効率的資本市場とは，情報の処理が効率的な市場である。いかなる時点であれ，観測される証券価格は，その時点で利用可能なすべての情報の正しい評価に基づいている。効率的市場では，価格は利用可能な情報を完全に反映している。」(Fama [1976, p. 133])

したがって，効率的市場では，証券がつねに適正に評価されるので，証券価格に影響を及ぼす新情報が市場に伝わると，価格は瞬時に適正な値に調整されます。そして，ファーマは，市場が効率的であるという仮説を立てました。これが**効率的市場仮説** (efficient market hypothesis, EMH) です。

ちなみに，ポートフォリオ理論で「効率的フロンティア」という用語を使いましたが，この用語における「効率的」という言葉は，投資家の満足を最大化するという意味で使われています。他方，EMH における「効率的」という用語は，市場が情報を素早く効率的に処理することを意味します。したがって，誤解を防ぐために，EMH では，情報効率的 (informationally efficient) と言うこともあります。

上で引用した Fama [1976, p. 133] の文の「正しい (correct)」と「完全に反映する (fully reflect)」をより具体的に定義したものとして，たとえば，CAPM

図 11-1 情報の発生と株価推移

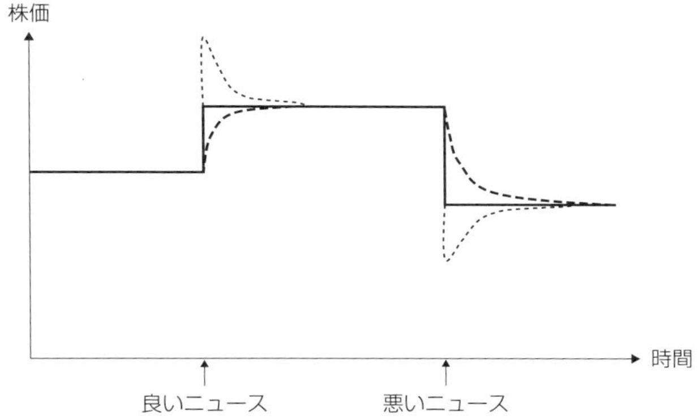

の提唱者の一人であるシャープの次の定義を紹介しておきます。

「効率的市場では，証券価格はその投資価値の優れた推定値になっている。ここで，投資価値とは，十分に情報をもつ有能な証券アナリストが推定する，将来収益の予想の現在価値のことである。」(Sharpe [1990, pp. 77, 79])

ただし，上の文の「投資価値（investment value）」は，本源的価値と同義です。

図 11-1 は，横軸で時間，縦軸で株価を測って，当該株式に関する情報が発表されたときの株価の推移を描いたものです。もし EMH が成立していれば，情報の発生と同時に，株価が本源的価値に変化するので，太い実線のような動きをするはずです。ただし，図 11-1 には，その情報が良いニュースであった場合と悪いニュースであった場合の両方を描いています。また，もし株価が太い点線のように推移するならば，情報の発生から株価が本源的価値にいたるまでに時間がかかっていることになるので，市場は情報効率的ではないことになります。したがって，そのような市場は非効率的であると言います。さらに，もし株価が細い点線のような動きをするならば，株価が情報に過剰に反応（overshoot）した後，徐々に本源的価値に収束したことを意味するので，市場は非効率的だと言えます。

(注) 一般の上場企業について，株価を時間の関数としてグラフに描くと，図 11-1 と異なり，絶え間なく上下に変動するグラフが得られます。これは，株価に影響を及ぼす情報が無数に存在し，それらが絶え間なく発生するからだと考えられます。図 11-1 で株価に影響を及ぼすニュースが 2 回しか発生しないことを仮定したのは，あくまで説明の便宜からです。

市場の効率性と投資収益

次に，市場の効率性を投資収益と関連付けて議論します。最初に，図 11-1 の太い点線のケースについて考えてみましょう。たとえば，仮に分析対象の企業の業績について良いニュースが発表されたとしたら，このケースでは株価が徐々に上昇します。したがって，この情報を早い時点で知った投資家は，即座に株式を購入して，その後，株価が本源的価値に達した時点で株式を売却すれば，正の利益を得ることができます。他方，この情報を知らない投資家は，このような利益を得ることはできません。また，図 11-1 には細い点線のように，株価が過剰反応してから本源的価値に戻るケースも描かれています。このケースでも，投資家は株価が割高になっているときに空売りして，その後，株価が本源的価値に戻ったときに買い戻せば，利益を得ることができます。このように，非効率的な市場では，情報を使って利益を上げることができます。

しかし，効率的市場では，図 11-1 の太い実線が示すように，株価が情報を瞬時に正しく反映します。したがって，投資家が株価の変動要因になり得る新しい情報を得ても，その情報に基づいて取引して利益を得る機会が時間的にありません。よって，効率的市場では，株価を動かす情報に基づいた投資戦略と，それに基づかない投資戦略との間に収益の差が生まれないはずです。この性質を言い換えれば，**もし何らかの情報に基づいた投資戦略が，その情報に基づかない投資戦略よりも継続的に高い収益をもたらすならば，市場は効率的ではない**と言えます。ちなみに，このような言い換えができるのは，上記の太字の文がその直前の文の，高校数学で対偶として学んだものになっているからです。

また，市場が効率的であれば，証券価格が変動するのは，新しい情報が市場に伝わったときに限られます。ただし，新しい情報とは，投資家に予測されていない，サプライズをもたらす情報を意味します。どんな情報がいつ発生するのか，また，それが証券価格にどう影響するのかを正確に予想することは困難です。したがって，**効率的市場では，価格変化はランダムになるはずです**。ただし，ここでランダム（random）とは，価格変化に規則性がなく，事前に価格変化を予測できないことを意味します。

効率的市場仮説の 3 分類

一般に，同一の市場であっても情報の種類によって効率的であったり，非効率であったりする可能性があります。そこで，ファーマは，シカゴ大学の統計

学教授だったハリー・ロバーツ（Roberts [1967]）の分類法に従って，情報を3種類に分類し，それぞれについて効率性を検討することを提唱しました。

(1) **ウィーク型の効率性**（weak form efficiency，弱度効率性）：検討する情報が，現在および過去の証券価格である場合の効率性を意味します。ただし，研究者によっては，検討する情報が現在および過去の取引データ（価格，取引高等）である場合をウィーク型の効率性と定義します。

(2) **セミストロング型の効率性**（semi-strong form efficiency，準強度効率性）：検討する情報が，現在および過去の証券価格を含めて，一般の投資家が利用可能なすべての公開情報である場合の効率性を意味します。

(3) **ストロング型の効率性**（strong form efficiency，強度効率性）：検討する情報が，一般の投資家が利用可能なすべての公開情報だけでなく，一部の企業関係者しか知り得ないインサイダー情報も含めた，すべての情報である場合の効率性を意味します。

この3分類において，ウィーク型の効率性が対象とする情報はセミストロング型の効率性が対象とする情報の一部（部分集合）であり，セミストロング型の効率性が対象とする情報はストロング型の効率性が対象とする情報の部分集合です。したがって，仮にある市場でセミストロング型の効率性が成立するならばウィーク型の効率性も必ず成立します。しかし，その逆は必ずしも成立しません。同様に，ストロング型の効率性が成立するならばセミストロング型の効率性も必ず成立します。しかし，その逆は必ずしも成立しません。

なお，ファーマは1970年後半以降の実証分析の結果を踏まえて，EMHを再検討した展望論文（Fama [1991]）を発表しました。同論文では上記の3分類を若干変更し，各分類の名称を具体的な実証方法の名称に変更しました。具体的には，ウィーク型の効率性については，対象とする情報を拡張し，過去の株価だけでなく，企業の属性等を表す変数を使って将来の収益性を予想できるかどうかをテストすることを提案しました。また，それに伴って，この分類の名称をウィーク型の効率性から「投資収益の予測可能性のテスト（tests for return predictability）」に変更しました。さらに，セミストロング型の効率性の名称をその検証方法である「イベント・スタディ」に，また，ストロング型の効率性の名称を「私的情報のテスト（tests for private information）」に変更しました。もちろん，この私的情報とは，インサイダー情報を意味します。

市場効率性の検証

特定の市場が効率的であるかどうかは，実際のデータを使った実証分析によって明らかにしなければなりません。効率性に関する実証分析の多くは，マイケル・ジェンセン（Michael Jensen）がJensen [1978, p. 96]で次のように定義した効率性を使います。「情報集合 θ_t に基づく証券の売買によって，経済的利益を得ることが不可能であるとき，市場は情報集合 θ_t に関して効率的である」。ただし，θ はギリシャ文字セータの小文字です。また，「経済的利益」とは，売買手数料など，取引にかかるすべての費用を控除し，さらに，リスクに関して調整した後の利益を意味します。たとえば，証券売買にかかる取引費用を除外すれば利益が出るが，取引費用を考慮すると利益が出ないのであれば，市場は効率的であるとみなすという考え方です。さらに，利益をリスクに関して調整するのは，9.12節の「ポートフォリオのパフォーマンス評価」の項でも説明したように，リスクとリターンの間にはトレードオフが存在するからです。したがって，たとえば，高いリスクをとった戦略がそのリスクに見合った高いリターン（リスクとリターンのトレードオフモデルが与える収益率）を得るのは当然であり，利益を評価する際にはその分を調整しなければならないということです。

11.2　ウィーク型の効率性

本節では，証券の価格変化がどんな性質を持つとき，ウィーク型の効率性が成立するか，例を使って検討します。図11-2は，仮想的なABC社の株式について，20XX年4月1日（月曜日）から同月11日（木曜日）まで，9営業日の午後3時の終値を記録したものです。グラフでは，株価は4月3日に高値をつけた後，概ね下がり続けています。あなたはこの折れ線グラフの情報を基に，明日12日の終値が，今日11日の終値に比べて上昇するか，あるいは，下落するかを予想しようとしています。それは可能でしょうか。

4.4節でも言及したように，過去の株価等の推移をグラフにしたものをチャート（chart, 罫線）と呼び，そのパターンから将来の株価やその動きを予想する手法をテクニカル分析，チャート分析あるいは罫線分析と呼びます。また，チャートに基づいて投資判断を行う投資家は，テクニカル・アナリストあるいはチャーチスト（chartist）と呼びます。テクニカル分析は，実務上，株式市

図 11-2　ABC 株の株価推移

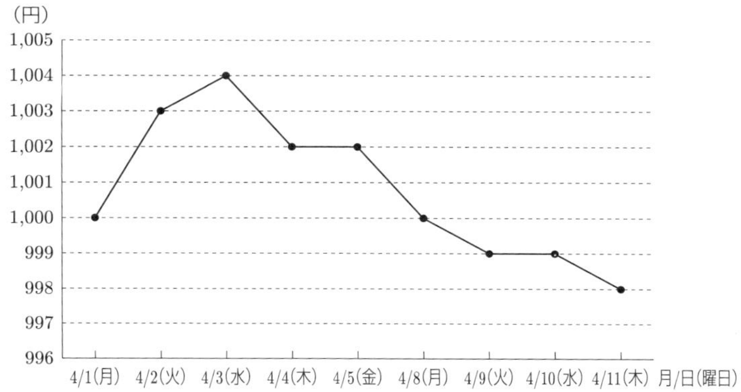

場だけでなく，外国為替市場や商品市場でも人気がある手法です．もしテクニカル分析によって将来の株価を正しく予想することができるとすれば，それに基づかない投資家よりも優れた投資成果を上げることができるはずです．もちろん，その場合，過去の株価には，利用し尽くされていない情報が存在することになるので，ウィーク型の効率性が成立していないことになります．

実は，市場には，情報効率性を高めるメカニズムが存在します．たとえば，仮に過去の株価のパターンに明日の株価が下がると判断できる情報が含まれていたとします．そして，多数のチャーチストがその情報を読み取って，即座に株式を売却しようとしたとします．その場合，株価は瞬時に下落するでしょうから，過去の株価のパターンに含まれていた情報が今日の株価に反映されることになります．逆に，過去の株価のパターンに明日の株価が上昇すると判断される情報が含まれている場合にも同様のメカニズムが働いて，その情報が今日の株価に反映されることになります．したがって，多数の投資家が参加し，取引が活発に行われている市場においては，過去の株価のパターンに含まれる情報は現時点の株価に反映されるので，一般の投資家がテクニカル分析によって利益を継続的に上げることは難しいと考えられています．

ランダム・ウォークモデル

実は，図 11-2 で描いた仮想的な株価推移は，4 月 1 日の株価が 1000 円であったと仮定したうえで，毎日午後 3 時にサイコロを振り，出た目が「6」なら株価は 3 円上昇，「5」なら 2 円上昇，「4」なら 1 円上昇，「3」なら株価は

変わらず,「2」なら1円下落,「1」なら2円下落するというルールに従って株価を計算したものです.すなわち,図11-2のグラフは,8回サイコロを振って出た目が $\{6, 4, 1, 3, 1, 2, 3, 2\}$ だった結果なのです.このグラフを見て4月12日午後3時の株価を予測するというのは,そのときに出るサイコロの目を予測することと同義です.もちろん,過去に出たサイコロの目の推移がどのようなものであれ,それが明日のサイコロの目を予測することに役立たないのは明らかでしょう.

ここで,10.3節で学習した確率過程の例を思い出してください.この例では,まず,硬貨を投げて表が上を向いたときに1をとり,裏が上を向いたときに0をとる確率変数 X を定義しました.次に,この硬貨を投げる実験を何度も繰り返し,i 番目の実験で観察される値を X_i で表しました.そして,X_1 から X_n までの合計と S_0 の和を S_n と定義し,それが確率過程の定義を満たしていることを確認しました.

したがって,図11-2で描かれた株価推移は,10.3節の X_i を,(11.1) 式で定義し直し,その合計を4月1日の株価である $S_0 = 1000$ 円に足した株価 S_n の推移をシミュレーションしたものだと言えます.

$$X_i = \begin{cases} 3\text{円} & \text{w.p.} & \frac{1}{6} \\ 2\text{円} & \text{w.p.} & \frac{1}{6} \\ 1\text{円} & \text{w.p.} & \frac{1}{6} \\ 0\text{円} & \text{w.p.} & \frac{1}{6} \\ -1\text{円} & \text{w.p.} & \frac{1}{6} \\ -2\text{円} & \text{w.p.} & \frac{1}{6} \end{cases} \tag{11.1}$$

換言すると,図11-2に描かれた株価推移は,3つの構成要素からなる確率過程の実現値のひとつだと言うことができます.ただし,3つの要素とは,$S_0 = 1000$ 円,(11.1) 式,$S_n = S_0 + X_1 + X_2 + \cdots + X_n$ の3つです.

この確率過程 S_n は,ランダム・ウォークと呼ばれる確率過程の一例です.そこで,**ランダム・ウォーク**(random walk)の標準的な定義を述べると,それは,S_0 が確率変数あるいは定数として与えられ,X_i が確率変数として定義され,S_n が $S_n = S_0 + X_1 + X_2 + \cdots + X_n$ によって定義されたときの S_n を指します.ただし,ランダム・ウォークと言う場合,通常 X_i が次の2つの性質を満たしていることを前提にします.第1に,株価変化 X_i がどの期 i におい

ても同一の確率分布に従う（identically distributed）こと．第2に，任意の期 i の株価変化 X_i がそれ以前の株価変化に影響されないこと．ちなみに，統計学では，第2の性質は独立（independence: 形容詞形は independent）と言います．したがって，第1と第2の性質を合わせて，株価変化 X_i は「独立同一の確率分布に従う」(independent and identically distributed, i.i.d.) と言います．

株価がランダム・ウォークに従うとき，日ごとの株価変化は独立です．その結果，統計学で学習する「独立な変数の間の共分散は0である」という性質によって，株価変化の間の共分散および相関係数は0になります．ただし，$\{S_0, S_1, S_2, \ldots\}$ のような時系列（time series: 時間に依存する確率変数あるいは数値の列）を構成する確率変数の間の相関係数は，系列相関（serial correlation），あるいは，自己相関（auto-correlation）と言います．したがって，この用語を使えば，株価がランダム・ウォークに従うとき，株価変化の系列相関は0であると言えます．

もし株価がランダム・ウォークに従うならば，過去の株価情報は，将来の株価予測にまったく役に立ちません．したがって，もし株価がランダム・ウォークに従うならば，ウィーク型の効率性が成立します．しかし，現実の株価が厳密にランダム・ウォークに従っていると考える研究者はほとんどいないでしょう．多かれ少なかれ，株価には，完全にランダムとは言い切れない変動部分が存在すると考えられるからです．たとえば，非常に短いインターバルで売買したときの株価変動には，わずかながら0ではない相関が観察されます．そして，この相関が0ではないという観察は，統計学的な観点から言って，かなり確かなことであると判断できます（統計学では，このことを「統計的に有意」と言います．この概念は 11.3 節の「イベント・スタディ」の項で詳しく説明します）．ただし，このランダム性からの乖離は小さいため，一般の投資家がその情報を使って取引を行っても，取引費用の存在によって経済的利益を継続的に上げることは難しいと考えられています．したがって，日本および米国のファイナンス研究者の多くは，両国においてウィーク型の効率性がおおよそ成立していると考えています．

11.3　セミストロング型の効率性

本節では，セミストロング型の効率性を検証するのに使われる手法を紹介し

ます。まず，セミストロング型の効率的市場とは，11.1節で定義したように現在および過去の証券価格について効率的であるだけでなく，分析対象の証券に関わる情報で，誰もが入手可能な情報は，公表と同時に正しく証券価格に反映される市場を意味します。

セミストロング型の効率性の観点から研究される代表的な情報としては，企業の財務情報があります。この種の情報は，ファンダメンタル分析の専門家である証券アナリストが，企業が置かれている経済・社会・政治環境，企業の事業内容とともに継続的に分析しています。したがって，彼等の株式・社債の評価（本源的価値）は，平均的な投資家のものより優れていると，一般には考えられています。しかし，もし証券市場においてセミストロング型の効率性が成立しているのであれば，ファンダメンタル分析によって，割高あるいは割安銘柄を見つけ出すことはできません。したがって，セミストロング型の効率性が成立することは，ファンダメンタル分析の有効性を否定することに繋がります。

イベント・スタディ[*]

セミストロング型の効率性の実証分析には，**イベント・スタディ**（event study）と呼ばれる手法が利用されます。この手法では，決算発表，配当のアナウンスメント，M&Aや株式分割の発表等，この分析手法でイベント（event）と呼ばれる出来事について，それが株価に及ぼす影響を以下の手順に沿って分析します。

第1に，分析対象とするイベント（たとえば，決算発表）を実施した企業を多数特定し，それらに関するデータを集めます。第2に，イベントが発生した日（たとえば，決算が発表された日）の前後の一定期間（たとえば，決算発表日の30日前から30日後までの期間）のそれぞれの日について，前日の終値と当日の終値（さらに，万が一配当落ち日と重なる場合には1株当たり配当）を（7.1）式に代入して日次収益率を計算します。第3に，CAPM等のリスクとリターンのトレードオフモデルに基づいてリスクに見合った期待収益率（たとえば1日当たりの期待収益率：正常収益率と呼ばれることがあります）を計算し，それを日次収益率から引いて差を求めます。この差は，英語ではabnormal return（AR）と呼ばれ，日本語では**異常収益率**，異常リターン，アブノーマル・リターン等，いろいろな訳があてられます。

第4に，分析対象の企業のそれぞれについて計算した異常収益率を平均します。ただし，その際，イベントが発生した日から前後した日数を合わせます。たとえば，仮に分析対象が S 社と T 社の2社しかなく，S 社は20XX年2月8日，T 社は20XX年5月8日の，株式市場が開かれている時間帯に決算発表を行ったとしましょう。その場合，S 社の20XX年2月8日の異常収益率と T 社の20XX年5月8日の異常収益率を平均して，イベント発生日の異常収益率の平均 $\overline{AR_0}$ とします。また，S 社の20XX年2月9日の異常収益率と T 社の20XX年5月9日の異常収益率を平均して，イベント発生日翌日の異常収益率の平均 $\overline{AR_1}$ とします。もちろん，実際にイベント・スタディを行う場合には，もっと多数の企業を分析対象にします。

　第5に，イベント発生日の異常収益率の平均 $\overline{AR_0}$ について統計学的な処理を施し，その結果得た数値が統計学的な意味で0と変わらない数値とみなせるかどうかを判断します。この第5のステップは統計学で**仮説検定**（hypothesis testing）と呼ばれる手法の適用です。以下では，仮説検定を学習していない読者のために，仮説検定の考え方を異常収益率を例にとって紹介します。なお，我々が異常収益率の真の値が0であるかどうかという点を検討するのは，もし異常収益率が0であるならば，株価が分析対象の情報に対して反応しないことを意味するからです。

　まず，仮説検定では，異常収益率の真の値が存在すると仮定し，企業ごとに計測された異常収益率は真の値に誤差を伴って観察された値であると捉えます。したがって，この見方に従えば，異常収益率 AR_0 が企業間でばらつくのは，誤差の現れ方（誤差の実現値）が異なるからだと解釈されます。次に，異常収益率のばらつきの度合い（7.5節で学習した標準偏差を，確率変数の真の分布に対してではなく，実現値の全体に対して計算したもの）を考慮に入れて異常収益率の平均 $\overline{AR_0}$ の値を加工します。ちなみに，ばらつきの度合いを考慮に入れるのは，ばらつきの大きさによって $\overline{AR_0}$ の値の解釈が異なるからです。たとえば，仮にイベントが発生した日の異常収益率の平均 $\overline{AR_0}$ の値が1%だったとしましょう。その場合，もしばらつきの度合いが0.1%であれば，異常収益率の真の値が0である可能性が極めて小さくなるので，高い確度で異常収益率の真の値が0ではないと言えます。他方，もしばらつきの度合いが100%であればそのようなことは言えません。

　ここで，第5のステップに戻って，もし異常収益率の平均を加工したもの

が 0 から十分離れた値であれば，平均は真の値を部分的に反映しているはずなので，真の値も 0 から離れている確率が高いと考えられます．したがって，真の値が 0 であるという仮説（**帰無仮説**，null hypothesis）を否定（棄却）することができます．統計学では，このことを「真の値が 0 であるという帰無仮説を棄却する（to reject the null hypothesis）」と言い，その場合，異常収益率は「**統計的に有意である**（statistically significant）」と言います．残念ながら，この「帰無仮説を棄却する」とか「統計的に有意」という言い回しからその内容を想像することは難しいですが，それらの表現が意味することは，「真の値が 0 である確率は小さそうだ」ということです．

他方，もし異常収益率の平均を加工したものが 0 から十分離れていなければ，平均は真の値を部分的に反映しているはずなので，真の値が 0 である可能性を捨て切れません．そこで，真の値が 0 である確率が十分小さくはないので，真の値が 0 である可能性を消極的に認めるのです．統計学では，このことを「帰無仮説を棄却しない（to fail to reject the null hypothesis）」と言い，その場合，異常収益率は「**統計的に有意ではない**（not statistically significant）」と言います．

仮に上記の S 社，T 社とも市場予想を超える好決算を発表したとしましょう．その場合，通常，4.6 節で指摘したように株価が上昇します．したがって，もし市場が効率的であれば，（そして，イベント発生日とその翌日に S 社と T 社の株価に影響する他の新規情報がなければ）好決算は瞬時に株価に反映されるので，$\overline{\mathrm{AR}}_0$ はプラスの値をとり，$\overline{\mathrm{AR}}_1$ は 0 と変わらない値をとるはずです．このようにして，イベント・スタディではセミストロング型の効率性を分析します．

> （注）標準的なイベント・スタディでは，イベント発生日の数十日前から数十日後までの期間の各日を分析対象にします．そこで，まず，イベント日に 0，イベント日の $1, 2, 3, \ldots, N$ 日後に $1, 2, 3, \ldots, N$，イベント日の $1, 2, 3, \ldots, N$ 日前に $-1, -2, -3, \ldots, -N$ の値をとる変数 n を定義します．次に，それぞれの日について異常収益率の平均 $\overline{\mathrm{AR}}_n$ を計算します．そして，イベント発生日の N 日前から分析対象期間の特定の日 n までのそれぞれの日の異常収益率の平均を合計したものを累積超過収益率（cumulative abnormal return）$\overline{\mathrm{CAR}}_n$ と呼んで，その振る舞いを観察します．すなわち，$\overline{\mathrm{CAR}}_n$ は次式で定義します．
>
> $$\overline{\mathrm{CAR}}_n = \overline{\mathrm{AR}}_{-N} + \cdots + \overline{\mathrm{AR}}_n$$

なお，イベント・スタディのより詳細な説明については Elton 他 [2014] の 17 章を参照してください。

従来からイベント・スタディの対象として研究された公開情報には，企業の売上高，経常利益，純利益，配当など財務諸表に記載される情報だけでなく，監査報告書の注記事項，会社更生法申請，新規株式公開（initial public, offering, IPO），増資および減資，株式分割，自社株買い，M&A の情報などがあります。また，経営者の突然の交代や突然死のニュースの効果を調査した研究もあります。日米の株式市場については，セミストロング型の効率性に否定的な研究も散見されますが，概ね，公開情報は迅速に株価に反映されているとする肯定的な研究が多いです。したがって，取引費用まで考慮した場合，多くの研究者が株式市場ではセミストロング型の効率性が成立していると考えています。

11.4　ストロング型の効率性

企業の役職員や取引先等の「会社関係者」は，公表されていない，株価に影響を及ぼし得る「重要事実」を知ることができると考えられます。これらの会社関係者をインサイダー（insider, 内部者），重要事実をインサイダー情報（insider information, 内部者情報），インサイダー情報を利用した証券売買をインサイダー取引（insider trading, 内部者取引）と呼びます。ストロング型の効率性では，非公開情報であるインサイダー情報であっても，証券価格に迅速かつ正しく反映されるかどうかという点を分析対象にします。たとえば仮に株式市場においてストロング型の効率性が成立しているならば，企業のインサイダー情報も株価に瞬時かつ正しく反映されて，株価はつねに本源的価値に等しくなります。したがって，インサイダー取引によってもリスクに見合った期待収益率以上の収益を得ることができなくなります。ただし，ストロング型の EMH は，あくまでも実証分析の枠組みとして提唱されたのであって，それが現実の証券市場で成立していると考える研究者や実務家は，おそらく，いないでしょう。企業に関わるインサイダー情報は，インサイダーだけがアクセスでき，外部者には知り得ないと考えられるからです。

ストロング型の効率性に関する実証研究は日本市場については多くないので，本節では米国市場に関する研究結果を紹介します。まず，インサイダー

が，自分が関係する企業の株式を集中的に購入した後に株価が上昇し，売却した後に株価が下落する傾向があることが報告されています。この結果については，インサイダーがインサイダー情報を使って利益を獲得していると解釈することが可能です。

また，米国の証券取引委員会（Securities and Exchange Commision, SEC: 証券取引等の監視・監督機関）は，インサイダーによる大規模な株式売買について，それを2営業日以内に報告することを義務付けていて，さらに，その詳細を公開しています。したがって，一般投資家がこの公開情報を使って利益を上げることができるかどうかを研究することができますが，ある研究によると，答えは否です。

次に，ストロング型効率性の研究のひとつとして，証券投資のプロフェッショナルであるファンド・マネージャーが運用する投資信託のパフォーマンスを分析した研究が多数あります。ファンド・マネージャーは，投資候補の企業の財務諸表を分析するだけでなく，経営者に直接ヒアリングを行うなど，企業の生の情報を収集しています。したがって，インサイダー情報等の未公開の企業情報を得ている可能性があり，リスクに見合った期待収益率以上の収益を上げる可能性があります。

そこで，主に株式に投資する米国の投資信託について，9.12節で概説したパフォーマンス評価の手法に基づいてアルファを計測し，横軸でアルファを測り，縦軸で相対頻度を測った頻度図を描くと通常，釣鐘に似た形状になります。すなわち，少数の投資信託はアルファに大きな正の値をとり，少数の他の投資信託はアルファに絶対値は大きいが符号は負の値をとります。そして多数の投資信託はアルファに，分析対象とする投資信託のアルファの平均に近い値をとります。また，分析対象とする投資信託全体のアルファの平均は，信託報酬や手数料等の控除前だと0近くの値になりますが，それらの費用を控除した後だとマイナスの値になります。また，ある投資期間において正のアルファを実現した投資信託のうち，その後も継続的にアルファを実現し続けているものは，ほとんどないと言われています。

これらの研究結果については，2通りの解釈が可能です。ひとつは，ファンド・マネージャーがインサイダー情報を持っていないというものです。もうひとつは，ファンド・マネージャーはインサイダー情報を持っているのだけれども，ストロング型の効率性が成立しているというものです。次の段落で紹介す

るように，インサイダー情報に基づいて証券を売買することは広く禁止されています。また，本節の第2段落で紹介した研究結果もあります。したがって，おそらく，2通りの解釈のうち最初の解釈が妥当していると考えられます。

さて，日本では，金融商品取引法166条によって，上場会社の役員，従業員などの会社関係者が，株式発行，新事業開始，決算情報などの重要事項を職務を通じて知った場合，その重要事項が公表される前に，当該企業が発行する株式等の証券を売買することを禁止しています。また，会社関係者を通して重要事実を知った人が同様の売買をすることも禁止しています。これは，重要な情報を知り得る立場にある者が，当該情報を知った上で取引を行うと，一般投資家に比べて著しく有利であり，市場に対する信頼が損なわれるためです。米国では，1934年証券取引所法（Securities Exchange Act of 1934）の10条によって，インサイダー取引を禁止しています。欧州に属する他の先進国でも同様です。ちなみに，これらのインサイダー取引の規制が，ストロング型の効率性が成立していないことを前提にしていることは言うまでもないことです。

11.5 アノマリー

アノマリー（anomaly）とは，一時的とはみなせない，EMHと矛盾する現象を指します。通常，アノマリーは収益率に関するものが多く，その結果，アノマリーを評価する際には，収益率についての妥当性を判断する必要性が生じます。そして，その場合，リスクに見合った期待収益率（正常収益率）を基準にして，観察された収益率を評価することになります。

したがって，どのように正常収益率を求めるのかという点が重要な論点になります。過去の多くの実証研究では，CAPMのベータによってリスクを推定し，CAPMの公式を使って正常収益率を計算しました。しかし，もしCAPMが現実の株式のリスクを正しく捉えていないならば，CAPMに基づいて計算された正常収益率も，また，それから計算される異常収益率も信頼できないことになります。

たとえば，仮にある情報に関して異常収益率が検出されて，市場が非効率的であることを示したとしても，もしCAPMが現実に妥当しないならば，異常収益率が見せかけである可能性を排除できません。要するに，EMHの検証は，①リスクとリターンのトレードオフを表現するモデルが現実に妥当するか

否か，②分析対象の市場が効率的か否か，という2つの仮説（複合仮説，joint hypothesis）の分離不可能なテストになっています．以下では，EMHの3分類ごとに主要なアノマリーを紹介します．

11.5.1 ウィーク型の効率性に反するアノマリー

株価の時系列のパターン

もし株価の時系列に，ランダム・ウォークとはみなせない特有のパターンがあるならば，それを知る投資家は，それを知らない投資家に比べて高い収益を上げる可能性があります．したがって，その場合，ウィーク型の効率性は成立しない可能性があります．以下，そのような株価の時系列のパターンを挙げます．

1月効果（January effect）：多数の銘柄を組み入れた株式ポートフォリオについて月次収益率（前月の終値と当月の終値，さらに当月に支払われた配当を (7.1) 式に代入して計算した収益率）を計算すると，日米いずれの市場においても，1月の収益率がその他の月の収益率より高くなるという現象が，1970年代後半に発見され，公表されました．この1月効果と呼ばれる現象は，大型株では必ずしもはっきり表れないことがありますが，小型株では強く表れ，日米以外の多数の国でも観察されました．したがって，株式を年末に買い，1月末に売る投資家が増えて1月効果はなくなるはずなのですが，この現象は1980年代まで続きました．しかし，俊野 [2015] によれば，1990年代以降，日米ともに1月効果が観察されなくなったとのことです．

曜日効果（day-of-the week effect）：株価指数の日次収益率（前営業日の終値と当日の終値を (7.1) 式に代入して計算した収益率）を長期間にわたって曜日ごとに平均すると，米国では月曜日の収益率がマイナスになります．また，日本の株価指数についても同様の方法で平均を計算すると，月曜日および火曜日の収益率がマイナスになります．この現象は，1980年代に発表された複数の論文を端緒として広く知られるようになりました．さらに，ハリス（Harris [1986]）によると，米国市場で観察された月曜日のマイナスの収益率のうちかなりの部分が金曜日の大引けから月曜日の寄付き後45分間で起こったとのことです．したがって，この現象を知っている投資家が週の終わりか翌週の初めに株式を売買する場合，可能な限り売却は金曜日の大引け直前に行い，購入は月曜日の寄付きから45分経過した頃に行おうとするはずです．そして，投資家のそ

ような行動の結果，曜日効果が解消すると期待されます。しかし，俊野 [2015] によると曜日効果はいまだに存在しているとのことです。

短期的モメンタム (short-term momentum)：日米双方の市場において，投資期間が1年以内の短期（たとえば1週間）について株価指数の収益率を計測すると，正の系列相関を持つことが知られています。また，個別銘柄にも，短期的な収益率に強い正の系列相関を持つものが多数存在します。これは，株価が上昇局面では上昇し続け，下降局面では下降し続ける傾向があることを意味するので，投資家が株価の変動をある程度予測できる可能性を示唆します。ちなみに，株価変動が正の系列相関を持って推移する現象をモメンタム効果 (momentum effect) と呼びます。

中長期リバーサル：日米双方の市場において，投資期間が3年以上の中長期の収益率を株式ポートフォリオについて計算すると，統計的に有意な負の系列相関が見つかります。このように株価変動が負の系列相関を持って推移する現象を日本語ではリターン・リバーサル，英語では reversal effect と呼びます。また，これを平均的な水準への回帰と捉え，株価のミーン・リバージョン (mean reversion) と呼ぶこともあります。一部の研究には，株価は中長期的にはランダム・ウォークとみなすことはできないという報告があり，ウィーク型の効率性に抵触する可能性を指摘するものもあります。しかし，投資期間が長期になると，安全利子率，リスクプレミアムのいずれもが変動し，株価が合理的に形成されていたとしても，正あるいは負の系列相関を持ち得ます。したがって，統計的に有意な系列相関を検出したからといって，市場が非効率的であると判断するのは早計です。

バブル

一般に，資産の市場価格が，その本源的価値から長期にわたって大幅に上回る現象を**バブル** (bubble) と言います。バブルの歴史をひもとくと，1637年にオランダで起きたチューリップ・バブル，1720年に英国政府系会社として奴隷貿易を行った南海会社の株式が暴騰した南海泡沫事件，1929年に世界大恐慌の引き金となった米国株式市場の暴騰と暴落，1960年代の米国で発生したオープン型投信のバブル，日本の1980年代後半に発生した株式市場のバブル，1990年代後半から2000年にかけて米国で生じたITバブルなど，世界中でバブルが繰り返し発生しています。なお，これらのバブルに関心のある読者

は，マルキール [2016] を参照してください。

　これらのバブルの特徴は，一定期間は継続的に価格が上昇することと，何らかの原因が引き金となって暴落することです。株式市場のバブル形成期には，明確な正の系列相関が存在します。したがって，投資家は，その時期は証券投資によって利益を上げ続けることができる可能性があり，バブルが市場の効率性と矛盾する現象である可能性があります。ただし，バブルがどの時点で発生し，いつ弾けるかが予想できないので，継続的に利益を上げることは難しく，ウィーク型の効率性の反証とみなさない研究者もいます。

11.5.2　セミストロング型の効率性に反するアノマリー

　次に，セミストロング型の効率性に反するアノマリーを紹介します。このテーマに関する研究の多くは，リスクに見合った期待収益率を CAPM 等に基づいて計算し，それを観察された収益率から差し引いて異常収益率を求めます。さて，もし CAPM が成立していれば，公開情報として投資家が知り得る企業属性は，CAPM のベータに影響する限りにおいて株式の期待収益率に影響し，さらに，CAPM のベータに影響する限りにおいて実際に観察される株式の収益率に影響します。したがって，企業属性はベータを通じて実際に観察される収益率と期待収益率の両方に影響を及ぼすのですが，一方から他方を差し引けばベータの影響を受ける部分が相殺してなくなります。その結果，両者の差を表す異常収益率には，企業属性の影響が表れなくなり，異常収益率と企業属性との間にシステマティックなパターンが観察できないはずです。

　ここで，11.5 節の冒頭で指摘した点を思い出してください。すなわち，異常収益率を分析することによってセミストロング型の効率性を検証することは，①リスクとリターンのトレードオフを表現するモデルが現実に妥当するか否か，②市場が効率的か否か，という 2 つの仮説の分離不可能なテストになっているという点です。したがって，もし CAPM に基づいて計算された異常収益率と企業の特定の属性との間に何らかのシステマティックな関係が観察されるのであれば，それは，(i) CAPM が妥当していないか，あるいは，(ii) セミストロング型の効率性が成立していないか，さらに，(iii) その両方である可能性が考えられます。ちなみに，CAPM に基づいて計算された異常収益率と企業属性との間にシステマティックな関係は，「CAPM アノマリー」と呼ばれることがあります。以下では，代表的な CAPM アノマリーを 2 つ紹介

します。

小型株効果

9.10節でも紹介しましたが，CAPMに基づいて米国の上場株式の異常収益率を計算すると，時価総額（株価 × 発行済み株式総数）が小さい株式に正の値が計測される傾向が表れます。すなわち，同程度のベータ値を持つ株式であれば，時価総額が小さい株式（小型株）の方が，時価総額が大きい株式（大型株）より収益率が高く，その差が統計的に有意であるというのです。この現象は，**小型株効果**あるいは**規模効果**（size effect）と呼ばれます。なお，日本の上場株式については米国ほどはっきりした小型株効果が報告されていません。

簿価・時価比率

9.10節でも紹介しましたが，日米双方の上場株式について，簿価・時価比率が高い銘柄ほど，収益率が高くなる傾向があることが報告されています。また，この傾向は，CAPMのベータで調整した後も顕著に観察されます。4.5節でも触れましたが，簿価・時価比率が高いのは，分子の簿価に比べて分母の時価（株価）が低いからです。したがって，投資実務では，簿価・時価比率が高い銘柄は割安とみなされ，**バリュー株**と呼ばれることがあります。逆に，分子の簿価に比べて分母の時価（株価）が高い，簿価・時価比率が低い銘柄は，割高銘柄とみなされることがあります。ただし，簿価に比べて時価が高いのは，その銘柄に対する将来の成長期待を反映しているからだと考えられるので，簿価・時価比率が低い銘柄は**成長株**と呼ばれることもあります。なお，簿価・時価比率が高い銘柄ほど収益率が高いというアノマリーは，**バリュー株効果**と呼ばれます。

11.5.3 ストロング型の効率性に関連する不思議な現象

ストロング型の効率性が現実の証券市場で成立していると考える研究者や実務家はいないと思われます。しかし，そう解釈せざるを得ないと一部の研究者が考える現象が米国で報告されています。

1986年1月28日午前11時39分に，打ち上げ直後のスペースシャトル・チャレンジャー号が分解，爆発する事故がありました。その結果，瞬時に，スペースシャトル計画に参加していた主要企業のロッキード社（Lockheed），マ

ーティン・マリエッタ社（Martin Marietta），ロックウェル社（Rockwell International），モートン・サイオコール社（Morton Thiokol）の4社の株価が急落しました。特に，4社の中でも固定燃料ブースターを担当したモートン・サイオコール社の株価の下落幅が突出して大きく，正午過ぎには同社株式の取引が停止されました。市場はあたかも事故は同社の責任だと判断したような様相を見せました。

しかし，事故当日にモートン・サイオコール社の製造したものが事故の原因であるという発表，あるいは，それを疑わせる事実の公表もなく，大手マスコミは事故の原因を特定する手掛かりがないと報道していました。ところが，その6か月後，事故調査委員会は，原因はモートン・サイオコール社が製造した燃料ブースターの部品の欠陥にあると発表しました。さらに，モートン・サイオコール社のインサイダーがこの情報に基づいて取引を行った形跡もないため，研究者の中には，この件に関して株式市場はストロング型の意味で効率的だったと解釈する人もいます。いまだに原因は確定されていませんが，詳しい分析を知りたい読者は，マロニー・マルヘアリンの論文（Maloney and Mulherin [2003]）を参照してください。

以上，情報効率性の3分類のそれぞれについてアノマリーを例示しました。もちろんこれら以外にも未解決な問題が存在します。本書では取り上げませんでしたが，アノマリーを人間行動の非合理性によって説明しようとする行動ファイナンス（behavioral finance）の研究も進展しています。逆説的に聞こえるかもしれませんが，今後のファイナンス研究の進展に期待してください。

11.6　練習問題

1. **（ランダム・ウォーク）** まず，今日を0時点とし，今日の株価 S_0 が1000円だとします。また，明日以降に発生する1日ごとの株価変化は，次のルールに従って発生するとします。すなわち，毎日午後3時に硬貨を投げ，表が出たら株価が1円上昇し，裏が出たら株価が1円下落するというルールに従って株価が変動するとします。また，表，裏が出る確率はそれぞれ $\frac{1}{2}$ であるとします。これらの仮定に基づいたとき，0時点の株価 S_0 が1000円であることを前提にして明日の株価 S_1 の期待値 $E[S_1|S_0 = 1000\text{ 円}]$，2日後の株価 S_2 の期待値 $E[S_2|S_0 = 1000\text{ 円}]$，3日後の株価 S_3

の期待値 $E[S_3|S_0 = 1000\text{円}]$ を計算しなさい．ただし，これらの期待値表現の中の「$|S_0 = 1000\text{円}$」は，0時点における株価 S_0 が1000円であることを前提（条件）とした，いわゆる条件付き期待値であることを表しています．

2. (**景気循環とウィーク型の効率性**[*]) 古くから，経済には好景気と不景気が交互に起こる景気循環があることが知られています．また，株価は企業が将来生み出すキャッシュフローを反映して決まると考えられるので，株価は景気循環に大きく左右されるはずです．したがって，景気循環の動向に賭ける投資戦略が考えられますが，そのような投資戦略によって継続的にプラスの異常収益率を上げることができるでしょうか．その点について，効率的市場仮説の立場に立ってコメントしなさい．

3. (**投資業界のスーパースター**[*]) 米国には，ピーター・リンチ (Peter Lynch)，ウォーレン・バフェット (Warren E. Buffett)，ジョン・テンプルトン (John M. Templeton) といった，巨額の投資利益を実現した著名な投資家が存在します．たとえば，ピーター・リンチは，マゼランファンド (Magellan Fund) という名称の投資信託のファンド・マネージャーを13年間務め，平均して1年当たり29%の収益率を上げました．これらの投資業界のスーパースター (investment superstars) の存在は，効率的市場仮説に矛盾するかどうかコメントしなさい．

参考文献

【和書】

伊藤敬介・荻島茂樹・諏訪部貴嗣共著『新・証券投資論II──実務篇』日本経済新聞出版社，2009年。

上野泰也編著『No.1エコノミストが書いた世界一わかりやすい金利の本』株式会社かんき出版，2018年。

太田智之監修『債券運用と投資戦略　第4版』金融財政事情研究会，2016年。

大村敬一著『ファイナンス論──入門から応用まで』有斐閣，2010年。

大村敬一・俊野雅司共著『証券論──History, Logic, and Structure』有斐閣，2014年。

角川総一著『改訂新版　定本・金利計算マニュアル──利回り感覚錬磨のための72章』近代セールス社，2003年。

小林孝雄・芹田敏夫共著『新・証券投資論I──理論篇』日本経済新聞社，2009年。

杉本浩一・福島良治・若林公子共著『スワップ取引のすべて　第5版』金融財政事情研究会，2016年。

【翻訳書】

ジョン・ハル著，三菱UFJモルガン・スタンレー証券市場商品本部訳『フィナンシャルエンジニアリング──デリバティブ取引とリスク管理の総体系　第9版』金融財政事情研究会，2016年。

ピーター・バーンスタイン著，青山護・山口勝業共訳『証券投資の思想革命──ウォール街を変えたノーベル賞経済学者たち　普及版』東洋経済新報社，2006年。

リチャード・ブリーリー，スチュワート・マイヤーズ，フランクリン・アレン共著，藤井眞理子・國枝繁樹監訳『コーポレート・ファイナンス　上・下　第10版』日経BP社，2014年。

マッキンゼー・アンド・カンパニー，ティム・コラー，マーク・フーカート，デイビッド・ウェッセルズ共著，マッキンゼー・コーポレート・ファイナンス・グループ訳『企業価値評価──バリュエーションの理論と実践　第6版　上』ダイヤモンド社，2016年。

バートン・マルキール著，出手正介訳『ウォール街のランダム・ウォーカー──株式投資の不滅の真理　原著第11版』日本経済新聞出版社，2016年。

スティーヴン・ロス，ランドルフ・ウェスタフィールド，ジェフリー・ジャフィー共著，大野薫訳『コーポレートファイナンスの原理　第9版』金融財政事情研究会，

2012年。

【和論文】

倉澤資成「資本市場の効率性：日本における実証研究の展望」『フィナンシャル・レビュー』No. 15, 1989年, pp. 51-93。

俊野雅司「証券市場のアノマリー」『成蹊大学経済学部論集』第46巻第1号, 2015年, pp. 109-132。

【洋書】

Bodie, Zvi, Alex Kane, and Alan Marcus, *Investments*, 11th ed., McGraw Hill Education, 2018.

Elton, Edwin, Martin Gruber, Stephen Brown, and William Goetzmann, *Modern Portfolio Theory and Investment Analysis*, 9th ed., John Wiley & Sons, 2014.

Fabozzi, Frank, *Bond Markets, Analysis, and Strategies*, 9th ed., Pearson, 2016.

Fama, Eugene, *Foundation of Finance*, Basic Books, 1976.

Maginn, John, Donald Tuttle, Jerald Pinto, and Dennis McLeavey, *Managing Investment Portfolios: A Dynamic Process*, 3rd ed., John Wiley & Sons, 2007.

Sharpe, William and Gordon Alexander, *Investments*, 4th ed., Prentice Hall, 1990.

【洋論文】

Banz, Rolf, "The Relationship Between Return and Market Value of Common Stock," *Journal of Financial Economics*, Vol. 9, No. 1, 1981, pp. 3-18.

Black, Fischer, "Capital Market Equilibrium with Restricted Borrowing," *Journal of Business*, Vol. 45, No. 3, 1972, pp. 444-454.

Black, Fischer and Myron Scholes, "The Pricing of Options and Corporate Liabilities," *Journal of Political Economy*, Vol. 81, No. 3, 1973, pp. 637-654.

Carhart, Mark, "On Persistency in Mutual Fund Performance," *Journal of Finance*, Vol. 52, No. 1, 1997, pp. 57-82.

Chen, Nai-Fu, Richard Roll, and Stephen Ross, "Economic Forces and the Stock Market," *Journal of Business*, Vol. 59, No. 3, 1986, pp. 383-403.

Elton, Edwin and Martin Gruber, "Risk Reduction and Portfolio Size: An Analytical Solution," *Journal of Business*, Vol. 50, No. 4, 1977, pp. 415-437.

Fama, Eugene, "Efficient Capital Markets: A Review of Theory and Empirical Work," *Journal of Finance*, Vol. 25, No. 2, 1970, pp. 383-417.

Fama, Eugene, "Efficient Capital Markets II," *Journal of Finance*, Vol. 46, No. 5, 1991, pp. 1575-1617.

Fama, Eugene and Kenneth French, "The Cross-Section of Expected Returns," *Journal of Finance*, Vol. 47, No. 2, 1992, pp. 427-465.

Fama, Eugene and Kenneth French, "Common Risk Factors in the Returns on Stocks and Bonds," *Journal of Financial Economics*, Vol. 33, No. 1, 1993, pp. 3-56.

Fama, Eugene and Kenneth French, "Size, Value, and Momentum in International Stock Returns," *Journal of Financial Economics*, Vol. 105, No. 3, 2012, pp. 457-472.

Fama, Eugene and Kenneth French, "A Five-Factor Asset Pricing Model," *Journal of Financial Economics*, Vol. 116, No. 1, 2015, pp. 1-22.

Fama, Eugene and Michael Gibbons, "A Comparison of Inflation Forecasts," *Journal of Monetary Economics*, Vol. 13, No. 3, 1984, pp. 327-348.

Harris, Lawrence, "A Transaction Data Study of Weekly and Intradaily Patterns in Stock Returns," *Journal of Financial Economics*, Vol. 16, No. 1, 1986, pp. 99-117.

Jensen, Michael, "Some Anomalous Evidence Regarding Market Efficiency," *Journal of Financial Economics*, Vol. 6, Nos. 2/3, 1978, pp. 95-101.

Lintner, John, "The Valuation of Risk Assets and the Selection of Risky Investments in Stock Portfolios and Capital Budgets," *Review of Economics and Statistics*, Vol. 47, No. 1, 1965, pp. 13-37.

Maloney, Michael and J. Harold Mulherin, "The Complexity of Price Discovery in an Efficient Market: the Stock Market Reaction to the Challenger Crash," *Journal of Corporate Finance*, Vol. 9, No. 4, 2003, pp. 453-479.

Markowitz, Harry, "Portfolio Selection," *Journal of Finance*, Vol. 7, No. 1, 1952, pp. 77-91.

Modigliani, Franco and Merton Miller, "The Cost of Capital, Corporation Finance and the Theory of Investment," *American Economic Review*, Vol. 48, No. 3, 1958, pp. 261-297.

Modigliani, Franco and Merton Miller, "Corporate Income Taxes and the Cost of Capital: A Correction," *American Economic Review*, Vol. 53, No. 3, 1963, pp. 433-443.

Mossin, Jan, "Equilibrium in a Capital Asset Market," *Econometrica*, Vol. 34, No. 4, 1966, pp. 768-783.

Roberts, Harry, "Statistical versus Clinical Prediction of the Stock Market," Unpublished manuscript, CRSP, University of Chicago, 1967.

Ross, Stephen, "The Arbitrage Theory of Capital Asset Pricing," *Journal of Eco-

nomic Theory, Vol. 13, No. 3, 1976, pp. 341-360.

Sharpe, William, "Capital Asset Prices: A Theory of Market Equilibrium under Conditions of Risk," *Journal of Finance*, Vol. 19, No. 3, 1964, pp. 425-442.

Treynor, Jack, "Market Value, Time, and Risk," Unpublished manuscript, 1961.

Treynor, Jack, "Toward a Theory of Market Value of Risky Assets," Unpublished manuscript, 1962.

索　引

数字・アルファベット

4 ファクターモデル　306
5 ファクターモデル　306
ABS　→ 資産担保証券
AIBD　47
AIJ 投資顧問株式会社　174
AMEX　→ アメリカン証券取引所
APT（裁定価格理論）　271, 293, 299, 308
BPS（1 株当たり純資産）　128
BSM　→ ブラック・ショールズモデル
CAPM（資本資産評価モデル）　271, 273, 289, 306, 308, 309
　──アノマリー　354
CCM　→ コスト・オブ・キャリーモデル
CMA（"conservative minus aggressive"）　306
CME　→ シカゴ・マーカンタイル取引所
CML　→ 資本市場線
DDM　→ 配当割引モデル
EBIT（利払前・税引前利益）　130
EBITDA（利払前・税引前・償却前利益）　130
EMH　→ 効率的市場仮説
EPS（1 株当たり利益）　128
ETF（上場投資信託）　97
EV/EBITDA 倍率　130
FTSE 100　118
HML（"high minus low"）　304
IPO　→ 株式公開
IT バブル　136
JCCH　→ 日本商品精算機構
JCR　→ 日本格付研究所
JSCC　→ 日本証券クリアリング機構

K ファクターモデル　299
LIBOR　→ ロンドン銀行間取引金利
MBS　→ モーゲージ証券
Moody's　→ ムーディーズ
Nasdaq　→ ナスダック
NPV　→ 正味現在価値（法）
NYSE　→ ニューヨーク証券取引所
ODE　→ 大阪堂島証券取引所
OP（operating profitability）　306
OTC　→ 店頭市場
PBR　→ 株価純資産倍率
PER　→ 株価収益率
PSR　→ 株価売上高倍率
R&I　→ 格付投資情報センター
RMW（"robust minus weak"）　306
ROA　→ 純資産利益率
ROE　→ 株主資本利益率
S&P 500　118, 138
SGX（Singapore Exchange）　149
SMB（"small minus big"）　304
SPAN 証拠金額　154
$T+1$ ルール　32
TFX　→ 東京金融取引所
TOCOM　→ 東京商品取引所
TOKYO PRO Market　110
TOPIX（東証株価指数）　118, 138, 192
TOPIX100　112
TOPIX オプション　192
VaR（バリュー・アット・リスク）　55
VaR ショック　55
WML（"winners minus losers"）　306

ア　行

アウト・オブ・ザ・マネー　185, 189

索 引

アクティブ運用　97, 138, 290
アセット・アロケーション　95, 263
アット・ザ・マネー　185, 189
アットパー　52
アノマリー　351
アメリカン・オプション　180, 182, 192, 333
アメリカン・コールオプション　183, 186
アメリカン証券取引所（AMEX）　265, 303
アメリカン・プットオプション　188, 191
アルファ　310, 350
アローヘッド　113
安全資産　243, 252
安全利子率　243, 254, 324
アンダーパー　52
異常収益率　346
板合わせ　151
委託証拠金　115
板寄せ方式　113, 151
1月効果　352
1年複利　12
1か月複利　14
一定成長モデル　123
イベント・スタディ　341, 346
イミュニゼーション　100
イールドカーブ　87, 302
　――戦略　98
イールド・スプレッド　68
インカムゲイン　43, 210
インサイダー情報　341, 349
インサイダー取引　349
イン・ザ・マネー　185, 189
インターコンチネンタル取引所　88
インデックス運用　99, 137
インプライド・ボラティリティ　331
インフレ率　76, 243
ウィーク型の効率性　341, 342, 352
受入証拠金　155

受渡価格　144
受渡決済　115, 156
受渡適格銘柄　151
受渡日　143
売建玉　144
売値　146
売りポジション　144, 182
売り持ち　144
売り予約　145
売りレート　146
永久社債　33
益利回り（益回り）　128
エクイティ　148
エクイティ・オプション　192
エクイティ・スワップ　148
エクイティ・リンク債　39
円高　77, 135
円建外債　36
円安　78
追証　→　追加証拠金
黄金株　107
大阪堂島商品取引所（ODE）　152
大阪取引所　110, 149, 192
大引け　113
オーバーパー　52
オファード　146
オプション　179, 315
　――的条項　87
　――取引　191
　――取引の仕組み　193
　――の売りポジション　195
　――の買いポジション　195
　――を使った裁定取引　206
オプション評価モデル　322
オルタナティブ投資　263
終値　106

カ 行

回帰直線　283
回帰分析　283
外国債　36

索　引　*365*

外　債　36
会　社　103
会社法　103
買建玉　144
外為オプション　192
外為フォワード　148
買　値　146
買いポジション　144, 145, 182
買い持ち　144
買戻し　155
買い予約　144
買いレート　146
価格優先の原則　113
格付け　68
　——機関　41
格付投資情報センター（R&I）　42
額　面　30
額面株式　104
確　率　211
　——過程　321, 322, 344
　——分布　212
　——変数　210
仮説検定　347
片端入れ　71
カーハート（Mark Carhart）　305
カバード・コール　203
株　価　106
株価売上高倍率（PSR）　129
株価キャッシュフロー比率　129
株価指数　117, 133
株価指数先物　149
株価収益率（PER）　128, 131
株価純資産倍率（PBR）　128, 131
株価の時系列パターン　352
株価の変動要因　134
株　券　104
株　式　104
株式会社　103
株式公開（IPO）　108
株式投資のリスクとリターン　133
株式評価指標　128

株式分割　107-109
株式流通市場　110
株　主　104
株主割当　108
貨幣の時間価値　3
空売り　97, 114
為替スワップ　148
為替相場　58
為替予約　144
為替リスク　58, 172
為替レート　58, 77, 135
完全競争市場　157
元　本　1
元　利　4
元利金　4
元利合計　4
幾何ブラウン運動　321, 323
機関投資家　31
危険資産　243
期先物　150
期待インフレ率　76
期待収益率　235, 289, 308
期待値　119, 213
期近物　150, 154
規模効果　303, 355
ギボンズ（Michael Gibbons）　301
期末配当　105
帰無仮説　348
逆イールド　89, 92
キャッシュ・アウトフロー　2, 162, 185, 190
キャッシュ・アンド・キャリー　163, 173
キャッシュ・インフロー　3, 162
キャッシュフロー　2, 158
キャッシュフロー・マッチング　99
キャピタルゲイン　43, 209
キャピタルロス　209
キャリーコスト　160
共分散　225
均　衡　273

金先物オプション　193
金先物契約　160
金融緩和　77
金融債　35
金融先物　174
金融商品取引法166条　351
金融政策　77, 135
金融引締め　77
金利　2, 75
金利オプション　192
金利計算　2
　――の対象期間　11
金利先物　149
金利スワップ　176
金利敏感株　139
金利リスク　53, 54
クオンツ　126
クーポン　29
クーポンレート　30, 67
繰上償還　39
クレジット・スプレッド　68, 98
クレジットリスク　57, 87
クレジット・リンク債　39
グロース株　304
経過日数　70
経過利子　70
景気　76, 135
罫線分析　342
系列相関　345
決済　115
決定係数　229
限月　150
現在価値　2, 8, 118
現在価値係数　9
現先取引　37
原資産　144, 180
原資産価格の変動性　206
現代ポートフォリオ理論　233
現引き　115
現物価格　145, 146, 167
現物代金　158

現物取引　143
権利落ち日　112
権利行使　196
権利行使価格　180
権利付き最終日　112
現渡し　115
公開情報　349
公共債　36
合資会社　103
行使価格　180
公社債　36
公社債店頭売買参考統計値　33
合同会社　103
行動ファイナンス　356
公募　31, 108
合名会社　103
効用　237
効率的市場　338
効率的市場仮説（EMH）　338, 340
効率的フロンティア　251, 259, 260, 261
小型株　139
　――効果　303, 355
国債　29, 34
国債振替決済制度　32
コスト・オブ・キャリーモデル（CCM）
　157, 158, 163, 169
　価格ベースの――　164
国庫短期証券　35
固定利付債　34
　――の理論価格　89
ゴードン（Myron J. Gordon）　123
ゴードンモデル　123
後場　112
後場寄付き　113
個別債務格付け　41
コベナンツ　40
コーポレート・ファイナンス　311
コモディティ　148, 159
コモディティ・スワップ　148
固有リスク　266, 291

索引　367

コーラブル債　39
コールオプション　180
　　──価格　325
コール条項付債券　39
コールの売り手　185
コールの売りポジションの損益図　187
コールの売りポジションのペイオフ・ダイアグラム　186
コールの買い手　182
コールの買いポジションの損益図　184
コールの買いポジションのペイオフ・ダイアグラム　183
コールレート　55
コンソル債　33
コンビニエンス　159

サ　行

債　券　29
　　──の発行市場　31
　　──の流通市場　31
債券価格の金利感応度　79
債券先物　149
債券属性　64
債券投資の方法　96
債券ポートフォリオの金利感応度　86
最終利回り　43
　　──と債券価格の関係　51
　　債券投資のリスクと──　63
財政政策　77, 135
裁定価格理論　→APT
裁定機会　163
裁定取引　161, 207
裁定利益　163, 173
最適ポートフォリオ　259-261
財投機関債　35
再投資リスク　59, 60
財務省証券　36
財務情報　346
債務不履行　40, 57

最割安銘柄　156
サーキット・ブレーカー制度　152
先物受渡日　159
先物価格　144, 167
先物契約　143, 150
先物取引　143, 147, 149, 171
　　──の仕組み　150
先渡価格　144
先渡契約　143
先渡取引　143, 147
差金決済　115, 155, 156, 196
指値注文　113, 194
サムライ債　36
ザラバ取引　151
ザラバ方式　113
残存期間　31, 65
散布図　220
残余財産分配請求権　106
ジェンセン（Michael Jensen）　342
ジェンセンのアルファ（ジェンセンの測度）　309, 310
シカゴ・マーカンタイル取引所（CME）　149, 154
時価総額　111, 129
時間価値　199
時間優先の原則　113
直物相場　145
直物取引　143
直物レート　145
仕組債　38
自己資本利益率（ROE）　129, 132
自己相関　345
資産クラス　95
資産担保型社債　37
資産担保証券（ABS）　42
市場価格　40
市場の効率性と投資収益　340
市場ポートフォリオ　275, 276
市場リスク　266
システマティック・リスク　266, 291, 300

私設取引システム　110
自然対数　316
　——の底　16
実効年利率　19, 20
失効日　180
実効利回り　62
実質金利　76
実質利子率　76
私的情報のテスト　341
品受け　158
品貸料（逆日歩）　115
品渡し　162
四半期配当　105
私募　31
資本資産評価モデル　→CAPM
資本市場線（CML）　276
社債　35
ジャスダック　110
シャープ（William F. Sharpe）　273, 339
シャープレシオ（シャープの測度）　309
ジャンク債　42
収益還元法　121
収益率　119, 209, 210, 301
週次設定限月取引　194
修正デュレーション　81, 82, 83
住宅ローン担保証券　42
種類株式　104
順イールド　89, 92
純資産利益率（ROA）　129, 132
純粋期待仮説　93
償還期限　30
商業用不動産担保証券　42
証券アナリスト　126
証券化　42
証券化商品　42
証券市場線　288
証券保管振替機構（保振）　32
証拠金　154, 195
証拠金所要額　155, 196

上場　108
上場会社　36
上場株式　104
上場投資信託　→ETF
消費者物価指数　77
商品先物　149
情報効率性　343
情報効率的　338
正味現在価値（法）　121, 311
将来価値　2, 3, 20
将来価値係数　4
ショーグン債　36
ショートポジション　144, 182
ショールズ（Myron S. Scholes）　316
新株予約権　108
新株予約権付社債　36
シングルファクターモデル　292
信用売り　114
信用買い　114
信用取引　114
信用リスク　57
数値解析　334
スタンダード&プアーズ　41
スティープニング　91
ストックオプション　109
ストップ高　114
ストップ安　114
ストラドル　204
ストロング型の効率性　341, 349, 355
スポットイールドカーブ　88
スポット取引　50, 143
スポットレート　50, 145
スマイルカーブ　332
スワップ　88, 148, 175
スワップレート　89
正規分布　317, 319
制限値幅　114, 152
清算機関　116, 152
成長株　139, 355
政府関係機関債　35
政府保証債　35

索　引　　369

セクター　　69, 139
セクターローテーション　　139
セータ　　330
接点ポートフォリオ　　259, 261
セミストロング型の効率性　　341, 345, 354
ゼロイールド　　50
ゼロクーポン債　　34
ゼロクーポンレート　　50
ゼロ成長モデル　　122, 124
ゼロベータ CAPM　　275
選　好　　235
戦術的アセット・アロケーション　　96
前　場　　112
前引け　　113
相関係数　　227
増　資　　107
総資産利益率　　129
総資本利益率　　129
相対頻度　　211
想定元本　　148, 191
即時約定可能値幅　　152

タ　行

第三者割当　　108
対象資産　　180
対数正規分布　　323
大　取　→ 大阪取引所
高　値　　106
多段階配当割引モデル　　127
立　会　　150
タームプレミアム仮説　　93, 94
短期金利予想とイールドカーブ　　91
短期国債　　35
短期的モメンタム　　353
単　元　　112
担保付社債　　40
単　利　　7
単利最終利回り　　44, 45, 64
　──と複利最終利回り　　49
チェン（Nai-Fu Chen）　　301

地方債　　35
チャーチスト　　342
チャート分析　　125, 342
中間配当　　105
中長期リバーサル　　353
超過リターン　　138
長期国債先物　　149, 153
長期国債先物オプション　　192
追加証拠金（追証）　　115, 155
通貨スワップ　　177
通常限月取引　　194
通常時制限値幅　　152
定額配当割引モデル　　124
定　款　　104
定時償還　　39
定数の期待値　　214
定数の分散　　218
ディスカウント・ファクター　　9
ディープ・アウト・オブ・ザ・マネー　　328, 329
ディープ・イン・ザ・マネー　　328, 329
定率成長配当割引モデル　　123
定率成長モデル　　122, 123, 126
テクニカル・アナリスト　　126, 342
テクニカル分析　　125, 342
デディケーション　　100
デフォルト　　40, 57
デフォルトリスク　　57, 68
デリバティブ　　33, 69, 175
デリバティブ・ディーラー　　147
デリバティブ取引　　147
デルタ　　327, 328
転換社債　　35, 69
転換社債型新株予約権付社債　　35
店頭市場　　32, 110
投　機　　174
投機的格付債　　42
東京金融取引所　　149, 153, 192
東京証券取引所　　110
　──株価指数　　118, 138, 192

——第 1 部　　110, 116
　　　——第 2 部　　110
東京商品取引所（TOCOM）　149,
　　152, 193
統計的有意　348
投資可能集合　250
投資機会集合　234, 250, 258, 260
投資収益の予測可能性のテスト　341
投資収益率　210
投資信託　31
同質的期待　274, 294
投資適格債　41
投資比率　86, 240
投資プロセス　95
東証株価指数　→TOPIX
等比級数　139
特殊債　35
トータルゲイン　43, 210
トータルリスク　266, 291
途中償還　40
途中償還リスク　58, 59, 69
トップダウン・アプローチ　125
トービン（James Tobin）　129
トービンの q　129, 132
取替原価　129
取引所市場　110
ドル高　78
ドル安　77, 134
トレイナー（Jack L. Treynor）　273
トレイナーの尺度（トレイナーの測度）
　　310

ナ 行

内在価値　125
内部者情報　349
仲　値　146
ナスダック　118, 303
成行注文　113, 194
二項過程　322
二項モデル　322
日経 225 オプション　192, 194

日経平均（株価）　118, 192
日経平均先物　168
　　——の理論価格　170
日本格付研究所（JCR）　42
日本証券クリアリング機構（JSCC）
　　111, 116, 152, 153, 174
日本商品清算機構（JCCH）　152
日本取引所グループ　108
ニューヨーク証券取引所（NYSE）
　　118, 302
NY（ニューヨーク）ダウ　118
任意償還　39
任意償還条項付債券　39
値洗い　155, 196
ネイピア数　16, 316
ネット・オプション価値　196
年利率　12, 21

ハ 行

ハイイールド債　42
配　当　105, 121
配当落ち日　112
配当利回り　128
配当割引モデル（DDM）　118, 121,
　　124
ハイパーインフレーション　16
ハイリスク・ハイリターン　200, 268
始　値　106
パ　ス　334
発行市場　31
パッシブ運用　97, 99, 137, 290
バニラ・オプション　179
パフォーマンス評価　96, 308
バブル　135, 353
バーベル型運用　98
パラレル・シフト　91
バリュー・アット・リスク　→VaR
バリュエーション　121
バリュー株　139, 304, 355
　　——効果　355
反対売買　115, 155, 196

索 引 *371*

バンツ（Rolf Banz） 302
半年複利 13, 45
引　け 151
非公開情報 349
非効率的市場 339
非システマティック・リスク 266
ビッド 146
1株当たり純資産 →BPS
1株当たり利益 →EPS
標準化 150, 193
標準正規分布 321
標準物 153
標準偏差 218, 219
表面利率 30
ファクター 291
ファクター感応度 291
ファクターモデル 290
ファーマ（Eugene F. Fama） 301, 303, 338, 340
ファーマ・フレンチの3ファクターモデル 304
ファンダメンタル・アナリスト 125
ファンダメンタル分析 125, 346
ファンド 309
ファンド・マネージャー 350
フィックスト・インカム 33
フィッチ 42
複製ポートフォリオ 206
複　配 121
複　利 6
複利期間 3, 19, 20
　——当たり利子率 3, 21
複利最終利回り 45, 47, 63, 70
普通株式 104
普通社債 35
物価連動債 35
プットオプション 180, 189
　——価格 325
プット・コール・パリティ 208
プットの売り手 190
プットの売りポジションの損益図 191
プットの売りポジションのペイオフ・ダイアグラム 191
プットの買い手 187
プットの買いポジションの損益図 189
プットの買いポジションのペイオフ・ダイアグラム 188
浮動株 118
プライベートエクイティ 264
ブラック（Fischer S. Black） 275, 316
ブラックCAPM 275
ブラック・ショールズモデル（BSM） 21, 197, 315, 324, 325
ブラックマンデー 136, 202
フラットニング 91
プレイン・バニラ金利スワップ 88, 176
プレイン・バニラ通貨スワップ 177
ブレット型運用 98
プレミアム 182
フレンチ（Kenneth French） 303
プロテクティブ・プット 200
分　散 214, 217, 219
分散投資 247
　——の効果 264
分　布 212
分布関数 321
分離定理 276
ベアリングス銀行 174
ペイオフ・ダイアグラム 183, 184, 186, 188, 191, 199
平均分散アプローチ 234
平方根 218
ベ　ガ 330
ベーシス 167
ベータ 138, 281, 289
ヘッジ 171, 204
ヘッジ比率 327, 328
ヘッジファンド 256

変換係数　153
偏差　225
変動利付債　34
簿価・時価比率　129, 303
保管コスト　158
ポートフォリオ　86, 158, 233
　——の収益率　240, 293
　——のリスク　267
ポートフォリオ・インシュアランス　202
ポートフォリオ理論　233, 263, 273
ボラティリティ　220, 329
ボラティリティ・サーフィス　332
ボラティリティ・スキュー　332
ボラティリティ・タームストラクチャ　332
本源的価値　125, 337
本質的価値　125, 199

マ 行

マクロファクターモデル　301
マーケットタイミング戦略　138
マーケットモデル　292
マーコウィッツ（Harry M. Markowitz）　233, 277
マコーレイのデュレーション　84
マザーズ　110
マートン（Robert C. Merton）　316
マルチファクターモデル　292
満期日　30, 180
密度関数　319, 321
ミラー（Merton H. Miller）　133
民間債　36
ミーン・リバージョン　353
無額面株式　104
無限等比級数の公式　140
無差別曲線　236, 260, 261
無担保社債　40
ムーディーズ　42
無配　121
無リスク資産　243

無リスク利子率　243
銘柄　31
銘柄選択　96, 139
名目金利　76
名目利子率　76
モーゲージ証券（MBS）　42
モシン（Jan Mossin）　273
モディリアーニ（Franco Modigliani）　133
模倣ポートフォリオ　206
モメンタム効果　353
モンテカルロ法　334

ヤ 行

約定　111
約定日　143
安値　106
有価証券　29
有価証券オプション　193
有限差分法　334
有効フロンティア　251
有償増資　107
優先株式　106
優先条項　40
ユーロ円3ヵ月金利先物オプション　192
ユーロ円債　36
曜日効果　352
呼び値　112, 151
寄付き　113, 150
ヨーロピアン・オプション　180, 182, 192, 193
ヨーロピアン・コール（オプション）　180, 197, 324, 325, 328
ヨーロピアン・プット（オプション）　181, 197, 324, 325

ラ 行

ライボー　→ ロンドン銀行間取引金利
ラダー型運用　98
ランダム　340

ランダム・ウォーク（モデル） 343, 344
利益配当請求権 106
離散型確率変数 210
利子 1, 29
——の支払い頻度 20
利子率 2, 23, 30
リスク 272, 290, 309
——とリターンのトレードオフ 272
リスク回避度 239, 267, 302
リスク管理 173
リスク許容度 95, 267
リスク資産 243
リスクプレミアム 290, 300
利息 1, 29
リターン 272, 289, 310
リターン・リバーサル 353
利付債 34
リバース・キャッシュ・アンド・キャリー 163, 173
利払日 30
利回り 49
利回り格差 68, 98
リーマンショック 136
流通市場 31
流動性 59, 69

流動性選好理論 94
流動性プレミアム仮説 94
流動性リスク 59
利率 2, 30
リントナー（John V. Lintner） 273
累積分布関数 321
劣後株式 106
劣後条項 40
連続型確率変数 317
連続複利 15, 17
ロー 331
ロス（Stephen A. Ross） 293, 301
ロバーツ（Harry Roberts） 341
ローリスク・ローリターン 268
ロール（Richard Roll） 301, 307
ロールオーバー 92
ロングポジション 144, 182
ロンドン銀行間取引金利（LIBOR） 88, 188

ワ 行

ワラント 36, 109
ワラント債 36
割引債 34
——の最終利回り 50
——のデュレーション 86
割引率 9, 46, 90, 120

著者紹介

岸本 直樹　KISHIMOTO Naoki
法政大学経営学部教授

池田 昌幸　IKEDA Masayuki
早稲田大学商学学術院教授

入門・証券投資論
Fundamentals of Investments　〈有斐閣ブックス〉

2019 年 12 月 15 日　初版第 1 刷発行
2023 年 6 月 15 日　初版第 3 刷発行

著　者	岸　本　直　樹
	池　田　昌　幸
発行者	江　草　貞　治
発行所	株式会社　有　斐　閣

郵便番号 101-0051
東京都千代田区神田神保町 2-17
https://www.yuhikaku.co.jp/

印　刷　大日本法令印刷株式会社
製　本　大口製本印刷株式会社

©2019, KISHIMOTO Naoki and IKEDA Masayuki. Printed in Japan
落丁・乱丁本はお取替えいたします。

★定価はカバーに表示してあります。
ISBN 978-4-641-18447-3

|JCOPY|　本書の無断複写（コピー）は、著作権法上での例外を除き、禁じられています。複写される場合は、そのつど事前に（一社）出版者著作権管理機構（電話 03-5244-5088, FAX 03-5244-5089, e-mail：info@jcopy.or.jp）の許諾を得てください。